일본어
교육론

日本語 教育論

일본어 교육론

천호재 著

서언

본서는 저자가 지난 11년간의 대학교 일본어 교육현장에서 보고 느낀 것을 조사하고 정리한 일본어교육론 입문서입니다. 본서의 주제가 일본어교육입니다만, 일본어교육을 포함한 외국어교육 실습을 받고자 하시는 분, 이미 받고 계시는 분, 외국어교육에 대해 보다 깊은 지식을 가지고자 하시는 분, 자신의 외국어 교수법을 점검하거나 향상시키기 위해 학습자의 마음을 알고자 하시는 분, 외국어 교재 집필을 기획하고자 하시는 분, 외국어교육에 새로운 트렌드를 익혀 보고자 하시는 분에게 이 책을 권해드리는 바입니다.

본서는 다음의 네 가지 점에서 기존의 일본어교육론 관련 저서들과는 구별됩니다. 첫째로 본서는 기존의 일본어교육론에서 일반적으로 설명되어 온 것을 담고는 있지만, 기존의 내용을 무조건적으로 답습하는 형태로 서술하지 않았다는 것입니다. 둘째로 이와 관련하여 본서는 본 저자가 대학교 일본어 교육현장에서 수업을 듣는 학습자들의 의식을 수치로 제시했다는 점에서 기존의 일본어교육 관련 저서들과는 구별된다는 것입니다. 예를 들면 본서에서는 일본어 학습자의 일본어 학습에 대한 의욕의 정도를 측정하는 방법과 실제로 일본어 학습자들의 의욕을 수치로 제시함으로써 교실현장에 있는 학습자들의 의식을 확인하였습니다. 경우에 따라서는 학습자들의 의식과 교사들의 의식을 비교 제시하기도 하였습니다. 셋째로 기존의 일본어교육론 관련 저서에서는 교과서 분석에 대한 이론적 설명이 주류를 이루는 반면에, 본서에서는 실제 대학 초급일본어 교과서를 기존의 교과서 분석 기준을 토대로 분석을 하였습니다. 따라서 독자 여러분들은 일본어(외국어) 교과서를 실제로 분석할 수 있는 경험적 지견을 얻을 수 있을 것이라 확신합니다. 마지막으로 기존의 일본어교육론 관련 저서와는 달리 본서에서는 한국인 일본어 학습자들의 실제 일본어 습득 실태를 제시하였다는 것입니다. 따라서 독자분들께서는 본서를 통해서 한국인 일본어 학습자들의 일본어 습득에 관련된 유형을 충분히 유추할 수 있는 경험적 지견을 얻기에 부족함이 없으리라 본 저자는 확신합니다.

본서는 제4부로 구성이 되어 있습니다. 제1부의 주제는 수업 전 단계에서 일본어 교사가 해야 할 일에 관련된 것입니다. 제1장에서는 일본어 교사가 지녀야 할 교수 및 학습에 대한 신념에 대해 설명을 하였으며, 실제로 한국인 일본어 교사의 신념을 조사하여 그 결과를 수치로 제시하였습니다. 제2장에서는 일본어 학습자의 학습의욕을 측정하는 방법과 그 예로 본 저자가 담당한 수업에서 일본어 학습자들의 학습의욕을 측정한 결과를 제시하였습니다. 제3장에서는 일본어 교사가 필수적으로 알아두어야 할 교재의 종류에 대해서 설명을 하였습니다. 제4장에서는 외국어 교수법에 관련된 다양한 교수법에 대해서 설명을 하였습니다. 이것은 교수법에 대한 탁월한 지견을 일본어 교사가 얻을 수 있도록 감안해서 제시된 것입니다. 제5장에서는 일본어 교사가 교실활동에 앞서 행해야 할 코스디자인에 대해서 설명을 하였습니다. 제6장에서는 학습자들의 코스

디자인을 통해 일본어 교사가 실제 교실활동을 하기 위한 방법을 제공하고자 하는 목적으로 설명을 하였습니다. 제7장에서는 일본어 교사가 학습자의 학습목적에 맞는 교과서를 선택하는 방법과 실제 학교(대학교)에서 사용되는 일본어 교과서를 분석 제시하였습니다. 제8장에서는 교사가 일본어교육문법론적 관점을 중시할 경우, 그 관점에 맞는 교과서를 어떻게 찾을 수 있는지 실제 일본어 교과서를 분석함으로써 그 방법을 제시하였습니다. 제9장에서는 커리큘럼 디자인에 관련된 용어를 설명하고 제1부에서 설명된 다양한 요소들을 활용한 교안작성 방법을 제시하였습니다.

제2부는 교실활동 단계입니다. 제10장에서는 문자지도에 관련된 다양한 교실활동 정보를 제시하였습니다. 문자지도에 관련된 일반적인 설명과 함께 실제로 한국인 대학생 일본어 학습자들의 히라가나, 가타카나, 한자 쓰기 실태를 제시하였습니다. 그리고 문자지도 방안에 대해서도 설명을 하였습니다. 제11장에서는 발음지도에 관련된 다양한 교실활동 정보를 제시하였습니다. 발음지도에 관련된 일본어교육론적인 입장을 설명하였으며 발음 습득에 대한 한국인 일본어 학습자들의 실태도 제시하였습니다. 제13장에서는 문법지도에 관련된 다양한 교실활동 정보에 대해 설명을 하였습니다. 그리고 문법습득 실태(정오용)에 대해서도 다양한 유형을 제시하였습니다. 제14장에서는 듣기지도에 대해서, 제15장에서는 말하기 지도, 제16장에서는 읽기지도, 제17장에서는 쓰기지도, 제18

장에서는 문화지도에 대한 다양한 교실활동 정보를 제시하였으며, 한국인 일본어 학습자의 각 영역에 관련된 습득 실태를 빠짐없이 제시하였습니다. 특히 제18장에서는 일본의 대중문화를 10개 영역으로 나누고 각 영역에 대한 한국인 일본어 학습자들의 선호도를 직접 조사하였습니다.

제3부의 주제는 교실활동에 있어서 학습자와 교사의 상호작용입니다. 제20장에서는 교사의 부정적 피드백과 표정 및 언어행동이 일본어 학습자에게 어떻게 영향을 미치는지를 실제 설문조사 결과를 통해서 설명을 하였습니다. 제21장에서는 교사의 긍정적 피드백(칭찬, 격려)이 일본어 학습자들에게 어떠한 심적 영향을 미치는지를 실제 설문조사 결과를 통해 설명을 하였습니다. 제22장에서는 좋은 일본어 교사의 특징은 무엇이며 유능한 일본어 교사의 조건은 무엇인지 나아가 좋은 수업의 특징이 무엇인지에 대해 기존의 일본어교육론에서 언급되어 온 내용을 소개하였습니다. 그리고 본 저자가 실시한 설문조사를 통해 일본어 학습자의 언어학습적성, 일본어 학습과 교수에 대한 학습자와 교사의 문화적 전통의 차이, 일본어 학습자의 좌석과 거리 선택의 심리에 대해서 교실활동에서 학습자와 교사가 어떠한 상호작용을 하는지를 살펴 보았습니다.

제4부의 주제는 평가 그리고 교사의 자세입니다. 제23장에서는 평가의 종류와 특징에 대해서 설명을 하였습니다. 그리고 본 저자가 직접 출제한 시험문제를 제시하기도 하였습니다. 본 저자가 출제한 시험문제를 독자분들이 직접

분석을 해주셨으면 하는 바람으로 용기를 내어 제시한 것입니다. 평가결과의 처리 방법 및 기준, 평가(채점) 결과의 처리에 대해서도 설명을 하였으며 학습자 자체에 대한 교사의 평가가 어떻게 이루어지는지에 대해서도 설명을 하였습니다. 부기로 교사와 교육기관의 시설에 대한 평가항목을 제시하기도 하였습니다. 제24장에서는 일본어 교사는 근본적으로 친절해야 한다는 것, 그리고 친절한 교사가 되기 위한 방법에 대해서 설명을 하였습니다.

끝으로 이 책을 이 세상에 나오게 해주신 어문학사의 윤석전 사장님, 편집과 표지 제작에 많은 고생을 해주신 편집부에게 깊이 감사드립니다.

2012년 7월
저자 천호재

차례

제1부 수업 전 단계   13

제1장 일본어 교사의 신념(Belief), 자질, 자기성장을 위한 노력   15
제2장 일본어 학습자의 학습의욕   33
제3장 교재의 종류   51
제4장 다양한 외국어 교수법과 일본어교육   77
제5장 코스디자인(1)   97
제6장 코스디자인(2) ―실러버스·실러버스 디자인―   121
제7장 일본어 교과서의 분석   131
제8장 코스디자인(3)
    ―교과서에 나타난 문법 실러버스의 배열 방식 분석―   153
제9장 커리큘럼 디자인   183

제2부 교실활동 단계   197

제10장 문자지도   199
제11장 발음지도   215
제12장 어휘지도   231
제13장 문법지도   245
제14장 듣기지도   269
제15장 말하기지도   285
제16장 읽기지도   305
제17장 쓰기지도   319
제18장 복합적인 교실활동   331
제19장 문화지도   339

제3부 교실활동에서 학습자와 교사의 상호작용　351

제20장 교사의 부정적 피드백　　　　　　　　　　　353
제21장 교사의 긍정적 피드백　　　　　　　　　　　365
제22장 교실활동에 있어서 교사와 학습자의 상호작용　379

제4부 평가 그리고 교사의 자세　405

제23장 시험과 평가　　　　　　　　　　　　　　　409
제24장 일본어 교사의 자세　　　　　　　　　　　437

색인　450

제1부
수업 전 단계

제1장 일본어 교사의 신념(Belief), 자질, 자기성장을 위한 노력

제2장 일본어 학습자의 학습의욕

제3장 교재의 종류

제4장 다양한 외국어 교수법과 일본어교육

제5장 코스디자인⑴

제6장 코스디자인⑵―실러버스・실러버스 디자인―

제7장 일본어 교과서의 분석

제8장 코스디자인⑶― 교과서에 나타난 문법 실러버스의 배열 방식 분석―

제9장 커리큘럼 디자인

제1장 구성

1.1 일본어 교사의 신념—일본어 학습에 대한 교사의 문화적 전통
  1.1.1 신념의 정도를 알아보기 위한 체크 리스트
  1.1.2 일본어 학습에 대한 교사들의 실제 신념
1.2 일본어 교사의 자질
1.3 자기성장을 위한 부단한 노력 그리고 방법
제1장 인용 및 참고문헌

제1장

일본어 교사의 신념(Belief), 자질,
자기성장을 위한 노력

1.1 일본어 교사의 신념—일본어 학습에 대한 교사의 문화적 전통

장차 일본어 교사를 지향하는 사람(현재 일본어 교사도 포함하여)이 좋은 일본어 교사가 되기 위해서는 무엇을 어떻게 하여야 하는 것일까? 좋은 교사란 무엇이며, 나쁜 교사란 무엇인가? 무엇을 어떻게 하면 좋은 교사가 될 수 있는가? 잘 가르치기만 하면 좋은 교사인가? 아니면 고매한 인품에 고결한 이상향을 학생들에게 몸소 실천하고 마치 친구처럼 대해 주는 자상한 사람이 좋은 교사인가? 아니면 이 모든 것을 모두 갖춘 사람이 좋은 교사인 것인가?

이를 막연하게 생각하기보다는 아래와 같은 빈 공간에 좋았던 교사의 이름과 좋았던 이유, 그리고 싫었던 교사의 이름과 싫었던 이유를 직접 적어보면 좋은 교사가 되기 위한 조건을 생각해 볼 수 있을 것이다. 그리고 이것을 동료교사나 학습자들에게도 작성하도록 하면 좋은 교사(나쁜 교사)가 되기 위한 목록을 좀 더 폭넓게 확보할 수 있을 것으로 생각된다.

그 예로 우선 자신이 싫어했던 교사의 이름(얼굴, 상황)과 싫어했던 이유를 아래와 같은 형식으로 개인적으로 적어 보거나 또는 동료 교사들과 학습자들에게 작성하도록 부탁한다.

싫어했던 선생님의 이름(생각나지 않으면 예를 들어 중학교 몇 학년 몇 반 선생님 식으로 구체적으로 적어본다.

싫어했던 이유: (최소한 3가지 이상 적는다.)

그 다음으로 자신이 좋아했던 교사의 이름(얼굴, 상황)과 좋아했던 이유에 대

해서 아래와 같은 형식으로 개인적으로 적어 보거나 또는 동료 교사들과 학습자들에게 작성하도록 부탁한다.

좋아했던 선생님의 이름(생각나지 않으면 예를 들어 중학교 몇 학년 몇 반 선생님 식으로 구체적으로 적어본다.

좋았다고 생각되는 이유: (최소한 3가지 이상 적는다.)

　좋은 교사와 좋지 못하다고 생각되는 교사에 대해서는 교사마다 천차만별일 것이다. 교사마다 무엇이 좋고 혹은 나쁘며 무엇을 좋아하고 혹은 싫다고 말하는 교사마다 제각기 품고 있는 신조나 확신을 **신념**(belief, **문화적 전통**)이라고 한다. 구체적으로 말하면 교사의 신념이란 일본어 교수법이나 학생 지도, 이상향에 대해서 교사가 품고 있는 신조를 말한다.

　그런데 문제는 교사의 신념이 학습자의 신념과 일치하는 경우도 있지만 일치하지 않는 경우도 있다. 예를 들어 교사는 자신의 일본어 교수법이 좋다고 생각될 경우, 왜 그것이 좋은지, 그것이 정말로 좋은 것인지를 항상 염두에 두지 않으면 안 된다.

　만약 자신이 생각하는 좋은 교사의 신념을 객관화하려면 자신과 동료 교사와 학습자들이 작성한 좋은 교사와 좋지 못한 교사의 요소를 다음과 같이 목록화하는 방법을 채택하는 것도 바람직하다고 생각된다. 이 목록화를 통해서 사람들이 생각하는 것과 자신이 생각하는 좋은 교사와 좋지 못한 교사의 차이점과 공통점을 발견하도록 노력하고 최종적으로 교사의 신념을 재차 정립하는 것이 바람직하다고 생각된다.

```
좋은 교사가 되기 위한 조건

 ·
 ·
 ·
 ·
 ·
 ·
 ·
```

1.1.1 신념의 정도를 알아보기 위한 체크 리스트

일본어 학습에 대한 교사의 신념이 어떠한 것인지를 알아보기 위한 체크 리스트가 일본어교육에서 마련되어 있는데, 그 체크 리스트를 제시하면 다음과 같다. 아래에 제시된 숫자 ⑤의 배점은 5점으로 '매우 그렇다' 이며, ①의 배점은 1점으로 '전혀 아니다' 이다.

〈일본어 학습에 대한 신념을 파악하기 위한 체크 리스트〉

1. 어른보다도 아이 쪽이 일본어를 쉽게 습득할 수 있다.
    ① 전혀 아니다 ② 아니다 ③ 잘 모르겠다 ④ 그렇다 ⑤ 매우 그렇다
2. 일본어를 습득하는 데에 있어 특별한 능력을 지닌 사람이 있다.
    ① 전혀 아니다 ② 아니다 ③ 잘 모르겠다 ④ 그렇다 ⑤ 매우 그렇다
3. 일본어는 다른 언어보다도 습득이 어렵다.
    ① 전혀 아니다 ② 아니다 ③ 잘 모르겠다 ④ 그렇다 ⑤ 매우 그렇다
4. 우리나라 사람들은 외국어를 능숙하게 습득하는 편이다.
    ① 전혀 아니다 ② 아니다 ③ 잘 모르겠다 ④ 그렇다 ⑤ 매우 그렇다

5. 일본어를 유창한 발음으로 말하는 것은 학습자에게 매우 중요하다.
    ① 전혀 아니다 ② 아니다 ③ 잘 모르겠다 ④ 그렇다 ⑤ 매우 그렇다
6. 일본어를 정확하게 말하기 위해서는 일본문화에 대한 지식이 필요하다.
    ① 전혀 아니다 ② 아니다 ③ 잘 모르겠다 ④ 그렇다 ⑤ 매우 그렇다
7. 정확하게 말할 수 있을 때까지 학습자는 교실 밖에서 일본어를 사용해서는 안 된다.
    ① 전혀 아니다 ② 아니다 ③ 잘 모르겠다 ④ 그렇다 ⑤ 매우 그렇다
8. 이미 다른 외국어(모어 이외)를 말할 수 있는 학습자는 쉽게 일본어 학습을 할 수 있다.
    ① 전혀 아니다 ② 아니다 ③ 잘 모르겠다 ④ 그렇다 ⑤ 매우 그렇다
9. 수학이나 과학을 잘하는 학습자는 일본어 학습이 서툴다.
    ① 전혀 아니다 ② 아니다 ③ 잘 모르겠다 ④ 그렇다 ⑤ 매우 그렇다
10. 일본어를 학습하기 위해서는 일본에 사는 것이 가장 좋다.
    ① 전혀 아니다 ② 아니다 ③ 잘 모르겠다 ④ 그렇다 ⑤ 매우 그렇다
11. 일본어 학습에서 가장 소중한 것은 어휘를 익히는 것이다.
    ① 전혀 아니다 ② 아니다 ③ 잘 모르겠다 ④ 그렇다 ⑤ 매우 그렇다
12. 몇 번이나 반복해서 연습하는 것은 중요하다.
    ① 전혀 아니다 ② 아니다 ③ 잘 모르겠다 ④ 그렇다 ⑤ 매우 그렇다
13. 일본어 학습은 남성보다도 여성 쪽이 뛰어나다.
    ① 전혀 아니다 ② 아니다 ③ 잘 모르겠다 ④ 그렇다 ⑤ 매우 그렇다
14. 일본어 학습자로 하여금 초급 과정에서 오류를 용인하면 나중에 정확하게 말하기가 어려워진다.
    ① 전혀 아니다 ② 아니다 ③ 잘 모르겠다 ④ 그렇다 ⑤ 매우 그렇다
15. 일본어 학습에서 가장 중요한 것은 문법의 학습이다.
    ① 전혀 아니다 ② 아니다 ③ 잘 모르겠다 ④ 그렇다 ⑤ 매우 그렇다
16. 학습자에게 있어서 일본어를 듣고 이해하는 것보다도 말하는 것이

쉽다.
  ① 전혀 아니다 ② 아니다 ③ 잘 모르겠다 ④ 그렇다 ⑤ 매우 그렇다
17. 카세트 테이프(CD, MP3)로 연습하는 것은 중요하다.
  ① 전혀 아니다 ② 아니다 ③ 잘 모르겠다 ④ 그렇다 ⑤ 매우 그렇다
18. 일본어 학습은 다른 교과의 학습과는 다르다.
  ① 전혀 아니다 ② 아니다 ③ 잘 모르겠다 ④ 그렇다 ⑤ 매우 그렇다
19. 언어를 두 개 이상 말할 수 있는 사람은 매우 머리가 좋다.
  ① 전혀 아니다 ② 아니다 ③ 잘 모르겠다 ④ 그렇다 ⑤ 매우 그렇다
20. 일본어는 누구라도 말할 수 있다.
  ① 전혀 아니다 ② 아니다 ③ 잘 모르겠다 ④ 그렇다 ⑤ 매우 그렇다
21. 일본어는 듣기와 말하기보다도 읽기와 쓰기 쪽이 쉽다.
  ① 전혀 아니다 ② 아니다 ③ 잘 모르겠다 ④ 그렇다 ⑤ 매우 그렇다
22. 일본어는 1) 매우 어려운 언어이다, 2) 어려운 언어이다, 3) 보통이다, 4) 쉬운 언어이다, 5) 매우 쉬운 언어이다.
23. 학습자가 모국에서 매일 한 시간 씩 일본어를 공부하면 매우 능숙하게 일본어를 말할 수 있게 되기까지 걸리는 시간은 1) 1년 이내, 2) 1~2년, 3) 3~5년, 4) 5~10년, 5) 하루에 한 시간 정도의 공부로는 능숙하게 말할 수 없다.

  교사는 우선 자신의 신념이 어떠한 것인지 위의 문항을 체크해 본다. 그리고 다른 동료 교사들이 체크한 결과와 비교해 본다. 자신의 일본어 학습에 대한 신념을 막연하게 말하는 것보다는 위의 항목을 체크함으로써 자신의 신념을 보다 객관화할 수 있다.
  그 다음으로 일본어 교수법에 대한 신념을 파악하기 위한 체크 리스트를 보도록 하자. 이하에서 제시하는 체크 리스트는 일본어가 학습자들에게 어떻게 가르쳐져야 하는가에 대한 교사 자신의 신념을 나타내게 될 것이다.

〈일본어 교수법에 대한 신념〉

1. 언어는 문법·구문의 집합체이며 학습자는 그것을 의식적으로 학습한다.
   ① 전혀 아니다 ② 아니다 ③ 잘 모르겠다 ④ 그렇다 ⑤ 매우 그렇다
2. 교사가 일본어로 말하고 있는 것을 학습자 자신이 알고 있는 경우 그 학습자는 일본어를 실제로 습득하고 있다.
   ① 전혀 아니다 ② 아니다 ③ 잘 모르겠다 ④ 그렇다 ⑤ 매우 그렇다
3. 학습자의 발화에 오류가 있는 경우는 그것을 고치고 나중에 왜 그 오류를 범했는지에 대해서 간결하게 설명하는 것이 학습자에게 있어서 플러스가 된다.
   ① 전혀 아니다 ② 아니다 ③ 잘 모르겠다 ④ 그렇다 ⑤ 매우 그렇다
4. 일본인이 말하고 있는 일본어를 듣거나 연습하거나 외우거나 하면 그 학습자는 일본어를 실제로 습득하고 있다.
   ① 전혀 아니다 ② 아니다 ③ 잘 모르겠다 ④ 그렇다 ⑤ 매우 그렇다
5. 일반적으로 말해서 일본어가 능숙해지기 위해서는 일본어문법을 이해해 두는 것이 필요하다.
   ① 전혀 아니다 ② 아니다 ③ 잘 모르겠다 ④ 그렇다 ⑤ 매우 그렇다
6. 학습자의 발화에 오류가 있는 경우는 문제를 낳게 하는 패턴의 구두연습(기계적 드릴)을 많이 행하는 것이 학습자에게 있어서 플러스가 된다.
   ① 전혀 아니다 ② 아니다 ③ 잘 모르겠다 ④ 그렇다 ⑤ 매우 그렇다
7. 언어는 의미가 있는 의사소통이며, 학교에서의 의식적인 공부가 아니라 사회 안에서 반무의식적으로 습득하는 것이다.
   ① 전혀 아니다 ② 아니다 ③ 잘 모르겠다 ④ 그렇다 ⑤ 매우 그렇다
8. 학습자는 기본적인 일본어문법 규칙을 어느 정도 이해하고 있으면 스스로 많은 새로운 문장을 만들어 낼 수 있다.
   ① 전혀 아니다 ② 아니다 ③ 잘 모르겠다 ④ 그렇다 ⑤ 매우 그렇다

9. 학습자에게 있어서 중요한 것은 무엇을 말한가이지, 어떻게 말하는가 하는 것은 아니다.
   ① 전혀 아니다 ② 아니다 ③ 잘 모르겠다 ④ 그렇다 ⑤ 매우 그렇다
10. 일본어 패턴연습을 하면 그 연습한 패턴에 바탕을 두고 많은 새로운 문장을 만들어 낼 수 있다.
    ① 전혀 아니다 ② 아니다 ③ 잘 모르겠다 ④ 그렇다 ⑤ 매우 그렇다
11. 일본어 수업에서는 문법·구문을 분명히 몇 번이나 정확하게 제시하는 것이 중요하다.
    ① 전혀 아니다 ② 아니다 ③ 잘 모르겠다 ④ 그렇다 ⑤ 매우 그렇다
12. 일본어는 패턴연습(드릴)을 많이 행하는 것에 의해서 습득할 수 있다.
    ① 전혀 아니다 ② 아니다 ③ 잘 모르겠다 ④ 그렇다 ⑤ 매우 그렇다
13. 학습자의 발화에 오류가 있는 경우라도 말하려고 하는 것을 이해할 수 있는 한은 그 오류를 무시하는 편이 좋다.
    ① 전혀 아니다 ② 아니다 ③ 잘 모르겠다 ④ 그렇다 ⑤ 매우 그렇다
14. 학습자는 일본어 읽기와 쓰기 공부를 시작하기 전에 듣기와 말하기를 어느 정도 마스터해 두는 것이 필요하다.
    ① 전혀 아니다 ② 아니다 ③ 잘 모르겠다 ④ 그렇다 ⑤ 매우 그렇다
15. 일본어 어법을 가르칠 필요는 없다. 자연스럽게 스스로 말할 수 있기 때문이다.
    ① 전혀 아니다 ② 아니다 ③ 잘 모르겠다 ④ 그렇다 ⑤ 매우 그렇다

일본어 교수법에 대한 교사 자신의 신념 역시 어떠한 것인지 위의 문항을 통해 체크해 본다. 그리고 마찬가지로 다른 동료 교사들이 체크한 결과와 비교해 본다. 자신의 일본어 교수법에 대한 신념을 막연하게 말하는 것보다는 위의 항목을 체크함으로써 자신의 신념을 보다 객관화할 수 있기 때문이다.

1.1.2 일본어 학습에 대한 교사들의 실제 신념

본 저자는 일본어 학습법과 교수법에 대한 교사들의 신념을 실제로 설문조사의 방식으로 파악을 해 보았다. 이 절에서는 일선의 교사(고등학교 교사, 강사, 교수)들의 신념에 대해서 살펴보도록 하겠다.

본 저자는 1.1.1에서 제시한 일본어 학습법과 교수법에 관련된 38개의 항목을 언어 내적 요소와 언어 외적 요소로 나누어 설문조사(1.1.1에서 제시한 체크 항목 표현이 조금 다르지만 내용은 동일하다.)를 실시하였다.

1.1.2.1 언어 내적 요소에 대한 교사의 신념

우선 언어 내적 요소는 다시 일본어 발음 학습에 대한 교사의 신념, 정확성에 대한 교사의 신념, 어휘 및 문법 학습에 대한 교사의 신념, 언어 4기능에 대한 교사의 신념으로 나누어서 제시하면 다음과 같다.

첫째, 발음 학습에 대한 교사의 신념이다. 84%의 교사가 '(매우) 그렇다'고 응답하였다.

〈표 1〉 일본어 발음에 대한 교사의 신념

설문 번호	설문 항목	교사
5	일본어를 유창한 발음으로 말하는 것은 학습자에게 매우 중요하다.	82%

둘째, 정확성에 대한 교사의 신념이다.

〈표 2〉 정확성에 대한 교사의 신념

설문 번호	설문 항목	교사
7	정확하게 일본어를 구사하기 전까지 학습자는 교실 밖에서 일본어를 사용해서는 안 된다.	0%
14	초급 때 일본어 학습자의 오용을 선생님이 묵인하면, 나중에 일본어를 정확하게 말하는 것이 어려워진다.	82%
26	학습자의 발화에 오류가 있을 경우, 선생님이 그것을 고쳐주고, 그 오류가 발생하는 원인을 간결하게 설명해 주면 학습자에게 매우 도움이 된다.	93%
29	학습자의 발화에 오류가 있는 경우 그 오류를 낳는 패턴을 반복적인 구두 연습을 통하면 오류가 많이 없어진다.	97%
36	학습자의 발화에 오류가 있는 경우라도 무엇을 말하려고 하는지 알기만 하면 그 오류는 무시하는 편이 좋다.	8%

셋째, 어휘 학습 및 문법 학습에 대한 교사의 신념은 다음과 같다.

〈표 3〉 어휘 학습 및 문법 학습에 대한 교사의 신념

설문 번호	설문 항목	교사
11	일본어 학습에서 가장 중요한 것은 어휘를 습득하는 것이다.	64%
15	일본어 학습에서 가장 중요한 것은 문법 학습이다.	10%
24	언어는 문법/구문의 총체이며, 학습자는 그것을 의식적으로 학습해야 한다.	69%
28	일반적으로 일본어가 유창해지기 위해서는 일본어문법을 이해해 둘 필요가 있다.	92%
31	기본적인 일본어문법규칙을 어느 정도 이해하고 있으면 스스로 많은 새로운 일본어 문장을 만들어 낼 수 있다.	87%
33	패턴을 연습하면 그 연습한 패턴에 따라 많은 새로운 일본어 문장을 만들어 낼 수 있다.	79%
34	일본어 수업에서 선생님은 문법/구문을 분명하고 정확하게 제시하는 것이 중요하다.	75%
35	일본어는 패턴연습(드릴)을 많이 행하는 것으로 습득할 수 있다.	87%
38	일본어문법을 가르칠 필요는 없다. 자연스럽게 스스로 배우게 되기 때문이다.	3%

넷째, 언어 4기능에 대한 교사의 신념은 다음과 같다.

⟨표 4⟩ 언어4기능에 대한 교사의 신념

설문 번호	설문 항목	교사
16	일본어를 듣고 이해하는 것보다도 말하는 쪽이 쉽다.	40%
21	일본어는 듣기 및 말하기보다 읽기 및 쓰기 쪽이 쉽다.	23%
37	학습자는 일본어 읽기 및 쓰기 공부를 시작하기 전에 듣기 및 말하기를 어느 정도 마스터 해 두는 것이 필요하다.	49%

1.1.2.2 언어 외적 요소에 대한 교사의 신념

본 저자는 언어 외적 요소를 다시 언어 습득 연령, 능력과 언어 습득, 특수성, 인종, 학습공간, 학습행동, 학습도구, 성별, 의사소통, 문화로 나누고 이들 요소들에 대한 교사의 신념에 대해서 다음과 같이 살펴보았다.

첫째, 언어 습득 연령에 대한 교사의 신념이다.

⟨표 5⟩ 언어 습득 연령에 대한 교사의 신념

설문 번호	설문 항목	교사
1	어른보다도 아이 쪽이 일본어를 쉽게 습득할 수 있다.	71%

둘째, 능력과 언어 습득에 대한 교사의 신념이다.

⟨표 6⟩ 능력과 언어 습득에 대한 교사의 신념

설문 번호	설문 항목	교사
2	일본어를 습득하는 데에 있어 특별한 능력을 지닌 사람이 있다.	79%
8	영어를 잘 구사하는 학습자는 일본어 역시 쉽게 학습할 것이다.	51%
9	수학이나 과학을 잘 하는 학습자는 일본어 학습이 서툴 것이다.	15%
19	언어를 두 개 이상 말할 수 있는 사람은 머리가 좋은 사람이다.	31%
20	일본어는 누구라도 말할 수 있는 언어이다.	72%

셋째, 일본어의 특수성에 대한 교사의 신념이다.

〈표 7〉 일본어의 특수성에 대한 교사의 신념

설문 번호	설문 항목	교사
3	일본어는 다른 언어보다도 습득이 어렵다.	0%
18	일본어 학습은 다른 교과의 학습과는 다르다.	28%
22	일본어는 습득이 매우 어려운 언어이다.	7%

넷째, 인종에 대한 교사의 신념이다.

〈표 8〉 인종에 대한 교사의 신념

설문 번호	설문 항목	교사
4	한국인들은 외국어 습득이 능숙한 편이다.	46%

다섯째, 학습공간에 대한 교사의 신념이다.

〈표 9〉 학습공간에 대한 교사의 신념

설문 번호	설문 항목	교사
10	일본어를 학습하는 데에는 일본에 사는 것이 제일 좋다.	77%

여섯째, 학습행동과 언어습득에 대한 교사의 신념이다.

〈표 10〉 학습행동과 언어습득에 대한 교사의 신념

설문 번호	설문 항목	교사
12	몇 번이나 반복 연습하는 것은 일본어 학습에 중요하다.	100%
23	매일 한 시간씩 공부했을 때 매우 능숙하게 일본어를 말할 수 있게 되는 시간은?	31%

설문 번호	설문 항목	교사
25	선생님이 일본어를 말하는 것을 학습자가 이해한 경우, 학습자는 해당 일본어를 실제로 알고 있다.	61%
27	일본인이 말하는 일본어를 듣거나 연습하거나 외우거나 하면, 그 학습자는 일본어를 실제로 체득하고 있다.	59%

일곱째, 성별에 따른 일본어 학습능력에 대한 교사의 신념이다.

〈표 11〉 성별에 따른 일본어 학습능력에 대한 교사의 신념

설문 번호	설문 항목	교사
13	일본어 학습에 관해서는 남성보다도 여성 쪽이 훨씬 뛰어나다.	46%

여덟째, 학습도구에 대한 교사의 신념이다.

〈표 12〉 학습도구에 대한 교사의 신념

설문 번호	설문 항목	교사
17	카세트(CD, MP3, 컴퓨터)로 일본어를 연습하는 것은 중요하다.	87%

아홉째, 의사소통에 대한 교사의 신념이다.

〈표 13〉 의사소통에 대한 교사의 신념

설문 번호	설문 항목	교사
30	언어는 의미가 있는 의사소통이며 학교에서의 의식적인 공부가 아니라 사회 안에서 반무의식적으로 습득하는 것이다.	64%
32	학습자에게 중요한 것은 무엇을 말하는가이지, 어떻게 말하는가가 아니다.	33%

마지막으로 문화 학습에 대한 교사의 신념이다.

〈표 14〉 문화 학습에 대한 교사의 신념

설문 번호	설문 항목	교사
8	일본어를 바르게 말하기 위해서는 일본문화에 관한 지식이 필요하다.	98%

1.2 일본어 교사의 자질

　일본어교육에 대해 아무리 투철한 교육적 신념을 가졌다고 해서 그것이 곧 일본어 교사로서의 자질을 갖추었다는 것은 아니다.
　교육학에서 말하는 교사의 자질은 인간성과 전문성이다. 전자의 인간성은 학습자들을 소중히 여길 줄 알고, 안정된 정서와 풍부한 감성, 국제적인 감각과 국제이해에 대한 적극성을 지니고 자기 직업에 대한 자긍심을 드높일 줄 아는 마음이다.
　후자의 전문성은 대략 세 가지 정도로 요약할 수 있다. 하나는 일본어에 대한 지식을 충분히 갖추어야 한다는 것이다. 한국인 학습자들에게 일본어를 가르치는 한국인 교사는 일본어 구조뿐만 아니라 충분한 운용 능력을 가지고 있어야 하며, 나아가 대조언어학적인 시점으로 일본어의 구조, 한국어의 구조나 습득과정에 대한 충분한 지식을 소유하고 있어야 한다. 그 다음으로 일본어 교수법, 그리고 일본어교육과 한국어교육의 차이에 대한 충분한 지식을 갖추고 있어야 한다. 수업 계획이 정교하게 짜여진 교안을 작성할 수 있어야 하고, 수업이나 교과서를 여러 각도로 분석할 수 있어야 하며, 이들 다양한 지견을 교실 활동을 통해서 학습자들에게 잘 전달할 수 있어야 한다. 마지막으로 일본의 교육제도나 문화(전통문화, 생활문화, 대중문화) 및 일본사정에 정통해 있어야 하며, 학습자들의 학습목적을 빠짐없이 잘 파악하여 개개인에 적합한 맞춤식의 수업을 할 수 있는 역량을 충분히 갖추고 있어야 한다.

1.3 자기성장을 위한 부단한 노력 그리고 방법

본 저자가 교육현장에서 항상 느끼는 것이지만, 2~3년 전만 하더라도 학습자들에게 잘 먹혀 들어가던 교수법이 어느 순간엔가 아무런 효력이 발휘되지 않는 순간을 맞이하게 된다. 예를 들어 예전의 학습자들에게 큰 위력을 발휘하던 교수법이 얼마 지나지 않아서 그 교수법이 더 이상 학습효과를 발휘하지 못하게 되는 것이다. 학습자의 수준이 변한 것일까? 아니면 학습자들의 유머감각이 변한 것일까? 아니면 학습자의 의욕이 당시만큼 높지 않은 것일까 등등 여러 가지를 생각해 본다.

그런데 여기에서 중요한 것은 교사가 자신이 처한 문제를 학습자들 탓으로 돌려버려서는 안 되며 끊임없이 성장하기 위해 스스로 자기 자신을 교육시켜 나가거나 연수기관에 참가하여 기존의 자기 자신의 교수법을 개선(교수법의 개선이 과연 무엇을 의미하는지, 자신의 교수법을 돌이켜보고, 교수법의 개선을 위한 구체적인 활동까지 고려한 개선이어야 한다.)하거나 새로운 교수법을 주입받아야 한다는 것이다. 교실활동에서 발생하는 다양한 문제점을 교사가 정확하게 인식하고 학습자들의 타입이나 수준, 학습목적에 따라 어떠한 원칙이나 이념으로 교실활동을 하려고 하는 태도가 무엇보다 교사에게 필요하다. 연수기관에 참가하여 남의 교수법을 그대로 적용하기 보다는 남에게서 가져온 교수법에 스스로 보다 합리적이고 활기찬 교실활동을 창조해나가고자 하는 자세가 무엇보다 필요하다.

교사가 교실활동을 통해서 학습자들로부터 환영받는 존재가 되기 위한 몇 가지 방법을 소개하면 다음과 같다. 먼저 교사 자신의 수업 사례에 바탕을 둔 평가·개선 사항을 파악하기 위한 활동이 필요하다. 자신의 수업 장면을 녹화해서 본다든지, 자신의 교실활동에 다른 교사들을 참관하게 하여 평가를 받는다든지, 학습자들의 수업 평가를 설문지를 통해서 혹은 직접 들어보는 것이다. 둘째의 방법은 강의 평가가 좋은 교사의 수업을 견학하거나, 학습자의 희망이나 목적을 조사하거나 학부모의 희망을 물어봄으로써 자신의 수업 방식을 개량하는 것이다. 셋째의 방법은 보다 효율적인 수업을 연구하는 모임에 참석하거나, 문헌을 읽어보거나, 자신이 전공하지 않은 외국어를 학습하여 학습자의 입장을 경험하거나 만약 자신의 건강이 좋지 못하여 교실활동이 원만하지 못할 경우, 자신의 건강증진을 위해 다양한 형태로 체력을 기르는 것이다.

유능한 교사가 되기 위해서 위에서 제시한 방법들을 실행에 옮겨보는 것은 물론 필요하지만, 위의 방법들을 실행하기 위해서는 교사용 포트폴리오를 교사가 직접 작성하기 위한 노력을 구체적으로 기울여 나가지 않으면 안 된다. **교사용 포트폴리오**란 교사(교육실습생) 자신의 다양한 교육활동에 관한 기록을 학습자들의 교실활동 과정이나 성과의 기록과 함께 파일로 정리한 것을 말한다. 예를 들면 교사 자신이 담당하는 코스나 반에 대한 자세한 설명이 들어간 파일(코스구성, 학습자들의 수준, 교과서의 종류, 수업 방식, 평가 기준 등등)이나, 자신이 가지고 있는 교육적 신념, 수업 계획, 수업의 녹화, 한 학기 혹은 일정 기간 동안 해 온 수업의 기록과 반성, 교사에 대한 학습자들의 강의 평가, 학습자들의 교육 활동물(작문, 리포트) 등등을 정리하여 그렇게 해서 정리된 결과물을 들여다보고 판단하여 문제해결을 시도하는 것이다.

그 외에 유능한 교사가 되기 위한 구체적인 방법으로 한 학기 혹은 일정 기간 분량의 교실활동에서 드러난 문제점 등을 일일이 정리하고 연구하는 액션리서치라는 방법을 들 수 있다. 예를 들어 특정 일자에 행한 수업에서 좋았던 점은 무엇이며 좋지 못한 점은 무엇인지 자신이 직접 연구해 보거나 자신의 수업에 참관해 준 동료교사로부터 평가를 통해 자신의 교실활동에서 행한 활동을 객관적으로 연구해 보는 것을 들 수 있다.

제1장 인용 및 참고문헌

천호재(2008)「한국인 일본어 학습자와 교사의 일본어 학습법 및 교수법에 대한 의식 비교」『일본학연구』단국대학교 일본연구소, 24, 411-427
浅倉美波(2000)「第1章　心構え編」『日本語教師必携ハート&テクニック』アルク
川口義一・横溝紳一郎(2005)「第1章　日本語教師について考えよう」『日本語教育ガイドブック(上)』ひつじ書房
国際交流基金(2006)『日本語教師の役割/コースデザイン』ひつじ書房
国際交流基金(2010)『教え方を改善する』ひつじ書房
田中寛(2006)「第1部　ステップ0　レッスンに入る前に」『日本語の教え方ハンドブック』国際語学社
日本語教育学会(1995)「第1章　日本語教師として何を目指すのか」『タスク日本語教授法』凡人社

제2장 구성

2.1 머리말
2.2 이론적 배경
2.3 인지조절 능력
    2.3.1 정교화전략 사용 양상
    2.3.2 조직화전략 사용 양상
    2.3.3 메타인지전략 사용 양상
2.4 동기조절 능력
    2.4.1 숙달목적지향성
    2.4.2 자아효능감
    2.4.3 성취가치
2.5 행동조절 능력
    2.5.1 행동통제
    2.5.2 학업시간의 관리
    2.5.3 도움구하기
2.6 맺음말
제2장 인용 및 참고문헌

제2장

일본어 학습자의 학습의욕

2.1 머리말

일본어 학습자의 학습능력에 예년과는 다른 변화가 생겼다든지, 아니면 기존에 행해오던 교사 자신의 교수법이 효율적으로 교실활동에 반영이 되지 않는다든지 하는 등의 변화가 생기는 데에는 일본어 교사에게 원인이 있을 수도 있고 일본어 학습자에게도 원인이 있을 수도 있다. 교수법이 출중하면 효율적이고 활기찬 교실활동이 가능할 것이며, 학습자들의 학습의욕이 높으면 활기차고 역동적인 교실활동이 가능할 것이다. 반대로 교수법이 출중하지 못하면 비효율적이고 음산한 교실활동이 예상되고, 학습자들의 학습의욕이 낮으면 아무리 교사의 교수법이 출중하더라도 소기의 학습성과를 거두기 어려울 것이다.

제2장에서는 학습자의 학습의욕에 초점을 맞추어서 논의를 전개해 나가고자 한다. 의욕적이고 자신의 직업에 사명감을 느끼는 교사라면 방학중에 신학기 교재를 연구하고 교실활동에 필요한 다양한 자료를 준비할 것이다. 일본어 학습에 대한 학습자들의 학습의욕은 매년 다를 수도 있고 비슷할 수도 있기 때문에 교사는 한 학기 수업이 시작되기 전 시점에서 신학기 교재를 연구하고 교실활동에 필요한 다양한 자료를 어느 정도 준비해야 하는지가 관건이 된다. 또한 신학기 수업이 시작된 직후에 일본어 학습에 대한 학습자들의 학습의욕의 정도를 교사가 미리 알 수 있다면 교사는 자신의 수업의 질을 조정하고 나아가 학습자들의 수업 만족도를 향상시킬 수 있을 것으로 생각된다.

2.2 이론적 배경

일본어 학습자의 학습의욕을 가늠하는 데에는 크게 세 가지로 나눌 수 있다. 첫째는 학습자의 인지조절 능력, 둘째는 동기조절 능력, 셋째는 행동조절 능력이다.

첫 번째의 **인지조절 능력**이란 예를 들어 일본어 학습자가 일본어 자료를 기억하고 이해하기 위해 어느 정도의 인지적인 조절을 할 수 있느냐 하는 것이다. 즉 인지조절 능력이 높으면 높을수록 일본어 학습의욕의 정도가 높을 것이라는 말이다. 인지조절 능력은 다음과 같이 다시 **인지전략**과 **메타인지전략** 사용 능력으로 분류된다.

인지조절 능력
① 인지전략 사용 능력 a. 정교화전략 사용 능력 b. 조직화 전략 사용 능력
② 메타인지전략 사용 능력

인지전략 사용 능력이란 예를 들어 일본어 학습자가 일본어 학습자료를 이해하고 기억하기 위해 학습자가 어느 정도로 노력할 수 있는가 하는 것이다. 여기에는 다시 일본어 학습자료를 의미 있게 하기 위해 새로운 일본어 정보를 이전의 오래된 일본어 정보와 연관을 지어 보다 관계를 정교화시킬 줄 아는 **정교화전략의 사용 능력**과, 일본어 학습내용을 구성하는 요소 간의 관계를 논리적으로 엮을 줄 아는 **조직화 전략의 사용 능력**으로 분류된다. 한편 **메타인지전략 사용 능력**은 일본어 학습자 자신이 일본어에 대한 자신의 인지를 어느 정도로 통제하고 조절할 수 있는가 하는 것이다. 이들 전략을 사용하는 능력은 선천적으로 주어진 경우도 있지만 대부분 학습자의 능동적인 학습의욕에서 비롯되는 것이다. 학습의욕이 높기 때문에 이들 전략을 사용 능력을 드높이고자 노력하는 것이다.

두 번째의 **동기조절 능력**이다. 이 능력은 일반적으로 (일본어) 학습자들은 높은 학습동기를 유지할 때, 도전감을 주는 과제나 어려운 과제를 스스로 선택하고 그 과제를 수행해 내기 위해서 한층 더 노력하며 어려움에 부딪혔을 때에 부단한 인내심을 발휘하는 능력이다. 즉, 동기조절 능력이란 학습자의 학업 성취에 대해 어느 정도의 동기를 조절해 낼 수 있는가 하는 것이다. **동기조절**은 다시 **숙달목적지향성**과 **자아효능감**, **성취가치**로 분류된다. 숙달목적지향성이란 예

를 들어 일본어 학습자가 일본어 학습에 어떻게 접근하고 참여하는지를 결정하는 신념체계를 말한다. 그리고 자아효능감이란 문제해결이 어려운 일본어 과제 수행에 대해 쉽게 포기하지 않으며 끈질긴 인내심을 보이는 정도를 말한다. 마지막으로 성취가치란 자신들의 인생에서 일본어 학습에 대해 어느 정도의 가치를 두는가 하는 것이다. 따라서 수업을 듣는 학습자들의 숙달목적지향성, 자아효능감, 성취가치의 정도가 높고 이들 동기조절력을 발휘하기 위한 능력이 크면 클수록 효율적이고 활기찬 교실활동을 할 것으로 예측된다.

마지막으로 행동조절 능력이란 일본어 학습자가 일본어 수업에 스스로 적응하거나 자신의 페이스에 맞게 일본어 학습환경을 어느 정도로 변화시키느냐 하는 능력이다. 행동조절에는 **행동통제, 도움 구하기, 시간의 관리**로 분류된다. 행동통제란 일본어 학습에 대한 의지를 실현하기 위하여 구체적으로 행동으로 옮기는 것을 말한다. 도움 구하기는 잘 모르는 일본어 내용을 교사에게 혹은 선배에게 혹은 후배에게 혹은 학습 사이트 관리자에게 묻고 이해해 내는 행위를 말한다. 시간의 관리란 일본어 학습에 어느 정도 시간을 효율적이고 체계적으로 보내는가 하는 것이다.

지금까지 인지전략 사용 능력, 동기조절 사용 능력, 행동통제 능력에 대해서 언급해 왔는데, 이들 능력이 높은 학습자는 당연히 학습의욕이 높을 것이며, 결국 일본어 학습을 성공적으로 수행해 낼 가능성이 높다고 할 수 있다. 반대로 그렇지 못한 학습자는 일본어 학습의욕이 낮을 것이며, 결국 일본어 학습을 성공적으로 수행해내기 힘들 것이며, 교사의 의욕적인 교실활동이나 교수법에 대해서도 그다지 유의미한 반응을 보이지 못할 것으로 예측된다.

이하에서는 구체적으로 학습자들(일본어문학과 대학생)의 학습의욕을 알아보기 위한 방법들을 제시하도록 하겠다. 그리고 실제 본 저자가 조사한 일본어 학습자들의 인지조절 능력, 동기조절 능력, 행동조절 능력으로 대표되는 학습의욕의 정도를 살펴보기로 하겠다. 본 저자가 조사한 일본어 학습자의 학습의욕은 모든 일본어 학습자의 학습의욕을 일반화하고 있는 것은 물론 아니다. 단지 본 저자는 학습의욕의 정도를 알아보기 위한 방법과 그 방법을 통하여 어느 정도의 수치를 얻을 수 있는지, 그것에 따라서 어느 정도로 수업의 질을 조절할 수 있는지에 대한 지견을 독자분들에게 예시적으로 제공하고자 하는 데에 그 목적이 있음을 미리 밝혀 둔다.

2.3 인지조절 능력

인지조절 능력은 정교화전략 사용 능력과 조직화 전략 사용 능력, 메타인지 전략 사용 능력으로 나뉘어진다. 이하 각 사용 능력을 알아 보기 위한 설문 내용을 구체적으로 제시하면 다음과 같다.

〈정교화전략 사용 능력에 관련된 설문 내용〉
6. 나는 일본어 학습내용을 실생활과 관련지어 학습한다.
7. 나는 새로운 일본어 내용을 배울 때는 이해하기 쉽도록 구체적인 예를 떠올린다.
8. 어떤 일본어 주제를 학습할 때 내가 지금까지 알고 있는 것과 관련지어 본다.
9. 일본어 교재나 부교재를 읽을 때는 읽고 있는 애용을 이미 알고 있는 내용과 관련지어 학습한다.
10. 나는 일본어를 학습할 때 개념들을 모아서 나름대로 관계를 정립해 본다.

〈조직화전략 사용 능력에 관련된 설문 내용〉
1. 나는 중요한 일본어문법 용어가 있으면 쉬운 말로 풀어본다.
2. 나는 어떠한 일본어 주제에 대해 학습할 때 나름대로 나의 생각을 정리

한다.
3. 나는 주요 일본어 개념을 학습할 때에는 이를 자신의 말로 바꾸어 본다.
4. 일본어 내용이 복잡할 때에는 그림이나 표로 그리거나 요약한다.
5. 일본어 노트나 교과서를 소리내어 암기한다.

〈메타인지전략 사용 능력에 관련된 설문 내용〉
11. 나는 일본어 책을 읽다가 시간이 부족하면 중요한 부분만 찾아서 읽는다.
12. 나는 일본어 책을 읽을 때 중요하지 않은 부분은 건너뛰는 편이다.
13. 나는 일본어의 무엇부터 학습할 것인지 순서를 정한 후에 시작한다.
14. 나는 일본어를 학습하는 도중에 내용을 잘 이해하고 있는지 스스로에게 질문을 한다.
15. 나는 일본어를 학습하는 도중에 내용을 확실히 이해하고 있는지를 여러 가지 방법으로 확인한다.

이하에서는 이들 설문 내용으로 설문한 결과를 제시한다. 물론 남녀 학습자별, 학년별, 전공별 학습자별로 다른 결과가 나오겠지만, 여기에서는 구별하지 않고 전체 학습자의 설문 결과만 보기로 한다(동기조절 능력과 행동조절 능력에 대한 설문 결과도 전체 학습자만을 대상으로 한다). '매우 그렇다'를 5점, '그렇다'를 4점, '보통이다'를 3점, '아니다'를 2점, '전혀 아니다'를 1점으로 배점하고, 이들 수치를 평균값으로 환산하여 제시하였다. 수치가 높으면 높을수록 해당 설문 내용에 동의하는 정도가 높은 것이며 낮으면 낮을수록 해당 설문 내용에 동의하는 정도가 낮은 것이라고 할 수 있다(5.00이 만점이다.).

2.3.1 정교화전략 사용 양상

다음은 일본어 학습자의 정교화전략 사용 능력이다.

〈표 1〉 일본어 학습자의 정교화전략 사용 능력

설문 번호	설문 내용	평균값
6	나는 일본어 학습내용을 실생활과 관련지어 학습한다.	3.36
7	나는 새로운 일본어 내용을 배울 때는 이해하기 쉽도록 구체적인 예를 떠올린다.	3.59
8	어떤 일본어 주제를 학습할 때 내가 지금까지 알고 있는 것과 관련지어 본다.	3.71
9	일본어 교재나 부교재를 읽을 때는 읽고 있는 애용을 이미 알고 있는 내용과 관련지어 학습한다.	3.56
10	나는 일본어를 학습할 때 개념들을 모아서 나름대로 관계를 정립해 본다.	3.28

학습의욕이 높은 학습자는 정교화전략 사용 능력에 대한 평균값이 높을 것이며, 학습의욕이 낮은 학습자는 당연히 평균값이 낮을 것이다. 상기의 수치는 일본어 학습자의 정교화전략 사용 능력이 보통에서 우수의 사이를 나타내어 주고 있다.

2.3.2 조직화전략 사용 양상

다음은 일본어 학습자의 정교화전략 사용 능력이다.

〈표 2〉 일본어 학습자의 조직화전략 사용 능력

설문 번호	설문 내용	평균값
1	나는 중요한 일본어문법 용어가 있으면 쉬운 말로 풀어본다.	3.55
2	나는 어떠한 일본어 주제에 대해 학습할 때 나름대로 나의 생각을 정리한다.	3.67

3	나는 주요 일본어 개념을 학습할 때에는 이를 자신의 말로 바꾸어 본다.	3.49
4	일본어 내용이 복잡할 때에는 그림이나 표로 그리거나 요약한다.	3.34
5	일본어 노트나 교과서를 소리내어 암기한다.	3.14

학습의욕이 높은 학습자는 조직화전략 사용 능력에 대한 평균값이 높을 것이며, 학습의욕이 낮은 학습자는 당연히 평균값이 낮을 것으로 예측된다. 수치에 대한 설명은 생략한다(이하 동일).

2.3.3 메타인지전략 사용 양상

다음은 일본어 학습자의 메타인지전략 사용 능력에 대한 결과이다.

〈표 3〉 일본어 학습자의 메타인지전략 사용 능력

설문 번호	설문 내용	평균값
11	나는 일본어 책을 읽다가 시간이 부족하면 중요한 부분만 찾아서 읽는다.	3.55
12	나는 일본어 책을 읽을 때 중요하지 않은 부분은 건너뛰는 편이다.	3.01
13	나는 일본어의 무엇부터 학습할 것인지 순서를 정한 후에 시작한다.	3.41
14	나는 일본어를 학습하는 도중에 내용을 잘 이해하고 있는지 스스로에게 질문을 한다.	3.00
15	나는 일본어를 학습하는 도중에 내용을 확실히 이해하고 있는지를 여러 가지 방법으로 확인한다.	3.22

학습의욕이 높은 일본어 학습자는 메타인지전략의 사용 능력에 대한 평균값이 높을 것이며, 학습의욕이 낮은 학습자는 당연히 평균값이 낮을 것으로 예측된다. 교사는 이들 수치를 근거로 평균값에 걸맞는 수업의 질을 결정하면 될 것이다.

2.4 동기조절 능력

동기조절 능력은 숙달목적지향성과 자아효능감, 성취가치로 분류된다. 학습의욕이 높은 학습자들이 모인 반은 당연히 숙달목적지향성, 자아효능감, 성취가치 등으로 하위분류되는 동기조절 능력이 뛰어날 것으로 예측된다. 교사는 이들 요소에 관련된 수치를 근거를 수업의 질을 결정할 수 있다.

이하 동기조절 능력을 파악하기 위한 내용을 구체적으로 제시하면 다음과 같다.

〈숙달목적지향성 관련 내용〉

1. 나는 새로운 일본어 내용(문법, 문화, 문학)을 익히는 그 자체를 중요하게 생각한다.
2. 나는 성적을 잘 받는 것보다 일본어 내용을 잘 이해하는 것이 더 중요하다고 생각한다.
3. 나는 일본어 내용을 그냥 암기하기보다는 깊이 이해하려고 노력한다.
4. 나는 새로운 일본어 내용을 알았을 때 기쁨을 느낀다.
5. 나는 실수를 하더라도 무엇인가를 배울 수 있는 어려운 일본어 내용을 좋아한다.
6. 나는 쉬운 일본어 내용보다는 어려운 내용을 학습하는 것이 더 재미있다.
7. 나는 많은 노력을 들이더라도 새로운 일본어 내용을 학습하는 것이 좋다.

〈자아효능감 관련 내용〉

8. 나는 수업시간에 선생님이 가르쳐 주시는 일본어 내용을 모두 이해할 수 있다.
9. 나는 다른 학생들에 비해 우수하다고 생각한다.
10. 나는 수업시간에 주어지는 일본어 관련 문제나 과제를 잘 풀 수 있다.

11. 나는 앞으로도 좋은 성적을 올릴 수 있을 것이다.
12. 다른 친구들과 비교할 때 나의 일본어 학습방법은 효과적이고 뛰어난 편이다.
13. 다른 친구들과 비교해 볼 때 나는 일본어 교과서 내용을 많이 이해하고 있다.
14. 나는 앞으로 수업시간에 배우게 될 모든 일본어 내용을 다 잘 이해할 수 있다.

〈성취가치 관련 내용〉
15. 일본어 공부는 나에게 중요한 의미를 지닌다.
16. 나는 일본어문학과에서 배우는 내용들이 중요하다고 생각한다.
17. 일본어 공부는 내 인생의 중요한 목표이다.
18. 나는 일본어문학과 생활이 내가 성장해 나가는 데 중요한 역할을 할 것으로 생각한다.
19. 일본어문학과 공부는 내가 미래의 직업을 선택하는 데에 커다란 영향을 줄 것이다.
20. 일본어문학과에서 배우는 내용들은 살아가는 데에 쓸모가 있을 것이다.
21. 일본어문학과의 생활이 앞으로 사회생활을 하는 데에 도움이 될 것이다.

2.4.1 숙달목적지향성

다음의 〈표 4〉는 일본어 학습자의 숙달목적지향성을 수치화한 것이다.

⟨표 4⟩ 일본어 학습자의 숙달목적지향성

설문 번호	설문 내용	평균값
1	나는 새로운 일본어 내용(문법, 문화, 문학)을 익히는 그 자체를 중요하게 생각한다.	4.06
2	나는 성적을 잘 받는 것보다 일본어 내용을 잘 이해하는 것이 더 중요하다고 생각한다.	3.56
3	나는 일본어 내용을 그냥 암기하기보다는 깊이 이해하려고 노력한다.	3.71
4	나는 새로운 일본어 내용을 알았을 때 기쁨을 느낀다.	4.19
5	나는 실수를 하더라도 무엇인가를 배울 수 있는 어려운 일본어 내용을 좋아한다.	3.45
6	나는 쉬운 일본어 내용보다는 어려운 내용을 학습하는 것이 더 재미있다.	3.06
7	나는 많은 노력을 들이더라도 새로운 일본어 내용을 학습하는 것이 좋다.	3.64

2.4.2 자아효능감

다음의 ⟨표 5⟩는 일본어 학습자의 자아효능감을 수치화한 것이다.

⟨표 5⟩ 일본어 학습자의 자아효능감

설문 번호	설문 내용	평균값
8	나는 수업시간에 선생님이 가르쳐 주시는 일본어 내용을 모두 이해할 수 있다.	2.99
9	나는 다른 학생들에 비해 우수하다고 생각한다.	2.31
10	나는 수업시간에 주어지는 일본어 내용 관련 문제나 과제를 잘 풀 수 있다.	2.91
11	나는 앞으로도 좋은 성적을 올릴 수 있을 것이다.	3.75
12	다른 친구들과 비교할 때 나의 일본어 학습방법은 효과적이고 뛰어난 편이다.	2.70
13	다른 친구들과 비교해 볼 때 나는 일본어 교과서 내용을 많이 이해하고 있다.	2.76
14	나는 앞으로 수업시간에 배우게 될 모든 일본어 내용을 다 잘 이해할 수 있다.	3.04

2.4.3 성취가치

다음의 〈표 6〉은 일본어 학습자의 성취가치를 수치화한 것이다.

〈표 6〉 일본어 학습자의 성취가치

설문 번호	설문 내용	평균값
15	일본어 공부는 나에게 중요한 의미를 지닌다.	4.11
16	나는 일본어문학과에서 배우는 내용들이 중요하다고 생각한다.	4.12
17	일본어 공부는 내 인생의 중요한 목표이다.	4.11
18	나는 일본어문학과 생활이 내가 성장해 나가는 데 중요한 역할을 할 것으로 생각한다.	4.02
19	일본어문학과 공부는 내가 미래의 직업을 선택하는 데에 커다란 영향을 줄 것이다.	4.09
20	일본어문학과에서 배우는 내용들은 살아가는 데에 쓸모가 있을 것이다.	4.20
21	일본어문학과의 생활이 앞으로 사회생활을 하는 데에 도움이 될 것이다.	4.12

2.5 행동조절 능력

행동조절 능력은 행동통제 능력, 학업시간의 관리 능력, 도움 구하기 능력으로 분류된다. 학습의욕이 높은 학습자들이 모인 반은 행동조절 능력으로 대표되는 행동통제 능력, 학업시간의 관리 능력, 도움 구하기 능력이 뛰어날 것으로 예측된다. 교사는 이들 요소에 관련된 수치를 근거를 수업의 질을 결정할 수 있다.

이하 행동조절 능력을 파악하기 위한 내용을 구체적으로 제시하면 다음과 같다.

〈행동통제 능력 관련 내용〉
1. 나는 일본어를 공부하겠다고 계획하면 바로 시작하는 편이다.

2. 나는 마음먹은 일본어 공부는 곧장 실천하는 경우가 많다.
3. 나는 일본어 공부가 지루하고 재미가 없어도 끝까지 다 해놓고 논다.
4. 나는 일본어 공부를 끝낼 때까지는 거기에 집중한다.
5. 나는 일본어 공부가 지루해도 계획한 것은 마친다.
6. 나는 일본어 과제를 정해진 시간까지 다 끝내 놓는다.

〈학업시간의 관리 능력 관련 내용〉

7. 나는 몇 시간 동안 얼마나 일본어를 공부할 것인지 목표를 분명히 한 다음에 일본어 공부를 시작한다.
8. 나는 효율적으로 일본어를 공부하기 위해 시간마다 계획을 세워 공부한다.
9. 나는 공부가 가장 잘 되는 시간은 비워놓고 그 시간에는 일본어 공부만 한다.
10. 나는 효과적으로 일본어를 공부하기 위해 공부 시간을 확실히 정해 둔다.
11. 나는 시험 전에 계획을 세우고 그에 따라 일본어를 공부한다.

〈도움 구하기 능력 관련 내용〉

12. 내가 잘 모르는 일본어 내용이 있으면 아는 사람에게 물어본다.
13. 나는 시험공부를 할 때 친구로부터 시험에 대해 여러 정보를 구하려고 노력한다.
14. 나는 일본어 공부를 하다가 모르는 부분이 생기면 친구들에게 도움을 청한다.
15. 나는 모르는 일본어 단어가 있으면 사전을 찾아본다.
16. 나는 모르는 일본어가 생기면 백과사전 등과 같은 여러 자료를 찾아본다.

17. 일본어 과제나 일본어 공부를 하다가 잘 모르는 내용이 있으면 컴퓨터 통신이나 인터넷을 찾아본다.

2.5.1 행동통제

다음의 〈표 7〉은 일본어 학습자의 행동통제 능력을 수치화한 것이다.

〈표 7〉 일본어 학습자의 행동통제

설문 번호	설문 내용	평균값
1	나는 일본어를 공부하겠다고 계획하면 바로 시작하는 편이다.	3.01
2	나는 마음먹은 일본어 공부는 곧장 실천하는 경우가 많다.	3.08
3	나는 일본어 공부가 지루하고 재미가 없어도 끝까지 다 해놓고 논다.	2.65
4	나는 일본어 공부를 끝낼 때까지는 거기에 집중한다.	2.85
5	나는 일본어 공부가 지루해도 계획한 것은 마친다.	2.97
6	나는 일본어 과제를 정해진 시간까지 다 끝내 놓는다.	3.52

2.5.2 학업시간의 관리

다음의 〈표 8〉은 일본어 학습자의 학업시간 관리를 수치화한 것이다.

〈표 8〉 일본어 학습자의 학업시간 관리

설문 번호	설문 내용	평균값
7	나는 몇 시간 동안 얼마나 일본어를 공부할 것인지 목표를 분명히 한 다음에 일본어 공부를 시작한다.	2.97
8	나는 효율적으로 일본어를 공부하기 위해 시간마다 계획을 세워 공부한다.	2.88
9	나는 공부가 가장 잘 되는 시간은 비워놓고 그 시간에는 일본어 공부만 한다.	2.64
10	나는 효과적으로 일본어를 공부하기 위해 공부 시간을 확실히 정해 둔다.	2.66
11	나는 시험 전에 계획을 세우고 그에 따라 일본어를 공부한다.	3.39

2.5.3 도움 구하기

다음의 〈표 9〉는 일본어 학습자의 도움 구하기 능력을 수치화한 것이다.

〈표 9〉 일본어 학습자의 도움 구하기

설문 번호	설문 내용	평균값
12	내가 잘 모르는 일본어 내용이 있으면 아는 사람에게 물어본다.	3.96
13	나는 시험공부를 할 때 친구로부터 시험에 대해 여러 정보를 구하려고 노력한다.	3.59
14	나는 일본어 공부를 하다가 모르는 부분이 생기면 친구들에게 도움을 청한다.	3.75
15	나는 모르는 일본어 단어가 있으면 사전을 찾아본다.	4.35
16	나는 모르는 일본어가 생기면 백과사전 등과 같은 여러 자료를 찾아본다.	3.75
17	일본어 과제나 일본어 공부를 하다가 잘 모르는 내용이 있으면 컴퓨터 통신이나 인터넷을 찾아본다.	4.12

2.6 맺음말

일본어 학습자의 높은 학업성취나 학습부진, 교사의 교수법에 대한 학습자들의 높은 만족도 혹은 낮은 만족도가 나타난 데에는 결코 우연이 작용했을 리가 없다. 거기에는 분명히 이유가 있다는 것이 본 저자의 생각이다. 일본어 학습자들 중에는 일본어 학습에 많은 시간을 들이는 학습자가 있는가 하면 그렇지 못한 학습자도 있다. 독해 실력은 뛰어나지만, 회화 실력은 떨어지는 학습자가 있다. 독해 실력도 회화 실력도 모두 떨어지는 학습자도 있고, 회화 실력은 떨어지지만, 작문 실력이 뛰어난 학습자도 있다. 열심히 노력하지만, 학습성과를 제대로 못내는 학습자가 있다. 특정한 교수법이 잘 적용되는 반이 있고, 아무리 노력해도 자신의 교수법이 제대로 먹혀들지 않는 반이 있다.

이러한 모든 것은 학습의욕으로 대표되는 일본어 학습자들의 인지전략 사용 능력, 동기조절 능력, 행동통제 능력의 높낮이에서 비롯되는 것이라고 생각한다면 교사는 무엇에 더 치중할지 덜 치중할지, 자신의 교수법을 어떻게 개선을 해야 할지에 대해 되돌이켜 보는 계기가 될 것이다.

제2장 인용 및 참고문헌

천호재(2010a)「일본어 학습에 대한 한국인 대학생 일본어 학습자의 인지 조절 적용 양상」『일본문화연구』36, 511-528.
천호재(2010b)「한국인 대학생 일본어 학습자들의 일본어 학습에 대한 동기조절양상」『일어일문학연구』74(1), 187-207.
천호재(2011)「제1부 제5장 한국인 대학생 일본어 학습자들의 일본어 학습에 대한 행동조절 양상」『인터넷 기반 일본어교육의 가능성과 연구 방법』한국문화사

제3장 구성

3.1 머리말
3.2 교재의 종류
　① 교과서(text, 教科書)
　② 모듈형 교재(module-type materials, モジュール型教材)
　③ 산교재(authentic materials, 生教材)
　④ 테이프 교재(tape teaching materials, テープ教材)
　⑤ 비디오 교재와 DVD 교재(video and Laser disk teaching materials, ビデオ教材/レーザーディスク教材)
　⑥ CAI교재(CAI materials, CAI教材)와 CALL교재(CALL materials, CALL教材)
　⑦ 멀티미디어 교재(Multi-media materials, マルチメディア教材)
　⑧ 문자카드(文字カード)
　⑨ 오십음도(五十音図)
　⑩ 실물교재(realia, レアリア)
　⑪ 그림교재·사진교재(絵教材·写真教材)
　⑫ OHP(Overhead projector, OHP)
　⑬ 슬라이드(Slide, スライド)
　⑭ 롤 카드(role card, ロールカード)
　⑮ 칠판·화이트보드(黒板·ホワイトボード)
　⑯ 노래교재(Song materials, 歌教材)
3.3 각 교재를 활용한 교실활동 방안
　3.3.1 산교재를 활용한 교실활동 방안
　3.3.2 그림교재·사진교재를 활용한 교실활동 방안
　3.3.3 문자카드(플래시 카드)를 통한 교실활동 방안
　3.3.4 실물교재를 활용한 교실활동 방안
　3.3.5 노래교재를 활용한 교실활동 방안
3.4 맺음말
제3장 인용 및 참고문헌

제3장

교재의 종류

3.1 머리말

교사가 교사로서의 교육적 신념과 자질을 알았고, 학습자의 학습의욕을 파악하였다고 해서 그것으로 바로 교실활동이 가능한 것은 아니다.

일본어는 다른 외국어와 마찬가지로 교재·교구의 개념을 파악하여 현재 자신이 담당하는 일본어 학습자에게 가장 알맞은 교재를 선택할 수 있어야 하고, 교실활동에 가장 적합한 교구를 사용함으로써 효율적으로 학습내용이 학습자들에게 잘 전달될 수 있도록 할 필요가 있기 때문이다. 만약 교사가 학습자들에게 필요한 교재를 제대로 선택하지 못하고 교구의 개념을 몰라 교실활동에서 적합한 교구를 사용하지 못한다면 효율적인 교실활동을 하기란 사실상 불가능할 것이다.

따라서 제3장에서는 교재·교구의 개념을 설명하여 일본어 교사가 교실활동에서 보다 효율적인 교실활동을 할 수 있도록 도모하고자 한다.

3.2 교재의 종류

교재·교구란 교실활동(교사의 교수활동과 학습자의 학습활동)이 원만하게 이루어지도록 돕는 도구를 말한다. 교재는 학습내용을 구체적으로 명시한 것이며, 교구는 교실활동이 이루어지도록 돕는 도구라고 애써 구별을 해도 교재 역시 교실활동을 원활하게 하는 도구로써의 역할을 무시할 수 없으므로 교구라는 말과 구별하기가 그리 용이하지 않다. 따라서 본 저자는 교재를 교구라는 말과 구별하지 않고 교재로 일괄해서 사용하기로 한다.

일본어 교재로는 교과서, 모듈형 교재, 산교재(生教材), 테이프 교재, 비디오 교재와 레이저 디스크 교재(DVD교재), CAI와 CALL, 멀티미디어 교재, 문자카드, 오십음도, 실물교재, 그림교재와 사진교재, OHP, 롤 카드, 노래, 칠판·화이트 보드 등을 들 수 있다.

이와 같이 일본어 교재의 종류가 다양한 것을 볼 수 있는데, 그렇다고 해서 다양한 형태의 교재 파악에 부담을 가질 필요는 없다. 일본어라는 몸이 다양한 옷을 입고 있을 뿐이라는 가벼운 마음으로 이들 교재를 살펴보면 의외로 다양한 종류의 교재가 손쉽게 이해될 수 있기 때문이다. 즉 가르칠 일본어 내용이 테이프에 담겨 있으면 그 테이프는 테이프 교재이며, CALL의 옷을 입고 있으면 CALL이 교재가 된다. 또한 가르칠 내용이 그림과 사진에 담겨져 있으면 그림과 사진은 각각 그림교재와 사진교재가 될 수 있는 것이다.

이하 위에서 열거한 순서대로 각 교재의 특징을 알아보도록 하자.

① 교과서(text, 教科書)

교과서란 학습자의 학습목적을 최대한 반영하여 제작된 것을 말한다. 예를 들어 일본어 학습자들에게 공통적인 학습목적을 수행하기 위한 특정 교수항목(syllubus), 문법 항목, 언어4기능, 문형연습, 연습문제, 기계드릴, 의미드릴, 삽화, 문화 학습항목, 본문 등이 들어간다.

교과서로는 중학교 일본어 교과서, 고등학교 일본어 교과서(12종), 대학 초급 일본어 교과서 등을 예로 들 수 있으며, 특정 학습자 혹은 불특정 다수 학습자를 대상으로 독학 혹은 강습의 형태로 수업이 이루어질 경우, 거기에서 사용되는 일본어 문제집이나 참고서도 교과서가 될 수 있다.

日本語教科書(1)

版元ドットコム

日本語教科書(2)

スリーエーネットワーク

일본어독해교재(천호재)

도서출판 인문사

일본어 교과서

넥서스 출판사

교과서가 있으면 수업의 진도나 수업내용을 학습자들이 명확하게 어떠한 순서로 학습할 것인지를 알 수 있기 때문에 금후의 학습코스에 대한 달성감을 획득할 수 있음과 동시에 불안감을 해소할 수 있다.

교과서의 선택 기준은 학습자들의 학습목적에 따라 얼마든지 달라질 수 있다. 교사가 교과서를 선택할 경우, 학습자들의 학습목적을 감안하여 우선 교과서 앞부분에 있는 저자의 집필 방침을 읽는 것이 무엇보다 필요하다고 생각된다. 그리고 실제로 저자의 집필 방침이 제대로 실현되었는지를 알아보기 위해서 목차를 보고, 최종적으로 목차에 나온 내용을 본문에서 확인해 나가는 행동이 필요할 것이다. 교과서의 선택 기준을 교사가 파악한다는 것은 특정 교과서를 교사가 분석한다는 것과 직결되므로 이에 대해서는 제1부 제8장에서 상세하게 검토하기로 한다.

좋은 교과서는 권위있는 저자에 의해 쓰여지고, 다양한 학습내용이 알차게 제시되어 있으며, 알차고 친절한 설명, 다채로운 삽화가 제시된 고비용의 제작비가 투여된 것에 의해서 결정되는 것이 아니라 학습자의 학습목적과의 상대적인 관계에서 결정된다는 사실을 잊어서는 안 된다.

② 모듈형 교재(module-type materials, モジュール型教材)

각 단원이 내용적으로 연계되지 않고 각각 독립된 교재이다. 예를 들어 일반적인 교재(교과서)는 제1과의 내용을 학습하지 않으면 제2과의 내용을 이해하기가 어려운데, 그것은 제1과와 제2과가 내용적으로 연계되어 있기 때문이다. 그런데 모듈형 교재는 각 단원이 내용적으로 연계되어 있지 않으므로 학습자의 니즈에 따라서 자신이 필요로 하는 단원부터 무작위로 학습이 가능하다.

예1) 제1과 만남/제2과 안부/제3과 소개/제4과 인사/ 제5과 사과와 용서/ 제6과 축하와 기원 /제7과 부탁/제8과 질문과 대답/제9과 약속/제10과 초대와 방문/제11과 농담/제12과 감정 표현
〈오화정(2007) 일본어 회화 교과서, 리브리언 출판사의 목차에서 인용함.〉

예2) 여행회화집

③ 산교재(authentic materials, 生教材)

일본사회의 일상생활에서 사용되는 그 무엇인가를 사용한 교재를 말한다. 일본에서 발행되는 신문, 잡지, 서적 혹은 텔레비전 뉴스, 드라마, 전단지, 광고, 일기예보, 전철 시각표, 심리테스트, 옛날이야기 등을 교실활동(듣기, 말하기, 읽기, 쓰기)에 도입하면 이들은 산교재가 될 수 있다. 산교재의 특징은 산교재가 일본어 교육용으로 만들어진 것이 아니라는 데에 있다.

④ 테이프 교재(tape teaching materials, テープ教材)

일본어 표준 모델(발음)을 학습자들에게 들려주기 위해, 혹은 받아쓰기, 그리고 청취 연습을 학습자들이 할 수 있도록 음성을 테이프에 수록한 것을 말한다. 테이프에 일본어 낭독이나 드라마 그리고 뉴스가 담겨 있으면 그것도 테이프 교재가 될 수 있다. 시각적인 정보는 제시되지 않으므로 학습자는 듣기에 집중할 수 있다는 장점이 있다. 최근 MP3 플레이어와 MP4 플레이어의 등장으로 그 존재가 위협받고 있다. 그러나 교실에 테이프 레코더가 비치된 경우가 많으므로 교재로서의 활용 가능성은 아직은 있는 편이다.

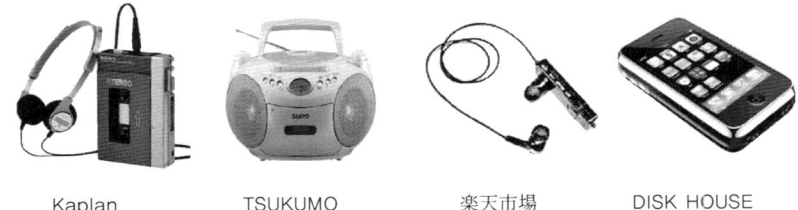

테이프교재와 기기(1)	테이프교재와 기기(2)	테이프교재와 기기(3)	테이프교재와 기기(4)
Kaplan	TSUKUMO	楽天市場	DISK HOUSE

⑤ 비디오 교재와 DVD 교재(video and Laser disk teaching materials, ビデオ教材／レーザーディスク教材)

양쪽 모두 음성과 화면을 학습자에게 제공할 수 있는 교재이다. 테이프 교재는 청각 정보만 제시하지만 이들 교재는 그림이나 사진, 동영상, 음성 등 다양한 자료가 제시되므로 학습자는 일본어 표현뿐만 아니라 일본인의 비언어행동, 예절, 일본사정(일본문화) 등의 정보를 입수할 수 있다.

비디오 교재
bilingualikuji.net

레이저 디스크 교재
金沢工業大学出版局

⑥ CAI교재(CAI materials, CAI教材)와 CALL교재(CALL materials, CALL教材)

CAI란 Computer Assisted Instruction의 약자로 컴퓨터를 상대로 자습하는 프로그램 형식의 교재를 말한다. 그런데 컴퓨터를 상대로 일본어 학습을 하는 프로그램 형식의 교재는 크게 보면 CAI교재이지만, 엄밀히 말하면 CALL(Computer Assisted Language Learning)교재라고 할 수 있다. 이 교재는 컴퓨터를 상대로 언어학습을 하는 프로그램 형식을 취하기 때문이다.

CALL교재(어휘, 문법 문제의 예)

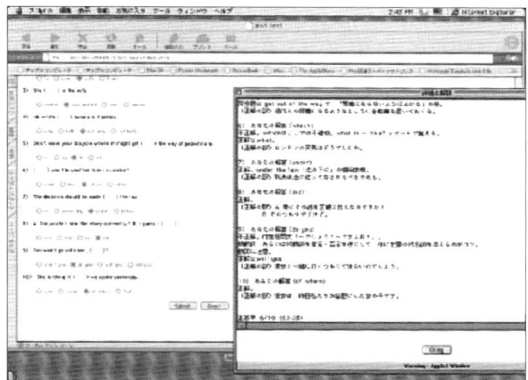

ULAN PROJECT

⑦ 멀티미디어 교재(Multi—media materials, マルチメディア教材)

정보의 디지털 처리가 가능한 복수의 미디어를 통합적으로 조합하여 만들어진 교재이다. 예를 들어 일본어 학습자는 컴퓨터를 통해 발음연습, 대화 장면, 각종 연습, 문법 설명, 참고자료(사진이나 그림), 관련 정보(인터넷 하이퍼텍스트 및 하이퍼미디어)를 즉시 액세스할 수 있으며, 속도감 있고 현장감 있는 일본어 학습을 할 수 있다.

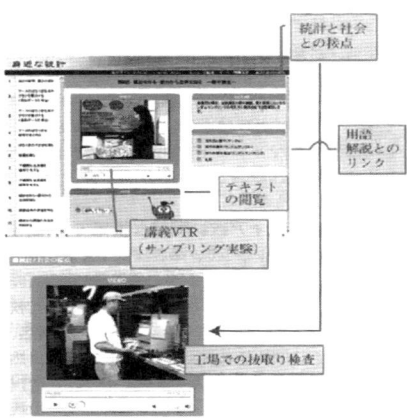

JUCE

제3장 교재의 종류 57

⑧ 문자카드(文字カード)

글자 그대로 일본어 문자(히라가나, 가타가나, 한자)가 쓰여진 카드이다. 문자카드는 판서의 일부로서 이용되기도 하며, 오십음도와 병행해서 문자교육에도 활용할 수 있으며, 동사 활용을 연습하는 데에도 사용될 수 있다. 예를 들면 동사의 기본형을 카드로 제시하면서 학습자들로 하여금 예를 들면 충고나 경험 표현으로 바꾸는 연습을 하는 것이다.

그리고 문자카드는 단어 읽기, 발음, 드릴용으로도 사용될 수 있다. 또한 히라가나나 가타가나로 표기된 단어에 악센트를 붙여 악센트 교육용으로도 활용할 수 있다. 또한 아래의 사진에서 보듯 문자카드는 십자말풀이 놀이로도 교실활동에 사용될 수 있다.

テーブルゲーム·ボードゲームオフ会

문자카드는 경우에 따라서 **플래시 카드**(flash card, フラッシュカード) 방식으로 사용할 수도 있다. 예를 들면 카드 앞면에 동물(코끼리) 그림을 그리고, 뒷면에는 「ぞう(象)」라는 문자를 적는다. 이를 교실활동에서 학습자들에게 코끼리 그림을 섬광처럼 보여주고 일본어 단어를 맞게 한다.

⑨ 오십음도(五十音図)

히라가나와 가타가나를 판서의 형식이 아니라 일람표의 형식으로 후대하거나 교실 뒷벽에 붙여두고 히라가나와 가타가나를 수시로 학습할 수 있도록 도모한 교재를 말한다.

오십음도

ん	わ	ら	や	ま	は	な	た	さ	か	あ
	い	り	い	み	ひ	に	ち	し	き	い
	う	る	ゆ	む	ふ	ぬ	つ	す	く	う
	え	れ	え	め	へ	ね	て	せ	け	え
	を	ろ	よ	も	ほ	の	と	そ	こ	お

小鸥的博客

⑩ 실물교재(realia, レアリア)

어떤 단어의 의미를 실감나게 설명하기 위해서 교사가 실물을 학습자들에게 제시할 때, 그 실물은 교재가 될 수 있다. 예를 들면 일본어「下駄(나막신)」을 설명할 때, 下駄를 직접 학습자들에게 제시하면 그것은 실물교재가 된다. 이 실물교재는 주로 초급과정에서 많이 사용된다.

きたきゅう ブログ

⑪ 그림교재·사진교재(絵教材·写真教材)

그림이나 사진을 통해서 일본어 학습내용을 전달하는 경우, 이때의 그림이나 사진은 교재가 될 수 있다. 그림은 자신이 직접 그린 것이라도 상관없으며 그림에 자신이 없으면 잡지나 서적의 일러스트를 이용할 수도 있으며 인터넷에서 합법적으로 다운받아 사용해도 될 것이다. 사진 역시 자신이 직접 촬영한 것이거나 타인의 사진을 양도받거나 인터넷에서 합법적으로 다운받아 사용해도 무방하다.

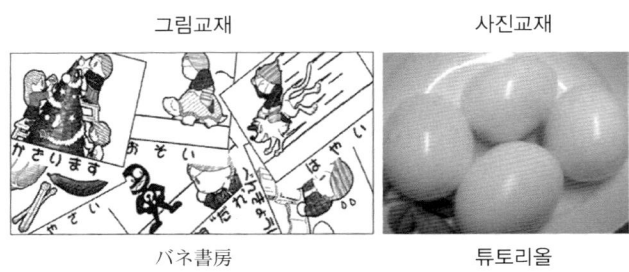

그림교재 　　　　　사진교재
バネ書房 　　　　　튜토리올

⑫ OHP(Overhead projector, OHP)

OHP시트라고 불리는 투명한 시트를 광원 위에 두고 반사시켜 그 시트에 담긴 일본어 내용을 확대 투영함으로써 전체 학습자들이 볼 수 있도록 고안된 장치이다.

OHP(1) 　　　OHP(2) 　　　OHP 시트
SANWA DIRECT 　Lifehacking.jp 　Sanwa

학습자들의 반응을 보면서 특정 부분을 보충할 수도 있으며 시트를 겹쳐 내용을 보충하거나 변경할 수도 있다. 동적인 교재로서의 역할을 기대할 수 있다.

예를 들어 〈시트1〉을 다음과 같이 학습자들에게 보여준 뒤, 그 위에 〈시트2〉를 겹치게 해서 올려두면 〈시트2〉에서 보듯이 현재형과 과거형, 긍정형과 부정형의 형태적 차이를 이해하기가 매우 용이하다.

〈시트1〉

	현재형	과거형
긍정형	食べます	食べました
부정형		

〈시트2〉

	현재형	과거형
긍정형		
부정형	食べません	食べませんでした

OHP는 문자뿐만 아니라 그림을 가지고도 다양한 교실활동을 생각해 볼 수 있다. 각자 이것에 대해 다양한 교실활동 가능성에 대해서 생각해보도록 하자.

⑬ 슬라이드(Slide, スライド)

포지 필름을 영사기로 투영하면서 일본어 학습이 이루어지도록 도모한 교재이다. 예를 들면 짐승이나 조류 사진(혹은 일상주변의 사진)을 연속적으로 제시하여 대상과 어휘와의 관계를 시각화하는 방법을 모색해 볼 수 있을 것이다.

슬라이드 영사기   포지필름

어르신 온라인 창업 아카데미   Wikipedia

⑭ 롤 카드(role card, ロールカード)

일본어 말하기 연습의 숙달을 위해 역할극의 참가자가 해야 하는 역할의 내용이나 장면, 상대와의 인간관계 등이 적혀 있는 카드이다. 역할극에 참가하는 학습자는 자신이 선택한 카드에 적힌 내용을 토대로 역할에 걸 맞는 언어행동이나 비언어행동을 취하면 된다. 교사나 학습자의 입장으로 보면 이러한 롤 카드는 학습자의 말하기 연습에 도움이 되므로 일본어 교재가 될 수 있다.

예) 희망하는 방을 찾는다. /부동산 직원으로 손님에게 희망하는 방을 소개한다.

①ロールカードA	①ロールカードB
役割:留学生 状況:あなたは大学の留学生です。今は大学の留学生寮に住んでいますが、もうすぐ1年経つので部屋を出なければなりません。でも、留学生なのであまりお金がありません。できるだけ安い部屋がいいと思っています。 すること:不動産屋へ行って、次の条件に合う部屋を探してください。 〈 条件 〉 ・家賃は4万円くらいまで。できれば安いほうがいい。 ・部屋は、一人で住むので狭くてもいい。 ・できれば交通が便利なところがいいが、多少 不便でも安いところがあったらそちらを選びたい。	役割:不動産屋 状況:あなたは今、不動産屋で働いています。 すること:お客さんが店に部屋を探しに来たら、お客さんにどんな部屋がいいか希望を聞いて、それに合う部屋を紹介してください。

jigou.hqwy.com/jpk/jap/doc/kcms/shijian/a07.doc(2012.05.10)에서 인용함.

⑮ 칠판・화이트보드(黒板・ホワイトボード)

칠판(화이트보드)을 통한 판서는 교사가 원하는 시간에 사용이 가능하며 사용이 매우 편리하다. 학습자의 주의를 환기시키기가 좋으며(최근에는 파워포인트보다 칠판 쪽이 주의 환기시키기가 더 수월하다는 보고가 있다), 교사가 전달하고자 하는 학습내용을 신속하게 제시할 수 있으며 학습내용의 추가나 삭제, 수정이 용이하다. 장시간 칠판을 응시하여도 눈이 나빠질 염려가 없다.

판서는 계획을 세워서 하는 것이 좋다. 예를 들어 교과서에 제시된 순서대로 학습내용을 칠판이나 화이트보드 좌측 상단→좌측 하단→중간 상단→중간 하단→우측 상단→우측 하단의 방향으로 판서해 나간다. 판서하는 글씨는 적절한 크기여야 하며, 정확하고 신속하게 판서를 해야 한다. 다양한 색분필(마크펜)을 사용해서는 안 되며(오히려 집중력이 흩어질 수 있다.), 판서한 부분을 몸으로 가려서 학습자들이 판서 내용에 대한 이해를 방해해서는 안 된다. 판서한 내용이 햇빛에 반사되어 학습자들의 눈에 잘 보이지 않는지 주의해야 할 것이며, 칠판을 향해서 즉 등을 돌려서 말을 해서는 안 될 것이며, 학습자들이 필기를 하는 동안에도 설명을 해서는 안 된다.

⑯ 노래교재(Song materials, 歌教材)

노래를 일본어 학습(듣기, 읽기, 말하기, 쓰기)에 이용하면 그 노래는 교재가 될 수 있다.

こいしいひと(松たか子)

逢いたくて逢(あ)えなくて 何度(なんど)も受話器(じゅわき)を置いた
永遠(えいえん)に永遠に この胸(むね)の中(なか)

交差点(こうさてん)の向(む)こうに あなたの顔(かお)見(み)つけた
変わらないその瞳(ひとみ) 一瞬(いっしゅん)時(とき)が止(と)まる
恋人(こいびと)でいるよりも 友達として側で
笑いあえてるだけで いつもそれでよかった

もしあの日 あぁその想(おも)い
あの人に伝(つた)えたら 何か変わっていたの？

> ものすごくものすごく 恋しい人の名前は
> 永遠に永遠に この胸の中
>
> 交(かわ)わした言葉(ことば)の数(かず)
> ひとつひとつ浮(う)かべた
> 臆病(おくびょう)な私へと そっとさよならを告(つ)げる
>
> 今ならば そう胸を張(は)って
> お互(たが)いに向(む)き合って 輝(かがや)いていられる
> ものすごくものすごく 恋しい人の名前は
> 永遠に永遠に この胸の中
>
> [ ] 반복
>
> 暖かい暖かい 優(やさ)しい光(ひかり)の中で
> 偶然(ぐうぜん)にすれ違(ちが)う 人波(ひとなみ)の中
> 離(はな)れてゆくの

3.3 각 교재를 활용한 교실활동 방안

이하의 절에서는 3.2에서 제시한 교재 가운데 산교재, 문자카드(플래시카드), 그림교재·사진교재, 실물교재, 노래교재를 활용한 교실활동 방안에 대해서 설명하기로 한다.

3.3.1 산교재를 활용한 교실활동 방안

일본어교육을 목적으로 하지 않은, 일본사회의 일상생활에서 사용되는 그 무엇인가를 가지고 일본어교육을 하고자 할 경우에 사용되는 것을 산교재라고 한다. 앞서 언급한 바와 같이 일본의 신문, 잡지, 서적, 텔레비전 뉴스, 드라마, 전단지, 광고, 일기예보, 전철 시각표, 심리테스트, 인터넷 자료(하이퍼 텍스트, 하이퍼 미디어), 옛날이야기 등을 교실활동(듣기, 말하기, 읽기, 쓰기)에 도입하면 이들은 산 교재로써 충분히 기능을 할 수 있다.

텔레비전 뉴스나 광고를 활용한 교실활동 방안에 대해서 보도록 하자. 교사는 다음과 같은 뉴스(CM) 내용이 들어간 동영상과 자료를 교실활동에 들어가기 전에 준비한다.

那須高原の牧場でアルパカの毛刈り　　　　　　ANN News(2010.06.13)

那須高原の牧場ではアルパカの毛刈りが行われています。この牧場では400頭のアルパカが飼育されております。アルパカは南米原産のラクダ科の家畜で高温多湿になるこの時期に温度調節のため毛が刈られます。ペルー人の職人が慣れた手つきで1頭1頭丁寧に毛を刈っていきます。刈られた毛は帽子やアクセサリーに加工され、牧場の売店で販売されるということです。

FASIO CM

松本潤: ファシオ。
女性顧客: まつげ、パワー盛りで。
松本潤: かしこまりました。
　声優: たっぷり密着。びっくりボリューム。
松本潤: 目磁力マスカラ。
　声優: ファシオマグネプラス誕生。
松本潤: パワー盛りです。
　声優: KOSE

학습자들에게 위의 뉴스(CM) 동영상을 1회 혹은 수차례 보여주며 들려준다.

① 초급 학습자의 경우, 「ます」와 같은 기본적인 단어나 어형이 몇 번 출현

하는지 맞히게 한다. → 듣기 능력의 배양

② 중급 학습자나 고급 학습자의 경우, 위의 내용에 관련된 질문을 구두로 하고 대답하도록 한다. → 듣기 능력의 배양

③ 중급 학습자나 고급 학습자의 경우, 위의 뉴스(CM) 내용을 문장으로 작성하여 배부하고 그 내용을 읽고, 질문표에 문장으로 대답하도록 한다. → 쓰기 능력의 배양

④ 위의 뉴스(CM)를 수차례 듣고, 수차례 뉴스(CM) 원문을 읽고, 뉴스(CM) 내용에 대해 각자의 느낌을 말하도록 한다. →듣기, 읽기, 말하기 능력의 배양

그 다음으로 인터넷상의 아래와 같은 심리테스트를 일본어 학습에 적용하는 방안에 대해서도 검토해 보자. 예를 들어 아래의 문장을 교사가 같이 보면서 읽어주고 학습자로 하여금 대답을 하도록 한다. 읽고 대답을 해나가는 과정에 자연스럽게 읽기 능력, 듣기 능력이 향상될 것으로 기대된다.

あなたの結婚適齢期をズバリ！ 鑑定します。
結婚はいつ頃したらいいんだろう！？そんな迷いを持つ方に捧げます…

▼ あなたの名前を教えて下さい（表示に使うだけです）
　　_____さん
▼ あなたの年齢を教えて下さい
　　_____歳
▼ あなたの性別を教えて下さい
　① 男性　② 女性
▼ Q1: 初恋をしたのは何歳の頃ですか？
　① なし　② 0~4歳　③ 5~7歳　④ 8~11歳　⑤ 12~16歳
　⑥ 17~22歳　⑦ 23歳以上

▼Q2: 恋愛はリードするよりされた方が楽？
　　①はい　　②いいえ　③どちらともいえない
▼Q3: 次のうち恋愛をする上で一番大切と思うことは？
　　①笑顔　　②お金　　③カッコ良さ
▼Q4: あなたの一番長く付き合った年月は？
　　①なし　②~1ヶ月　③~6ヶ月　④~1年　⑤~3年　⑥~5年　⑦5年以上
▼Q5: あなたの最短『彼氏・彼女いない歴』は？
　　①1日　　②~15日　　③~1ヶ月　　④~6ヶ月
　　⑤~1年　　⑥~3年　　⑦~5年　　⑧5年以上
▼Q6: 憧れの人との初デート。どこに行きたいですか？
　　①映画　②遊園地　③ゲームセンター　④カラオケ
　　⑤競馬・パチンコ　　⑥相手の家　⑦海・山
▼Q7: あなたが付き合った人のなかで結婚しても良いと思った人は何人？
　　①1人　　②2人　　③3人以上　　④いない
▼Q8: あなたは一度に何人の人を愛せますか？
　　①1人　　②2人　　③3人以上　　④誰も愛せない
▼Q9: 別れ際の言葉、次のうちどれが2人にとって最も良い言葉だと思いますか？
　　①今までありがとう　　　　②思い出は忘れない
　　③人生で最高の時間だった　④お元気で…
▼Q10: あなたが付き合っている人が二股していました。どうしますか？
　　①何も言わず殴る　②すぐに別れる
　　③二股の相手を恨む　④知らないふりをする
▼Q11: 次のうち、あなたが最も嫌いなタイプは？

①不潔　　②貧乏　　③すぐ怒る
▼ Q12: 相手との理想の年齢差は？
①5歳上以上　　②3~4歳上　　③1~2歳上　　④同年代
⑤1~2歳下　　⑥3~4歳下　　⑦5歳下以上
▼ Q13: 恋の予感を感じたときはどうしていますか？
①迷わず自分から告白する
②相手の様子をうかがい、勝算がある場合は自分から告白する
③相手から告白されるのをひたすら待つ
④自分に自信がないのであきらめる
⑤出会いには必ず別れがある...と勝手に悟り相手のことを忘れる
▼ Q14: 結婚をしたいけど、あなたにはお金がありません。どうしますか？
①多額の借金をしてでも盛大な結婚式を挙げる
②安くてもいいから人知れない教会で挙げる
③お金が出来るまで結婚を延期する
④結婚式はやらないけど籍は入れる
⑤結婚式もやらないし籍も入れない
▼ Q15: あなたが相手に求めたいことを全て選択してください。
①常に笑顔でいること
②隠し事をしない
③自分の行動を全て伝えること
④毎日電話すること
⑤自分より友達を大切にすること

〈なんでも鑑定団－結婚適齢期チェック에서 인용함〉

위의 체크가 모두 끝나면 결혼 성공률이 나오며, 자신에게 맞는 유명인(남녀)

의 이름이 나온다. 그 유명인의 이름을 유명 사이트에서 검색하면 유명인의 사진과 약력, 동영상을 볼 수 있다.

이 심리 사이트를 교실활동에 적용하면 언어의 총체적인 기능 배양을 기할 수 있을 것으로 생각된다.

3.3.2 그림교재·사진교재를 활용한 교실활동 방안

그림교재와 사진교재를 이용한 교실활동으로 초급, 중급, 고급 일본어 학습자들을 대상으로 대략 세 가지 방법을 제시할 수 있다.

첫째는 그림이나 사진을 보고 학습자들로 하여금 단어를 쓰게 하거나 말하게 하거나 또는 복수의 그림이나 사진을 보고 내용을 일본어로 들려준 뒤, 해당 단어를 말하거나 쓰게 하는 방법이다.

예1) 그림을 제시하고 그 그림에 해당하는 단어를 말하기/기입하기
예2) 사진을 제시하고 그 사진에 해당하는 단어를 말하기/기입하기
예3) 복수의 그림을 보고 선생님이 읽어주는 내용에 해당하는 그림 말하기
예4) 복수의 사진을 보고 선생님이 읽어주는 내용에 해당하는 사진 말하기

초급 일본어 학습자들에게 제시되는 그림교재에는 명사(음식물, 음료수, 일용품, 교통수단 등), 동사, 형용사에 해당하는 대상이나 상태를 그린 것이 들어간다. 그림교재에는 일본어 교사의 아이디어가 들어가는데 그림을 반드시 잘 그리지 못해도 용기를 가지고 그림교재 제작에 도전을 해보는 마음이 필요하다. 왜냐하면 학습효과가 매우 크기 때문이다.

둘째는 동작이나 상태가 들어간 그림이나 사진을 보고 학습자들로 하여금

문장을 쓰거나 말하게 하거나 하는 교실활동 방안이다.

　　예1) 동작이나 상태가 들어간 그림을 보고 문장으로 말하거나 쓰기
　　예2) 동작이나 상태가 들어간 사진을 보고 문장으로 말하거나 쓰기

마지막으로는 동작이나 상태가 들어간 복수의 그림이나 사진을 보고 스토리를 말하게 하거나 문장을 작성하도록 하는 교실활동 방안이다.

　　예1) 동작이나 상태가 들어간 복수의 그림을 보고 스토리를 말하거나 쓰기
　　예2) 동작이나 상태가 들어간 복수의 사진을 보고 스토리를 말하거나 쓰기

그림교재를 보관하는 방법으로는 전용 파일에 끼우거나, 혹은 전용 박스를 준비하는 방법을 들 수 있다. 각과에 들어갈 사진을 명사, 형용사, 동사 별로 분류하여 그림교재 뒷면에 몇 과에서 사용되는지를 메모해서 보관하면 필요할 때마다 손쉽게 꺼내서 교실활동에서 사용할 수 있다.

3.3.3 문자카드(플래시 카드)를 통한 교실활동 방안

문자카드의 일종인 플래시 카드는 일본어 학습자들에게 시각적인 정보를 힌트로 제시하면서 일본어 학습자들로 하여금 단어나 문장을 발음 혹은 발화하도록 하는 교재·교구로 히라가나 문자(단어), 가타가나 문자(단어), 한자(단어) 읽기나 발음 연습, 물건의 가격, 시각의 읽기 및 말하기 연습, 동사나 형용사 활용하기 연습에 사용될 수 있다. 이 중에서도 특히 동사나 형용사 활용 연습에 플래시 카드를 사용하면 그 학습효과가 매우 뛰어난 것으로 알려져 있다.

동사나 형용사 활용형을 변환하는 연습으로 플래시 카드를 사용할 경우, 학습자들에게 바로 카드를 제시하면서 묻는 것이 아니라, 교사 자신이 2회나 3회 정도 본보기를 보이고 나서 묻는 것이 좋다. 그리고 학습자들이 플래시 카드를 보고 발화나 발음을 하면 그냥 듣고만 있지 말고 학습자들의 발화나 발음을 가볍게 따라 하는 것도 필요하다. 재차 학습자들의 의식 속에 해당 활용형에 대한 정보가 기억되게 하기 위해서이다.

플래시 카드 앞뒷면을 바꾸는 속도는 너무 느려서도 안 되며 너무 빨라서도 안 된다. 너무 느리면 플래시 카드를 사용하는 의미가 퇴색되며, 너무 빠르면 학습자들이 해당 연습에 대한 이해가 어려워지기 때문이다. 처음에는 천천히 시작하여 차츰 연습이 반복될수록 속도를 올려가도록 한다.

3.3.4 실물교재를 활용한 교실활동 방안

실물교재가 교실활동에서 필요한 이유는 구체적인 장면에서 일본어 학습자들의 해당 학습항목을 이해시키기가 용이하기 때문이다.「えんぴつ」,「消ゴム」,「はさみ」,「ボールペン」,「たばこ」,「雜誌」,「花」,「電話」,「本」등의 구체명사를 가르칠 때 실물을 사용하면 해당 단어에 대한 암기력이 높아진다.

실물교재로 사용할 만한 물건이 없을 때에는 그림교재나 사진교재를 이용하는 방법을 생각해 볼 수 있으며,「寿司」나「天ぷら」,「弁当」등의 음식물은 상할 수도 있으므로 사진을 이용할 수밖에 없을 것이다.

3.3.5 노래교재를 활용한 교실활동 방안

마지막으로 노래교재를 활용한 교실활동 방안이다.

우선 학습자들이 각자 좋아하는 노래 곡목을 배부한 용지에 적도록 한다. 그리고 왜 그 노래를 좋아하는지를 적게 한다. 교사는 학습자들로부터 배부한 용지를 회수하고 마치 DJ처럼 특정 학습자의 노래 곡목과 좋아하는 이유를 다른 학습자들 앞에서 일본어로 소개한다. 시간이 촉박하면 몇몇 학습자들에게만 곡목과 좋아하는 이유를 일본어로 소개한다.

즉좌에서 아니면 차기 교실활동에서 예를 들어 아래의 가사가 들어간 노래를 2회에서 3회 정도 들려준다. 그 다음에 아래와 같이 작성한 가사를 배부한다. 아래의 단어 빈칸에 들어갈 한자 단어나 히라가나를 기입하도록 하고, 최종적으로 노래 가사를 보면서 노래를 다시 들려주고 정답을 확인하도록 하는 방법이다.

노래교재 역시 학습자들의 듣기, 읽기, 말하기, 쓰기와 같은 언어4기능 능력을 향상시키는 데에 있어 매우 유효적절한 교재가 될 수 있다는 것을 잘 알고 있어야 한다.

こいしいひと(松たか子)

逢いたくて 逢(あ)えなくて 何度(なんど)も受話器(じゅわき)を置いた
永遠(　　　　)に永遠に この胸(　　　　)の中(なか)

交差点(　　　　　)の向(む)こうに あなたの顔(かお)見(み)つけた
変わらないその瞳(　　　　) いっしゅん(　　　　　)時(とき)が止(と)まる
恋人(こいびと)でいるよりも 友達として側で
笑いあえてるだけで いつもそれでよかった

もしあの日 あぁその想(おも)い
あの人に伝(　　　　)えたら 何か変わっていたの？

ものすごく ものすごく 恋しい人の名前は
永遠に永遠に この胸の中

交(　　　　)わした ことば(　　　　　) の数(かず)
ひとつ ひとつ 浮(う)かべた
臆病(　　　　)な私へと そっとさよならを告(つ)げる

```
今ならば そう胸を張(は)って
お互(たが)いに向(む)き合って 輝(    )いていられる

ものすごく ものすごく 恋しい 人の名前は永遠に 永遠に この 胸の中

[ ] 반복

暖かい暖かい 優(         )しい光(ひかり)の中で
(        )にすれ違(ちが)う 人波(         )の中
離(       )れてゆくの
```

3.4 맺음말

　　지금까지 다양한 교재·교구의 종류와 정의 그리고 이들 교재·교구를 활용한 교실활동의 방안에 대해서 살펴보았다. 교사 여러분들의 수업을 기다리고 있는 학습자들의 눈망울을 두근거리는 가슴으로 떠올려보면서 일본 잡지나 신문지 한켠을 가위로 자르고 풀로 붙이고 하면서 실제 교실활동에서 필요하다고 생각되는 교재·교구를 만들어보거나 다양한 사용법에 대해서 생각해보거나 하는 것은 교사만이 누릴 수 있는 행복이라고 할 수 있을 것이다.

　　그런데 지금까지 제시한 교재·교구에 대해서 교사는 과연 이들 모든 교재·교구의 특성이나 장단점에 대해서 혹은 교실활동 방안에 대해서 알아두어야 하는가 하는 의문을 가지는 교사(교생)들이 있을지도 모른다. 예를 들어 평소에 들어가는 교실에 OHP가 없다고 했을 때, 교사가 OHP를 사용하는 일은 없을 것이므로 그 사용법이나 교실활동 방안에 대해서 무지해도 된다는 말은 과연 성립하는 것일까? 그리고 평소에 자신이 들어가는 교실에 테이프 레코더와 컴퓨터가 있다면, 테이프 레코더는 사용할 일이 없으므로 테이프 레코더를 활용한 교실활동 방안에 대해서 생각하지 않아도 되는 것일까? 그 답은 '아니오'이다. 본 저자의 체험에서 보면 컴퓨터가 테이프 레코더보다 고장 날 확률이 훨씬 높다.

그럴 경우 테이프 레코드가 교실활동에 효율적으로 사용될 수 있다.

각각의 교재·교구에 대한 자세한 장단점 파악과 교실활동 방안을 꿰뚫고 있는 교사는 어떠한 상황에서도 의연하게 최대의 학습효과를 올리는 교육전문가로서의 능력을 유감없이 발휘할 것으로 본 저자는 확신한다.

제3장 인용 및 참고문헌

천호재(2007a)「심리테스트 사이트를 호라용한 일본어강독 수업 방안」『일본연구』8, 277—300, 고려대학교 일본학연구센터
천호재(2007b)「일본 옛날이야기를 이용한 일본어강독 수업 방안」『일본어학연구』19, 163—187, 한국일본어학회
천호재(2011a)「제2부 제3장 패션 관련 생활문화를 활용한 일본어교육의 가능성과 연구 방법」『인터넷 기반 일본어교육의 가능성과 연구 방법』한국문화사
천호재(2011b)「제2부 제4장 동영상 자료를 활용한 일본어교육의 가능성과 연구 방법」『인터넷 기반 일본어교육의 가능성과 연구 방법』한국문화사
천호재(2011c)「제3부 인터넷상의 전통문화(옛날이야기)를 활용한 일본어교육의 가능성과 연구 방법」『인터넷 기반 일본어교육의 가능성과 연구 방법』한국문화사
천호재(2011d)『일본의 옛날이야기 20선』도서출판 인문사
천호재·윤주희(2011a)「제2부 제1장 그림교재의 제작과 교실활동」『일본어 교재론』제이앤씨 출판사
천호재·윤주희(2011b)「제2부 제2장 사진교재를 활용한 교실활동」『일본어 교재론』제이앤씨 출판사
천호재·윤주희(2011c)「제2부 제3장 사진교재를 통해서 본 일본의 이미지와 일본어교육 방안」『일본어 교재론』제이앤씨 출판사
천호재·윤주희(2011d)「제2부 제4장 일본의 노래교재를 활용한 교실활동 방안」『일본어 교재론』제이앤씨 출판사
천호재·윤주희(2011e)「제2부 제5장 산교재를 통한 일본어교육 활용 방안」『일본어 교재론』제이앤씨 출판사
浅倉美波(2000)「第2章 行動編」『日本語教師必携ハート&テクニック』アルク
岡崎ひとみ·岡崎敏雄(2001)「第4章 教材·教室活動における学習の分析とデザイン」『日本語教育における学習の分析とデザイン』凡人社
川口義一&横溝紳一郎(2005)「第2章 日本語を考えるための教材/教具/教育機器」『日本語教育ガイドブック(下)』ひつじ書房
木村宗男(1990[1992])「第3章 教授法」『日本語教育ハンドブック』大修館書店
小林ミナ(2004)「第3章 教材·教具」『이해하기 쉬운 教授法』語文社
高見沢孟(2004)「第2章 コースデザイン/教材」『새롭게 시작하는 日本語教育』語文社
田中寛(2006)『日本語の教え方 ハンドブック』国際語学社
田中望(1988[1993])「第6章 カリキュラム·デザイン」『日本語教育の方法』大修館書店
日本語教育学会(1995)「第3章 授業をどのように計画するか」『タスク日本語教授法』凡人社

제4장 구성

4.1 머리말
4.2 다양한 외국어 교수법
  4.2.1 문법역독식(Grammar-Translation Method, 文法翻訳法)
  4.2.2. 문법역독식에 대항하는 외국어 교수법
    ① 자연주의교수법(Natural method, ナチュラルメソッド, 自然主義教授法)
    ② 음성학적교수법(Phonetic method, フォネティックメソッド, 音声学的教授法)
    ③ 구두연습법(Oral Method, オーラルメソッド)
  4.2.3 구조언어학에 이론적 바탕을 둔 교수법
    ① ASTP(Army Specialized Training Program, アーミー・メソッド)
    ② 청화식 교수법(Audio-lingual method, オーディオ・リンガル・メソッド, AL法)
  4.2.4 심리학/인지학습이론에 바탕을 둔 교수법
    ① 침묵식 교수법(Silent Way, サイレント・ウェイ, 沈黙式教授法)
    ② CLL(Community Language Learning, コミュニティ・ランゲージ・ラーニング)
    ③ 전신반응교수법(Total Physical Response, TPR, トータル・フィジカル・レスポンス, 全身反応教授法)
    ④ 내츄럴 어프로치(Natural Approach, ナチュラル・アプローチ)
    ⑤ 암시식 교수법(Suggestopedia, サジェストペディア, 暗示式教授法)
  4.2.5 커뮤니커티브 어프로치(communicative approach)
4.3 맺음말
제4장 인용 및 참고문헌

제4장

다양한 외국어 교수법과 일본어교육

4.1 머리말

일본어 교사의 교수 및 학습에 대한 교사의 신념, 일본어 학습자의 자기주도학습을 통한 학습의욕, 교재·교구의 개념을 모두 알았다고 해서 일본어 교사로서의 자질을 모두 갖춘 것은 아니다.

일본어 교사는 이러한 지식들을 포함하여 일본어 내용을 어떻게 가르쳐야 하는지에 대한 지식(교수법)도 획득해 두지 않으면 안 된다. 일본어는 무턱대고 자기 마음이 내키는 대로 가르치는 것이 아니기 때문이다. 외국어 교수법으로는 어떤 종류가 있으며, 특정 교수법에는 어떠한 장단점이 있으며, 금후 외국어 교수법은 어떠한 양상을 보이며 발전해 갈 것인지, 각 교수법에 일본어를 어떻게 접목할 수 있을지에 대한 다양한 지견을 교사는 적극적으로 획득하지 않으면 안 된다.

4.2 다양한 외국어 교수법

인류가 외국어교육을 실시해온 것은 어제오늘의 일이 아니다. 아주 오래전부터 외국어교육이 실시되어 왔겠지만, 외국어 교수법이 제 틀을 가지고 가시화되기 시작한 것은 중세 이후라고 할 수 있다. 유럽에서 외국어교육은 우선 라틴어 교육에서 그 뿌리를 찾을 수 있다.

중세 이후 가시화되기 시작한 문법역독식 방식은 현재의 대학에서도 뿌리 깊게 사용되고 있을 만큼 강한 생명력을 보여주고 있다. 그러나 중세 이후의 외국어 교수법으로 문법역독식 방식만이 사용된 것은 아니다. 시대적 요구가 변화함에 따라 문법역독식에 대항하는 다양한 외국어 교수법이 생겨났다. 그리고 근대문명의 주요 무대가 유럽에서 미국으로 넘어감에 따라 구조언어학과 심리학/인지학습이론, 커뮤니티 어프로치와 같은 외국어교육 방식이 출현하게 되었다.

제4장에서 제시하는 다양한 외국어 교수법은 어느 하나 완벽하지는 않다. 완벽한 교수법이 없기 때문에 보다 완벽함을 추구하기 위해 교육학자들은 다양한 외국어 교수법을 창안하기에 이르렀던 것이다. 완벽함을 추구하였다고 해서 실제로 완벽한 교수법이 존재하는 것도 아니다. 그러나 특정한 외국어 교수법이 완벽하지 않다고 해서(많은 단점이 있다고 해서) 특정 외국어 교수법의 존재적 의미가 퇴색되는 것은 아니다. 특정한 학습자에게는 특정한 외국어 교수법이 적합하지 않을 수도 있고 또는 적합할 수도 있기 때문이다. 따라서 일본어 교사는 다양한 외국어 교수법에 대한 지견을 수용함으로써 교실활동을 통해서 자신이 담당하는 학습자들의 학습목적(학습자들이 작문이나 독해를 중시하는가? 회화를 중시하는가?), 성향(진취적인가? 보수적인가?)에 맞는 외국어 교수법을 수행해 낼 수 있는, 능력있는 교사로서의 자질을 발휘할 수 있어야 할 것이다.

4.2.1 문법역독식(Grammar-Translation Method, 文法翻訳法)

외국어 교수법에서 가장 보수적인 교수법이다. 목표언어 일본어를 예로 들면 일본어로 된 문학작품의 이해나 감상을 위한 교양적인 측면을 중시하는 교수법이다. 이를 위해 문법규칙이나 용언의 활용 변화 패턴을 학습자들에게 암기시키고 나서 일본어 문장을 읽고, 모국어 즉 한국어로 번역하고 그 의미를 파악하도록 하는 방법이다. 단어나 표현을 암기하게 하고 읽기 및 쓰기 훈련을 주로 배양하게 한다. 문법역독식을 외국어 교수법에서 가장 보수적인 교수법이라고 언급한 것은 문법역독식이 문학작품에 나타난 문장의 이해에 주안점을 두는 반면에 학습자의 구두 훈련이나 음성지도, 의사소통 능력의 향상에 대해서는 그리 관심을 지니지 않기 때문이다.

문법역독식은 원래 지식계급에 들어가기 위한 출세의 한 방법으로 사용되었다. 17세기와 18세기 유럽에서는 엘리트가 되기 위해서는 라틴어와 그리스어로 된 문헌을 이해하고 라틴어로 이루어지는 종교 의식과 강론을 이해할 수 있어야 했다. 그리고 라틴어로 된 문학작품, 수사학, 문장 작성, 낭독, 시낭송 같은 것이 필요했기 때문에 실용적인 측면보다는 지적 훈련의 측면, 나아가 교양적인 측면을 무엇보다 중시하였다. 문법역독식에서는 문자언어가 중시되고 음성언어는 오히려 천박하고 품위 없는 언어로 간주되는 경향이 있는데, 그것은 문법역독식이 다음과 같은 언어관·언어학습관을 지니는 것으로 알려져 있기 때문이다.

〈문법역독식의 언어관〉
① 문학작품에 나타난 문자언어는 그렇지 않은 음성언어 즉 구두언어보다도 뛰어나다.
② 목표언어에 존재하는 모든 단어는 모어로 1대1로 번역할 수 있다.

〈문법역독식의 언어학습관〉
① 번역을 할 수 있기만 하면 그것은 목표언어를 성공적으로 학습한 것이다.
② 외국어 학습은 모(국)어에 대한 이해를 심화시키고 지적 성장에 기여할 수 있다.

4.2.2 문법역독식에 대항하는 외국어 교수법

문법역독식 방식에 의한 외국어 교수법은 중세의 엘리트 계급에 속하는 사람들을 위한 것이었다. 일반 서민에게 있어서는 외국어 학습은 요원한 것이었으며, 더더구나 실용성을 추구하기 위해서 외국어를 학습하기란 거의 불가능하였다.

그러나 18세기 중반에 나타난 산업혁명의 영향으로 국가간의 교류가 활발해지고 사람들의 왕래도 빈번해짐에 따라 외국어로 의사소통을 할 기회가 상대적으로 많아지고 문학작품의 이해나 지적 성장을 위한 지적 훈련 이외의 실용적인 측면을 외국어교육에서 필요시하게 되었다.

이러한 시대적 흐름 속에서 19세기 후반에 자연주의교수법, 음성학적교수법, 구두연습법이라고 일컬어지는 구두언어(음성언어)를 중시하는 외국어 교수법이 대두되게 되었다.

① **자연주의 교수법**(Natural method, ナチュラルメソッド, 自然主義教授法)

문법역독식 방식의 비판하면서 생겨난 교수법이다. 철저히 의사소통 향상을 위한 구두언어 중심의 교수법을 지향한다. 유아가 모어를 습득하는 과정을 모델로 해서 목표언어 예를 들어 일본어로 교수하는 방식이다. 대표적인 교수법으로는 구안(F. Gouin)이 만든 **구안식 교수법**(Gouin Method, グアン・メソッド)과 베르리츠(M.D. Berlitz)가 만든 **베르리츠식 교수법**(Berlitz Method, ベルリッツ・メソッド)을 들 수 있다.

☞ **구안식 교수법**(Gouin Method, グアン・メソッド)

구안식 교수법에서 주목하는 언어의 습득 방식은 두 가지이다. 하나는 유아의 심리적 발달에 주목해서 얻은 결론을 외국어교육에 적용한 경우이다. 아기를 잘 살펴보면 아기는 모어를 번역하거나 모어 문법을 학습하거나 사전을 찾아가면서 모어를 습득하지는 않는다. 아기는 태어나자마자 일정 기간 동안 누워서 뭔가 소리를 듣고 있으며(몰래 옆에 가서 귀에 손바닥을 치면 깜짝 놀란다. 그것은 아기가 무엇인가를 듣고 있다는 증거이다. 만약 반응하지 않으면 엄마나 아빠는 지체없이 병원에 데려가야 한다.) 그 다음 일정 기간이 지나면 아기는 말을 한다. 불완전한 단어(예를 들면 '물'을 '무―')를 소리내다가 나중에는 의미적으로 완전한 단어나 짧은 문장을 말한다. 그 다음 아기가 자라서 유치원이나 초등학교에 들어가면 책을 읽고, 쓰기를 배우게 된다. 이와 같이 유아는 모어를 '듣기'→'말하기'→'읽기'→'쓰기'의 순서로 학습하게 되는데, 이러한 심리적 과정을 외국어교육에 적용시킨 것이 구안

식 교수법의 큰 특징이라고 하겠다. 이 때문에 구안식 교수법을 **심리학적 교수법**(Psychological Method, サイコロジカル・メソッド)이라고 한다.

다른 하나는 구안식 교수법이 모든 사건은 자그마한 사건이 연쇄적으로 모여서 구성되는 것으로 보는 즉 **시리즈 방식**(Series Method, シリーズメソッド)으로 언어를 습득하는 것으로 본다는 것이다. 따라서 구안식 교수법에서는 동사의 존재를 중시하고 특정 동작을 일련의 하위 동작으로 나누어 기술하다보면 특정 동작을 나타내는 동사를 쉽게 학습할 수 있다는 것이다. 예를 들면 우리가 은행의 현금인출기에서 돈을 찾았다는 것은 사실은 '우리가 은행에 가는 것' → '은행 인출기 앞에 서는 동작' → '은행 인출기에 카드를 꽂는 동작' → '은행 인출기에서 출금 보턴을 누르는 동작' → '비밀번호를 누르는 동작' → '인출 금액을 누르는 동작' → '인출 금액을 카드와 함께 뽑아내는 동작' → '카드와 인출금액을 지갑에 넣는 동작' 이 연쇄적으로 작용한 결과이다. 따라서 교사는 학습자로 하여금 예를 들어 일본어로 이상의 일련의 과정을 익히도록 하면 목표언어의 동사를 쉽게 학습할 수 있다는 것이다. 여기에서 특징적인 것은 교사가 일련의 과정을 말할 때 목표언어뿐만 아니라 모어(한국어)를 사용하기도 한다는 점이다.

☞ **베르리츠식 교수법**(Berlitz Method, ベルリッツ・メソッド)

외국어습득에 모어 습득의 과정을 적용한 점에서는 구안식 교수법과 공통점을 지니지만, 베르리츠식 교수법은 교실활동에서 모어의 사용을 엄격하게 금지하였다는 점에서 구안식 교수법과는 구별된다. 예를 들어 일본어문법을 일본어 학습자들에게 이해시킬 때도 한국어로 일절 설명하지 않고 그림이나 제스처를 통해 일본어 문장이나 단어의 의미를 이해시킨다. 발음에 대해서도 해당 일본어 발음을 학습자들로 하여금 흉내를 내도록 할뿐 절대로 한국어로 설명을 하지 않는다. 이 때문에 목표언어의 원어민들이 교사로 채용되었다. 요즘 원어민 수업을 위해 한국의 학교에서 원어민 교사가 많이 채용되는 것과 무관하지 않다.

② 음성학적 교수법(Phonetic method, フォネティックメソッド, 音声学的教授法)

외국어교육으로 발음 기호를 적용한 교수법이다. 발음을 최우선적으로 지도하였다. 문장을 구성하는 단어와 단어를 반복적으로 발음하다보면 단어와 단어 사이의 문법적 관계가 저절로 이해가 된다는 사고법을 지향하는 음성제일주의 교수법이다. 구체적인 교실활동에서 교사는 모어에 의한 설명이나 지시가 전제가 되었다는 점에서 구안식 교수법과 공통점을 지닌다고 할 수 있다.

대표적인 학자로는 스위트(H.Sweet)와 예스페르센(O.Jespersen)을 들 수 있다. 스위트는 음성교육과 구두연습의 중요성을 지적하였으며, 예스페르센은 스위트의 주장을 더더욱 계승 발전시킨 인물이다. 둘 다 발음기호를 통하여 정확한 발음을 교수할 수 있다고 주장했다는 점에서 외국어교육에 과학적인 접근을 시도한 인물이라고 할 수 있다.

③ 구두연습법(Oral Method, オーラルメソッド)

파머(Parmer, H.E. 1877-1949)의 이론이다. 사회적 습관형성(언어는 사회적인 습관이고 그것을 획득하기 위해서는 반복 연습하는 것이 중요하다.→'사회적 습관형성이론')에 의해서 유아는 모어의 음성적인 언어를 습득하는 것으로 보고(유아는 자신을 둘러싼 사람들의 입을 관찰하고, 타인의 말을 흉내내며, 익숙해질 때까지 말을 하고, 단어에 의미를 부여하고, 유추에 의한 작문을 함으로써 모어를 습득하는 다섯 가지의 습성을 지닌다고 파머는 주장하였다), 이들 습관 형성을 외국어교육에 적용한 교수법이다. 파머는 근대 언어학의 아버지로 일컬어지는 소쉬르(Saussure, F. 1857-1913)가 말하는 언어의 체계(랑그, langue)와 운용(파롤, parole)이라는 두 가지 측면 가운데 언어의 운용적인 측면을 중시하고, 그 운용적인 측면은 다음과 같은 **음을 식별하는 연습**(音を聞き分ける練習), **발음연습**(発音練習), **반복연습**(反復練習), **재생연습**(再生練習), **치환연습**(置換練習, 단어를 바꾸어 넣어서 동일한 문형으로 새로운 문장을 만들어내는 연습), **명령연습**(命令練習, 교사의 일본어로 된 명령에 따라서 학습자가 동작을 하는 연습→전신반응교수법[TPR]), **정형회화**(定型会話, 자유회화가 아닌 문답방식이 정해진 회화 연습)라는 7가지의 습관을 형성하는 것에 의해서 발달한다고 주장하였다.

☞ **직접법**(Direct Method, 直接法)

직접법은 다음의 두 가지 의미로 사용된다.

① 자연주의교수법(natural method, ナチュラルメソッド), 음성학적교수법(Phonetic method, フォネティックメソッド, 音声学的教授法), 구두연습법(Oral Method, オーラルメソッド)의 총칭이다. 이들 교수법은 일본어를 모어로 번역하지 않고 문장이나 단어의 의미를 일본어의 형식과 직접 묶어서 학습자들에게 바로 이해시키려는 교수법이라는 점에서 공통점을 지닌다.

② 모어라는 매개어를 전혀 혹은 가급적 사용하는 일이 없이 예를 들어 (절대적으로)혹은 가급적 일본어만으로(모어를 전혀 혹은 가급적 사용을 최소화하는 형태로) 학습자들로 하여금 일본어를 가르치는 교수법의 총칭이다. 베르리츠 교수법, 음성학적 교수법 등을 예로 들 수 있다.

4.2.3 구조언어학에 이론적 바탕을 둔 교수법

지금까지의 외국어 교수법은 대부분 유럽에서 발생하여 제창되어 온 것이지만, 20세기 후반에 들어서서 미국에서 발생한 구조언어학(structural linguistics)적인 방법으로 외국어 교수법이 제창되기 시작하였다.

구조언어학에서는 언어의 체계를 음소(phoneme)→형태소(morpheme)→단어(word)→구(phrase)→절(clause)→문장(sentence)이라는 선상적인 연결 구조로써 포착한다. 즉 가장 작은 단위가 모여 보다 큰 단위가 형성된 것으로 간주하였다. 이상에서 제시한 특정 용어는 각각의 작은 단위가 모여 일정한 단위가 성립된 해당 레벨에서 규정된 나름 유의미한 결과체이다. 특정 레벨의 구조를 다른 구조와 구별할 때, 2항대립의 개념으로 구별하고 기술한다. 예를 들면「学校[gakkoː]」와「カッコウ[kakkoː]」는 /g/와 /k/이라는 무성음과 유성음으로 대립됨으로써 그 의미가 달라지는 것으로 생각한다.

이러한 생각을 지닌 구조언어학에 이론적 바탕을 둔 교수법으로는

ASTP(Army Specialized Training Program, 육군특별훈련프로그램, アーミー・メソッド), 청화식 교수법(Audio-lingual method, オーディオ・リンガル・メソッド, AL法)이 있다. 이들 교수법은 기본적으로 언어가 음성이라는 것, 언어는 패턴이 있다는 것, 언어습득은 습관형성(habit-forming)의 과정으로 보는 구조언어학의 기본 가설을 토대로 하기 때문에 이들 교수법이 구조언어학으로부터 영향을 받은 것으로 보는 것이다.

이하 ASTP와 청화식 교수법에 대해서 살펴보기로 한다.

① ASTP(Army Specialized Training Program, アーミー・メソッド)

제2차세계대전 중 미국 정부는 전쟁을 수행중인 국가의 정보수집이나 첩보활동을 위해 육군특수훈련계획을 입안하고 육군과 해군을 대상으로 단기 외국어교육(90일)을 실시하였다. 대상언어는 일본어, 독일어, 중국어, 이탈리아어였다. 이 프로그램의 이론적 기반을 제공한 것은 Bloomfield,L(1887-1949)라는 언어학자였다.

ASTP의 특징은 1) 90일 정도의 단기간 동안 집중적으로 수업이 행해지며, 2) 10명 정도의 소수의 인원으로 반이 편성되며, 3) 실용적인 음성연습(구두연습)이 철저하게 실시되며, 4) 교사의 분업이 이루어진다는 데에 있다.

교사는 **상급교사**(senior instructor, 上級教師)와 **드릴 마스터**(drill master, ドリル・マスター)이라고 하는 제각기 역할이 다른 두 명의 교사로 나뉘는데, 전자의 상급교사는 일본어를 예로 들어 말하면 한국인 일본어 교사를 지칭하는 것으로, 이 교사는 학습자들에게 문법규칙이나 발음에 대해 이해가 쉽게 이루어지도록 모어(한국어)로 설명을 한다. 후자의 드릴 마스터는 일본 원어민으로 상급교사가 강의한 내용을 토대로 철저하게 학습자들에게 구두연습을 시키는 역할을 한다.

ASTP에서는 학습자들로 하여금 **밈멤연습**(Mimicry-Memorization practice, ミム・メム練習)을 통해 철저히 구두연습을 하도록 하였다. 밈멤연습이란 모방-기억 연습의 약칭으로써 원어민 교사의 발음을 학습자가 그대로 모방하며 반복적으로 복창하는 것에 의해 발음의 교정뿐만 아니라 문장이나 패턴을 암기시키는 연습

방법을 말한다.

　ASTP는 단기간에 상당 수준의 외국어 습득을 가능하게 하였기 때문에 제2차 세계대전이 종료되고 등장한 청화식 교수법에 많은 영향을 미쳤다.

　그 다음으로 청화식 교수법에 대해서 살펴보도록 하자.

② 청화식 교수법(Audio—lingual method, オーディオ・リンガル・メソッド, AL法)

　ASTP의 교육적 효과가 너무나도 컸기 때문에 제2차세계대전이 끝난 후, ASTP의 방법론을 계승한 형태로 일반인을 상대로 청화식 교수법이 등장하게 되었다. 이 청화식 교수법은 미국의 미시간 대학에 당시 재직중이던 프리즈(Fries, C.C., 1887—1967)가 완성을 하였다.

　청화식 교수법은 구조언어학과 함께 **행동주의 심리학**(behavoristic Psychology, 行動主義心理学)에도 이론적 기반을 두고 있다. 행동주의 심리학이란 자극에 대한 인간(동물)의 반응을 연구하는 심리학의 한 이론으로 행동주의 심리학에 따르면 외국어 학습이란 교사의 지시(자극)에 의해서 학습자가 자연스럽게 대답(반응)할 수 있도록 목표언어 습관을 형성하는 과정으로 본다. 학습자가 해당 목표언어 습관을 자연스럽게 형성하기 위해서는 패턴연습(pattern practice)이라고 하는 지속적이고 반복적인 구두연습이 필요하다. ☞제2부 제15장

　본 저자의 개인적인 체험에서 말하자면 패턴연습은 일본어나 영어의 문법규칙과 문법패턴을 이해하는 데에 상당히 효과적이다. 자극의 주체인 교사는 체력이 많이 소요된다. 학습의욕이 높은 학습자는 이러한 청화식 교수법에 대해 상당한 평가를 하며 끊임없이 자극을 주는 교사의 모습에 존경과 감동을 금치 못한다. 예를 들어 특정 문법항목에 대해 교사는 학습자들에게 문법 설명을 약간 한 뒤에 곧바로 자극을 반복적으로 가하면, 학습자들은 반복적으로 반응(대답)을 한다. 이러한 반복 과정에 의해 거의 10분 정도로 대부분의 학습자들이 영어의 관계대명사나 관계부사를 완벽하게 이해하고 영어 문장을 산출해 내는 과정을 지켜본 적이 있다. 중학교 레벨의 주요 영문법이나 초·중급 레벨의 일

본어문법을 이러한 방식으로 연습하면 2개월 정도의 노력으로 해당 언어의 문법을 머리뿐만 아니라 입으로도 손으로도 마스터할 수 있다. 해당 언어를 처음 학습하는 학습자도 물론 이 방식의 대상이 될 수 있다.

반면에 학습의욕이 낮은 학습자는 이 방식에 대해 별로 감동하지 않으며 피곤한 기색을 역력히 드러내며, 출석률이 낮으며 결국에 가서는 교사의 이러한 노력을 (상당히) 저평가하는 경향이 있다.

4.2.4 심리학/인지학습이론에 바탕을 둔 교수법

심리학이나 인지학습이론에 바탕을 둔 외국어 교수법으로 침묵식 교수법(Silent Way, サイレント・ウェイ, 沈黙式敎授法), CLL(Community Language Learning, コミュニティ・ランゲージ・ラーニング, 카운슬링 러닝(Counseling Learning, CL), 전신반응교수법(Total Physical Response, TPR, トータル・フィジカル・レスポンス, 全身反応敎授法), 내츄럴 어프로치(Natural Approach, ナチュラル・アプローチ), 암시식 교수법(Suggestopedia, サジェストペディア, 暗示式敎授法) 등을 들 수 있다. 이하에서는 이들 교수법에 대해서 설명을 하기로 한다.

① 침묵식 교수법(Silent Way, サイレント・ウェイ, 沈黙式敎授法)

이 교수법은 가테뇨(Gattegno, C. 1911-1988)가 제창한 것을 누군가가 교실활동에 적용한 것으로 가테뇨 자신이 직접 침묵식 교수법을 교실활동으로 직접 제안한 것은 아니다.

이 교수법은 교사가 교실활동에서 가능한 한 발화를 피하도록 노력하고 학습자들끼리 주체적으로 일본어 회화를 할 수 있도록 하고, 설사 비문법적이고 상황이나 장면에 맞지 않는 일본어를 한다고 해도 학습자 자신들의 시행착오를 통해 옳고 그름을 깨달을 수 있도록 교사는 침묵을 지키며 관찰 혹은 보조적인 역할을 수행해야 한다는 교수법이다.

학습자들의 자주적이고 주체적인 교실활동을 돕기 위해 교사는 학습자들에게 **사운드 차트**(sound chart, 音声彩色図, サウンド・チャート), **컬러 차트**(color chart, カラー・チャート), **벽그림**(wall picture, ウォール・ピクチャー), **롯**(rod, ロッド), **어휘 차트**(word chart, ワード・チャート), **피델**(fidel), **그림교재**(絵教材), 읽기 및 쓰기 연습용의 **워크 시트**(work sheet) 등을 적재적소에 제시할 수 있어야 한다.

본 저자의 개인적인 체험에 의하면 언어학습은 교사의 자극에 대한 학습자의 반응뿐만 아니라 학습자의 내적 깨달음에 의해서도 가능한 것을 많이 체험하였다. 이것은 필시 본 저자에게만 해당되는 사항은 아닐 것이다. 예를 들어 「行かなければならなくなりました」라는 동사 어형을 볼 때, 이러한 어형을 처음 접하였다고 해도 이 어형이 「行く+ない+ば+なる+ない+く+なる+ます+た」라는 문법 요소의 결합체라는 것을 내적 깨달음을 통해 해당 동사 어형의 의미를 습득하게 된다. 이러한 깨달음은 물론 학습자의 독자적인 힘으로도 가능하지만, 교사가 이러한 학습자의 내적 깨달음이 실현되도록 다양한 방법으로 도와줄 수 있어야 함은 두말할 나위가 없을 것이다.

② CLL(Community Language Learning, コミュニティ・ランゲージ・ラーニング)

미국의 심리학자 커런(curran, C.A.1913-1978)이 제창한 카운슬링의 이론과 절차를 누군가가 외국어교육에 적용한 교수법이다. 교사는 카운슬러의 역할을 하며, 학습자는 고객으로서 최대한 편안하게 일본어 학습을 할 수 있도록 안심감과 부드러운 분위기를 제공하는 것에 의해서 학습자가 일본어 학습을 자주적으로 할 수 있도록 도와야 한다. 따라서 이 교수법을 카운슬링 러닝(Counseling Learning, CL)라고도 한다.

구체적인 예를 들면 교사는 학습자들을 원형 테이블이나 사각 테이블을 중심으로 앉히고 학습자들의 배후에 서서 학습자들이 자유롭게 일본어 회화를 할 수 있도록 한다. 학습자들에게 원형 테이블이나 사각 테이블을 중심으로 앉게 하는 것은 학습자들이 상호간 공동체(community) 의식을 가지게 하기 위함이고,

교사가 학습자들의 배후에 서는 것은 교사의 존재가 학습자들에게 있어 위협적인 존재로 인식되지 않게 하기 위함이다. 어느 학습자가 자신이 전달하고자 하는 내용을 일본어로 전달하지 못할 경우, 학습자는 교사에게 예를 들어 "장미를 일본어로 뭐라고 하죠?"라고 한국어로 물으면, 교사는 학습자의 귀에 살며시 "バラ"라고 속삭인다. 학습자들이 말한 모든 일본어 발화는 녹음이 되며, 학습자 자신은 녹음 여부를 스스로 결정할 수 있다.

교사는 나중에 학습자들이 교실활동에서 발화된 내용을 녹음기로 들려주며 어느 부분이 잘 되었는지, 혹은 어느 부분이 개선되어야 할지를 학습자들이 의식할 수 있도록 지도하면 된다.

③ 전신반응교수법(Total Physical Response, TPR, トータル・フィジカル・レスポンス, 全身反応教授法)

이 교수법은 학습자의 듣기 능력을 최우선으로 한다. 심리학자 어서(Asher, J.J)가 제창한 교수법이다. 교사가 일본어로 명령(자극)을 하면, 학습자는 해당 명령에 해당하는 행동(반응)을 전신으로 행한다. 교사가 반복적으로 명령(자극)하고 학습자가 반복적으로 행동(반응)을 하다보면 학습자들이 자연스럽게 언어(음성)와 동작(의미)을 연결하게 되고 그 결과 음성과 의미를 이해하게 되는 것으로 보는 것이다. 전신반응교수법에서는 매개어(예를 들어 한국어)의 개입이 허락되지 않는다.

예를 들어 일본어를 전혀 모르는 복수의 일본어 학습자들로 하여금 교사는 「座ってください」라고 말하면서 앉는 동작을 취한다. 반대로 「立ってください」라고 말하면서 서는 동작을 취한다. 그 다음 단계로 학습자들과 함께 「座ってください」라고 말하면서 앉는 동작을 한다. 그리고 「立ってください」라고 말하면서 일어서는 동작을 취하면서 학습자들이 해당 동작을 학습하도록 연습을 하도록 한다. 마지막 단계로 교사는 아무런 동작을 취하지 않고 「立ってください」라고 말하면 학습자들이 일어서는 과정을 지켜본다. 반대로 「座

ってください」라고 말하면 학습자들이 앉는 과정을 지켜본다.

④ 내츄럴 어프로치(Natural Approach, ナチュラル・アプローチ)

이 교수법은 예를 들어 일본어를 학습자들이 자연스럽게 습득하도록 하는 교수법이다. 일본어 학습자들이 일본어를 자연스럽게 할 수 있도록 아래의 5가지 가설로 교수법을 실천하는 것이다.

1) **습득—학습 가설**: 학습자는 일본어를 무의식적으로 습득(acquisition)하기도 하며 반대로 의식적으로 학습(learning)하기도 한다. 따라서 교사는 학습자들이 일본어를 습득 혹은 학습의 형태로 말을 하게 된다는 의식을 지녀야 한다.

2) **자연순서 가설**: 모어와 마찬가지로 일본어 습득에서 문법 습득을 학습자들이 할 경우, 그 습득에는 자연스러운 일정한 순서(natural order)가 있다는 것을 교사는 알고 있어야 한다. 예를 들어 능동문, 수동문(직접 수동문, 간접 수동문), 사역문(직접 사역문, 간접 사역문) 등의 문법 실러버스를 보고 무엇을 먼저 가르쳐야 할지, 무엇을 나중에 가르쳐야 할지에 대한 판단을 할 수 있어야 한다.

3) **모니터 가설**: 교실활동을 통해서 얻은 일본어문법(언어체계)에 대한 지식은 실제 일본어 발화를 산출하는 데에는 크게 공헌하지 못하며, 일본어의 정확함을 체크하는 기능만 수행할 뿐이라는 가설이다(이 모니터 가설의 타당성은 제13장에서 다루도록 하겠다). 따라서 교사는 교실활동을 통해서 전달되는 문법 실러버스가 곧바로 학습자들의 회화 능력으로 연결된다는 성급한 판단을 하지 않는 편이 좋다.

4) **인풋 가설**: 기존의 학습내용보다 약간 복잡하고 어려운 구조가 학습자들에게 입력되면 학습자들의 습득이 갑자기 활성화된다는 가설이다. 학습 의욕이 있는 학습자는 이러한 인풋 가설이 실제로 적용될 수 있으므로 교사는 평소보다 난이도가 높은 문법 실러버스를 교실활동에 도입을 고려

해 보는 것도 필요하다고 생각된다.
5) **정의필터 가설**: 학습자가 학습에 불안을 가지고 있으면 정의필터(affective filter, 情意フィルター)가 작동하여 일본어 학습이 원만하게 이루어지지 않는다는 가설이다. 실제로 교실현장에서 학습자들은 교실활동과 관계가 없는 많은 고민을 가지고 있다. 아래의 내용을 교수학습지원센터 교육용 홈페이지에 올린 학습자가 있었는데, 그 학습자는 결국 본 저자의 과목 수강을 중도에서 포기하였다. 따라서 교사는 학습자들의 학습환경을 면밀히 살펴볼 필요가 있다.

☞ 아아…… 이게 무슨 일일까요? 가뜩이나 동급생들보다 나이도 더 먹었거늘, 가만히 앉아 있다가도 눈물이 주르륵 흐르질 않나, 전에 없던 자괴감에 머리를 쥐어 뜯고 있질 않나…….

⑤ **암시식 교수법(Suggestopedia, サジェストペディア, 暗示式教授法)**

이 교수법은 로자노프(Lozanov, G.)의 암시학(suggestology)의 이론을 외국어 교수법에 응용한 것이다.

일본어 학습자들은 사실 신학기를 맞이하면서 새롭게 시작되는 수강 과목과 교수에 대해서 많은 불안과 두려움을 가진다. 신학기만 그러한 것이 아니라 새롭게 시작되는 주, 그리고 수업이 시작되기 직전, 중간고사 전후, 기말고사 전후와 같이 끊임없이 수업에 대한 **심리적 장벽**(anti—suggestive barriers)을 가지고 있음을 본 저자는 자주 체험하였다. 이러한 학습자들의 심리적 장벽을 걷어주면 학습자들은 매우 효율적인 일본어 습득이 가능해진다는 것이 암시식 교수법의 골자이다. 이를 위해 암시식 교수법에서는 학습자들이 긴장에서 벗어날 수 있도록 교실 바닥에 붉은 카펫을 깐다든지, 우아한 조명을 설치하고 음악을 틀거나 역할극을 한다든지 하는 교사의 노력을 요구한다.

본 저자가 암시식 교수법을 약간 도입한 적이 있다. 출석을 부를 때, 잔잔한 음악을 들려 주거나 수업을 마치기 대략 2—3분 전에 빠른 템포의 일본음악을 틀어준 것인데, 이에 대한 학습자들의 반응이 의외로 좋았다. 교사에 따라서 이에 대한 다양한 아이디어를 교실활동에 반영할 수 있을 것으로 기대한다.

4.2.5 커뮤니커티브 어프로치(communicative approach)

이 교수법은 언어의 구조가 아니라 기능 중심의 교육관을 중시하는 것으로 예를 들어 일본어 학습자들의 의사소통 능력의 향상을 지향하는 교수법 전반을 일컫는다. 즉 이 말은 일본어 학습자들의 의사소통 능력의 향상에 유용하다고 생각되는 교수법은 모두 교실활동에 도입하자는 사고법을 의미하는 것이다. 여기에서 어프로치라는 용어가 사용된 것은 구체적인 방법이 아니라 추상적인 제안을 의미하는 것이다. 즉 이것은 학습자의 학습목적에 부합하는 학습내용이나 실천적인 전달 능력(개념〔시간, 위치〕, 기능〔권유, 의뢰, 사죄〕)을 기르는 훈련을 할 수 있도록 하자는 것이다. 이 접근법은 문장(sentence) 단위의 발화가 그 목적이 아니라 담화 단위로 발화를 할 수 있는 프로젝트 워크나 디스커션, 논쟁 등과 같이 페어 워크나 그룹 활동을 통한 무엇을 어떻게 말하느냐, 어떤 문제를 어떻게 해결하느냐(게임, 시뮬레이션), 얼마나 유창하게 말을 하느냐에 중점을 둔 교실활동을 지향한다.

4.3 맺음말

지금까지 우리는 다양한 외국어 교수법에 대한 특징을 살펴보았다. 여기에서 우리가 유념해야 하는 것은 모든 학습자가 만족할 수 있는 완벽한 교수법은 존재하지 않는다는 것이다. 그리고 교사는 다양한 외국어 교수법을 충분히 숙지하여 학습자의 학습목적에 맞는 교수법을 채택하여 일본어를 가르쳐야 한다는 것이다.

학습자들의 학습목적이 의사소통 능력을 지향하는 데에 두어져 있다면 커뮤니커티브 어프로치에 입각한 수업 방식이 효율적일 것이다. 반대로 일본어 문학작품을 감상하고 문장체 습득을 목적으로 하는 학습자라면 문법역독식 교수법이 효율적일 것이다. 단기간에 일본어 습득을 지향하는 소수의 학습자들을 대상으로 하는 수업이라면 ASTP방식이나 청화식 교수법이 효율적일 것이다.

교사는 학습자들의 학습목적을 파악하면서 교실활동에서 어떠한 교수법을 적용해나갈 것인지 끊임없이 모색하면서 특정한 교수법을 실천해 나갈 수 있어야 할 것이다.

제4장 인용 및 참고문헌

木村宗男(1990[1992])「第3章　教授法」『日本語教育ハンドブック』大修館書店
国際交流基金(2006)『日本語教師の役割/コースデザイン』ひつじ書房
小林ミナ(2004)「第5章　外国語教授法と日本語教育」『이해하기 쉬운 教授法』語文学社
高見沢孟(2004)「第1章　教授法」『새롭게 시작하는 日本語教育』語文学社
田中望(1988[1993])「第6章　カリキュラム・デザイン」『日本語教育の方法』大修館書店

제5장 구성

5.1 머리말
5.2 코스디자인이란 무엇인가?
   5.3 일본어 학습자의 학습목적(needs, ニーズ) 분석
   5.3.1 일본어 학습자의 학습목적(needs, ニーズ) 조사
   5.3.2 일본어 학습자의 학습 준비도(readiness, レディネス) 조사
   5.3.3 일본어 학습적성 조사
   5.3.4 일본어 학습조건 조사
5.4 일본어 학습자의 학습심리—실제 조사
  5.4.1 일본어 학습법에 대한 한국인 대학생 일본어 학습자의 의식
  5.4.2 일본어문법 학습법에 대한 한국인 대학생 일본어 학습자의 의식
5.5 맺음말
제5장 인용 및 참고문헌

제5장

코스디자인(1)

일본어 교사는 학습자들의 학습목적을 분석하고 분석 결과에 따라 그에 걸맞는 교실활동과 수업의 질을 결정하는 수업 설계(이를 '코스디자인'이라 한다.)에 대해서도 전문적인 지견을 습득하지 않으면 안 된다. 일본어 학습자의 학습목적을 분석한다는 것은 일본어 학습자들이 일본어를 배우는 목적, 일본어 학습의 경력 유무, 일본어 학습에 대한 적성의 유무, 일본어 학습자의 학습조건, 일본어 학습자의 학습심리를 분석한다는 것이다. 이들 모두를 분석한다는 것은 결국 교실활동의 흐름을 나름 결정하기 위한 코스디자인을 한다는 것이다.

5.1 머리말

교사(교사를 희망하는 사람)가 일본어 교수 및 학습에 대한 나름대로의 신념을 가졌다고 해서, 일본어 학습자의 학습의욕(자기주도학습)을 파악할 줄 아는 안목을 가졌다고 해서, 교재의 종류와 특징을 파악하고 교실활동을 통해서 특정한 교재를 적재적소에 적용할 줄 아는 능력을 가지게 되었다고 해서, 그리고 다양한 외국어교수법에 정통하게 되었다고 해서, 그것으로 교사로서의 전문적 자질과 덕목이 모두 완성되었다고 생각해서는 안 된다.

이와 더불어 일본어 교사는 학습자들의 학습목적을 분석하고 분석 결과에 따라 그에 걸 맞는 교실활동과 수업의 질을 결정하는 수업 설계(이를 '코스디자인'이라 한다.)에 대해서도 전문적인 지견을 습득하지 않으면 안 된다. 일본어 학습자의 학습목적을 분석한다는 것은 일본어 학습자들이 일본어를 배우는 목적, 일본어 학습의 경력 유무, 일본어 학습에 대한 적성의 유무, 일본어 학습조건, 일본어 학습자의 심리를 분석한다는 것이다. 이들 모두를 분석한다는 것은 결국 교실활동의 흐름을 나름 결정하기 위한 코스디자인의 역할을 한다.

제5장에서는 교실활동의 흐름을 설계하기 위한 이들 다양한 요소들에 대해서 살펴보기로 한다.

5.2 코스디자인이란 무엇인가?

코스디자인(course design, コース・デザイン)이라는 것은 교실활동이라고 하는 코스 전체를 교사가 의도하는 방향으로 설계하는 것을 말한다. 코스디자인에는 학습자들에 관련된 것, 코스 목표나 스케쥴, 교재 및 교구, 교수법, 평가 및 테스트가 들어가는데, 여기에서는 일본어 학습자의 학습목적 분석에 초점을 맞추도록 한다.

코스디자인을 위해서 일본어 학습자에 대해서 교사가 파악을 한다는 것은 일본어 학습자들이 왜 일본어를 학습하려고 하는가, 일본어를 처음 배우는가? 만약 배운 적이 있다면 어느 정도까지 배웠는가? 학습성향은 어떤가(보수적인가? 아니면 게임이나 노래를 통해 학습하고 싶어하는가?), 예습 및 복습은 마땅히 하는 학습자인가? 일본에 유학을 갈 예정인가? 아니면 교양으로 일본어를 배우려는 학습자인가? 빨리 일본어로 회화를 하고자 하는 학습자인가? 등에 대해서 일본어 교사가 파악을 한다는 말이다.

제2장에서 살펴본 일본어 학습자의 학습의욕도 궁극적으로 교실활동의 흐름을 어떻게 결정할 것인가, 즉 어떠한 코스디자인으로 무엇을 언제 어떻게 가르칠 것인가를 결정하는 코스디자인 분석의 일환이라고 할 수 있다.

코스디자인은 일본어 학습자의 학습목적 조사 및 분석, 교실활동의 계획, 실행, 평가로 크게 4가지로 나뉘는데, 제5장에서는 일본어 학습자의 학습목적을 분석하는 것에 초점을 맞추어서 설명을 해나가기로 하겠다.

5.3 일본어 학습자의 학습목적(needs, ニーズ) 분석

일본어 학습자의 학습목적을 분석한다 함은 첫째, 일본어 학습자의 학습목적을 조사한다는 것이고(5.3.1), 둘째, 일본어 학습자의 학습 준비도가 어느 정도인지(5.3.2), 일본어 학습자가 일본어 학습에 대한 적성이 있는지 유무(5.3.3), 일본어 학습자의 학습조건은 어떠한지(5.3.4), 그 전체 결과의 분석을 통해 어느 수위의 교실활동을 할지를 결정하기 위한 사전 조사 단계라고 할 수 있다. 이하 이들 일본어 학습자의 학습목적에 관련된 사항에 대해서 살펴보도록 하겠다.

5.3.1 일본어 학습자의 학습목적(needs, ニーズ) 조사

일본어 학습자의 학습목적을 조사한다 함은 일반적으로 일본어 학습자가 왜 일본어를 배우려고 하는지, 학습목적의 영역이 어디까지인지를 조사하겠다는 말이다. 그것에 부연하여 학습목적 파악의 대상자는 누구까지로 정할지, 학습목적 파악 대상자의 선택 방법으로 어떠한 방법을 취할지, 학습목적을 조사하는 방법으로 어떠한 방법을 취할지에 대해서도 구체적으로 고려해야 한다.

당연한 말이지만 일본어 학습자의 학습목적은 사람마다 모두 다르다. 예를 들어 고등학교라는 틀 내에서 보면 일반계 고등학교에서는 대학진학을 위해서 일본어를 선택하는 학습자들이 많을 것이다. 그리고 중고등학교에서 실시하는 특기적성프로그램에서는 일본어 회화를 단지 배우고 싶어서 일본어를 배우는 학습자들도 많을 것이며, 일본음악 등과 같은 일본문화(전통문화, 생활문화, 대중문화)에 관심이 있어서 일본어를 배우는 학습자들도 있을 것이다.

학교라는 틀 밖에 있는 일본어 학습자들 중에는 특정 단체에 소속된 일본인과의 업무 협약을 위해서, 일본인들과의 민간교류를 위해서, 혹은 일본유학을 위해서, 일본에서 생활하기 위해서, 외교관 신분으로 일본에서 근무하기 위해서, 비즈니스를 위해서, 일본에서 요리를 배우기 위해서, 혹은 관광(쇼핑)을 위해서 등등 일본어 학습자들의 학습목적은 실로 다양하다는 사실을 일본어 교사는 인식해 두지 않으면 안 된다.

학습목적이 다르다는 것은 학습목적이 다른 모든 일본어 학습자가 동일한 영역의 일본어를 학습하지 않아도 된다는 것을 의미한다. 즉 어떠한 학습목적을 지녔느냐에 따라서 학습영역이 다를 수도 유사할 수도 일치할 수도 있다는 말이다. 여기에서 말하는 학습영역이란 어느 일본어 학습자가 일본어를 필요로 하는 장면이나 그 장면 속에서 사용하는 기능(技能) 즉 듣기, 말하기, 읽기, 쓰기를 말하는데, 이것을 일반적으로 **니즈영역**이라고 한다. 일본의 회사에서 근무하고자 하는 목적을 지닌 학습자는 4기능에 관련되는 모든 영역을 철저하게 학습하지 않으면 안 될 것이다. 예를 들어 회의에 출석을 해야 하고, 일본어로 서류를 작성해야 하며, 일정 서식을 갖춘 문서를 작성해야 하며, 거래처 사람이나 일반고객과 상담을 해야 하고, 업무 보고를 해야 하기 때문이다.

학습자의 학습목적을 조사하는 것은 흔히 학습자로 국한되는 것으로 알기 쉽지만 학습자 이외에도 선배 학습자, 학습자가 소속된 (교육)기관(학교, 회사)까지 그 영역을 확대할 필요가 있다. 왜냐하면 학습자의 학습목적에 관련된 정확한 정보를 오히려 특정 학습자를 둘러싼 선배 학습자나 학습자가 소속된 교육기관에서 입수할 수도 있기 때문이다. 학습자가 일본의 회사에서 비즈니스를 목표로 하는 경우, 선배 학습자는 학습자와 동일한 목적이나 처지에서 이미 일본어 학습을 시작하고 있는 사람이므로 특정 학습자보다 학습목적을 더 상세하게 알고 있을 것이다. 또한 학습자의 일본어 학습이 일정 수준에 도달하면 그 학습자를 외국인 신입사원으로 채용하려는 회사(회사 관계자)를 통해서 그 학습자가 채용되고 난 뒤의 구체적인 업무 정보를 들을 수 있으므로 그 학습자의 학습목적을 더 상세하게 입수할 수 있는 것이다.

따라서 학습목적의 조사 대상은 학습자, 선배 학습자, 학습자가 소속된 (교육)기관 중의 하나라는 결론을 내릴 수 있다. 필요에 따라서 이들 모두를 조사 대상으로 할 수도 있으며, 특정한 하나를 조사 대상으로 할 수 있을 것이다.

그리고 여기에서 부연해 두고 싶은 것은 학습자는 성인(노년층, 장년층, 청년층)뿐만 아니라 중고등학생을 비롯해서 초등학생도 포함된다는 점이다. 이 점에서도 학습목적 파악의 범위가 예를 들어 연령에 따라서 제각기 다르게 고려되어야 한다는 결론을 내릴 수 있는 것이다.

이러한 모든 사실에서 우리가 염두에 두지 않으면 안 되는 것은 학습자뿐만 아니라 학습자의 학습목적도 다양한 만큼 모든 학습자가 만족할 수 있는, 모든 학습자에게 일률적으로 적합한 코스디자인을 편성한다는 것은 불가능하다는 것이다. 만약 교사가 이러한 모든 다양성을 무시하고 획일적인 코스디자인으로 교실활동을 한다면 그러한 교실활동이 얼마나 비효율적인지를 실감하게 될 것이다.

따라서 일본어 교사는 한정된 시간, 다양한 학습자들이 효율적으로 일본어를 학습할 수 있도록 학습목적에 맞는 학습내용, 수준에 맞는 교실활동이 가능한 코스디자인을 적재적소에 할 수 있는 능력을 갖추어야 할 것이다.

학습목적을 조사하는 방법으로는 질문지를 통한 방법과 인터뷰를 통한 방법 두 가지로 나눌 수 있다. **앙케이트 방식**(アンケート法)은 학습목적을 상세하게 묻는 설문 항목을 기록한 종이를 학습자들에게 배부하고, 해당 설문에 대한 응답을 기입하도록 하여 그 결과를 통해 학습자들의 학습목적을 파악하는 것을 말한다. 예를 들면 이름, 국적, 성별, 모어, 소속, 생년월일, 일본어 학습경력 유무, 일본어를 필요로 하는 환경(강의를 듣는가, 강의중 배포 자료를 읽는지, 세미나에서 발표나 디스커션을 하는지, 교과서를 읽는지, 사무실 사람과 사무적인 언어행동을 하는지, 일본어를 문서를 작성하는지 등)을 서면으로 물어보는 것이다. **인터뷰 방식**(インタービュー法)은 앙케이트 방식의 설문 내용을 구두로 묻고 구두로 대답하도록 함으로써 그 결과를 기록하는 것을 말한다.

앙케이트 방식과 인터뷰 방식의 차이는 전자의 앙케이트 방식은 학습목적에 관련된 대량의 정보를 입수할 수 있는 반면에 인터뷰 방식은 그것이 불가능하며, 또한 인터뷰 방식은 학습목적에 관련된 정보를 입수하는 데에 시간이 많이 걸린다는 단점이 있다. 그러나 인터뷰 방식은 사람마다 제각기 다른 학습목적을 예상하지 못한 형태로 입수할 수 있다는 장점이 있다. 따라서 학습자가 대규모인 경우에는 앙케이트 방식이 유효할 것이며, 학습자가 소규모인 경우에는 인터뷰 방식이 유효하다고 생각된다.

5.3.2 일본어 학습자의 학습 준비도(readiness, レディネス) 조사

자신이 담당하는 일본어 학습자들의 학습목적에 대한 파악이 끝나면 그 다음으로 학습자들의 일본어 학습에 대한 준비 상태를 파악해야 한다. 즉 현재 자신의 수업을 들으려고 하는 일본어 학습자들이 어느 정도의 일본어 능력을 지니고 있는지를 파악해야 하는데, 이것을 **학습 준비도**(readiness, レディネス) 조사라고 한다.

대학 초급일본어 수업에서 일본어 학습자들의 학습 준비도를 본 저자 나름대로의 방식을 통해서 조사를 해보면 크게 다음의 세 가지 유형으로 나뉜다. 첫째는 일본어를 처음으로 학습하는 유형, 둘째는 일본어를 중고등학교에서 배웠지만 일본어에 대한 지식이 불완전하게 습득된 유형, 셋째는 일본어에 대한 기초 지식이 확고하게 자리 잡힌 유형으로 나눌 수 있다.

어느 유형에 속하는지를 단순히 구두로 교사가 질문하고 학습자들이 대답을 하는 형태로는 학습 준비도를 정확하게 파악하기가 어렵다. 따라서 학습 준비도 조사를 정확하게 하기 위해서는 예를 들어 기초일본어문법 실력을 묻는 필기시험이나 인터뷰(면접)를 실시할 필요가 있다. 이들 테스트를 통해서 일본어 학습경력을 가진 학습자들로 판명되면 그 학습자들은 **기학습자**(既習者), 그렇지 않은 학습자들로 판명되면 그 학습자들은 **미학습자**(未習者)라고 불린다. 미학습자에 대해서는 일본어 학습 준비도 조사를 행할 필요는 없다. 미학습자가 많으냐, 기학습자가 많으냐(기학습자 중에는 어느 정도의 일본어 능력을 지니는 학습자들이 많으냐)에 따라 교실활동 코스의 흐름과 질이 결정된다는 것은 두말할 나위가 없다.

5.3.3 일본어 학습적성 조사

만약 일본어 학습경력이 전혀 없는 학습자들로 구성된 클래스라면 이번에는 일본어 학습을 희망하는 학습자들이 일본어 학습에 적성을 보이는지에 대해 파악을 교사는 할 필요가 있다.

일본어 수업을 한 학기 동안 해보면 일본어 교실활동에 적극적으로 호응을 보이는 학습자, 소극적으로 호응을 보이는 학습자, 전혀 호응을 보이지 않는 학습자들이 있다. 소극적이거나 전혀 호응을 보이지 않는 학습자들이 존재하는 데에는 대략 세가지의 이유가 있다. 첫째는 교사의 교수법이 적절하지 않기 때문이다. 둘째는 학습자의 학습의욕이 낮기 때문이다. 셋째는 일본어 학습에 대한 적성이 전혀 없는 데다 그저 일본어가 다른 언어보다 쉬워 보여서(쉽다고 이야기를 들어서) 수강 신청을 하였기 때문이다. 일본어 학습자의 학습적성 조사로는 주로 일본어라는 미지의 언어음을 식별하는 능력, 문법에 대한 감수성, 일본어를 기계적으로 학습하는 능력, 암기력 등이 조사 대상이 된다. 만약에 일본어 미학습자 중에서 일본어 학습적성이 높은 학습자와 낮은 학습자가 나왔다면, 일본어 학습적성이 높은 학습자가 일본어 학습에 성공을 거둘 가능성이 높다. 만약 일본어 학습적성이 낮은 학습자가 소수 혹은 많이 존재한다면 교사는 일본어 학습적성이 낮은 학습자들을 어떻게 처리해야 할지를 진지하게 모색할 필요가 있다.

5.3.4 일본어 학습조건 조사

본 저자는 일본어 수업을 할 때, 예습과 복습을 학습자들에게 많이 강조한다. 초급일본어문법은 수학이나 물리와 같이 머리를 써서 학습하는 것이 아니라 예습량 혹은 복습량에 의해서 즉 학습의 강도에 따라서 습득되는 것이라고 본 저자는 학습자들에게 거의 호소하듯 강조한다. 그러나 본 저자의 그러한 호소에도 불구하고 예습 및 복습을 거의 하지 않는 학습자들이 많다. 그리고 예습이나 복습은 반드시 책상에 앉아서 하는 것이 아니라 교과서 본문 내용을 담고 있는 MP3를 통학을 하면서 반복적으로 듣는 것으로도 충분하다고 수차례 강조하여도 본 저자의 말을 (비)의도적으로 무시하는 학습자들이 많이 있다.

이는 일본어 학습자들의 학습의욕과 학습조건이 모두 다르다는 것을 의미한다. 학습의욕은 이미 언급하였으므로 논외로 하고, 일본어 학습자들의 학습조건을 교사가 조사해 두면 이 역시 교사는 자신의 교실활동의 수위를 조절하는 데에 많은 도움을 얻게 된다. 학습조건에 관련된 정보는 크게 두 가지로 나뉜다. 하나는 학습자의 배경 정보이며, 다른 하나는 일본어 학습에 관련된 외적 정보이다. 전자의 **학습자 배경 정보**라는 것은 학습자가 처해진 배경을 말하는데, 예를 들면 학습자의 모어, 사용 가능한 외국어, 문화적 배경(다문화 가정), 일본어 이외의 다른 언어학습 경험의 유무, 외국에 가본 경험의 유무, 관심사, 학습성향(전통식 수업 방식을 좋아하는가? 놀이식 수업 방식을 좋아하는가? 교사 중심 수업 방식을 선호하는가? 학습자 중심 수업 방식을 선호하는가? 문법역독식 수업 방식을 좋아하는가? 커뮤니커티브 어프로치 수업 방식을 선호하는가?), 외국어 학습에 대해 나름대로 의식을 가지고 있는가 등을 들 수 있다.

후자의 **일본어 학습에 관련된 외적 정보**라는 것은 예를 들면 학습자의 경제적 조건을 말한다. 수업료나 교재 구입을 충분히 충당할 수 있는 경제적 여건을 가지고 있는지, 수업이 끝나고 예습이나 복습을 어느 정도할 수 있는지, 일본어 학습에 어떠한 기기(컴퓨터, MP3, 아이패드나 갤럭시 태블릿)를 사용하고 있는지에 따라 일본어 학습에 대해 많은 시간을 투자할 수도 있고 또는 못할 수도 있다. 본 저자의 수업뿐만 아니라 다른 수업도 많이 듣는 학습자들은 당연히 일본어 수업에 예습 및 복습을 하기가 어려울 것이고, 소유하고 있는 기기에 따라 일본어 학습에 기울이는 노력의 정도에 차이가 날 수밖에 없을 수도 있다.

5.4 일본어 학습자의 학습심리-실제 조사

5.3에서는 일본어 학습조건 조사의 하나로 학습자의 배경 정보 조사가 있으며, 그 조사 가운데에는 학습자의 학습성향에 대한 조사가 있음을 확인할 수 있

었다. 5.4에서는 일본어 학습자의 학습법에 대한 의식(5.4.1)과 문법 학습에 대한 시점(5.4.2)에 대해서 본 저자가 조사한 결과를 제시하도록 하겠다. 이하에서 제시하는 조사 결과는 일본어 학습자들의 대표적인 학습성향이 아니라는 점에 유념해 두길 바라며 본 저자는 단순히 일본어 학습자들의 학습성향을 파악하는 방법과 그 성향의 파악을 통해서 교실활동의 수위를 조절하는 실마리를 독자들에게 제공하는 데에 목적이 있음에 유념해 주길 바란다.

5.4.1 일본어 학습법에 대한 한국인 대학생 일본어 학습자의 의식

첫째, 일본어 발음 학습에 대한 한국인 대학생 일본어 학습자의 의식을 살펴보면 다음과 같다.

〈표 1〉 일본어 발음 학습에 대한 학습자의 의식

설문 번호	설문 항목	(매우) 그렇다	잘 모르겠다	(전혀) 아니다
5	일본어를 유창한 발음으로 말하는 것은 학습자에게 매우 중요하다.	84%	9%	7%

둘째, 정확성에 대한 한국인 대학생 일본어 학습자의 의식을 살펴보면 다음과 같다.

〈표 2〉 정확성의 추구에 대한 일본어 학습자의 의식

설문 번호	설문 항목	(매우) 그렇다	잘 모르겠다	(전혀) 아니다
7	정확하게 일본어를 구사하기 전까지 학습자는 교실 밖에서 일본어를 사용해서는 안 된다.	1%	2%	97%
14	초급 때 일본어 학습자의 오용을 선생님이 묵인하면 나중에 일본어를 정확하게 말하는 것이 어려워진다.	77%	22%	1%
26	학습자의 발화에 오류가 있을 경우, 선생님이 그것을 고쳐주고 그 오류가 발생하는 원인을 간결하게 설명해 주면 학습자에게 매우 도움이 된다.	96%	3%	2%

29	학습자의 발화에 오류가 있는 경우 그 오류를 낳는 패턴을 반복적인 구두 연습을 통하면 오류가 많이 없어진다.	85%	14%	2%
36	학습자의 발화에 오류가 있는 경우라도 무엇을 말하려고 하는지 알기만 하면 그 오류는 무시하는 편이 좋다.	10%	18%	72%

셋째, 일본어 어휘 학습 및 문법 학습에 대한 한국인 대학생 일본어 학습자의 의식을 수치화해서 제시하면 다음과 같다.

〈표 3〉 일본어 어휘 학습 및 문법 학습에 대한 학습자의 의식

설문번호	설문 항목	(매우)그렇다	잘 모르겠다	(전혀)아니다
11	일본어 학습에서 가장 중요한 것은 어휘를 습득하는 것이다.	76%	17%	7%
15	일본어 학습에서 가장 중요한 것은 문법 학습이다.	26%	32%	42%
24	언어는 문법/구문의 총체이며 학습자는 그것을 의식적으로 학습해야 한다.	46%	28%	26%
28	일반적으로 일본어가 유창해지기 위해서는 일본어 문법을 이해해 둘 필요가 있다.	89%	7%	5%
31	기본적인 일본어문법 규칙을 어느 정도 이해하고 있으면 스스로 많은 새로운 일본어 문장을 만들어 낼 수 있다.	83%	11%	5%
33	패턴을 연습하면 그 연습한 패턴에 따라 많은 새로운 일본어 문장을 만들어 낼 수 있다.	88%	11%	1%
34	일본어 수업에서 선생님은 문법/구문을 분명하고 정확하게 제시하는 것이 중요하다.	76%	19%	4%
35	일본어는 패턴연습(드릴)을 많이 행하는 것으로 습득할 수 있다.	81%	15%	4%
38	일본어문법을 가르칠 필요는 없다. 자연스럽게 스스로 배우게 되기 때문이다.	8%	29%	63%

넷째, 언어4기능에 대한 한국인 대학생 일본어 학습자의 의식을 수치화하면 다음과 같다.

〈표 4〉 언어4기능 학습에 대한 일본어 학습자의 의식

설문 번호	설문 항목	(매우) 그렇다	잘 모르겠다	(전혀) 아니다
16	일본어를 듣고 이해하는 것보다도 말하는 쪽이 쉽다.	29%	33%	38%
21	일본어는 듣기 및 말하기보다 읽기 및 쓰기 쪽이 쉽다.	30%	25%	45%
37	학습자는 일본어 읽기 및 쓰기 공부를 시작하기 전에 듣기 및 말하기를 어느 정도 마스터해 두는 것이 필요하다.	51%	31%	18%

다섯째, 언어 습득에 대한 한국인 대학생 일본어 학습자들의 의식을 수치화하면 다음과 같이 나타낼 수 있다.

〈표 5〉 학습 연령에 대한 일본어 학습자의 의식

설문 번호	설문 항목	(매우) 그렇다	잘 모르겠다	(전혀) 아니다
1	어른보다도 아이 쪽이 일본어를 쉽게 습득할 수 있다.	80%	12%	8%

〈표 6〉 능력에 대한 일본어 학습자의 의식

설문 번호	설문 항목	(매우) 그렇다	잘 모르겠다	(전혀) 아니다
2	일본어를 습득하는 데에 있어 특별한 능력을 지닌 사람이 있다.	46%	22%	32%
8	영어를 잘 구사하는 학습자는 일본어 역시 쉽게 학습할 것이다.	24%	28%	48%
9	수학이나 과학을 잘 하는 학습자는 일본어 학습이 서툴 것이다.	3%	17%	80%
19	언어를 두 개 이상 말할 수 있는 사람은 머리가 좋은 사람이다.	36%	28%	36%
20	일본어는 누구라도 말할 수 있는 언어이다.	81%	19%	0%

〈표 7〉 일본어라는 언어의 특수성에 대한 학습자의 의식

설문 번호	설문 항목	(매우) 그렇다	잘 모르겠다	(전혀) 아니다
3	일본어는 다른 언어보다도 습득이 어렵다.	7%	25%	68%
18	일본어 학습은 다른 교과의 학습과는 다르다.	25%	43%	32%
22	일본어는 습득이 매우 어려운 언어이다.	11%	29%	61%

〈표 8〉 인종과 외국어 습득에 대한 학습자의 의식

설문 번호	설문 항목	(매우) 그렇다	잘 모르겠다	(전혀) 아니다
4	한국인들은 외국어 습득이 능숙한 편이다.	45%	38%	18%

〈표 9〉 학습공간에 대한 학습자의 의식

설문 번호	설문 항목	(매우) 그렇다	잘 모르겠다	(전혀) 아니다
10	일본어를 학습하는 데에는 일본에 사는 것이 제일 좋다.	74%	12%	14%

〈표 10〉 학습행동에 대한 일본어 학습자의 의식

설문 번호	설문 항목	(매우) 그렇다	잘 모르겠다	(전혀) 아니다
12	몇 번이나 반복 연습하는 것은 일본어 학습에 중요하다.	96%	4%	0%
23	매일 한 시간 씩 공부했을 때 매우 능숙하게 일본어를 말할 수 있게 되는 시간은?	45%	39%	16%
25	선생님이 일본어로 말하는 것을 학습자가 이해한 경우, 학습자는 해당 일본어를 실제 알고 있다.	52%	26%	22%
27	일본인이 말하는 일본어를 듣거나 연습하거나 외우거나 하면 그 학습자는 일본어를 실제로 체득하고 있다.	60%	22%	18%

〈표 11〉 학습 성별에 대한 일본어 학습자의 의식

설문 번호	설문 항목	(매우) 그렇다	잘 모르겠다	(전혀) 아니다
13	일본어 학습에 관해서는 남성보다도 여성 쪽이 훨씬 뛰어나다.	32%	51%	17%

여섯째, 학습도구에 대한 한국인 대학생 일본어 학습자의 의식을 수치화하면 다음과 같다.

〈표 12〉 학습도구에 대한 학습자의 의식

설문 번호	설문 항목	(매우) 그렇다	잘 모르겠다	(전혀) 아니다
17	카세트(CD, MP3, 컴퓨터)로 일본어를 연습하는 것은 중요하다.	86%	8%	6%

일곱째, 의사소통에 대한 한국인 대학생 일본어 학습자의 의식을 수치화하면 다음과 같다.

〈표 13〉 의사소통에 대한 학습자의 의식

설문 번호	설문 항목	(매우) 그렇다	잘 모르겠다	(전혀) 아니다
30	언어는 의미가 있는 커뮤니케이션이며 학교에서의 의식적인 공부가 아니라 사회 안에서 반무의식적으로 습득하는 것이다.	68%	23%	9%
32	학습자에게 중요한 것은 무엇을 말하는가이지 어떻게 말하는가가 아니다.	40%	32%	28%

마지막으로 일본문화 학습에 대한 한국인 대학생 일본어 학습자의 의식을 수치화하면 다음과 같다.

〈표 14〉 일본문화 학습에 대한 일본어 학습자의 의식

설문 번호	설문 항목	(매우) 그렇다	잘 모르겠다	(전혀) 아니다
6	일본어를 바르게 말하기 위해서는 일본문화에 관한 지식이 필요하다.	88%	7%	5%

5.4.2 일본어문법 학습에 대한 한국인 대학생 일본어 학습자의 시점

본 저자는 일찍이 일본어문법 학습에 대한 일본어 학습자의 시점을 조사한 적이 있다. 아래에서 제시하는 조사 결과를 통해서 문법을 교실활동에 도입하였을 때, 교사는 어느 정도의 수위를 가지고 교실활동을 할 수 있는지, 즉 교실활동을 위한 코스디자인에 대한 지견을 얻을 수 있을 것으로 믿는다.

그러면 일본어문법 학습에 대한 한국인 대학생 일본어 학습자들의 시점을 말해 주는 몇 가지 사항을 살펴보도록 하자. 우선 첫째로 문법 실러버스의 제시 방식(교사→학습자)에 대한 학습자의 시점(1)을 수치로 제시하면 다음의 표15와 같다.

〈표 15〉 일본어 교사의 문법 실러버스 제시 방식에 대한 학습자의 시점(1)

설문 번호	설문 내용	(매우) 그렇다	잘 모르겠다	(전혀) 아니다
1	한과에서 특정 문법(예를 들면 형용사 활용)을 배울 때 한꺼번에 일괄해서 배우기보다는 일상생활에서 사용 빈도가 높은 특정 문법 몇 개만을 먼저 배웠으면 좋겠다.	80%	6%	14%
6	특정 문법 사항에 대한 세세한 용법보다는 우선 대표적이고 기본적인 용법만 배우고 싶다.	70%	5%	25%
7	대명사에는 방향 지시 대명사, 장소 지시 대명사, 사물 지시 대명사, 인칭 대명사 등이 있는데, 이들 대명사를 모두 한 과에서 체계적으로 가르쳐 줬으면 좋겠다.	57%	14%	30%
16	앞 과에서 나온 문법이 나중에 다른 과를 배울 때도 다시 나왔으면 좋겠다. (왜냐하면 그 문법을 잊어버리지 않기 위해서)	88%	4%	7%

설문번호	설문 내용	(매우) 그렇다	잘 모르겠다	(전혀) 아니다
17	한꺼번에 많은 내용의 문법을 제시하여 배우게 하기보다는 학생들의 회화 능력을 고려해서 쉬운 문법부터 서서히 어려운 문법으로 순차적으로 가르쳐 줬으면 한다.	92%	5%	3%
20	쉬운 문법 항목과 어려운 문법 항목을 섞어서 가르치기보다는 우선 쉬운 문법 항목부터 가르쳐 주고 어려운 문법 항목은 어느 정도 일본어 실력을 갖추고 나서 가르쳐 줘도 무방하다.	79%	13%	8%
24	나는 몰라도 불편하지 않은 문법이나 당장 필요가 없는 문법은 배우지 않아도 되며, 아니면 나중에 일본어가 능숙해졌을 때 배워도 늦지 않다고 생각한다.	54%	18%	28%

둘째, 문법 실러버스의 제시 방식(교사→학습자)에 대한 학습자의 시점(2)을 수치로 제시하면 다음의 표16과 같다.

〈표 16〉 일본어 교사의 문법 실러버스 제시 방식에 대한 학습자의 시점(2)

설문번호	설문 내용	(매우) 그렇다	잘 모르겠다	(전혀) 아니다
2	하나의 문법에 관련된 여러 가지 다양한 용법을 한 과 안에서 한 번에 배우는 것보다는 쉽고 기본적인 용법부터 먼저 배웠으면 좋겠다.	89%	2%	10%
21	한 과에 문법이 많이 나열된 교재보다는 문법이 가급적 여러 과에 걸쳐 간략하게 소량으로 제시된 교재가 훨씬 좋다고 생각한다.	57%	23%	21%
25	나는 특정 문법에 대한 매우 구체적이고 상세한 설명, 추상적인 설명, 특정 문법에 대한 예외적인 설명이 구체적으로 제시된 교재보다 학생들이 일본어를 쉽게 접할 수 있도록 배려된 초급 일본어 교재가 훨씬 좋다고 생각한다.	77%	12%	11%

셋째, 한국어에 없는 문법 실러버스 학습이나 추상적인 의미 기술에 대한 일본어 학습자의 시점을 수치로 제시하면 다음의 표17과 같다.

〈표 17〉 한국어에 없는 문법 실러버스 학습이나 추상적인 의미 기술에 대한 일본어 학습자의 시점

설문 번호	설문 내용	(매우) 그렇다	잘 모르겠다	(전혀) 아니다
3	한국어에는 없는 특이한 문법보다는 한국어와 유사한 문법을 우선적으로 배웠으면 좋겠다.	62%	16%	23%
4	초급 일본어 단계에서는 예를 들면「あります」가 무생물의 존재를 의미하고「います」가 생물의 존재를 의미하는 것만 배우면 되지,「あります」의 특별한 용법에 대해서는 나중에 배워도 좋다.	48%	18%	34%
5	일본어문법에 대한 선생님의 설명은 쉽고 구체적인 설명보다 약간 어렵더라도 격조 높고 추상적인 설명이 좋다.	15%	10%	85%
8	다소 어렵고 격조 높은 문법 용어보다는 쉬운 용어로 풀어서 가르쳐 주면 좋겠다.	89%	7%	4%
10	초급 일본어 교재에 추상적인 의미 기술을 요하는 문법 사항은 배우고 싶지 않다.	42%	26%	32%
19	「何」이「なん」또는「なに」로 읽히고 어떤 경우에「なん」또는「なに」로 읽히는지를 아는 것보다 둘 가운데 가장 일반적인 것부터 먼저 가르쳐 주고 특수한 것은 나중에 가르쳐 줘도 무방하다고 생각한다.	38%	22%	40%

넷째, 일본어교육문법에 대한 학습자의 시점을 수치화하면 다음의 표18과 같이 나타낼 수 있다.

〈표 18〉 일본어교육문법에 대한 학습자의 시점

설문 번호	설문 내용	(매우) 그렇다	잘 모르겠다	(전혀) 아니다
9	자신(또는 남)이 구사하는 일본어 문장이 문법적으로 다소 틀려도 뜻만 통한다면 별 문제가 없다.	35%	19%	46%
11	"일본어와 영어 중 어느 쪽이 더 어렵습니까?"라는 일본어 질문에 "영어입니다."라고 간단하게 대답하는 것보다 교재에서 배운대로 "일본어와 영어 중 영어가 더 어렵습니다."라고 대답하는 것이 옳다고 생각한다.	24%	12%	64%

12	쉽게만 가르쳐 줄 수 있으면 매우 이해하기 어려운 문법이 교재에 얼마든지 나와도 상관없다고 생각한다.	58%	19%	23%
13	쉽게 가르쳐 주지 않아도 좋으니 가급적 이해하기 쉬운 문법을 중점적으로 다루어서 학습부담을 제발 덜어 줬으면 좋겠다.	44%	25%	31%
22	나는 문법을 많이 배우는 것보다는 적게 배우더라도 제대로 아는 것이 더 중요하다고 생각한다.	91%	6%	3%
23	나는 초급 때부터 일본어문법을 철저하고 완벽하게 배워야 한다고 생각한다.	59%	17%	24%

마지막으로 의사소통 능력 향상에 관련되는 문법 학습에 대한 학습자들의 시점을 수치로 제시하면 다음과 같다.

〈표 19〉 의사소통 능력 관련 문법 학습에 대한 학습자의 시점

설문 번호	설문 내용	(매우) 그렇다	잘 모르겠다	(전혀) 아니다
14	문법을 위한 문법보다는 회화에 금방 사용할 수 있는 문법을 가르쳐 줬으면 좋겠다.	86%	9%	5%
15	실생활에서 별로 사용되지 않는 문법보다 실생활에서 자주 사용되는 문법을 우선적으로 가르쳐줬으면 좋겠다.	94%	4%	2%
18	나는 문법을 공부하려는 의욕보다는 회화를 하고 싶은 의욕이 더 강하다.	81%	10%	9%

5.5 맺음말

일본어 교사는 학습자들의 학습목적을 분석하고 분석 결과에 따라 그에 걸맞은 교실활동과 수업의 질을 결정하는 코스디자인을 할 수 있어야 한다. 그것은 모든 학습자를 그 다양성과 관계없이 유일무이한 코스디자인으로 교실활동을 한다는 것은 불가능할 뿐만 아니라 설사 할 수 있다고 해도 매우 비효율적

인 교실활동이 될 것이기 때문이다. 교사의 전문적인 학습목적의 분석에 따라서 교사는 그 어떠한 학습자들이라도 학습목적을 정확하게 포착할 수 있어야 하며, 그것에 따른 코스디자인이 비로소 가능해진다는 것을 우리는 명심해야 한다.

제5장 인용 및 참고문헌

천호재(2008)「일본어 학습법 및 교수법에 대한 한국인 일본어 학습자의 의식」『일본연구』24, 99-120, 중앙대학교 일본연구소.
小林ミナ(2004)「第1章　コース・デザイン」『이해하기 쉬운 教授法』語文学社
国際交流基金(2006)「2.　コース・デザイン」『日本語教師の役割/コース・デザイン』ひつじ書房
国際交流基金(2010)『教え方を改善する』ひつじ書房
高見沢孟(2004)「第2章　コースデ・ザイン/教材」『새롭게 시작하는 日本語教育』語文学社
田中望(1988[1993])『日本語教育の方法』大修館書店
田中望(1990[1992])「第2章　外国語教育としての日本語教育」『日本語教育ハンドブック』大修館書店
田中望・斎藤里美(1993)『日本語教育の理論と実際』大修館書店
日本語教育学会(1991a)「第1章　コースデザインの方法」『日本語教育機関におけるコース・デザイン』凡人社
日本語教育学会(1991b)「第2章　ニーズ分析」『日本語教育機関におけるコース・デザイン』凡人社

부록—일본어 학습목적 분석을 위한 조사 항목

1. 지금까지 사용해 온 언어
    1) 현재까지 거주지와 사용 언어에 대해서 아래의 표에 예시한 대로 기입해 주세요.
        (표 생략)
    2) 지금까지 학습한 적이 있는 언어를 기입해 주세요.

2. 일본에 간 경험
    1) 일본에 간 적이 있습니까?
    2) 일본에 간 적이 있다면 한번 갈 때마다 어느 정도 체재를 합니까?
    3) 일본에는 주로 어떠한 목적으로 갑니까?

3. 현재까지의 일본어 학습에 대해서
    1) 지금까지 어떠한 방법으로 일본어를 학습해 왔습니까?
        학습 기간/학습 장소(중학교, 고등학교, 대학교, 학원, 개인 교습, 기타)/학습방법(선생님과 일대일로, 클래스에서 배움, 독학), 선생님은 일본인 아니면 한국인이었는가? 선생님은 일본어로 일본어를 가르쳤는가? 아니면 한국어로 일본어를 가르쳤는가? 교재는 무엇이었는가? 어떤 교과서를 사용하였는가? 1주일에 며칠 몇 시간씩 일본어를 학습하였는가?
    2) 관계있는 것을 체크해주세요.
        히라가나는 어느 정도 읽을 수 있습니까?
        히라가나는 어느 정도 쓸 수 있습니까?
        가타가나는 어느 정도 읽을 수 있습니까?
        가타가나는 어느 정도 쓸 수 있습니까?
        한자는 어느 정도 읽을 수 있습니까?

한자는 어느 정도 쓸 수 있습니까?

4. 일본어 학습 영역과 학습량과 사용 학습 기기
   1) 듣기, 말하기, 읽기, 쓰기 가운데 당신은 어느 것을 중심으로 공부하기를 희망합니까?
   2) 예습 및 복습을 위해서 하루에 몇 시간 정도 시간을 할애할 수 있습니까?
   3) 일본어 예습 및 복습을 위해서 어떠한 기기를 사용할 수 있습니까?
      (학습 기기 나열 생략)
   4) 다음 중 당신이 할 수 있는 것을 A란에 체크해 주세요. 그리고 학습하고 싶은 것은 B란에 체크해주세요. (상세한 설문 항목을 입수하고자 한다면 日本語教育学会〔1991b:48-49〕를 참조할 것.)

   ① 인사를 한다.
   ② 시간을 묻는다.
   ③ 일본요리를 배운다.
   ④ 감사를 전한다.
   ⑤ 일을 찾는다.
   ⑥ 간단한 통역을 한다.
   ⑦ 연구 논문 및 리포트를 작성한다.

	A	B
①		
②		
③		
④		
⑤		
⑥		
⑦		

   5) 이상 당신이 체크한 것 중에서 당신에게 있어서 특히 필요한 것을 다섯 개를 골라 적어주세요.
   6) 무엇 때문에 일본어 공부를 하고자 합니까? 아래에 제시된 항목 가운데 세 가지를 선택해서 기입해 주세요.
      일상생활에 필요하기 때문에
      연수나 연구에 필요하기 때문에
      업무상 필요하기 때문에
      일을 찾기 위해서

일본어를 좋아하기 때문에

신문을 읽고 싶기 때문에

텔레비전, 라디오를 시청하고 싶어서

문화, 경제 등 일본에 대해서 알고 싶어서

대학원에 진학하고 싶어서

기타

7) (대학원에 진학을 희망한다고 체크한 사람에게 질문합니다.)

일본어 학습이 끝나면 무엇을 공부할 예정입니까?

8) (대학원에 진학을 희망한다고 체크한 사람에게 질문합니다.)

어떠한 기초과목 학습이 필요합니까?

5. 일본인과 말할 기회에 대해서

1) 일본인과 일본어로 말하는 기회가 어느 정도 있습니까? 번호로 답해 주세요.

2) 가족 또는 함께 사는 사람과 일본어로 말합니까?

3) 가족 또는 함께 사는 사람 이외에 어떠한 사람과 일본어로 말합니까? 해당 사항 모두 선택해 주세요.

학교 선생님, 회사 상사, 회사의 동료, 친구

6. 취미나 흥미에 대해서

1) 신문 및 잡지를 일본어로 읽습니까?

2) 일본어 책을 읽습니까?

3) 신문, 잡지, 책에서 자주 읽는 기사 분야를 잘 읽는 순서대로 3개까지 적어주세요.

정치, 경제, 국제문제, 사회, 문화, 스포츠, 음악, 교육, 과학기술, 연극, 영화, 미술, 만화, 종교, 기타

제6장 구성

6.1 머리말
6.2 교과서 교수·학습 실러버스
    6.2.1 가르치는 결정 시기에 따른 분류
        ① 선행 실러버스(Apriori Syllabus, 先行シラバス)/후행 실러버스(Aposteriori Syllabus, 後行シラバス)
        ② 과정 실러버스(Process Syllabus, 過程シラバス)
    6.2.2 구성법에 의한 분류
        ① 구조 실러버스(Structural Syllabus, 構造シラバス/文法シラバス(grammar syllabus))
        ② 기능 실러버스(Functional Syllabus, 機能シラバス)
        ③ 장면 실러버스(Situational Syllabus, 場面シラバス)
        ④ 화제 실러버스(Topic Syllabus, 話題シラバス)
        ⑤ 기능 실러버스(Skill Syllabus, スキルシラバス/技能シラバス)
        ⑥ 태스크 실러버스(Task Syllabus, タスク·シラバス/課題シラバス)
6.3 맺음말
제6장 인용 및 참고문헌

제6장

코스디자인(2)
―실러버스·실러버스 디자인―

6.1 머리말

제5장에서 언급한 내용은 장차 교실활동을 하게 될 일본어 학습자 그 자체에 초점을 맞춘 것이다. 예를 들면 일본어 학습을 하게 될 학습자들의 수준, 예습 및 복습을 할 수 있는지 여부, 게임을 좋아하는지, 회화 욕구의 정도를 교사가 파악하는 것에 의해서 장차 실행될 교실활동의 수위를 조절하게 되는 것이다.

이러한 파악이 완료되면 교사는 그 다음으로 무엇을 가르칠지, 언제 어떻게 가르칠 것인지를 진지하게 모색할 필요가 있다. 그러기 위해서는 소위 실러버스의 개념, 실러버스의 종류, 실러버스 디자인과 같은 개념이 대두된다.

제6장에서는 이들 개념들에 대해서 설명하기로 한다.

6.2 교과서 교수·학습 실러버스

실러버스(syllabus, シラバス)라는 것은 어느 코스 중에서 교사가 가르쳐야 할 교수항목(학습항목)을 말한다. 특정한 교실활동에서 교사는 일본어 내용을 모두 가르칠 수 없다. 학습자의 학습목적에 대한 분석에 의해서 얻어진 결과를 토대로 무엇을 어떻게 가르쳐야 할 것인지에 대한 판단이 가능해진다. 실러버스 디자인에 의해서 가르쳐야 할 내용의 목록(일람표)이 정해지는데, 이것을 **원형 실러버스**(syllabus inventory, 原型シラバス)라고 하며, 이 원형 실러버스를 통해서 가르쳐야 할 범위와 내용을 선별하는 작업을 **실러버스 디자인**(syllabus design, シラバス·デザイン)이라고 한다.

실러버스 디자인에 의해 얻어진 리스트를 **코스 실러버스/교수 실러버스**(course syllabus, コース·シラバス/教授シラバス)라고 한다. 예를 들면 초급일본어 교과서에 히라가나 쓰기와 발음이 나와 있으면 그것은 일본어를 처음으로 배우는 학습자들에게 교수되어야 할 코스 실러버스가 된다.

코스 실러버스는 첫째, 가르치는 결정 시기에 따라 선행 실러버스(Apriori Syllabus, 先行シラバス), 후행 실러버스(Aposteriori Syllabus, 後行シラバス), 과정 실러버스(Process Syllabus, 過程シラバス)로 나뉜다. 둘째, 코스 실러버스는 구성법에 따라 구조 실러버스(Structural Syllabus, 構造シラバス), 장면 실러버스(Situational Syllabus, 場面シラバス), 기능 실러버스(Functional Syllabus, 機能シラバス), 화제 실러버스(Topic Syllabus, 話題シラバス), 기능 실러버스(Skill Syllabus, スキルシラバス/技能シラバス), 태스크 실러버스(Task Syllabus, タスク・シラバス/課題シラバス)로 나뉜다.

이하 이들 실러버스의 개념을 소개하면 다음과 같다.

6.2.1 가르치는 결정 시기에 따른 분류

첫째 선행 실러버스(Apriori Syllabus, 先行シラバス)와 후행 실러버스(Aposteriori Syllabus, 後行シラバス)에 대해서 보도록 하자.

일본어 교사가 새로운 학기의 일본어 수업을 개시하기 전에 해당 학기에 무슨 내용을 어떻게 가르칠지 실러버스를 디자인하는 것이 일반적이다. 예를 들면 일본어교육을 받는 학습자들을 위하여 (한 학기) 수업이 시작되기 전 교사(교과서 저자)가 가르치고자 미리 준비해 둔 실러버스(예를 들어 특정 문법 실러버스, 장면 실러버스, 화제 실러버스, 기능 실러버스)를 **선행 실러버스**(Apriori Syllabus, 先行シラバス)라고 한다.

교과서에는 각 과마다 미리 실러버스 디자인이 되어 있다. 따라서 교과서는 선행 실러버스의 총체라고 할 수 있다. 그러나 예를 들어 교과서 없이 일본어 수업을 진행하는 교사가 있다고 하자. 그 교사는 교과서 없이 그때그때의 판단으로 특정 실러버스에 관련된 유인물을 배부하고 수업을 하고, 일정 시간이 지나면 그 코스가 종료된 시점에서 일정 기간 배부한 유인물을 학습자는 모두 가지고 있을 것이다. 그러면 그 유인물은 완성된 코스 실러버스, 그 자체라고 할 수 있는데, 그것을 바로 **후행 실러버스**(Aposteriori Syllabus, 後行シラバス)하고 한다. 후행 실러버스는 학습자 중심 수업에서 자유롭게 이루어지는 교실활동에서 필요

시되는 것이다. 그러나 수업이 시작되기 전에 교사가 가르쳐야 할 실러버스를 준비하지 않은 상태에서 그때그때 코스 실러버스를 결정하고 유인물의 형태로 교실활동을 진행해 나가기에는 교사의 부담이 너무 크다고 할 수 있다. 또한 그때그때의 즉흥적인 준비를 통해 후행 실러버스가 만들어지므로 코스 자체의 일관성이 유지되기 어려우며 코스 자체를 조직화하기 어려운 문제점이 있다.

둘째, **과정 실러버스**(Process Syllabus, 過程シラバス)에 대해서 살펴보도록 하자. 특정 코스(교실활동)에서 교사가 미리 준비한 선행 실러버스대로 수업이 진행되어 나가면 별 문제가 없으나, 학습자 중심의 교실활동이거나 교사 중심의 교실활동이라도 교실활동 도중에 학습자의 질문으로 인해서 선행 실러버스를 변화시키거나 수정이 가능한 실러버스를 교사는 준비해 둘 필요가 있다. 이 실러버스는 "학습목표는 도달점뿐만 아니라 그 과정에도 있다."는 생각하에 만들어지는 것이며, 교사가 일방적으로 결정한 실러버스 디자인에 학습자가 마냥 따르는 것이 아니라 교사와 학습자가 함께 의논해서 학습할 내용을 결정해 나가는 데에 중점이 두어지므로 학습자 역시 교사와 마찬가지로 교실활동에서 능동적인 주체가 될 수 있다. 예를 들어 문법 실러버스→기능 실러버스의 교실활동이 기능 실러버스→문법 실러버스의 흐름으로 변경되는 상황을 떠올려 볼 수 있다.

6.2.2 구성법에 의한 분류

코스 실러버스는 구성법에 따라, 구조 실러버스(Structural Syllabus, 構造シラバス/ 文法シラバス(grammar syllabus)), 기능 실러버스(Functional Syllabus, 機能シラバス), 장면 실러버스(Situational Syllabus, 場面シラバス), 화제 실러버스(Topic Syllabus, 話題シラバス), 기능 실러버스(Skill Syllabus, スキルシラバス/技能シラバス), 태스크 실러버스(Task Syllabus, タスク・シラバス/課題シラバス)로 나뉜다.

첫째, **구조 실러버스**(Structural Syllabus, 構造シラバス/ 文法シラバス(grammar syllabus))

이다. 이것은 목표언어인 즉 일본어를 문형 및 문법 그리고 어휘의 관점에서 정리한 것이다. 구조 실러버스는 문법 실러버스와 동의로 사용되지만, 구조 실러버스에는 문법 이외에 음성 구조(자음, 모음, 악센트, 인토네이션, 프로소디 등)도 포함된다. 동사의「ます」형, 동사의 부정형, 동사의 가능형, 형용사의 부정형, 형용사의 과거형은 모두 구조 실러버스(문법 실러버스)에 해당된다.

둘째, **기능 실러버스**(Functional Syllabus, 機能シラバス)이다. 예를 들어 일본어 교사가 학습자들에게 동사 음편형(貸す)에「ください」를 붙인 형태(의뢰형)인「貸してください」를 가르치고 학습자가 반복드릴의 형태로 그것을 성공적으로 발화할 수 있게 되었다면 그 학습자는 문장 전체가 지니는 의뢰의 기능을 성공적으로 학습한 셈이 된다. 이와 같이 문장 전체가 지니는 기능이나 의미로 분류하여 학습자들에게 교수·학습되어지는 실러버스를 기능 실러버스라고 한다. 학습자는「貸してください」의 학습을 통해서 이 문형이 의뢰나 부탁의 기능(표현 의도)을 완수하게 되고, 그 결과 자신의 의지를 상대방에게 전달함으로써 의사소통이 실현될 수 있다는 지적 체험을 하게 되는 것이다.

셋째, **장면 실러버스**(Situational Syllabus, 場面シラバス)이다. 쇼핑이나 우체국, 레스토랑, 백화점, 놀이공원과 같이 일본어가 사용되는 것을 장면이나 장소별로 분류한 것을 장면 실러버스라고 한다. 일본어의 구조 실러버스(문법 실러버스)를 학습한 것만으로 의사소통이 가능한 것은 아니다. 그리고「貸してください」가 의뢰나 부탁의 기능을 한다는 것을 학습자가 주지하게 된 것만으로 실제 의사소통이 실현되었다고도 할 수 없다. 이들 구조 실러버스와 기능 실러버스가 실제 의사소통으로 연결되기 위해서는 이「貸してください」로 표현되는 실러버스가 구체적으로 어떠한 장면에서 사용되어질 수 있는지에 대해 교사는 학습자에게 설명할 필요가 있다. 교사는 학습자들이 쇼핑이나 병원, 우체국, 백화점과 같은 특정한 장면에서 구조 실러버스나 기능 실러버스를 성공적으로 사용할 수 있도록 해야 한다. 이것은 구조 실러버스나 기능 실러버스가 장면 실러버스의 하위범주에 속해 있다는 것을 말해 주는 것이기도 하다.

넷째, **화제 실러버스**(Topic Syllabus, 話題シラバス)이다. 문자 그대로 화제에 따라 분류된 교수 실러버스를 말한다. 우리는 구조 실러버스나 기능 실러버스, 장면 실러버스만으로 일상생활을 하며, 연구 발표, 강연, 잡담을 하는 것은 아니다. 거기에는 반드시 화제라는 것이 있다. 화제에는 주식현황, 한류붐, 문화, 정치, 연예인 동향, 주식투자 환경, 여름방학, 취미, 음악, 커피, 음식 등과 같은 요소들이 내포되어 있다. 학습자의 관심이나 흥미가 어떠한 화제에 집중되어 있느냐에 따라 일본어 교사는 교수 실러버스의 내용을 취사선택하여야 하며 그렇게 하는 것에 의해서 일본어 학습자의 학습의욕을 고취시키지 않으면 안 된다.

다섯째, **기능 실러버스**(Skill Syllabus, スキルシラバス/技能シラバス)이다. 우리는 의사소통 행위를 잘 살펴보면 듣기도 하고, 말하기도 하고, 쓰기도 하고, 읽기도 하는 네 가지 행동을 통해서 의사소통을 행하고 있음을 알 수 있다. 따라서 기능 실러버스란 이들 네 가지 기능으로 분류된 실러버스를 말한다. 교사는 예를 들어 쓰기에는 어떠한 것이 있으며, 쓰기를 학습자들에게 어떻게 가르쳐야 하는지, 학습자의 학습목적에 따라서 어떠한 기능이 중점적으로 학습되어져야 하는지에 대해서 진지하게 모색할 필요가 있는 것이다.

마지막으로, **태스크 실러버스**(Task Syllabus, タスク・シラバス/課題シラバス)이다. 태스크 실러버스란 학습자들의 의사소통 능력 향상을 위해서 분류해 놓은 태스크 즉 과제를 말한다. 우리는 의사소통을 가만히 앉아서 무목적적으로 하는 것이 아니다. 자세히 보면 전화를 걸어서 자신이 원하는 정보를 얻는다든지, 상사에게 지시받은 대로 업무를 수행한다든지, 도서관에 가서 어떤 말을 하고, 들은 대로 자신이 찾고자 하는 코너에 가서 책을 발견하고 책을 빌리는 등의 의사소통을 한다. 따라서 이러한 다양한 의사소통을 가상적으로 훈련시키기 위해서 교사는 교실활동을 통해서 일본어로 전화를 걸어서 주어진 정보를 학습자가 얻을 수 있도록 한다든지, 여행안내 책자를 통해서 현재 가지고 있는 경비로 어떠한 여행이 가장 적합한지 조사하게 한다든지 하는 과제를 학습자들에게 부여하고 학습자들은 교사로부터 부여된 과제를 실행하도록 할 필요가 있다.

6.3 맺음말

우리는 지금까지 일본어 교사가 무엇을 가르쳐야 하는가에 대한 구체적인 교수(학습) 내용인 실러버스의 종류와 개념에 대해서 살펴보았다.

그러나 우리가 여기에서 유념해야 할 것은 실제 교실활동에서는 특정한 실러버스만이 유일무이하게 가르쳐지고 학습되어진다는 것은 아니다. 예를 들어 일본 유학을 희망하는 학습자라면, 구조 실러버스, 기능(스킬) 실러버스 등과 같은 복합적인 실러버스가 교수 학습되어야 할 것이다. 또한 일본 여행이 목적이거나 출장이 목적인 학습자는 구조 실러버스, 기능 실러버스, 스킬 실러버스, 화제 실러버스, 태스크(과제) 실러버스 등의 복합적이고 다각적인 실러버스가 교수 학습되어져야 할 것이다. 이와 같이 복수의 실러버스를 조합한 실러버스를 **절충 실러버스** 혹은 **복합 실러버스**라고 하는데, 교사는 실제의 교실활동을 통해서 특정 실러버스의 숙지와 함께 복합적인 실러버스의 운용 방안에 대해서도 남다른 지식을 획득해 두어야 할 것이다.

제6장 인용 및 참고문헌

천호재·윤주희(2011)「제1부 제5장 대학 초급일본어 교과서에 나타난 교수항목(syllabus)의 고찰」『일본어 교재론』제이앤씨 출판사. 제1부의 내용은 윤주희가 작성한 것임.
国際交流基金(2006)「2. コース・デザイン」『日本語教師の役割/コース・デザイン』ひつじ書房
国際交流基金(2010)『教え方を改善する』ひつじ書房
小林ミナ(2004)「第1章　コース・デザイン」『이해하기 쉬운 教授法』語文学社
高見沢孟(2004)「第2章　コースデ・ザイン/教材」『새롭게 시작하는 日本語教育』語文学社
田中望(1988[1993])「第5章　シラバス・デザイン」『日本語教育の方法』大修館書店
田中望(1990[1992])「第2章　外国語教育としての日本語教育」『日本語教育ハンドブック』大修館書店
田中望・斎藤里美(1993)『日本語教育の理論と実際』大修館書店
中川良雄(2004)「第2章　コース・デザイン」『日本語教授法』東京法令出版
日本語教育学会(1991a)「第1章　コースデザインの方法」『日本語教育機関におけるコース・デザイン』凡人社
日本語教育学会(1991b)「第3章　シラバス・デザイン」『日本語教育機関におけるコース・デザイン』凡人社

제7장 구성

7.1 머리말
7.2 교과서 분석에 관련된 교사의 예비지식
7.3 교과서 분석의 예
  7.3.1 발음 및 문자 항목
  7.3.2 정확성
  7.3.3 어휘 학습
  7.3.4 언어 4기능
  7.3.5 학습도구
  7.3.6 일본문화
7.4 맺음말
제7장 인용 및 참고문헌

제7장

일본어 교과서의 분석

7.1 머리말

　교사(교사를 희망하는 사람)가 일본어 교수 및 학습에 대한 나름대로의 신념을 가졌다고 해서, 일본어 학습자의 학습의욕을 읽을 줄 아는 안목을 가졌다고 해서, 교재의 종류와 특징을 파악하고 교실활동을 통해서 특정한 교재를 적재적소에 적용할 줄 아는 능력을 가지게 되었다고 해서, 그리고 다양한 외국어교수법에 정통하게 되었다고 해서, 코스디자인이라고 불리는 수업 설계를 잘 할 수 있게 되었다고 해서 가르쳐야 할 일본어 교수항목(실러버스)에 대한 나름 심화된 지식을 가지게 되었다고 해서, 그것으로 교사로서의 전문적 자질이 모두 완성된 것은 결코 아니다.

　이와 더불어 일본어 교사는 학습자들의 학습목적이나 학습의욕 그리고 학습성향에 따라 그에 걸 맞는 교과서를 나름대로의 기준으로 선택할 수 있는 역량을 지니지 않으면 안 된다. 자신이 맡고 있는 학습자들에게 최적의 교과서를 선택하기 위해서는 우선 교사는 교과서를 분석할 줄 아는 지적 역량이 필요하다. 교과서를 분석할 줄 아는 지적 역량이 갖춰지면 최적의 교과서를 선택할 수 있게 될 것이고 선택된 교과서는 교사에 의해서 효과적으로 사용될 수 있을 것이기 때문이다.

　제7장에서는 교과서 분석에 대한 개요를 설명하고 학습자의 학습욕구에 따른 몇 가지 기준을 토대로 본 저자가 직접 교과서를 분석한 내용에 대해 설명하고자 한다.

7.2 교과서 분석에 관련된 교사의 예비지식

　일반적으로 교과서를 분석하는 데에 있어서 다음의 네 가지가 분석의 대상이 된다. 첫째가 타이틀, 둘째가 저자, 셋째가 교과서의 머리말, 넷째, 교수항목의 선정과 배열 상태, 마지막으로 교과서 본문의 특징을 파악하는 것이다.

우선 첫째로 교사가 자신이 가르치게 될 최적의 교과서를 선택하기 위해서 보아야 할 점은 교과서의 타이틀에서 무엇이 강조되어 있는지를 살펴보는 것이다. 예를 들면 교과서명이 '일본어문법'이라면 그 교과서는 일본어의 회화적인 측면보다는 문법에 큰 비중을 두고 있을 것이다. 따라서 타이틀이 그 교과서가 지향하는 목표를 매우 직접적으로 명시한다고 보아도 좋다.

둘째, 교과서의 저자가 어떠한 사람(들)인지를 살펴보아야 한다. 교사가 아는 사람이라면 더더욱 좋지만 만약 모르는 사람이라면 그 사람의 이력(저서, 논문, 인터뷰)을 살피는 것에 의해 언어교육에 대한 평소의 신념을 유심히 살펴보아야 한다. 언어교육에 대한 평소의 신념이 금후 자신이 담당할 학습자들의 학습목표와 학습성향, 그리고 학습의욕에 견주어 어느 정도 일맥상통하는 바가 있다면 그것 역시 교과서를 선택하기 위한 훌륭한 기준이 될 수 있다.

☞ 제8장에서 구체적으로 언급하겠다.

셋째, 교과서의 머리말을 교사가 읽어보는 것이다. 교과서의 머리말에는 교과서를 집필한 저자(들)의 집필 방침이 기록되어 있다. 그 집필 방침을 통해서 해당 저자(들)의 언어학습관, 학습자관, 언어관 같은 것이 드러난다. 예를 들어 영남대학교(YN으로 약칭함, 2007) 초급일본어(1) 교과서 머리말에 쓰여진 저자의 집필 방침을 소개하면 다음과 같다.

일본어 문자 쓰기 연습과 발음을 실례를 들어 손쉽게 습득이 가능하도록 하였으며, 각과마다 학습항목을 정하여 학습목표를 제시하였다. 본문에 나오는 모든 단어를 정리하고 보다 완전한 문법 및 문형 습득이 가능하도록 실제 예문을 많이 들었다. 각과의 마지막 부분에 다양한 연습문제를 제시하였으며, 각과에 나오는 문형을 토대로 회화 연습을 할 수 있도록 하였다. 일본사회와 일본문화에 관련된 사항도 폭넓게 소개하였다.

위의 머리말에서 우선 우리는 문자의 정확한 쓰기 능력과 발음이 학습자들에게 교육되어져야 한다는 저자의 언어교육관을 확인할 수 있다. 또한 문법 및 문형 습득이 완벽하게 이루어져야 하며 일본문화에 대한 이해도 언어교육과 병행해서 이루어져야 한다는 저자의 언어교육관을 확인할 수 있다. 그 다음으로 저자의 언어학습관을 확인할 수 있다. 문자의 쓰기 및 발음, 완전한 문법 및 문형 습득이 이루어지도록 학습항목을 편성하는 것이 학습자들의 학습에 매우 효과적이며, 연습문제의 풀이를 통해서 완전한 문법 및 문형 습득을 강화함으로써 회화능력이 촉진된다는 저자의 언어학습관을 확인할 수 있다.

또한 저자의 학습자관도 확인할 수 있다. 위의 머리말을 통해서 이 교과서가 일본어를 전혀 모르는 아니면 기초지식이 부족한 학습자들을 대상으로 집필되었으며, 더구나 회화나 일본사회 및 일본문화 이해에 대한 욕구가 강한 학습자들에게 이 교과서가 적합하다는 메시지를 이 교과서의 저자는 전달하고 있다. 저자의 언어관도 확인할 수 있다. 발음, 단어, 문법, 문형과 같은 용어를 통해서 일본어는 기술 가능한 세세한 단위에서 보다 큰 단위로 겹겹이 구성된다는 구조언어학적 언어관을 확인할 수 있다. 또한 회화, 일본사회, 일본문화라는 용어를 통해서 언어란 일본사회 고유의 문화를 지닌 구성원들과 진정으로 의사소통을 하기 위한 수단으로 보고 있다는 사실을 확인할 수 있다.

넷째, 교과서에 나타난 교수항목의 선정과 배열 상태를 확인해 보는 것이다. 교과서 안에 수록되어 있는 교수항목(학습항목, 실러버스)과 그 배열법도 교과서 저자의 언어교육적 신념을 고스란히 반영하고 있다. 머리말에서 제시한 언어교육의 목표를 어떻게 구현화하려는지 구조 실러버스(문법 실러버스)나 기능 실러버스의 선정과 배열 방식을 통해서 교과서를 분석해 볼 수 있다.

☞ 문법 실러버스 배열에 대해서는 제8장에서 구체적으로 언급하겠다.

다섯째, 교과서 본문의 특징을 살펴보는 것이다. 일본어가 어떻게 표기되어 있는지를 본다. 즉 히라가나인지, 가타가나인지, 한자가 사용되어 있는지, 한자가 사용되어 있으면 히라가나가 병기되어 있는지, 로마자만으로 사용되어 있는지, 띄어쓰기가 되어 있는지 유무를 살펴보는 것이다. 그리고 일러스트나 지도,

도표 그리고 사진, 삽화 등이 들어 있는지 그 질은 어떤지(흑백인가, 컬러인가, 선명한가)를 살펴보아야 한다. 사용되어 있는 일본어는 회화체인지, 문장체인지, 그리고 각과는 어떻게 구성되어 있는지(예를 들면 어휘 설명→본문 제시→문형 연습→일본문화 소개→연습문제), 본문에 문법 설명이 들어가 있는지, 해설의 양과 질은 어떤지, 연습문제는 어떤 유형이며 그 질은 어떤지, 어떠한 교수법으로 어떠한 교실활동이 가능한지에 대해서 살펴보는 것이다.

마지막으로 교과서에 관련된 교재로는 어떠한 것이 있는지를 살펴보아야 한다. 예를 들면 가나 연습장이 따로 주어지는지, 아니면 교과서에 부록의 형태로 들어 있는지, 본문 내용을 음성 테이프에 수록하고 있는지, CD-ROM에 아니면 MP3에 수록하고 있는지 살펴볼 필요가 있다.

제3장에서 제시한 교과서 이외의 교재에 대해서도 지금까지 언급한 방식으로 분석을 할 필요가 있다.

7.3 교과서 분석의 예

본 저자는 일찍이 일본어 학습자가 언어 내적 요소 즉 일본어 발음 학습, 정확성, 어휘 및 문법(문형) 학습, 언어 4기능 학습에 높은 관심을 보이는 것을 알았다. 또한 언어 외적 요소 즉 학습도구, 문화 학습에 대해서도 일본어 학습자들은 높은 관심을 보인다는 것을 알았다. 이러한 언어 외적 요소와 언어 내적 요소에 대한 일본어 학습자의 의식이 교과서에 어느 정도 반영되어 있는지를 교과서를 통해 살펴보는 것은 교과서 분석에 있어서 매우 중요하다고 하겠다.

본 저자가 분석의 대상으로 한 교과서는 대구 지역 종합대학 계명대학교(이하 'KM'으로 약칭), 경북대학교(이하 'KB'로 약칭), 영남대학교(이하 'YN'으로 약칭)에서 사용되는 초급일본어 교과서(1)(2)이다. 이하의 절에서는 다음과 같은 기준을 제시하고, KM(1)(2), KB(1)(2), YN(1)(2)이 어느 정도 아래의 기준을 채우고 있는지를 살펴보도록 하겠다.

① 일본어 발음 및 문자 학습에 대한 학습자의 욕구가 교과서에 충분히 반영되어 있는가?
② 정확성에 대한 학습자의 욕구가 교과서에 충분히 반영되어 있는가?
③ 어휘 학습에 대한 학습자의 욕구가 충분히 반영되어 있는가?
④ 언어4기능 학습에 대한 학습자의 욕구가 충분히 반영되어 있는가?
⑤ 학습도구의 소유에 대한 학습자의 욕구가 충분히 반영되어 있는가?
⑥ 일본문화 학습에 대한 학습자의 욕구가 충분히 반영되어 있는가?

7.3.1 발음 및 문자 항목

일본어 발음과 문자에 관련된 항목으로는 가나의 자원, 가나의 쓰기 순서, 가나의 음가를 로마자의 표기, 기본발음 및 특수발음에 대한 설명, 악센트 표시, 띄어쓰기의 유무를 분석의 기준으로 삼았다.
이를 〈표1〉로 제시하면 다음과 같다.

〈표 1〉 일본어 발음 및 문자 관련 설명 채택 유무

	KM		YN		KB	KB
	1	2	1	2	1	2
가나의 字源	+		+			
쓰기 순서			+	+		
가나의 로마자 표기	+		+	+	+	
기본발음의 설명	+		+		+	
특수발음의 설명	+		+		+	
악센트의 표시	+	+				
띄어쓰기	+					
점수(순위)	6건(1위)	1건(5위)	4건(2위)	2건(4위)	3건(3위)	0건(6위)

KM⑴에서는 쓰기 순서를 제외하고 가장 많은 발음 및 문자 관련 설명을 채택하고 있다. 그 다음이 YN⑴, KB⑴이 제각각 뒤를 잇고 있다. 따라서 일본어 발음 및 문자에 대한 학습의욕이 높은 학습자들에게는 KM⑴이 가장 적합한 교과서가 될 수 있다. 반대로 학습의욕이 낮은 학습자들에게는 KB⑴이 가장 적합한 교과서가 될 수 있다.

첫째, YN(1: p.8)에서는「あ 安/い 以/う 宇」와 같이 히라가나의 자원(字源)을 별도의 공간을 통하여 제시하였다.

둘째, 가나의 쓰기 순서에 대해서 보면〈표1〉에는 나타나 있지 않지만, KM⑴과 KB⑴에서는 별책으로 제시하고 있는 반면에, YN⑴에서는 자체적으로 히라가나 쓰기 순서를 YN⑵에서는 가타가나 쓰기 순서를 제시하고 있다.

셋째, 가나의 로마자 표기이다. 아래의〈표2〉에서 보듯 KM⑴에서는 다른 대학 교과서와는 달리 정밀표기를 하고 있다.

〈표 2〉 가나 발음의 로마자 표기

KM⑴	さ sa	し ʃi	す sɯ	せ se	そ so
YN⑴	さ sa	し shi	す su	せ se	そ so
YN⑵	さ sa	し shi	す su	せ se	そ so
KB⑴	さ sa	し si	す su	せ se	そ so

넷째, 기본발음 및 특수발음에 대한 설명의 유무이다. 대부분의 교과서에서는 기본발음에 대한 설명을 하고 있다. 예를 들면 YN⑴에서는 오십음도, 청음표, 탁음표, 반탁음표, 요음표, 총복습으로 기본발음 코너를 편성하였다. KM⑴과 YN⑴에서는 장음, 촉음, 발음, 악센트 등의 특수발음에 관련된 풍부한 예를 제시하면서 설명을 하였으며, KB⑴에서는 장음, 발음, 촉음, 외래어 표기로 기본 개념만 제시하였다.

다섯째, 악센트 표시의 유무이다. KM⑴에서는「かんこくじん(韓国人)」과 같이 악센트를 표시하고 있다.

마지막으로 띄어쓰기의 유무이다. 띄어쓰기는 해당 가나 문자로 된 단어를 정확하게 읽기 위한 편의를 제공하므로 발음과 관련이 있는 것으로 볼 수 있다. 예를 들면 KM(1, p.82)에서는 「久しぶりに 友だちに 会いに ソウルへ 行きました。」와 같이 띄어쓰기를 실시하고 있다.

7.3.2 정확성

이하에서는 정확성에 관련해서 발음 및 표기에 대한 설명, 발음 설명을 위해 제시된 예의 수, 어구 및 문형 설명을 위해 제시된 예의 수, 반복 연습을 위해 제시된 예의 수, 연습문제 항목 수, 오용 방지를 위한 설명 건수를 기준으로 삼았다.

첫째, 문자의 발음 및 표기에 대한 설명의 유무부터 보도록 하자. KM(1 p.24) 저자는 「さ, ざ, た, だ, な, ら」행 앞에서 撥音 /N/이 나타날 수 있다는 음운적 환경을 제시하고 撥音 /N/의 특징을 설명하였다.

둘째, 일본어 문자의 발음 설명을 위해 제시된 예의 제시이다. 예를 들면 KB(1 p.7)에서는 撥音 /N/이 나타나는 실제 단어를 다음과 같이 제시하였다.

かんじ(漢字:한자)/ あんぜん(安全:안전)/ かんとく(監督:감독)
/かんたん(簡単: 간단)/ あんだ(安打: 안타)/ うんどう(運動: 운동)

셋째, 어구 및 문형 설명을 위한 예의 제시이다. 어구 및 문형 예가 많이 제시될수록 해당 어구 및 문형 습득에 대한 정확성이 기해지는 것으로 볼 수 있다. YN(1 p.47)에서는 「~の..의/ 私の友だち, 金さんの恋人, 大学の先生」와 같이 「の」와 관련된 어구를 제시하고 있다.

넷째, 반복 연습과 관련한 예의 제시이다. YN(2 p.82)에서는 「彼は風邪で休むかもしれない」, 「雨が降るかもしれない」, 「あした雪かも知れません」 과 같이 「かもしれない」가 들어간 문장을 반복적으로 제시하였다.

다섯째, 연습문제에 관련된 항목의 제시이다. 예를 들면 YN(1 p.75)와 YN(2 p.75)에서는 다음과 같은 항목의 연습문제를 출제하고 있다.

YN(1 p.75)

(　　) 안에 적당한 단어를 넣어봅시다

| 一昨日 | (　　) | 今日 | 明日 | 明後日 |
| 先々週 | 先週 | 今週 | (　　) | 再来週 |

YN(2 p.75)

話す → 話したことがあります

(1) 飲む →

마지막으로 오용 방지에 관련한 설명의 제시이다.

KB(1 p.91)「ごろ」는 대체적으로 時刻을,「ぐらい」는 구체적인 것이 아니라 대체적인 양을 표현한다.
　　예) 毎朝7時ごろ(に)起きます。/ 毎朝7時間ぐらい寝ます。

아래의 〈표3〉은 지금까지 설명한 정확성에 관련하여 설명이나 예(예문, 항목)을 어느 정도 제시하였는지를 교과서별로 나타낸 것이다. 괄호 안의 숫자는 제시 개수를 의미한다.

〈표 3〉 정확성에 관련한 설명 및 예의 제시 건수

	KM		YN		KB
	1	2	1	2	1
발음 및 표기 설명 건수	+(42)		+(22)		+(26)
발음 및 표기 설명을 위해 제시한 예의 개수	+(162)		+(126)	+(24)	+(111)
악센트 표시를 위해 제시된 단어의 개수	+(608)	+(592)			
어구 및 문형 예의 제시 개수	+(264)	+(354)	+(210)	+(283)	+(919)
반복 연습을 위해 제시된 예의 개수	+(360)	+(619)	+(285)	+(257)	+(425)
연습문제 항목 개수	+(247)	+(380)	+(195)	+(456)	+(386)
오용 방지를 위해 제시된 설명 건수	+(4)	+(4)	+(16)	+(5)	+(27)
점수(순위)	7건(1위)	5건(4위)	6건(3위)	5건(5위)	6건(2위)

YN(1)과 KB(1)이 각각 6건이면서도 순위가 다른 것은 KB(1)에서 제시된 예의 개수가 훨씬 많기 때문이다. KB(2)는 분석하지 않았다.

정확성을 중시하는 교사에게 있어서는 정확성에 관련한 항목 제시와 예의 제시 건수가 가장 많은 KM(1) 교과서를 선택할 것이다. 그러나 정확성보다 유창성을, 세부적인 면보다 큰 틀을 평가하는 교사에게는 KM(1) 교과서가 반드시 선택의 대상이 되지 않을 수도 있다.

7.3.3 어휘 학습

본 저자는 일본어의 어휘 학습에 대한 학습자의 욕구가 충분히 반영되었는지를 구체적으로 알아보기 위해서 어휘 항목의 배치 유무, 어휘 습득 방법의 제시 유무, 어구 항목의 제시 정도를 살펴보았다.

첫째, 어휘 항목의 배치 유무부터 보도록 하자. KB(1)에서는 '각과에서 배울 단어'라는 코너를 각과 머리 부분에 배치하였으며, YN(2)에서는 '어휘 풀이'라는 코너를 머리 부분에 제시하였다. 어휘 항목을 머리 부분에 배치하였다는 것은 그만큼 일본어 학습자의 어휘 습득의 편의를 저자가 고려하였다는 것으로 생각해 볼 수 있다.

둘째, 어휘 습득 방법의 제시 유무에 대해서 살펴보도록 하자. KM⑴, YN⑴, KB⑴에서는 어휘 습득의 편의를 기하기 위해서 해당 어휘와 그림을 함께 제시하였다. 명사 혹은 동사, 형용사에 관련된 그림을 제시하고 있는데, YN⑴에서는 KM⑴과 KB⑴과는 달리 컬러판 그림을 제시하고 있다. 컬러판의 그림으로 제작했다는 것은 흑백판보다 그 제작에 있어 고비용을 들였다는 것이며, 그만큼 학습자들의 어휘 습득에 저자가 심혈을 기울였다는 것을 의미한다고 하겠다.

〈그림1〉 KM(1 p.59)

〈그림2〉 YN(1 p.87)

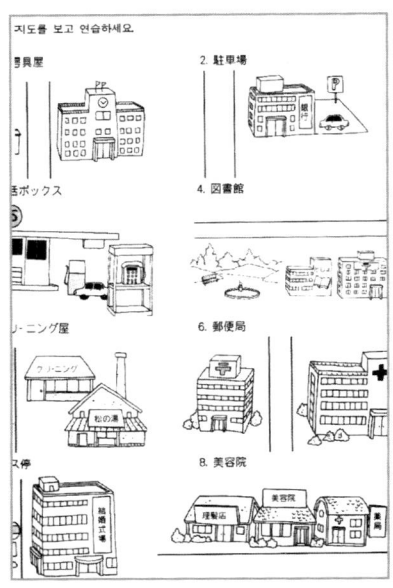

〈그림3〉 KB(1 p.79)

마지막으로 어구 항목의 제시 유무이다. 어구 항목은 각과의 핵심 정리 부분에 제시된 주요 어구를 말한다. 예를 들면 YN(2)에서는 「~をください」, 「あげる」, 「くれる」, 「もらう」, 「受ける」 등의 주요 어구를 제시하고 있으며, KB(1)에서는 「あいさつ」, 「曜日」, 「時制」, 「家族名称」, 「病名」에 관련된 주요 어구를 각과의 핵심 정리 부분에 제시하였다.

지금까지 설명한 어휘 관련 항목을 개수와 순위로 나타내면 다음과 같다.

〈표 4〉 어휘 관련 항목 제시 개수

	KM		YN		KB
	1	2	1	2	1
제시된 어휘의 개수	+(564)	+(592)	+(327)	+(263)	-(533)
어휘를 그림으로 제시한 개수	+(53)		+(80)		+(22)
어구 관련 항목 제시 개수	+(11)	+(7)	+(20)	+(2)	+(24)
점수(순위)	3건(1위)	2건(5위)	3건(3위)	2건(4위)	3건(2위)

KM(1)은 학습자의 어휘 학습에 대한 높은 욕구를 충족하고 있는 교과서라고 할 수 있다. 그러나 학습자의 학습의욕이 낮다든지 혹은 학습목적에 따라서 KM(1)이 교과서로 채택되지 않을 수도 있다.

7.3.4 언어 4기능

언어 4기능에 관련된 것으로 듣기·말하기·읽기·쓰기를 들 수 있다. 언어4기능 학습에 대한 일본어 학습자의 욕구가 높기 때문에 언어 4기능 연습을 충실히 반영한 교과서가 선택의 대상이 될 가능성이 높다고 하겠다.

첫째, 듣기이다. KB(1), KM(1)(2)에서는 테이프를 제공하고 있으며, YN(1)(2)에서는 MP3를 제공하고 있으며, KB(1)에서는 CD를 제공함으로써 학습자들의 듣기 능력의 향상을 고려하고 있다. 그러나 듣기 능력의 향상을 위해서 각과에 별도의 코너를 마련한 교과서는 없었다. 그러나 교사는 본문 읽기를 통해서 본문과 관련된 듣기 연습을 교실활동에 적용할 수 있다고 하겠다.

둘째, 말하기이다. 롤 플레이 방식으로 각과의 본문을 편성하였다면 저자가 학습자들의 말하기 능력 향상을 도모한 것으로 평가할 수 있다. 단순히 본문 내용을 무미건조하게 읽는 것보다 롤 플레이를 통해 정해진 배역을 바탕으로 본문 내용을 실감나게 학습자의 말하기 능력의 향상을 도모하였다고 생각할 수 있기 때문이다.

셋째, 읽기이다. 모든 교과서에서는 본문이 있기 때문에 각 교과서의 저자는 기본적으로 학습자의 읽기 능력 향상을 염두에 두고 있는 것으로 평가할 수 있다.

대학 교재	예
KM(1)	문장 완성, 작문 p.81 예) 6. 한국어를 일본어로 옮기시오 　　(1) 자동차로 회사에 갑니다.
KM(2)	문장 완성, 작문 p.35 예)(1) 시험은 생각보다 어려웠습니다. 　　(2) 갈지 어떨지 지금 생각 중입니다.
YN(1)	문장 완성 p.55 예)トイレ、ここ→トイレはどこですか。トイレはここです。 　　화장실은 어디입니까? 화장실은 여기입니다. 　　(1) お手洗い、そこ→
YN(2)	문장 완성과 작문 p.63 예)(1) 나카무라씨는 한국에서 한국어를 공부하고 있습니다.
KP(1)	문장 완성과 작문 p.116 예) (1) 운동하고 나서 수영을 합니다. 　　(2) 빨래를 하고, 청소를 하고나서 외출합니다.

　마지막으로 쓰기(작문)이다. 위에서 보듯 각 교과서에는 연습문제에 작문 코너가 개설되어 있다. 연습문제 그 자체를 풀이하고 그 결과를 리포트로 제출하는 것 자체가 쓰기와 관련이 있으며, 특히 연습문제에 작문 코너가 개설되어 있다면 그것은 학습자들의 쓰기 능력을 보다 적극적으로 염두에 둔 것이라고 생각할 수 있다.

　각 대학의 초급일본어 교과서에 반영된 언어4기능 관련 항목의 반영 건수를 살펴보면 다음의 〈표5〉와 같다. 괄호 안은 제시 개수를 말한다.

〈표 5〉 언어4기능 관련 항목의 제시 건수

	KM		YN		KB
	1	2	1	2	1
읽기 관련 항목의 제시 건수	+(15)	+(15)	+(12)	+(15)	+(28)
쓰기 관련 항목의 제시 건수	+(15)	+(15)	+(12)	+(15)	+(28)
말하기 관련 항목의 제시 건수	+(5)	+(15)	+(12)	+(15)	+(28)
회화 연습 코너 개설 건수	—	—	+(12)	—	—

듣기 관련 항목의 제시 건수	+(1)	+(1)	+(1)	+(1)	+(1)
듣기 문제의 제시	—	—	—	—	—
점수(순위)	4건(3위)	4건(3위)	5건(1위)	4건(3위)	4건(2위)

〈표5〉에서 나타난 언어4기능 관련 항목의 제시 건수와 개수는 일본어 교과서에 대한 분석이 될 수 있으며, 학습자가 어떠한 학습목적을 지녔느냐, 학습의욕이 어느 정도이냐에 따라서 특정한 교과서를 선택해야 할지에 대한 판단 재료가 되기에 충분하다.

7.3.5 학습도구

학습도구에 관련하여 청취 도구를 들 수 있다. 대부분의 교과서에는 아래의 〈표6〉에서 보는 것처럼 카세트 테이프가 주류를 이루는데, MP3를 제공하는 교과서는 하나도 없었다. 카세트 테이프는 테이프 레코더의 존재를 필요로 하므로 지정된 공간에서만 사용이 가능하며 CD 역시 사용에 적잖은 제약이 있다. 그러나 CD의 부피가 카세트 테이프보다는 작으므로 CD를 제공하고 있는 KB⑴의 저자가 학습자의 편의성을 도모한 것으로 볼 수 있다. 학습도구의 채택 양상을 정리하면 다음의 〈표6〉과 같다.

〈표 6〉 학습도구(청취 도구)의 제공 양상

	KM		YN		KB
	1	2	1	2	1
MP3(다운로드)	—	—	—	—	—
CD	—	—	—	—	+
테이프	+	+	+	+	—
점수(순위)	2위	2위	2위	2위	1위

〈표6〉에서 나타난 결과는 일본어 교사가 학습자의 학습목적, 학습성향, 학

습의욕에 따라 특정한 교과서를 선택할 수 있는 판단 재료가 되기에 충분하다고 하겠다.

7.3.6 일본문화

일본어 학습자는 교실활동에서 일본문화 학습에 대한 욕구가 매우 크다. 본 저자는 각과에 문화 코너를 개별적으로 마련하고 있는지, 문화 사이트를 소개하고 있는지, 일본 노래를 제시하고 있는지, 본문의 내용이 일본문화와 관련이 있는지를 살펴보았다.

첫째, KB(1)의 저자는 각과에「豆知識」이라는 코너를 개설하여「日本の祝日」,「日本の主な行事」,「インスタントラーメンの歴史」,「日本人と桜」등에 대해서 설명을 하고 있다.

둘째, 일본문화에 관련된 사이트를 별도로 소개한 교과서는 하나도 없었다.

셋째, 일본 노래이다. KM(2)에서는 다음과 같이 악보와 함께 일본 노래(동요)를 제시하였다.

〈그림4〉 KM(2 p.100)

마지막으로 각 대학 교과서 본문을 보면 교과서 별로 다음과 같은 일본문화 관련 내용이 수록되어 있음을 확인할 수 있다.

〈표 7〉 각 대학 초급일본어 교과서 본문에 나타난 일본문화 요소

교과서	각과의 제목	문화 요소
KM(1)	제13과 よく聞いてください 제15과 仕事が終わってから会いましょう	地震, 津波(제13과) 新宿駅の南口(제15과)
KM(2)	제1과 富士山に登ったことがありますか 제4과 日本語が話せますか 제5과 ビザが要らなくなりました 제7과 お祭りをやっているそうです 제12과 チョコレートをいただきました 제13과 親を心配させました	富士山(제1과) 納豆(제4과) 日本の冬, 東京, 北海道, 札幌, 小樽 (제5과) お祭り, 上野公園(제7과) 北海道の冬景色, 札幌ラーメン(제12과) 学園祭(제13과)
YN(1)	제2과 あれは、東京タワーですか 제7과 とてもにぎやかですね 제11과 週末はどこへ行きましたか	東京タワー, レインボーブリッジ(제2과) ヨドバシカメラ, たこやき(제7과) 隅田川, 花火大会(제11과)
YN(2)	제3과 どこに住んでいますか 제5과 日本に行ったことがありますか 제8과 鈴木さんに送ってもらいました 제10과 日本料理は食べられません	交通費, 上野, 国立博物館, 赤門(제3과) 京都, 納豆(제5과) 伊豆の踊り子(제8과) 日本料理, 中華料理, 六本木(제10과)
KB(1)	제6과 来週月曜日に帰ります 제7과 どのくらいかかりますか 제8과 日本人は何で食べますか 제9과 若くて元気な人でした 제10과 歌は下手です 제22과 右へ曲がると古本屋があります	大阪, 新幹線(제6과) 新宿(제7과) いただきます, はし, スプーン(제8과) 渋谷, ディスカウントショップ(제9과) カラオケ(제10과) 古本屋, 新宿, 神田(제22과)

일본문화 관련 항목 제시 건수를 수치를 정리하면 다음의 〈표8〉과 같다.

〈표 8〉 일본문화 관련 항목 제시 건수

	KM		YN		KB
	1	2	1	2	1
일본문화 별도 소개 유무					5
일본문화 사이트의 별도 소개					
일본 노래(동요)	2	2			
본문 내용에 나타난 일본문화	2	6	3	4	6
점수(순위)	2건(3위)	2건(2위)	1건(5위)	1건(4위)	2건(1위)

〈표8〉에서 제시된 수치와 순위 결과는 일본어 교사가 학습자의 학습목적, 학습성향, 학습의욕에 따라 특정한 교과서를 선택할 수 있는 판단 재료가 되기에 충분하다고 생각된다.

7.4 맺음말

일본어 학습자들의 일본어 문자의 표기 및 발음 학습에 욕구, 정확성에 대한 욕구, 어휘 학습에 대한 욕구, 언어4기능 학습에 대한 욕구, 학습도구의 소유 욕구, 일본문화 학습에 대한 욕구를 어느 정도 반영하고 있는지를 정리하면 다음의 〈표9〉와 같다. 각 영역별로 순위를 합산하였으며, 합산한 수치가 적으면 적을수록 순위가 높다.

〈표9〉 각 영역의 순위

	KM		YN		KB
	1	2	1	2	1
일본어 문자의 발음 및 표기	1위	5위	2위	4위	3위
정확성	1위	4위	3위	5위	2위

어휘 항목	1위	4위	3위	5위	2위
언어4기능	1위	3위	1위	3위	2위
학습도구	2위	2위	2위	2위	1위
일본문화	3위	2위	5위	3위	1위
순위 합산(순위)	9(1위)	20(4위)	16(3위)	22(5위)	11(2위)

〈표9〉에서 제시된 순위 결과는 일본어 교사가 학습자의 학습목적, 학습성향, 학습의욕에 따라 특정한 교과서를 선택할 수 있는 판단 재료가 되기에 충분하다고 생각된다.

제7장 인용 및 참고문헌

서종학·이미향(1988[1993]) 「제4장 한국어 교재 분석·평가하기」 『한국어 교재론』 태학사

천호재(2008a) 일본어 학습법 및 교수법에 대한 한국인 일본어 학습자의 의식, 일본연구, 24, 99-120, 중앙대학교 일본연구소.

천호재(2008b) 학습자의 의식에 의거한 대학 초급일본어 교재 분석, 일본어교육, 45, 51-68, 한국일본어교육학회.

천호재·윤주희(2011) 「제1부(제1장-제8장) 대학 초급일본어 교과서 분석」 『일본어 교재론』 제이앤씨출판사. 제1부는 윤주희가 담당한 부분임.

川口義一&橫溝紳一郎(2005) 「第2章　日本語の授業に臨む前に」 『日本語教育ガイドブック(上)』 ひつじ書房

田中望(1988[1993]) 「第6章　カリキュラム・デザイン　4. 教材」 『日本語教育の方法』 大修館書店

제8장 구성

8.1 머리말
8.2 KM(1)(2), KB(1), YN(1)(2)의 교과서에 편성된 문법 실러버스
8.3 학습자의 시점을 배제한 일본어학적 문법관
  8.3.1 문법 실러버스를 단편적으로 제시하였는가? 체계적으로 제시하였는가?
  8.3.2 문법 실러버스의 의미 용법을 소량으로 제시했는가? 총괄해서 제시했는가?
  8.3.3 특이한 용법, 추상적인 의미 기술에 중점을 두었는가?
8.4 교과서 저자들의 의식 속에 내재된 일본어학적 문법관
8.5 학습자의 시점을 고려한 교과서 집필
8.6 맺음말
제8장 인용 및 참고문헌

제8장

코스디자인(3)
―교과서에 나타난 문법 실러버스의 배열 방식 분석

8.1 머리말

제7장에서 교사는 교과서 분석의 하나로 교과서에 나타난 교수항독(문법 실러 버스)의 선정과 배열 상태를 확인해야 한다고 하였다. 교과서 안에 수록되어 있는 교수항목(학습항목)과 그 배열법도 교과서 저자의 언어교육적 신념을 고스란히 반영하고 있기 때문이라는 것이 그 이유였다.

교과서를 집필한 저자(들)의 집필 방침에는 크게 두 가지 부류로 나뉜다. 하나는 일본어학적 관점에서 교과서를 집필하는 것이고, 다른 하나는 일본어교육문법적인 관점에서 교과서를 집필하는 것이다. 그러면 무엇이 일본어학적인 관점이며, 무엇이 일본어교육문법적인 관점인가라는 문제가 대두된다. 이하 일본어교육문법의 관점에 대해서 설명을 하고자 한다. 일본어교육문법의 관점을 설명하면 저절로 일본어학적 관점이 실체가 드러날 것이다.

일본어교육문법의 기본방침은 궁극적으로는 학습자의 시점에 따라 학습자의 의사소통 능력 향상에 초점을 맞춘 문법교육을 행하자는 것이다. 이를 구체적으로 제시하면 다음과 같다.

① 다양한 학습목적을 지닌 학습자들에게 대응이 가능한 문법교육이어야 한다.
② 듣기·말하기·읽기·쓰기 등의 종합적인 기능을 일괄적으로 신장시키기보다는 각각의 고유 기능 영역에 입각한 문법교육이 이루어져야 한다.
③ 정확하게 표현하기 위한 문법교육보다는 학습자가 특정한 목적을 달성할 수 있도록 하는 문법교육이어야 한다.
④ 학습자 개개인의 사정(학습목적, 주위 환경, 모국어)에 맞춘, 즉 맞춤식 교육을 감안한 문법교육이어야 한다.
⑤ 기본문형과 같은 뼈대 중심의 문법교육보다는 상대방과의 의사소통에 관한 전달 중심의 문법교육이 이루어져야 한다.

⑥ 형식보다 실제의 장면을 위한 문법교육이 이루어져야 한다는 것이다.

일본어교육문법의 방침은 궁극적으로 학습자들의 의사소통 능력 향상이라는 기능주의적 관점, 청화식 교수법, 커뮤니커티브 어프로치 등으로 귀결될 수 있는 것이다.

본 저자는 제8장에서 현행 일본어 교과서의 저자는 대부분 일본어학적 관점 ((1)—(3))을 취하고 있으며, 일본어교육문법적인 관점으로 교과서를 집필하려면 위에서 제시한 6가지 방침에 더해 (4)—(6)와 같은 방침을 지녀야 한다는 사실을 주장하고자 한다.

(1) 모어 화자의 시점이 아닌 학습자의 시점으로 문법 실러버스가 편성되어야 한다.
(2) 이제까지의 교과서에는 학습자의 시점이 철저히 외면되었다.
(3) 일본어 교과서 저자의 의식 속에는 일본어학적 문법을 (무)의식적으로 고수하려는 집착이 들어 있다.
(4) 의사소통의 필요성에서 출발하는 문법 실러버스가 일본어 교과서에 편성되어야 한다.
(5) 형식 단위가 아닌 용법 단위의 문법 실러버스가 설정되어야 한다.
(6) 학습자의 필요도에 따라 단계적으로 문법 실러버스가 편성되어야 한다.

(1)은 동일한 문법 실러버스에 대한 모어 화자와 학습자의 관점이 전혀 다른 것에서 취한 제안이다. (2)는 지금까지의 문법교육이 학습자의 시점을 전혀 취하지 않은 형식주의적 기반 위에 행해져 온 것을 지적한 것이다. (3)은 일본어교육문법의 기본방침과는 정반대되는 일본어학적 문법관이 교과서 저자들의 의식 속에 내재되어 있다는 것을 지적한 것이다. 따라서 (1)—(3)의 문제를 해결하기 위해서는 (4)—(6)에서 보듯 의사소통의 필요성에서 출발하는 문법교육이 행

해져야 한다는 것, 용법 단위의 문법 실러버스가 설정되어야 한다는 것, 학습자의 필요에 따른 단계적인 문법교육이 이루어져야 한다.

제8장에서는 대구 지역의 대학교에서 채택되고 있는 초급일본어 교과서를 분석하고, 문법 실러버스의 내용과 배열 방식을 분석함으로써 교과서 저자의 언어교육관(일본어학적 관점 혹은 일본어교육문법적 관점)을 확인하고자 한다. 그리고 일본어교육문법적 관점에 의해서 교과서가 집필되기 위해서는 어떠한 점이 현실적으로 고려되어야 할지를 검토한다.

8.2 KM(1)(2), KB(1), YN(1)(2)의 교과서에 편성된 문법 실러버스

학습자에게 문법이 의미하는 바는 문법 그 자체를 학습하기 위한 것이 아닌, 궁극적으로 말을 사용할 수 있도록 하기 위한 수단이라는 것이 현저 대부분의 일본어 학습자들의 생각이라고 본 저자는 단언한다. 이에 반해서 모어 화자(언어 구조에 관심을 가지는 화자)에게 문법이 의미하는 바는 말의 구조를 해명하고 정리하는 작업이며, 이러한 작업 자체가 목적이라는 점에서 서로 구별된다. 따라서 일본어를 가르치는 교사가 일본어교육문법의 기본방침을 따르고자 할 때, 우선 교사 자신이나 일본어 교과서에 편성된 문법 실러버스 배열 상태가 모어 화자가 아닌 학습자의 시점에 어느 정도로 부합되고 있는지, 만약 부합되지 않았다면 무엇이 어떻게 부합되지 않았는지를 검토할 필요가 있다.

문법 실러버스의 편성이 학습자의 시점을 취하고 있는지, 모어 화자의 시점을 취하고 있는지를 파악하기 위해서는 일반적으로 다음과 같은 두 가지의 체크 포인트가 필요하다.

(7) 체크 포인트;
    a. 일본어 사용법이 아니라 일본어문법 그 자체의 습득에 중점을 둔 실러

버스를 교과서에 편성하고 있지는 않는가?
b. 초급 단계에서 모두 가르치려고 하고 있지는 않는가? 즉 초급 단계에서 필요 이상으로 세부의 정확함을 과도하게 요구하고 있지는 않는가?

모어 화자에게 문법 체계는 이미 완성된 것이라면, 학습자에게 목표언어의 문법 체계는 초급에서 중급으로, 중급에서 고급으로 연속선을 그리며 변화되어 나가는 과정이다. 따라서 본 저자는 (7)에서 제시한 체크 포인트를 통해 우선 KM, KB, YN의 교과서에 편성된 문법 실러버스의 배열 상태를 점검해 보고자 한다. KM, KB, YN의 교과서 저자가 모어 화자의 시점을 취하는지, 학습자의 시점을 취하는지, 아니면 중도의 시점을 취하는지를 살펴보는 것은 매우 흥미롭다. 〈표 1〉과 〈표 2〉를 보도록 하자.

〈표 1〉 KM, KB, YN의 문법 실러버스 배열

NO	KM(1)	KB(1)
1과	문자 쓰기와 자원	명사+「です(か)」/명사+「ではありません」
2과	발음 연습(청음, 탁음, 반탁음, 요음)	지시대명사(こ,そ,あ,ど)/명사+「の」+명사, 준체 조사「の」의 용법/「も」의 용법
3과	발음 연습(촉음, 장음, 발음)	(조)수사/ 명사+「で」+명사+「です」
4과	명사+「は(も~です(か)」, 명사+「は」(も)~「ではありません」	시간, 요일 명사/ 시간 명사+「に」/「~から~まで」
5과	지시 대명사(「これ」,「それ」,「あれ」)/「の」의 용법(소유, 동격, 준체 조사)/ 연체사(「この」,「その」,「あの」)	월(일)을 나타내는 명사/ 시제/ 동사의 형태적 특징, 종류/「ます」형 활용
6과	い형용사+「です(か)」, い형용사+명사, い형용사+「です」의 부정형, い형용사+「くて」	시간 명사+「に」/ 장소+「へ」/ 수단+「で」
7과	な형용사+「です」,「な」형용사+명사,「な」형용사+「で」,「な」형용사+「です」의 부정형	명사「を」+동사/ 부정문과 조사
8과	방향 명사+「に」/존재 표현(「います」,「あります」)	「~は~に~を」 동사/ 수단+「で」+동사

9과	수사/요일/날/「~から~まで」	い형용사, な형용사의 종류 및 특징/형용사의 접속/역접 조사「が」
10과	시각(1시-12시)/동사+「ます」형 접속/동사의「ます」형+「ながら」/교통수단 명사+「で」/명사+「になる」	「~が好きだ(嫌いだ, 上手だ, 下手だ)」/「から」의 용법(원인, 이유)
11과	동사+「ます」의 과거형,「い」형용사+「です」의 과거형,「い」형용사+「です」의 부정 과거형, 동사의「ます」형+「にいく」	「AはBより~です」/「AとBとどちらが~ですか」/형용사의 과거 표현
12과	동사의 음편형+「て(で)いる」 동사의 종지형+「かもしれません」 장소 명사+「で」	「~がほしい」/동사의「ます」형+「たい」/「ます」형+「にいく」/명사+「にいく」의「に」용법
13과	동사+「て(で)ください」, 동사+「ないでください」	위치/ 존재 표현(いる, ある)/ ~や(열거)/ 종조사「よ」와「ね」의 용법
14과	동사+「て(で)もいいですか」/ 동사+「て(で)みてもいいですか」/동사+「なくてもいいです」/명사+「にする」	동사의 음편형(「て」형)/「ている」의 의미 용법/「~てください」/「~てもいい」의 의미 용법
15과	동사+「て(で)から」/ い형용사+「くなる」/ 동사+「ましょう(か)」	「~てはいけない」/동사+「ない」형/「~ないでください」/「~なければなりません」/「~なくてもいいです」

KM(1)에서는 문법 실러버스가 제4과부터 배열되기 시작한다. KM(1)과 KM(2)에 나타난 문법 실러버스의 배열은 세세한 부분의 차이는 있음에도 불구하고 명사 술어 → 지시대명사 → 형용사 활용 → 동사의 활용이라는 순서를 채택하고 있다는 점에서 공통점을 지닌다.

다음의 〈표2〉에서 보듯 KM(2)와 KB(2)에서도 문법 실러버스가 비슷하게 배열되어 있음을 볼 수 있다.

〈표 2〉 초급일본어 교재에 나타난 문법 실러버스의 배열 순서(2)

NO	KM(2)	KB(2)
1과	동사+「た(だ)ことがある」/명사+「好きだ」/ 명사성 접미사「さ」/ 동사+「て(で)みる」	동사+「た(だ)」형/「~た(だ)ことがある」/「~た(だ)ほうがいいです」/「~た(だ)後で」

2과	동사+「た(だ)ほうがいい」/동사+「ない ほうがいい」/ 동사의 사전형+「し」	동사의 사전형+「ことができる」/동사 의 사전형+「前に」
3과	「~て(で)いるところです」/「にとっ て」의 의미 용법/ 용언의 종지형+「の で」, 명사(「な」형용사)+なので	동사의 가능형/ 명사「が」+가능형/ 명사 「が」+「できる」
4과	가능 동사, 명사+「が」+「できる」, 동사 의 사전형+「ことができる」	동사, 형용사, 명사+「です」/ 정중체 활 용, 보통체 활용
5과	「い」형용사+「くなる」, 「な」형용사, 명 사+「になる」/ 종지형+「と思います」	명사, な형용사+「になる」, い형용사+ 「くなる」/ 동사의 사전형+「つもりだ」
6과	친밀체/ 동사+「なければならない」/ 동사+「なきゃ(なくちゃ)」/「~らしい」	동사의 사전형, 「ない」형+「と」/ 동사, 형용사, 명사「の」+「とき」
7과	용언의 종지형+「そうだ」/동사의 「ま す」형・형용사의 어간+「そうだ」/「い」 형용사+「て」	동사의 사전형+「ことが好きだ」/ 동사 의 사전형+「ことです」/ 동사의 명사화 「こと」
8과	접두어 「お」, 「ご」의 의미 용법/ 동사 +「て(で)おく」/동사+「た(だ)ばかり」 /「お」+동사의 「ます」형+「ください」/ 「ご」+한자성 명사+「ください」	동사의 「たら(なかったら)」/ 형용사의 「たら」(なかったら)/역접의 「~ても(で も)」
9과	동사+「たい(たがる)」/명사+「ほしい(ほ しがる)」	수수 표현/ 행위의 수수 표현/의뢰 표현
10과	동사의 사전형(「ない」형)+「つもりです」 /동사의 의지형+「と思っている」/동사 의 「ます」형+「合う」	일본어 대우 표현 방법, 존경 표현, 겸양 표현
11과	동사+「れる(られる)」(수동)/동사+「ば」/ 동사+「ば~ほど」/동사의 「ます」형+「方 (かた)」/수단을 나타내는 명사+「で」	
12과	수수 표현, 행위의 수수 표현/「て(で)し まう」	
13과	「~たら(だら)どうですか(권고)」/ 동사 의 사역형	
14과	동사+「れる(られる)」(존경, 수동, 가능)/ 가 능 동사+「ようになる」/ 동사의 사전형 (「ない」형)+「ように」	
15과	동사의 「ます」형+「おわる」/동사+「て (で)」(원인, 이유)	

체크 포인트에 의거하여 〈표 1〉과 〈표 2〉를 보면 KM, KB의 교과서에는 모

어 화자, 즉 일본어학적 문법관을 기반으로 한 문법 실러버스가 편성되어 있음을 알 수 있다. 그러면 이러한 사실을 지지해 주는 몇 가지 예를 보도록 하자. KM, KB 교과서에는 공통적으로 '의문문', '긍정문', '부정문', '인사말', '격조사', 'の의 용법', '지시 대명사', '시간 명사', 'い형용사의 활용 체계', 'な형용사의 활용 체계', '존재 표현', 'ます 활용', '의뢰', '권유', '음편형', '경험', '충고', '가능 표현', '희망', '의지', '사역형', '수동형', '수수 표현', '존경 표현' 등의 문법 실러버스가 배열되어 있음을 확인할 수 있다. '지시 대명사'를 예로 들면, 체계적이고 포괄적인 배열 방식(장소, 방향, 연체사)을 통해 지시사의 구조를 해명하고 정리하고자 하는 교과서 저자의 의지를 확인할 수 있다.

그 다음으로 KM, KB, YN의 교과서에서 초기 단계부터 필요 이상으로 세부적인 문법 실러버스를 학습자들에게 제시하고 있다는 점을 들 수 있다. 예를 들면, KB⑥에서는 '시간 명사'에 「に」를 접속해야 하는 경우와, 「に」를 접속하지 않아도 되는 경우를 매우 상세하게 제시하고 있다. 8.3에서 상세하게 설명하겠지만, 초급 단계에서 필요 이상으로 정확성을 요구하면 일본어 학습자들의 학습부담이 가중될 뿐만 아니라 그것에 비례하여 일본어 학습의욕이 저하될 것이라는 것은 상상하기에 그리 어렵지 않다.

8.3에서는 〈표1〉과 〈표2〉에서 제시한 문법 실러버스 배열 상태를 근거로 하여 학습자의 시점이 구체적으로 어떻게 배제되었는지를 살펴보도록 하겠다.

8.3 학습자의 시점을 배제한 일본어학적 문법관

이 절에서는 KM, KB의 교과서에 나오는 문법 실러버스 배열 상태로 보건대, 이들 교과서의 저자들은 학습자의 시점을 철저히 배제하고 있으며, 그 결과 일본어학적 문법관을 충실하게 반영하고 있음을 설명하고자 한다.

일본어교육문법적 교육에서는 학습자는 산발적이고 소량으로 제시된 문법 실러버스를 학습하는 것으로 의사소통하려는 욕구를 강하게 가지고 있는 것으로 알려져 있다. 즉 학습자들은 체계적이고 총괄적으로 제시된 문법 실러버스 학습을 심리적으로 기피하는 것으로 알려져 있다.

본 저자는 의사소통에 대한 학습자의 욕구를 실제로 확인해 보기 위해 KM(2006년 10월)에서 설문조사를 실시하여 다음과 같은 결과를 얻을 수 있었다.(80명, 초급 일본어(1) 38명, 초급 일본어(2) 42명)

⑻ 여러분이 일본어를 학습하는 목적은 무엇입니까?
　　1위(39명): 일본문화에 관한 지식을 얻기 위해(일본에 대한 관심 때문에)
　　2위(23명): 일본인과 의사소통을 취하기 위해
　　3위(9명): 학점 취득을 위해서
　　4위(4명): 전공 공부에 도움이 되어서(될 것 같아서)

⑼ 일본어 수업시간에 중점을 두고 가르쳐 줬으면 하는 부분은 무엇입니까?
　　(중복 대답 가능)
　　1위(55명): 회화/ 2위(29명): 문화/ 3위(23명): 일본 사정/ 4위(22명): 문법/
　　5위(20명): 독해

⑻과 ⑼에서 보듯이, 일본어 학습자들은 의사소통 능력 향상에 높은 욕구를 보였다. ⑼에서 보듯 문법 학습 그 자체를 희망하는 학습자는 그리 높은 수치를 보이지 않았다.

이러한 ⑻―⑼의 설문 결과에 힘입어 이하의 8.3.1―8.3.3에서는 문법 실러버스 배열 상태를 예로 들어가며 KM, KB 교과서를 분석하기로 한다.

8.3.1에서는 문법 실러버스를 단편적으로 제시하고 있는지, 체계적으로 제시하고 있는지를 살펴보고자 한다. 체계적이 아닌 단편적으로 제시하고 있으면 학습자의 시점이 반영된 것으로 간주한다. 여기에서 말하는 체계적이란 것은

예를 들면 사물 지시 대명사, 장소 지시 대명사, 방향 지시 대명사와 같이 그룹화하여 제시된 것을 말한다.

8.3.2에서는 문법 실러버스를 소량으로 제시하고 있는지, 총괄적으로 제시하고 있는지를 살펴보고자 한다. 총괄적이 아닌 소량으로 제시하고 있으면 학습자의 시점이 반영된 것으로 간주한다. 여기에서 말하는 총괄적이라 함은 복수의 문법 실러버스나 그 실러버스에 내재된 의미 용법을 다양하게, 혹은 모두 제시한 것을 의미한다.

8.3.3에서는 문법 실러버스의 특이한 용법과 추상적인 설명 유무를 살펴보고자 한다. 특이한 용법이나 추상적인 설명이 없으면 학습자의 시점이 반영된 것으로 간주한다. 왜냐하면 특이한 용법이나 추상적인 설명은 그만큼 학습자의 이해력 향상에 방해가 되는 것으로 판단하기 때문이다. 〈표3〉에서 지정된 '+' 표시는 학습자의 시점이 반영되어 있지 않은 것을 의미한다.

⟨표 3⟩ KM, KB, YN 교과서의 문법 실러버스 배열 상태

과\과	8.3.1			8.3.2			8.3.3		
	KM	KB	YN	KM	KB	YN	KM	KB	YN
1			+		+				
2			+			+			
3		+				+			
4				+		+		+	
5	+	+	+	+	+				
6	+		+	+				+	
7	+		+					+	
8		+		+	+		+		
9				+					+
10	+		+	+					
11	+		+					+	
12			+	+					
13	+	+		+	+				
14	+			+	+				
15		+			+				
16		+	+						
17			+	+					
18		+		+					
19	+	+	+		+				
20	+	+	+						
21	+		+						
22	+				+				
23			+	+					
24	+								
25				+					
26	+				+				
27	+	+	+						
28		+							
29				+					
30									

8.3.1 문법 실러버스를 단편적으로 제시하였는가? 체계적으로 제시하였는가?

일본어교육문법의 관점에서는 수수 표현에 관련된 문법 실러버스 「やる」, 「もらう」, 「くれる」와, 조건 표현에 관련된 문법 실러버스 「と」, 「ば」, 「たら」, 「なら」가 교과서에 체계적으로 제시된 경우를 형식주의, 즉 일본어학적 문법관이 낳은 악영향으로 본다. 이로 인해 결과적으로 일본어 학습자의 학습부담을 가중시키기 때문이라는 것이다.

KM, KB, YN에서도 체계적으로 제시된 문법 실러버스를 확인할 수 있다. 다음의 예를 보도록 하자. 'KM1⑹'은 '계명대학교 초급일본어⑴ 6과'를 의미한다.

(10) KM1⑹
- このへやは明るいです。
- あなたのぼうしは青いですか。
- このくろいかばんはだれのですか。
- いいえ、おもくありません。
- キムさんはせが高いですか。
- かれはやさしくてあかるいです。

(11) YN1⑵
- あれは東京タワーですか。
- この橋がレインボーブリッジです。
- ここがわたしのうちです。
- こちらがわたしの両親です。

(10)에서 보듯 KM1⑹에서는 「い」형용사 활용에 관계된 문법 실러버스가 '긍

정문', '의문문', '연체형(수식형)', '부정형', '연결형'으로 체계적으로 제시되어 있다. (11)의 YN1(2)에서는 초기 단계임에도 불구하고 '지시 대명사'가 체계적으로 제시되어 있음을 볼 수 있다. 그리고 (12)에 제시된 KB(20)에서는 동사의 과거형과 관련된 표현인 '경험', '충고', '시간의 흐름' 표현을 체계적으로 제시하였다.

(12) KB(20)
- 日本の美容院でカットしたことがあります。
- 朝食は「食べたほうがいい」という意見と「食べないほうがいい」という意見がある。
- 両親と相談したあとで決めます。

(10)-(12)에서 제시한 문법 실러버스 제시 방식은 분명 학습자의 의사소통 욕구를 저하시킬 염려가 있을 것으로 보인다. 하나의 문법 실러버스에 관련된 다양한 문법 실러버스를 제시하는 방식은 교과서 저자들의 의식 속에 체계주의를 지향하는 일본어학적 문법관이 그대로 자리 잡고 있음을 보여 주는 좋은 예라고 할 수 있다. 따라서 문법 실러버스를 덜 체계적이고 보다 산발적으로 편성하여 초기 일본어 학습자들이 일본어 학습에 큰 부담을 가지지 않도록 할 필요가 있다.

8.3.2 문법 실러버스의 의미 용법을 소량으로 제시했는가? 총괄해서 제시했는가?

하나의 문법 실러버스에 관련된 여러 용법을 일본어 학습자들에게 한꺼번에 제시하는 것은 형식적이고 체계적인 일본어학적 문법관에 기인하는 바가 큰 것으로 일본어교육문법에서 간주하고 있다. 예를 들면「て(で)いる」가 들어간

형식의 의미 용법을 가르치면서 그 형식과 관련된 다양한 의미 용법을 가르친다면 그것 역시 결과적으로 학습자의 시점을 배제하는 것이다.

이것은 YN의 교과서에서 찾아볼 수 있다. 예를 들면 다음의 예문에서 보듯, YN2(7)에서는 진행형「ている」실러버스를 제시하면서 그것과 관련된 의미 용법 네 가지를 총괄적으로 제시하고 있다.

(13) YN2(7)
- 5年前から、日本語の勉強をしています。　　　　　(계속)
- 授業は、もう始まっています。　　　　　　　　　(결과의 상태)
- この病院では、毎日20人の赤ちゃんが生まれている。(반복)
- コンピューター関係の会社につとめています。　　(직업)

또한 YN2(10)에서는 수동 실러버스를 제시하면서 수동 실러버스에 관련된 의미 용법 모두를 총괄적으로 학습자들에게 제시하고 있다.

(14) YN2(10)
- 私は先生にほめられました。　　　　　　　　　　(수동)
- 図書館でビデオテープも借りられます。　　　　　(가능)
- 山田さんのお父さんは、毎朝、新聞を読まれます。(존경)
- この写真を見ていると、昔のことが思い出されます。(자발)

다음 (15)에서 보듯, KB(2)에서도 품사별 연체 수식형을 총괄적으로 학습자들에게 제시하고 있다.

(15) KB(2)
- いま読んでいる本/先月読んだ本/明日読む本/学生の寮/白いかばん/便利な携帯

지금 읽고 있는 책/ 지난 달 읽은 책/ 내일 읽을 책/ 학생 기숙사/ 하얀 가방/ 편리한 휴대

이러한 모든 문법 실러버스 배열 방식은 각 대학의 교과서 저자들이 형식주의에 입각한 일본어학적 문법관을 고수하고 있는 데서 비롯된 것이며, 그 결과 일본어교육문법관과는 무관하다는 것을 보여준다. 따라서 이러한 일본어학적 문법관을 고수한 상태에서 제시된 문법 실러버스는 일본어를 처음 배우는 학습자들의 학습부담을 가중시키고 그 결과 일본어에 대한 학습욕구를 저하시키게 될 것이라는 사실을 쉽게 짐작할 수 있다.

8.3.3 특이한 용법, 추상적인 의미 기술에 중점을 두었는가?

문법 실러버스 가운데 특이한 용법을 지니는 것이 반드시 있게 마련이며 또한 특정한 문법 실러버스에 대해 추상적인 설명을 해야 할 경우가 있다. 예를 들면 초급 일본어 교과서에서는「いる」와「ある」와 같은 존재를 나타내는 실러버스 가운데「ある」의 용법이 매우 특이하다고 할 수 있다(즉, 소유를 나타낼 때는 생물이라도 「ある」를 사용해야 한다는 것). 일본어교육문법의 관점에 따르면「ある」의 이러한 특이한 용법에 대해서는 그렇게 강조하지 않아도 되는 것으로 알려져 있다. 만약에 이 부분을 필요 이상으로 강조하게 되면 오히려 초기 일본어 학습자들의 학습부담만 가중시킨다는 것이다. 다행히 KB, KM, YN에서는「ある」의 특이한 용법을 강조한 부분이 없었다.

그런데 학습자들로 하여금 교사의 추상적인 설명을 행하게 될 소지가 충분히 있는 문법 실러버스가 KB의 교과서에 들어가 있다. 다음의 예를 보자.

(16) KB(6)

「に」가 붙는 경우: ~年に、~月に、~日に、~曜日に

「に」가 붙지 않는 경우:~ごろ、今、昔、現在、昨日、今日、今年、来週、夜

(16)을 보면,「~年」에는「に」가 접속될 수 있는 데에 반해,「ごろ」에「に」가 접속되지 않은 이유를 설명하기 위해서는 분명 추상적인 설명이 행해져야 할 것으로 보인다.

KB(7)에서도 유사한 지적을 할 수 있는 부분이 보인다.「何」이「なん」또는「なに」로 읽히는 것을 다음의 (17)과 같이 제시하고 있기 때문이다.

(17) KB(7)
- 조수사가 붙는 경우「なん」을 사용한다.
  예) 何時、何分、何個
- 이름, 형태, 성질 등을 물어볼 때는「なに」를 사용한다.
  예) 何や、何新聞、何事
- 「なに」나「なん」양쪽을 사용하는 경우도 있다.
  예) 何人、何語
- 「~で」의 앞에서는 질문의 의미에 따라 구별하여 사용한다.
  예) 釜山まで、なにで行きますか。→ 高速道路で行きます。
    釜山まで、なんで行きますか。→ 旅行で行きます。
    高速道路で行きます。
- 조사「が」、「を」、「も」의 앞에서는「なに」
  예) そこに、なにがありますか。なにを見ますか。なにもいません。なんの花ですか。

(17)에 제시된 내용들을 설명하기 위해서 교사는 조수사의 개념을 인내심을 가지고 설명하여야 할 것이다. 그리고「何」의 뒤에 오는 명사의 의미, 형태, 성질 등을, 나아가「人」나「語」가「なん」이나「なに」양쪽의 형태를 모두 허용하

는 이유를 일일이 설명해야 할 것이다. 교사가 이 부분을 무난하게 설명할 수 있다고 하더라도 결과적으로 학습자들의 학습부담은 가중될 수밖에 없을 것으로 보인다. 왜냐하면 초기 학습을 행하는 학습자들에게는 우선「何(なん)」하나면 충분하기 때문이다. 전체 문법 실러버스 가운데에서「何」이 차지하는 중요성이나 비중은 그리 크지 않으며, 학습자들이 학습해야 할 문법 실러버스는 그 외에도 다수 존재한다.

그 외에도 조건 가정 형식「と」,「ば」,「たら」,「なら」를 부분적으로 혹은 전체적으로 제시한 교과서도 보였는데, 이들을 총괄해서 제시할 경우, 당연히 추상적인 설명으로 이들을 구별해야 함은 두말할 나위가 없다. 따라서 초급 일본어 학습자들의 학습부담을 줄인다는 의미에서 특정 문법 실러버스에 대한 설명을 단순화하거나 일부 문법 실러버스를 과감히 삭제할 필요가 있다.

8.4 교과서 저자들의 의식 속에 내재된 일본어학적 문법관

이 절에서는 KM, KB, YN의 교과서에 편성된 문법 실러버스의 배열 상태를 통해 교과서 저자들의 의식 세계를 파악하고자 한다. 8.3에서는 교과서에 편성된 문법 실러버스 그 자체에 관심을 두고 분석이 행해졌다고 한다면, 이 절에서는 교과서에 편성된 문법 실러버스를 바탕으로 교과서 저자들의 의식 세계 그 자체에 관심을 두고 분석을 행한다는 점에서 차이가 있다.

일본어교육문법의 관점에 의하면 일본어학적 관점을 지닌 저자들이 집필한 초급 일본어 교과서에는 다음과 같은 생각이 들어 있는 것으로 알려져 있다. 첫째, 일본어학적 문법은 일본어 교육에 유용할 것이라는 것, 둘째, 학습자들이 올바른 문장을 만들어 낼 수 있도록 하는 정확성을 절대적으로 중시한다는 것, 셋째, 문형 쌓기식에 대해 절대적인 신뢰를 지니고 있다는 것, 마지막으로 학습목적이 다양한 학습자의 존재를 애써 무시하며, 교수법 개선을 만능으로 본다는 것이다. 이 절에서는 KM, KB, YN 교과서 저자들의 의식 속에도 이러한 일본어학적 문법관이 들어 있는지를 살펴보도록 하겠다.

첫째, 다음의 예문 (18)에서 보듯, KM, KB, YN 교과서 저자가 일본어학적 문법이 일본어 교육에 절대적으로 유용할 것으로 보는 대목이 있다.

(18) YN2(8)
- 私は李さんに本をあげた。/李さんは私にペンをくれた。
- 金さんにカメラをもらいました。
- 私は李さんに本を買ってあげた。
- 李さんは私の息子にケーキを作ってくれた。
- 私は、タイ人の友達にタイ料理を教えてもらった。

교과서 저자가 일본인이면 그 사람은 모어 화자(일본 원어민)의 시점에 입각해서 문법 실러버스를 배열할 가능성이 높다. 그 결과 일본어학적 문법관, 즉 산재된 문법 실러버스를 서로 연결시켜 문법 실러버스 상호 간의 체계화를 수립하려는 관점이 교과서에 고스란히 반영되어 있을 것이다. 그런데 KM, KB, YN 교과서 저자들은 모두 한국인임에도 불구하고 대부분 일본어학적 문법관을 지니고 있음을 알 수 있다. 예를 들면 YN 교과서 저자는 (18)에서 보듯 수수 동사와 수익 표현을 각과 안에 체계적으로 제시하고 있다.

그러나 8.3에서도 언급한 것처럼, 이러한 일본어학적 문법관은 일본어 학습자에게 학습부담을 가중시키는 요인이 된다. 그 이유는 첫째, 수수 표현의 의미 구조가 매우 복잡하다는 것이며, 둘째, 「てもらう」와 같이 한국어에는 존재하지 않는 복잡 미묘한 표현이 있다는 것, 셋째, 한국어에는 '주다'가 「あげる」와 「くれる」의 의미를 모두 가질 수 있다는 점에서 한국인 학습자가 학습상의 혼동을 일으킬 수 있기 때문이다. 「と」,「ば」,「たら」,「なら」에 대해서도 동일한 지적이 가능하다. 따라서 이들 문법 실러버스들은 체계적으로 제시하기보다는

그 수를 가급적 줄이고 특정 문법 실러버스에 대한 단순한 이해를 우선적으로 도모하는 쪽으로 교과서를 편성하는 것이 바람직하다고 본다.

둘째, 아래의 예문 (19)에서 보는 것처럼, 일본어 학습자들이 학습상의 오류를 용납하지 않으려는 엄격한 규범의식이 KB 저자들의 의식 속에 자리 잡고 있는 것을 확인할 수 있다.

(19) KB(11)
 (○) 私のとなりに山田さんがいます。
 (○) 私の横に山田さんがいます。
 (×) 私のとなりに机があります。
 (○) 私の横に机があります。
 (×) 私のとなりに猫がいます。
 (○) 私の横に猫がいます。

예문 (19)는 방향을 나타내는 명사「となり」에 존재하는 주어가 무생물이면 적법한 문장이지만, 무생물「机(책상)」인 경우에는 부적격한 문장인 것을 나타내고 있다. 그리고 주어가 생물이라도 사람인 경우와 동물인 경우에는「となり」의 사용에 제약이 뒤따른다는 것을 나타내고 있다. 학습자의 정확성을 기한다는 측면에서는 (19)에서 제시된 예가 유용할지는 모르지만, 초급 일본어 학습자들에게는「います」나「あります」를 구별할 수 있도록 하는 것만으로도 충분하다고 생각한다.「となり」나「横」의 구별이「います」나「あります」라는 존재사의 습득만큼 그렇게 중요하거나 학습비중이 높다고 할 수 없기 때문이다. (19)의 문장을 학습하는 학습자들이 주어가 생물이냐 무생물이냐에 따라「あります」나「います」를 선택하는 것과는 별도로 주어의 의미적 성질을「となり」나「横」, 나아가「そば」에까지 적용을 시켜야 하는 학습부담을 가지게 되리라는 것은 상상하기에 어렵지 않다.

셋째, KM, KB, YN의 교과서에서 문법 실러버스가 문형 쌓기(文型積み上げ式) 식과 같이 체계적으로 배열된 것이 많다는 점에서 KM, KB, YN의 교과서 저자의 의식 속에 자리 잡고 있는 일본어학적 문법관을 확인할 수 있다. YN을 예로 들면 다음과 같다.

(20) YN1(6)
- おもしろい/おもしろくない/おもしろいです/おもしろくありません(=おもしろくないです)

(21) YN1(6)
- おもしろかった/おもしろくなかった/おもしろかったです/おもしろくありませんでした(=おもしろくなかったです)

(22) YN1(8)
- 日本語と英語とどちらがむずかしいですか。英語のほうがむずかしいです。
- 家族の中で誰が一番背が高いですか。弟が一番背が高いです。
- 韓国料理の中で、何が一番好きですか。ビビンバが一番好きです。

즉 (20)과 (21)에서 보듯, 형용사를 단순한 활용형에서 복잡한 활용형으로 서술해 가는 방식이다. 또한 (22)에서는, 「＿と＿と＿が＿ですか」와 「＿ほうが＿です」라는 문형이 제시되어 있다. 이러한 문형을 초급 일본어 학습자들이 접하게 되면, 학습자들은 학습 초기부터 '긍정', '부정', '긍정 과거', '부정 과거', '반말 표현', '공손 표현'을 한꺼번에 학습해야 하는 학습부담을 가지게 될 것이다. 본 저자의 개인적인 경험에 의하면, 일본어 학습자들은 한국어 자체

의 시제 구별에서도 어려움을 겪는 경우를 많이 보아 왔다.

그리고 (22)의 경우에도「日本語と英語とどちらがむずかしいですか。」라는 질문에「英語です。」라는 간단한 표현 대신에 (22)에 제시된「英語のほうがむずかしいです。」라는 정형화된 문형 습득을 하도록 하고 있다. 이러한 정형화된 문형 제시는 근본적으로 학습자들의 의사소통 능력을 제한하는 것으로 교과서 저자들은 과감한 문형 탈피를 시도할 필요가 있다고 본다.

마지막으로 KM, KB, YN 교과서 저자들의 의식 속에 엘리트 일본어 학습자의 양성이라고 하는 일본어학적 문법관을 확인할 수 있다. 이것은 지금까지 살펴본 바와 같이 교과서 저자가 일본어 학습자로 하여금 철저하고 완벽한 문법 실러버스 습득을 요구하는 것이라 할 수 있는데, 사실 이것은 이상적이기는 하지만 일본어 학습자의 다양한 학습목적을 고려하면 반드시 타당한 관점이 아님을 알 수 있다. 즉 모두가 일본어문학과를 진학하고자 하는 것도 아니며 학습목적도 천차만별이다. 학습자에 따라 듣기·말하기·읽기·쓰기 모두를 학습하고자 희망하는 학습자도 있을 것이며, 읽기 능력의 향상만을 희망하는 학습자도 있을 것이다. 예를 들면 경영학과 학습자 가운데는 일본어로 된 경영학 원서를 독해할 수 있을 정도의 일본어 능력을 희망하는 학습자들이 있을 수도 있으며, 관광경영학과 학습자들 중에는 말하기 능력을 우선으로 하는 학습자들이 있을 수도 있다.

본 저자가 실제로 KM에서 행한 설문조사(2006년)에 의하면, (23)에서 보듯 수강 대상자가 인문/외국어문학 학습자들이었음에도 불구하고 실제로는 일본어와 무관한 전공자가 훨씬 많았다.

(23) KM에서 행한 앙케이트 조사(인문/외국어문학생 대상 수업)
   1) 당신의 전공학과는 무엇입니까?(소속 학과가 있는 학생만 제시함.)
        경영 11명, 일문 1명, 생물 1명, 한문교육 2명, 의예 2명, 행정 2명, 관광경영 2명, 중문 1명, 국제학부 2명, 회계 1명, 경제 1명

2) 진학을 희망하는 학과는 무엇입니까?

경영학과 4명, 관광경영학과 2명, 일본어문학과 1명, 한국어문학과 1명, 경제학과 2명, 공중보건학과 1명

(24) (=(8))

여러분이 일본어를 학습하는 목적은 무엇입니까?
- 1위(39명): 일본문화에 관한 지식을 얻기 위해(일본에 대한 관심 때문에)
- 2위(23명): 일본인과 의사소통을 취하기 위해
- 3위(9명): 학점 취득을 위해서
- 4위(4명): 전공 공부에 도움이 되어서(될 것 같아서)

(23)에서 보듯 초급 일본어를 수강하는 학습자들의 학습목적은 당연히 일치하지 않는다. 경영학과 학습자들과 일본어문학과 학습자들의 일본어 학습목적이 일치하지 않는 것은 당연하다고 할 수 있다. 그리고 (24)에서 보듯 학습목적이 제각기 다른 학습자들을 대상으로 교과서 저자들이 모두 엘리트 일본어 학습자 양성을 위한 문법 실러버스 배열 방식을 취한다면 분명 문제가 발생할 수 있다. 따라서 교과서 저자들은 학습자의 학습목적을 몇 단계로 세분화하여 특정 단계에 맞는 교과서를 새로이 집필할 필요가 있다.

KM, KB, YN 교과서에는 나타나 있지 않지만, 이들 대학의 교과서 저자들이 교사의 교수법에 의지하여 지금까지 본 저자가 지적해 온 문제점들을 해결해 주기를 바라고 있을지도 모른다. 결론적으로 말하면 본 저자의 생각은 그리 낙관적이지 않다. 즉 가르치는 내용의 추가, 삭제, 변경 없이 교수법만으로 일본어 학습에서 성공하기란 매우 어렵다는 사실이다. 수업 현장에서 많이 경험하는 것이지만, 문법 실러버스가 비교적 단순하게 제시된 쪽이 지도하기가 용이하며, 그 결과 학습자들의 반응도 훨씬 좋은 것을 볼 수 있다.

예를 들면 KM2(5과)의 경우, 문법 실러버스는 크게 세 개인 것에 반해, KM2(8

과)의 경우, 문법 실러버스는 모두 여섯 개이다. 당연히 문법 실러버스가 많이 제시된 과를 가르칠 때 지도의 어려움이 따른다. 그런데 그것보다 더 어려운 것은 특정 문법 실러버스의 의미 용법을 이해시키기 위해 사용된 예문의 수이다. KM2(5과)의 경우, 학습자들에게 제시되는 예문은 모두 18개이지만, KM2(8과)에서는 모두 54개의 예문이 제시된다. 본 저자는 수수 표현이나 동사의 음편형 지도에 나름대로의 노하우를 가지고 있음에도 불구하고 그것이 모든 학습자들에게 일률적으로 쉽게 전달되지 않을 수도 있음을 최근에 와서야 깨닫게 되었다. 하물며 예문이 많은 경우 지도상의 어려움은 두말할 나위가 없다. 학습자들의 관심사는 적게 학습하고 제대로 아는 것이지, 많이 학습하고 많이 아는 것에 크게 관심을 보이지 않는다. 설사 교사가 많이 학습하고 많이 아는 것에 대한 의식을 교실활동을 통해서 학습자들에게 성공적으로 주입했다고 하더라도 학습자들은 별로 감동하지 않는다는 것을 본 저자는 자주 체험하였다.(물론 소수의 우수한 학습자들은 별개이지만)

8.5 학습자의 시점을 고려한 교과서 집필

일본어교육문법의 관점에 따르면 금후의 교과서 집필은 학습자의 의사소통을 우선으로 하여야 하며, 형식 단위가 아닌 용법 단위의 문법 실러버스가 배열되어야 하며, 학습자의 학습목적에 따라 단계적으로 문법 실러버스가 제시된 교과서를 집필하는 방향으로 전개되어야 한다고 한다.

우선 KM, KB, YN의 교과서에는 학습자의 의사소통 욕구가 충족되어 있지 않다. (25)에서 보듯 각 대학의 교과서에는 특정 문형 및 표현과 각각의 사용법을 기본문형이나 학습항목의 형태로 제시하고 있으며, 그 다음으로 특정 문형 및 표현이 들어간 본문을 제시하고 있다. 즉 문법 실러버스 그 자체를 습득하기 위한 문법교육에 중점을 두고 있다고 할 수 있다.

(25) KM, KB, YN 교과서의 구성

- KM(1), (2) :

  기본문형→본문→단어 발음 연습→문형 연습→연습문제→일본 노래 연습

- YN(1) :

  학습항목→본문→단어 정리→문법 및 문형→연습문제→회화 연습

- YN(2) :

  기본문형→본문→어휘 풀이→문형 익힘→연습문제→(참고)

- KB :

  회화 본문→기본문형→어구의 설명→연습문제→(깜짝 지식(豆知識))

KB의 경우 회화 본문이 가장 먼저 제시되어 있기 때문에 일견 의사소통을 중시하는 것으로 보이지만, 내용을 들여다보면 회화체 본문 제시는 문법 실러버스를 습득하기 위한 것임을 알 수 있다. 즉 회화체로 구성된 본문은 기본문형을 습득하게 하기 위한 일개 도구에 불과한 것이다. KM이나 YN에서도 사정은 비슷하다.

금후 교과서 집필에서는 기본문형이나 학습항목을 먼저 제시하는 일이 없이 의사소통에 중요한 언어행동을 분류하고, 특정한 언어행동을 원활하게 행하는 전략을 우선적으로 수행하는 데에 필요한 문법 실러버스를 제시하는 방향으로 나아가야 할 것이다. 예를 들면 쇼핑이라는 장면을 상정하고 쇼핑이라는 목적을 학습자들이 원활하게 달성할 수 있도록 문법 실러버스의 과감한 삭제, 단순화, 추가, 재배열을 시도할 필요가 있다. 아울러 교과서 저자들은 초급 일본어 학습자들에게 별로 필요하지도 않고 급하지도 않은 문법 실러버스는 없는지, 있다면 무엇이고 그 기준은 무엇인지, 몰라도 불편하지 않은 표현은 없는지, 당장 필요가 없는 실러버스의 삭제 여부를 고려하도록 한다. 반대로, 사용하지 않으면 불편한 문법 실러버스에 대한 진지한 검토를 통해 학습자의 기본 욕구인

말하고 싶은 욕구를 충족시킬 수 있도록 해야 한다.

둘째, KM, KB, YN 교과서에는 문법 실러버스가 형식 단위로 한 과에 집중적으로 배열되어 있다. 8.2에서 제시한 〈표1〉을 보면, KM, KB, YN 교과서에는 한 번 제시된 문법 실러버스는 나중에 절대 제시되지 않는다. 예를 들어 YN1(6)에 나온 형용사 활용이 6과 이후에 다시 나오는 경우는 없다. 이것은 학습자의 의사소통 욕구를 충족시키기보다는 문법 실러버스를 형식 단위로 우선적으로 배열하려는 교과서 저자들의 일본어학적 문법관이 단적으로 반영된 것으로 볼 수 있다. 문법 실러버스를 형식별로 분류해서 설명하는 것도 중요하지만, 용법별로 동일한 문법 실러버스를 여러 과에 나누어서 중복해서 설명하는 것이 바람직하다고 생각한다. 왜냐하면 학습자들의 기억 능력에는 한계가 있으며, 반복을 통해 기억이 되살아나고 그러한 과정을 거쳐 언어가 습득되는 것이기 때문이다. 예를 들면 사과를 하는 상황에서「~てはいけません(~해서는 안됩니다)」이라는 표현이 나왔다면, 충고를 하는 상황에서도「てはいけません(~해서는 안됩니다)」이라는 문법 실러버스가 재차 제시되어도 좋다는 것이다.

셋째, 8.3에서 이미 확인한 것처럼 KM, KB, YN 교과서를 보면 특정한 문법 실러버스를 일괄해서 한꺼번에 가르쳐야 한다는 교과서 저자의 의중을 읽을 수 있다. 학습자의 의사소통 능력 향상을 고려하여 문법 실러버스를 수준별·단계적으로 제시한 교과서 개발을 강구할 필요가 있다고 본다. 다음의 예를 보자.

(26) YN1(7)
- 静かだ、静かです、静かじゃ(では)ない、静かじゃ(では)ありません
  = 静かじゃ(では)ないです。
- 静かだった、静かじゃ(では)なかった、静かでした、静かじゃ(では)ありませんでした(=静かじゃ(では)なかったです。)。

YN1(11)
- 書きました、書きませんでした、書きましたか、書きませんでし

たか。

(27) KM2(4)

- 木村さんはピアノが弾けますか。
- 金さんは納豆が食べられますか。
- あしたのパーティに来られますか。
- 佐藤さんはスペイン語ができますか。
- うちでは衛星放送を見ることができません。

(26)에서 보듯 YN1(7)에서는 다양한「な」형용사의 활용 체계가 한꺼번에 제시되어 있으며, (27)에서 보듯 KM2(4)에서도 가능 표현의 다양한 형태가 일괄적으로 제시되어 있다. YN1(7)을 학습하는 학습자들에게 학습부담의 가중과 함께 의사소통 욕구의 저하가 충분히 예상된다.

그러나 학습자들의 학습 저하를 눈치 챈 교사는 의사소통 능력을 향상시키기 위해서 이들 다양한 활용형이나 표현을 완전히 학습할 필요가 있다고 강조할 것이다. 그러나 이러한 교사의 논리가 모든 학습자들에게 적용된다고 생각해서는 안 된다. 이러한 논리는 극히 일부의 우수한 학습자들이나 일본어 학습에 대해 강한 의욕을 가진 소수의 엘리트 학습자들에게 적용되는 것으로 보아야 한다. 따라서 앞으로 교과서 저자들은 우선 이 문법 실러버스를, 그 다음은 저 문법 실러버스라는 식으로 필요도가 높은 순서로 문법 실러버스를 단계적으로 재배열하여 교과서를 집필할 필요가 있다. 예를 들면「書きました」,「書きませんでした」,「書きましたか」,「書きませんでしたか」등의 표현들을 '과연 한꺼번에 다 가르쳐야 하는가?' 아니면 '무엇을 먼저 가르치고, 무엇을 나중에 가르쳐야 하는가?', '먼저 가르치고 나중에 가르쳐야 하는 근거는 무엇인가?' 등을 진지하게 검토해야 할 것이다.

8.6 맺음말

　제8장에서는 학습자의 시점을 철저히 배제한 일본어학적 관점을 KM, KB, YN의 초급 일본어 교과서에서도 찾을 수 있으며, 금후 대학 일본어 교과서 집필에 있어 학습자의 시점을 우선으로 하려면 현재와는 다른 문법 실러버스를 재편성해야 한다고 주장했다.

　그러나 현실적으로 일본어교육문법적 관점을 한국 대학의 일본어 교과서 집필에 반영하기가 망설여지는 경우가 있다. 첫째, 대학 강의에서 학습자들의 절반이 이미 일본어를 학습한 학습자이므로 '문법 실러버스의 조정이 과연 필요한가?' 하는 것이다. 둘째, 한국어의 문법구조가 일본어의 문법구조와 유사하며 그 결과 일본어의 문법구조에 대한 이해가 영문법보다는 수월하기 때문에 일본어문법 실러버스의 조정이 불필요할지도 모른다는 것이다. 셋째, 최근 외국어 관련 자격증(JPT와 JLPT) 취득의 필요성 때문에 학습 초기부터 과감하게 문법 실러버스를 재조정하는 등, '의사소통을 중시하는 방향으로 교과서를 집필할 필요가 과연 있는가?' 하는 점이다.

　그러나 본 저자의 경험에 비추어 볼 때, 이러한 본 저자의 기우는 역시 일본어 학습자가 모두 엘리트 학습자여야 한다는 고정관념 때문에 일어나는 것이다. 실제 강의실에서 일어나는 학습자들의 반응은 일본어교육문법적인 관점과 부합하는 면이 매우 많다. 예를 들면 자막이 들어간 드라마를 보여 준다든지, 노래 부르기, 일본문화의 소개 등과 같은 의사소통에 관한 요소를 도입하면 학습자들의 수업 집중도가 높아지는 것을 확인할 수 있다. 또한 노래교재를 활용하면 일본어 학습에 대한 고도의 집중력이 발휘되는 모습을 어렵지 않게 볼 수 있다.

　따라서 최소한 교과서 저자들은 교과서 집필에 의사소통 능력의 향상을 고려한 문법 실러버스를 적극적으로 편성하고, 교사는 그러한 교과서 저자들의 의도를 이해하고 적극적으로 그 의도를 수업에서 실천해 나간다면 일본어교육문법의 기본방침은 충분히 실현될 수 있을 것이다.

또한 초급 일본어 학습에서 일본어 학습경력이 많은 학습자들의 수강을 인위적으로 배제할 수 있는 아이디어는 얼마든지 있다고 본다. 수준별 일본어 교과서 집필과 함께 수준별 일본어 수업을 고려해보는 것이다.

한편 한국어의 문법구조가 일본어의 문법구조와 유사하다고 해도 특정 일본어문법 실러버스를 완벽하게 이해할 수 있는 학습자들은 항상 한정되어 있다. 유사하다고는 하지만 문법 실러버스 습득에 적극적으로 노력을 기울이지 않는 이상 해당 문법 실러버스를 제대로 학습하기가 그렇게 용이하지만은 않다. 일본어의 문법구조가 아무리 한국어와 유사하다고 하더라도 학습하지 않으면 그 구조를 알 수 없고, 그 구조를 알고자 하면 이해하고 암기할 수밖에 없는 것이다.

중국어와 러시아어가 영어와 아무리 유사해도 영어를 할 줄 아는 중국인과 러시아인들은 거의 소수에 불과하며, 자국어와 유사한 문법 실러버스가 특정 외국어에 존재한다고 해도 그것은 해당 문법 실러버스 습득에 약간 유리하다는 것이지 특정 문법 실러버스가 저절로 습득이 되는 것은 아니라는 말이다.

그리고 초급일본어 과목 하나를 듣고 나서 JLPT나 JPT 시험을 치르는 학습자는 거의 없다. KM의 경우, 1학년 교양과정에 '초급일본어(1)(2)', '생활일본어회화'가 개설되어 있으며, 2학년이 되면 '일본현대어문법', '일본어연습(1)(2)', 3학년이 되면 '일본어능력시험', '일본어의 어휘' 등의 과목이 개설된다. 학습자들은 이들 과목을 모두 수강하고 시험을 치르는 경우가 대부분이다. 따라서 기초 과정인 '초급일본어(1)' 단계에서 다양한 문법 실러버스를 체계적으로 학습시킬 필요는 없다고 본 저자는 보는 것이다. '초급일본어(1)' 과정에서 다루어지지 않은 문법 실러버스의 학습은 다른 일본어 과목을 수강하면 되는 것이며 고학년으로 올라갈수록 새로운 문법 실러버스에 대한 습득이 반복적으로 행해질 것이므로 일본어 학습자의 저변을 확충한다는 의미에서도 일본어교육문법적인 관점을 과감하게 수용할 필요가 있다.

제8장 인용 및 참고문헌

천호재(2007) 학습자의 시점에 의거한 일본어교육문법의 구축, 일본어교육연구, 12, 19-36, 한국일어교육학회
白川博之(2005[2006])「日本語学的文法から独立した日本語教育文法」『コミュニケーションのための日本語教育文法』くろしお出版
野田尚史(2005[2006])「コミュニケーションのための日本語教育文法の設計図」『コミュニケーションのための日本語教育文法』くろしお出版
李舜炯(2007a)「自然談話からみた日本語文法シラバスの再編成」『言語科学研究』42, 237-254, 言語科学会.
李舜炯(2007b)「コミュニケーション能力向上のための日本語文法シラバス」『東北亜文化研究』12, 309-332, 東北亜細亜文化学会

제9장 구성

9.1 머리말
9.2 커리큘럼 디자인의 구성 요소
9.3 교안작성시 유의사항
9.4 교안작성의 예시
제9장 인용 및 참고문헌

제9장

커리큘럼 디자인

9.1 머리말

　학습자의 학습목적을 분석하고(코스디자인), 무엇을 가르칠지(실러버스 디자인), 그리고 가르칠 교과서의 내용은 어떤 식으로 구성이 되어 있는지를 분석(교과서 분석)했다면 이제 교실 전 단계 활동의 마지막 단계로 어떻게 가르칠 것인지에 해당되는 커리큘럼 디자인의 개념에 대해서 파악을 해 두어야 한다.
　커리큘럼 디자인(カリキュラム・デザイン)이란 교사가 학습자의 학습목적을 바탕으로 디자인한 실러버스를 어떤 순서로 어떻게 조합하여 어떻게 가르쳐나가야 하는지, 조합한 실러버스를 어떠한 교수법으로 교실활동을 해나가야 하는지, 구체적으로 교실활동 안에서 무엇을 할지, 마지막으로 어떠한 교재·교구를 준비할지 등의 자세한 계획을 세우는 것이다. 그 밖에도 커리큘럼 디자인에는 어느 교사가 어느 교실에서 무슨 요일 몇 시간째에 몇 과의 몇 차시의 교과 내용을 배분하여 가르칠지를 설계하는 것도 포함된다.
　이하에서는 커리큘럼 디자인에 대해서 설명하고자 한다.

9.2 커리큘럼 디자인의 구성 요소

　커리큘럼 디자인(カリキュラム・デザイン)은 일반적으로 세 가지 단계로 나뉜다.
　첫째, 커리큘럼 디자인에서는 교수법이 결정되며, 둘째, 교실활동의 패턴이 결정되며, 셋째, 교재·교구가 결정된다. 아울러 부수적으로 교실활동의 차시 결정, 담당 교사의 결정, 교실, 교실활동 시간(구체적인 교실활동 요일과 시간), 교실활동 내용도 결정되지 않으면 안 된다.
　우선 첫째로 교수법부터 설명하도록 하자. 제4장에서 소개한 외국어 교수법은 교실활동에서 즉시 사용할 수 있는 테크닉을 단순히 모아 놓은 것으로 생각해서는 안 된다. 참된 의미로 그러한 교수법들은 외국어교육의 기초적인 이

론과 실천 능력을 교사들이 지니기 위한 것으로 어느 하나의 교수법이 다른 교수법보다 우월하거나 하등하다는 것이 아니다. 교사가 커리큘럼 디자인을 함에 있어서 어느 교수법을 선택하는 근거는 학습자의 학습목적, 학습영역, 학습조건 등과 같은 학습자에 관련된 정보에 있다. 이러한 것들은 이미 언급한 바와 같이 실러버스 디자인을 위한 재료가 되며, 실러버스가 적절히 디자인되면, 자연스럽게 특정한 교수법과 여러 교수법의 조합에 관련된 판단이 떠오르게 되어 있다. 예를 들면 초급 일본어 학습자들의 「~は~です」의 문형 습득이 학습자들에게 필요하다고 판단될 경우, 교사는 기계드릴을 교실활동에 도입할 것이다. 언어4기능 습득이 학습자들에게 필요할 경우에는 교사는 기능 실러버스에 관련된 교실활동을 실행할 것이다.

둘째, 교실활동(classroom activity)이다. 교실활동이라는 것은 일본어교육의 코스에 있어서 일본어를 교수·학습하기 위해서 필요시되는 교사와 학습자의 교실 내 활동을 말한다. 비록 일본어의 교수·학습이 주로 교실활동의 형태로 이루어지고 있지만, 최근 유비쿼터스(인터넷) 시대의 도래로 일본어 교수·학습은 특별한 시공간의 제약 없이 이루어지고 있기 때문에 교실활동이란 용어가 머지않아 시대에 뒤떨어진 용어가 될 가능성이 있다. 따라서 교사와 학습자는 항상 열린 마음으로 교수와 학습이 이루어질 수 있도록 적극적으로 노력하는 자세를 취할 필요가 있다. 그리고 또 한 가지, 교사나 학습자가 유념해야 할 것은 지금까지는 교실활동이 문법이나 문형, 어휘 등의 의사소통의 재료가 되는 언어 요소의 습득에 주안점이 두어져 왔다면, 이제는 이들 언어 요소를 사용하여 본격적인 의사소통 활동으로 나아갈 수 있도록 해야 한다는 것이다. 그리고 교실활동에 있어서 주체는 교사뿐만 아니라 학습자도 될 수 있으며 상황에 따라서 양쪽 모두가 주체가 될 수 있는 점에 대해서도 교사는 항상 유념하여야 한다.

교실활동은 몇 가지 분류가 가능하다.

① 정확함(accuracy)과 유창함(fluency)을 위한 교실활동

교사는 정확함을 지향하는 교실활동과 유창함을 지향하는 교실활동 가능성에 대한 다양한 방법을 항상 모색하고 있어야 한다. 정확함을 위한 교실활동으로는 반복드릴, 대입드릴과 같은 기계드릴, 즉 패턴연습(pattern practice, パターン・プラクティス), 받아쓰기와 같이 단어나 문형, 담화 등을 정확하게 습득하는 것을 들 수 있다. 제15장에서 상세하게 설명하도록 하겠다.

② 유창함을 위한 교실활동으로는 장면연습, 소회화 연습, 정보의 갭, 인터뷰 태스크, 짝 활동, 롤 플레이, 디스커션, 논쟁, 시뮬레이션, 프로젝트 워크 등을 들 수 있다. 이에 대해서는 제15장과 제18장에서 상세하게 설명하도록 하겠다.

③ 게임과 같이 어떤 활동을 하고 난 뒤의 결과로서 승패가 결정되는 교실활동도 있을 수 있다. 예를 들면 십자말풀이나 오용발견 게임 등을 교실활동에 도입하면 방안을 고려해 볼 수 있다. 이에 대해서는 제2부에서 상세하게 설명하도록 하겠다.

④ 과제(task, 태스크, タスク)를 해결하는 교실활동도 모색해 볼 수 있다. 예를 들면 특정한 과제를 조별로 수행하도록 하여, 궁극적으로 학습자들의 듣는 힘, 읽는 힘, 말하는 힘, 읽는 힘을 기르도록 하는 방안이다. 이에 대해서는 역시 제2부에서 상세하게 설명하도록 하겠다.

셋째, 교재·교구에 대해서 보도록 하자. 교재·교구에 대해서는 이미 제3장에서 상세하게 설명을 하였다. 교사는 교실활동에 들어가기 전에 교과서의 내용을 숙지하고 교실활동에 들어가서 구체적으로 교수하게 될 내용을 학습자들에게 잘 전달될 수 있도록 테이프 레코더, 파워포인트, 인터넷, OHP, 슬라이드, 노래교재, 그림교재, 사진교재, 롤 카드, 판서, 산교재, 실물교재 등을 적재적소에 활용될 수 있도록 부단한 노력을 기울여야 할 것이다.

마지막으로 커리큘럼 디자인에서는 도달목표, 구체적인 학습내용, 교실활

동의 시간적 틀(時間の枠組み, 교실활동의 차시 결정, 구체적인 교실활동 요일과 시간)이 결정되며, 나아가 교실활동, 효과측정이 구체적으로 어떻게 실행될 것인지가 결정된다.

도달목표(到達目標)는 특정 일본어 지식이나 운용 능력에 학습자가 도달해야만 하는 목표이다. 예를 들면「~てください」라는 학습내용을 습득하려면 일본어 학습자는 동사의 종류, 1류 동사(5단활용동사), 2류 동사(상하1단활용동사), 3류 동사(カ行サ行불규칙활용동사)의 형태적 특징 이해에 도달해 있어야 하며, 이들 형태적 특징에 대한 이해를 바탕으로 음편형으로 고칠 수 있어야 한다. 이들 학습내용에 대한 도달이 실현되지 않으면 학습자는「~てください」라는 문형을 정확하게 습득할 수 없다. 도달목표는 각과 단원의 학습내용을 '~할 수 있다'로 표현하는 것이 상례이다. 예를 들어 '~에 대해서 간단한 회화를 할 수 있다', '숫자를 셀 수 있다', '시각, 요일, 월을 읽을 수 있다' 등과 같이 표현하는 것이다.

구체적인 학습내용은 도달목표에 관련되는 구체적인 내용을 말한다. 예를 들어 '시각, 요일, 월을 읽을 수 있다'는 것이 도달목표라고 한다면,「1時, 2時, 3時…, 月曜日, 火曜日, 水曜日,…, 1月, 2月, 3月…」등은 구체적인 학습내용이 된다.

교실활동의 시간적 틀은 고등학교의 경우, 1학기와 2학기를 말한다. 각각 코스의 개시와 종료 시기를 나타내고 있다. 1학기를 20주로 하고, 1주일에 몇 회 정도 수업을 하는지, 교과서의 몇 과로 구성이 되어 있는지에 따라서 차시와 진도가 결정될 것이다. 그리고 1시간 교실활동의 길이와 구체적인 교실활동이 이루어지는 요일이 결정될 것이다.

교실활동의 실행이라는 것은 1회 1회의 수업의 교실활동, 교재 및 교구를 결정하고 실제로 수업을 행하는 것을 말한다. 효과측정은 평가에 관련된 것으로 구체적으로는 제23장에서 상세하게 말하도록 하겠다.

9.3 교안작성시 유의사항

일반적으로 교안을 작성할 때 교사는 학습내용과 학습환경, 학습자, 교실활동에 있어서 제약을 항상 고려하여야 한다.

① 학습내용
- 수업이 종료된 시점에서 학습자에게 달성시키고 싶은 것은 무엇인가?
- 학습하는 일본어 레벨은 어느 정도인가?
- 수업의 시작과 끝을 어떻게 할 것인가?
- 각각의 교실활동의 목적은 무엇이며 그것이 전체 목표 달성에 연결이 되어 있는가?
- 각 교실활동에서 학습자에게 교수하고자 하는 스킬은 무엇인가?
- 각 교실활동이 교실활동의 흐름의 어디에 위치하고 있는가? (단순한 지식 획득/정확함/유창함)
- 각 교실활동이 잘 진행될 것인가?
- 교실활동 프로그램이 다채로운가? (학습자의 주의 가능 시간 10분?)
- 각 교실활동에서 어떤 학습 형태를 취하는가? (짝 활동, 소그룹, 개인 학습자)
- 학습자를 어떻게 앉힐 것인가?

② 학습환경
- 몇 분 수업인가?
- 1시간 수업인가? 두 시간 연속 수업인가?
- 수업이 1주일에 몇 번 있는가?
- 교실은 학생수와 비교하여 넓은가? 좁은가? 또 가로와 세로의 폭은 대략 어떠한가?
- 칠판/화이트보드는 있는가?

- 분필이나 마크펜은 어느 정도 있는가? 색깔은 다채롭게 갖추어져 있는가?
- 책상이나 의자는 고정식인가? 유동식인가?
- 교실내의 조명은 어떠한가?
- 교실내에 교재로 사용이 가능한 설비가 있는가? (컴퓨터, 파워포인트, 테이프 레코더, OHP 등등)
- 교단이 있는가? 교사의 위치는 학습자보다 높은가? 보통인가?
- 교실 밖에서 소음이 들어오고 있지는 않은가?
- 교실 내부는 너무 춥거나 덥지는 않은가?
- 교사용 책상이나 테이블은 있는가? 있다면 그 크기는 어느 정도인가?

③ 학습자에 대해서
- 학습자 수는 몇 명인가?
- 일본어 레벨은 어느 정도인가?
- 학습경력은 있는가? 있다면 어느 정도인가?
- 어떠한 방법으로 일본어를 공부해 왔는가?
- 일본어 이외 다른 외국 학습 경험은 있는가? 있다면 어느 정도 습득을 하고 있는가?
- 무슨 동기로 일본어를 공부하고자 하는가? 학습의욕은 강한가? 약한가?
- 무엇에 흥미를 가지고 있는가?
- 성격은 어떠한가?

④ 제약에 대해서
- 학습자 수가 너무 많지는 않은가? 혹은 너무 적지는 않은가?
- 사용할 수 없는 보조교재는 없는가? 무엇을 사용할 수 있는가? 무엇을

사용할 수 없는가?
- 특정 교수법을 실천함에 있어서 소속 교육기관(학교, 학원)의 제약은 없는가?

9.4 교안작성의 예시

〈학습지도안〉

2010年度　1学期
ネイティブ教師による日本語授業実践

日本語教材研究及び指導法[*]

単元名	8 頭がいたいんです
日付	2010年 4月 20日　(火)
対象	2年 3組
場所	啓明大学 栄巖館 249号室
指導教師	

* 이 학습지도안은 본 저자의 수업(교육대학원 일어교육론)을 수강한 丸林愛 씨가 제출한 리포트(2010.4.20)입니다.

本授業の理解

1. 教材及び単元名
教材:성안당 고등학교 日本語Ⅰ　単元名:第8課 頭がいたいんです

2. 単元設定の趣旨
具合が悪い時や怪我をした時、周囲の人に症状を伝えたり、病院に行って診察を受けなければならない。この単元では症状を説明したり、治療を受ける際に必要な表現や、身体の部位の名前覚えることで健康な生活を送れるようにする。

3. 単元の学習目標
- 聞き取り:症状、助言、安心、慰労の表現を聞いて理解できる。
- 会話:症状、助言に当たる表現を話すことができる。
- 読み取り:健康対策に対する文を読んで理解することができる。
- 書き取り:風邪をひいたとき、どうすればよいか簡単に書くことができる。
- 文化:日本の伝統芸能である歌舞伎、文楽、能などを調べて理解できる。

4. 時限別学習計画

時限	領域	主要活動
1	●聞いてみましょう ●話してみましょう ●聞き取り	●症状、助言、安心、慰労表現を聞いて理解する ●症状、助言に関する表現等を自然な語調で話す ●CDを聞いて、風邪予防に必要なことをメモする
2	●ダイアローグ ●会話	●友達に病院に行くことを勧める表現ができる ●病院で診察を受ける時の表現に慣れる ●ダイアローグで習った表現を使って病院でのロールプレイをする

3	● 読んでみましょう ● 書いてみましょう	● 健康対策に関する文を読んで理解する ● 絵を見て風邪をひいたときにどうするかを書く
4	● 確認学習 ● 補充学習 ● 深化学習 ● 日本の文化	● 聞き取り:どんな症状に関する対話か聞き取る 　会話: 対話文を利用して、風邪の予防と治療方法を聞いて答える 　読み取り:薬の袋に書かれた注意事項を読む 　書き取り:文脈に合うように穴埋め ● 身体の部位の名前を覚える ● インタビュー活動を通して友達の風邪予防の方法を聞く ● 日本の伝統文化を理解する

5. 指導方法と留意点

- ロールプレイを通して症状、助言、安心、慰労に関する表現に慣れるようにする。
- 読み取りは提案・説得する感情を込めて読めるよう指導する。
- 書き取りは読み取りで学習した内容に沿って自分の場合に合わせて書いてみる。
- 体の部位に対する学習は、教師や生徒の体を利用して理解力を高める授業計画を立てる。

日本語科学習指導案(略案)

授業者 ○○○

授業場所 教室

日時 4月20日

学年・学級 2年3組

1 単元名　　「頭がいたいんです」

2 本授業の学習目標
- 友達に病院に行くことを勧められる
- 病院で診察を受けられる
- 体の部位の名前を日本語で言える

3 学習指導資料　単語カード(体の部位、病院の種類)、磁石
　　　　　　　　配布資料(ワークシート)、PPT

4 本時の展開

(2／4)

時間	学習活動	教師の働きかけ	予想される学習者の反応	準備物
5分	挨拶	②みなさん、こんばんは 今日もがんばりましょう！	①先生こんばんは	
10分	導入 　小話	週末の話をする		
	単語練習① (体の部位)	単語カード提示 意味確認 　(足と手の位置の説明) 発音練習 暗記支持 数人指摘して暗記確認	単語カードを読む 韓国語の意味を言う 　(プリントに書き込む) 教師について発音 暗記 支持された部位を答える	体の名前 単語カード

15分	単語練習② （病院の種類）	体を指さして名前を当てさせる 日本の歌を教える 単語を入れ替えて遊ぶ 単語カード提示 意味確認 発音練習 暗記支持 数人指摘して暗記確認	名前を当てる 歌をうたう うた♪ あたま おなか あし ポン あし ポン あし ポン あたま おなか あし ポン め みみ はな くち 単語カードを読む 韓国語の意味を言う 教師について発音 暗記 支持された部位を答える	病院の名前 単語カード
	単語確認	どこが痛いときどの病院へ行くか 確認する 目 → 眼科　　喉 → 内科 歯 → 歯医者　足・手 → 外科 耳・鼻 → 耳鼻科　他	教師の質問に答える	体・病院 単語カード
15分	練習 友達に病院に行くことを勧める練習	PPT準備 絵の説明 会話文の発音・意味確認 教師と生徒で役割分担して練習 単語を換えて練習 隣の友達と練習させる 発表させる	教師について発音 韓国語の意味を言う 自分の役割部分を発音 隣の友達と練習 指示された生徒は立って発表	PPT 体の名前 単語カード
5分	会話 病院で診察を受けるロールプレイ	病院のスライドを出す 会話文の発音・意味確認 韓国語部分の日本語訳提示 説明 ●「どうしましたか」と「どうしたんですか」の違い ●「見てみましょう」の意味 ●「薬を飲む」表現 ●「おだいじに」の韓国語訳 教師と生徒で役割分担して練習 単語を換えて練習 隣の友達と練習させる 発表させる	教師について発音 韓国語部分を考える プリントに書き込む 自分の役割部分を発音 隣の友達と練習 指示された生徒は立って発表	PPT

| | 挨拶 | ① それでは今日はここまでです
③ はい、ありがとうございました
お疲れ様でした | ② 先生、ありがとうございました | |

제9장 인용 및 참고문헌

천호재(2011)「제1부 유비쿼터스 일본어교육환경 구축을 위한 자기주도학습 양상」『인터넷 기반 일본어교육의 가능성과 연구 방법』한국문화사

천호재・윤주희(2011)「제1부 제5장 대학 초급일본어 교과서에 나타난 교수항목(syllabus)의 고찰」『일본어 교재론』제이앤씨 출판사. 제1부의 내용은 윤주희가 작성한 것임.

川口義一&橫溝紳一郎(2005)「第2章　日本語の授業に望む前に　B.　教案作成」『日本語教育ガイドブック(上)』ひつじ書房

国際交流基金(2006)「2.　コース・デザイン」『日本語教師の役割/コース・デザイン』ひつじ書房

国際交流基金(2010)『教え方を改善する』ひつじ書房

小林ミナ(2004)「第1章 コース・ザイン」『이해하기 쉬운 教授法』語文学社

高見沢孟(2004)「第2章 コースデ・ザイン/教材」『새롭게 시작하는 日本語教育』語文学社

田中望(1988[1993])「第5章　シラバス・デザイン」『日本語教育の方法』大修館書店

田中望(1990[1992])「第2章　外国語教育としての日本語教育」『日本語教育ハンドブック』大修館書店

田中望・斎藤里美(1993)『日本語教育の理論と実際』大修館書店

中川良雄(2004)「第2章 コース・デザイン」『日本語教授法』東京法令出版

日本語教育学会(1991a)「第1章 コースデザインの方法」『日本語教育機関におけるコース・デザイン』凡人社

日本語教育学会(1991b)「第3章 シラバス・デザイン」『日本語教育機関におけるコース・デザイン』凡人社

日本語教育学会(1995)『タスク日本語教授法』凡人社

제2부
교실활동 단계

제10장 문자지도
제11장 발음지도
제12장 어휘지도
제13장 문법지도
제14장 듣기지도
제15장 말하기지도
제16장 읽기지도
제17장 쓰기지도
제18장 복합적인 교실활동
제19장 문화지도

제10장 구성

제10장 문자지도
10.1 머리말
10.2 문자지도에 대한 교사의 예비지식
10.3 한국인 일본어 학습자들의 문자 습득 실태
10.4 문자 학습에 대한 학습자의 준비도 파악
10.5 문자지도 방안
10.6 문자지도를 위한 교실활동을 구체적으로 생각해 보기
제10장 문자(지도) 관련 인용 및 참고문헌

제10장

문자지도

10.1 머리말

일본어 문자지도(히라가나, 가타카나)에 앞서 일본어 교사는 히라가나와 가타카나 중에서 무엇을 먼저 가르쳐야 하는지, 아니면 동시에 가르쳐야 할지, 일본어 학습자들이 어떠한 문자를 혼동하는지, 어떠한 문자가 습득이 더딘지, 특정한 문자를 어떠한 방법으로 가르쳐야 하는지에 대해 교사 나름대로 전략을 수립하지 않으면 안 된다. 만약 이러한 준비 없이 수업에 임하게 되면 문자지도에 있어 상당히 애를 먹게 되며, 자칫 잘못하면 학습자들로 하여금 일본어 학습에 대한 흥미를 잃어버리게 할 염려가 있다.

일본어 학습자는 크게 두 부류로 나뉜다. 하나는 한자권 일본어 학습자이고 다른 하나는 비한자권 일본어 학습자이다. 한국인 일본어 학습자는 한자권 일본어 학습자이다. 따라서 교사는 한국인 일본어 학습자에 대해서 한자가 기원인 히라가나(平仮名)와 가타카나(片仮名) 그리고 한자 지도가 매우 수월할 것으로 생각할지도 모르지만 그러나 실상은 결코 그렇지 않다. 자형의 변형, 자형의 탈락, 다른 자형과의 혼동 등이 많이 보이며, 학습경력이 없는 학습자보다 학습경력이 있는 학습자 쪽에 대해 제대로 문자지도를 하기 어려운 경우가 있다. 그리고 문자지도에 전략을 가지지 않고 무계획적으로 임하게 되면 일본어 학습 자체에 대한 흥미를 반감시켜 버릴 위험성도 도사리고 있다.

따라서 이 장에서는 문자지도에 관련된 여러 문제점과 그 문제점 해결을 위한 다양한 방안에 대해서 생각해 보고자 한다.

10.2 문자지도에 대한 교사의 예비지식

이 절에서는 문자지도에 있어서 필요시되는 교사의 예비지식에 대해서 이하의 몇 가지를 설명하고자 한다.

첫째, 일본어 교사는 히라가나와 가타카나, 일본 한자의 특징에 대한 기본적인 지식을 갖추고 있어야 한다. 예를 들면 히라가나와 가타가나의 발생 연대 및 특징(표음문자), 히라가나와 가타가나의 자원, 일본 한자의 특징(표의문자) 등을 설명할 수 있는 지식이 필요하다. 그리고 일본 한자가 한국 한자와 동형을 취하는 것, 일본 한자와 한국 한자가 다른 형태를 취하는 것, 일본에만 있는 한자, 한국에만 있는 한자에 대한 지식도 교사는 갖추고 있어야 한다.

둘째, 일본어 교사는 한국인 일본어 학습자들의 일본 문자의 습득에 있어서 초래되는 곤란점이나 문제점 등을 충분히 파악하고 있어야 한다. 먼저 일본어 교사는 일본어 학습자에게 있어서 문자 습득이 일본어 학습의 저해 요인이 될 수 있다는 사실을 명심해야 한다. 그 이유는 우선 특정 히라가나(가타가나)의 모양이 다른 히라가나와 유사하여 혼동하기 쉽다는 데에 있다. 다음의 히라가나와 가타가나 문자를 보도록 하자.

```
あいうえお    かきくけこ    さしすせそ    たちつてと
なにぬねの    はひふへほ    まみむめも    や  ゆ  よ
らりるれろ    わ      を    ん

アイウエオ    カキクケコ    サシスセソ    タチツテト
ナニヌネノ    ハヒフヘホ    マミムメモ    ヤ  ユ  ヨ
ラリルレロ    ワ      ヲ    ン
```

예를 들면 [あ/お], [い/り], [う/ら], [き/さ], [く/へ], [た/こ/に], [せ/や], [な/た], [め/ぬ/ね], [は/ほ], [る/ろ], [れ/ね/わ] 등의 히라가나는 모양이 서로 유사하다. 그리고 [ウ/ワ], [ク/ケ], [コ/ユ/ロ/ヨ/ヲ], [シ/ン/ツ/ソ], [セ/ヤ], [テ/フ/ヌ/メ] 등의 가타가나도 서로 모양이 유사하다. 따라서 교사는 일본어 학습자들이 이들 문자 습득에 많은 어려움을 겪고 있으며(10.3에서 설명한다), 따라서 교사는 이들 문자지도에 있어서 특별한 주의를 기울이지 않으면 안 된다. 즉 자형의 유사함에서 오는 해당 문자 습득의 곤란함을 해소해 줄 수 있는 다양한 교수법의

개발이 필요하다고 할 수 있다. 이 점은 후술한다.

셋째, 한국과 일본이 같은 한자권에 속해 있으면서도 한국인 일본어 학습자들이 한자 습득에 어려움을 지니는 사실을 일본어 교사는 알고 있어야 한다. 테즈카 가즈요(手塚和世, 2003)에 의하면 한국인 대학생 일본어 학습자 200명에게 일본어에서 가장 학습이 곤란한 분야는 무엇인가라는 설문에 '한자'와 '음성'이라고 대답하였으며, 한자의 어떠한 점이 가장 어려운가라는 설문에 '하나의 한자에 달린 여러 가지 음이 어렵다'는 대답이 59%로 가장 많았다고 한다. 그 다음이 '익혀야 할 한자 수가 너무 많다'는 대답이 30%, '한자 자체를 모른다'는 대답이 25%, '약자가 어렵다'는 대답이 11%, 기타가 2%인 것으로 나타났다.

마지막으로 한국인들이 많이 틀리는 한자는 다양한데, 서체 그 자체의 오류뿐만 아니라 한자 사용에 있어서 오용을 범하는 경우도 많이 나타나는 것을 알고 있어야 한다(이 점에 대해서는 10.3에서 설명한다). 따라서 학습자도 한자 학습에 많은 노력을 기울여야 함과 동시에 교사에게 있어서도 한자 학습에 있어 발생하는 곤란함을 해소해 줄 수 있는 다양한 교수법이 절대적으로 필요하다고 할 수 있다. 이 점은 후술한다.

10.3 한국인 일본어 학습자들의 문자 습득 실태

본 저자는 11년간의 중간고사와 기말고사, 그리고 과제물을 분석하였는데, 습득이 잘 되는 문자, 습득이 잘 되지 않는 문자(완전히 틀리거나, 혼동하는 문자)로 나뉘어진다는 것을 확인할 수 있었다. 이하 히라가나, 가타카나, 한자의 순서로 습득이 잘 되는 문자와 습득이 잘 되지 않는 문자로 나누어서 설명을 하기로 한다.

먼저 히라가나 문자의 습득 실태부터 보도록 하겠다. 히라가나 문자의 습득을 어렵게 하는 것은 10.2에서도 언급한 바와 같이 히라가나 자형의 유사성 때문이다. 실제로 [あ/お], [い/り], [う/ら], [き/さ], [く/へ], [た/こ/に], [せ/や],

[な/た], [め/ぬ/ね], [は/ほ], [る/ろ], [れ/ね/わ] 등에서 보듯 히라가나 자형의 유사성 때문에 실제로 구별을 못한 채 쓰는 경우가 많았다. 예를 들면「あ」를 「お」처럼 쓰거나,「い」를「り」로,「せ」를 한자「也」로 사용하는 경우가 있었다. 그 다음으로 히라가나 문자의 습득을 어렵게 만드는 것은 히라가나 문자와 한자와의 연관성을 학습자들이 잘 이해하지 못하는 데에 있다. 예를 들어「う」, 「か」,「せ」,「な」,「も」,「や」,「ゆ」,「り」등의 히라가나 문자는 각각「う→宇」, 「か→加」,「せ→世」,「な→奈」,「も→毛」,「や→也」,「ゆ→由」,「り→利」에서 보듯이 히라가나의 자원을 원래 한자에서 쉽게 유추가 가능하므로 습득이 용이하다고 생각되는 반면에,「の」,「と」,「ち」,「そ」,「き」,「へ」등의 히라가나 문자는「の→乃」,「と→止」,「ち→知」,「そ→曽」,「き→幾」,「へ→部」에서 보듯이, 원래의 한자에서 쉽게 유추하기가 곤란하여 습득이 어렵다고 생각된다. 즉 후자의 문자와 같이 원래의 한자에서 그 유추가 어렵거나, 유추가 어려운 관계로 자의성이 강하게 느껴지는 히라가나 문자일수록 습득이 더디게 진행될 수도 있다는 점을 교사는 명심하여야 할 것이다. 따라서 교사는 이러한 히라가나 문자 습득의 문제점을 잘 인식하고 그에 따른 교수법을 마련하고 있어야 할 것이다.

둘째, 가타가나 문자의 습득 실태이다. 10.2에서 제시한 바와 같이 가타가나의 습득을 더디게 하는 것은 서체의 유사성이다. 예를 들어 [ウ/ワ], [ク/ケ], [コ/ユ/ロ], [ヨ/ヲ], [シ/ン/ツ/ソ], [セ/ヤ], [テ/フ/ヌ/メ] 등의 가타가나는 혼동을 하는 경우가 많으며 실제로 양자를 바꾸어 쓰는 경우가 많았다. 즉「ウ」를 「ワ」로,「ク」를「ケ」로,「コ」를「ユ」로,「ヨ」를「ヲ」로,「ン」을「ソ」로 사용하는 예를 많이 확인할 수 있었다(그 반대로 사용하는 경우도 확인하였다.). 한편 가타가나 습득을 가타가나의 자원 즉 한자에서 찾고자 하는 경우,「ウ」,「カ」,「ク」등의 가타가나 문자는「ウ→宇」,「カ→加」,「ク→久」,「セ→世」에서 보듯이 가타가나 문자의 자형과 원래 한자의 자형과의 연관이 큰 것으로 생각되는 경우는 습득이 용이하게 이루어진 반면에,「ア→阿」,「オ→於」,「す→須」에서 보듯 가타가나와 원래 한자의 자형과 연관성이 적다고 생각되는 경우는 습득이 더디게 진행

되는 경향을 보였다. 따라서 교사는 이러한 가타가나 문자 습득의 문제점을 잘 인식하고 그에 따른 교수법을 마련하고 있어야 할 것이다.

마지막으로 한자이다. 한자 습득을 더디게 하는 요인으로는 무엇보다도 특정 한자와 다른 특정 한자의 자형이 유사한 것을 들 수 있다. 예를 들면「花→化」로,「特別→持別」로,「映画祭→映画際」로 잘못 표기하는 경우이다. 이러한 예는 한국인 일본어 학습자가 한자문화권에 속해 있음에도 불구하고 한자 습득에 어려움을 겪고 있다는 것을 말해 주는 것이다. 따라서 교사는 이러한 한국인 일본어 학습자들의 한자 습득의 문제점을 잘 인식하고 그에 따른 교수법을 마련하고 있어야 할 것이다.

10.4 문자 학습에 대한 학습자의 준비도 파악

10.2—10.3에서 언급한 문자지도 관련 내용들은 오랜 기간의 교실활동을 통해서 저절로 알게 되는 것일 수도 있으나 금후 일본어 교사를 지망하거나 시작하려는 사람들은 반드시 파악해 두어야 할 것이다. 그것은 마치 예를 들어 내과 관련 질환에 대한 지식을 장시간 쌓은 의사가 비로소 특정 환자의 특정 질환을 진찰하게 되는 것과 같은 이치이다.

어쨌든 일본어 문자지도에 관련하여 예비지식을 갖추게 된 교사는 일본어 수업이 행해지는 첫 교실활동을 통해서 문자 습득에 대한 학습자들의 준비도를 파악하지 않으면 안 된다.

기초일본어 수강자 중에서 히라가나 문자의 습득 상태는 대략 다음의 세 가지 유형으로 분류된다. 60명 수강생을 기준으로 하면, 히라가나를 전혀 쓸 수 없는 학습자(A유형, 10%—20%), 히라가나를 읽을 수는 있지만, 전혀 못 쓰거나 잘못 쓰는 학습자(B유형, 50%—70%), 히라가나를 잘 읽고 잘 쓸 수 있는 학습자(C유형, 20%—30%)이다. 여기에서 문제가 되는 것은 우선 기초일본어 과목임에도 불구하고 B와 C유형의 학습자가 많다는 것이다. 따라서 A유형의 학습자들에 맞춰서 교실활동을 해나가게 되면 수업 초기(2주~3주)에 B유형과 C유형의 학습자들이 산만한 태도를 보인다는 것이다. 그리고 B유형이나 C유형의 학습자들 위주로 교실활동을 해나가면 A유형 학습자들은 일본어 학습에 흥미를 잃어버리거나 수강을 포기하거나 잦은 결석을 하게 되고 급기야 좋지 않은 강의평가를 하게 된다. 따라서 일본어 교사는 B유형의 학습자들에게 초점을 두고 문자지도라는 교실활동을 행해 나가게 되는데, 여기에서 유념해야 하는 것은 학습자들이 히라가나 문자를 읽고 쓸 수 있다는 데에서 머물지 말고 읽고, 정확하게 쓸 수 있도록 노력을 기울여야 한다는 것이다. 이러한 본 저자의 주장은 B유형과 C유형의 학습자들 가운데 히라가나와 가타카나 자형의 습득이 부정확한 학습자들이 상당수 있다는 데에서 그 타당성을 찾을 수 있다. 즉 B유형이나 C유형의 학습자들 중에는 특정 문자의 필순을 잘못 습득하고 있거나, 정상적이지 못한 채로 습득한 학습자들이 많다는 것을 본 저자는 다년간 경험해 오고 있다. 이러한 연유로 기초일본어 수업에서 문자지도는 결코 소홀이 이루어져서는 안 된다. 문자지도의 포인트는 읽을 수 있고, 정확한 필순으로 정확한 모양으로 쓸 수 있도록 하는 데에 있다.

첫 교실활동에서 히라가나(가타카나) 습득에 대한 학습자들의 준비도 파악은 교사 나름대로의 방법으로 행하는 경우도 있겠지만, 문자 습득의 정도를 완전하게 파악하기 위하여 본 저자는 다음과 같은 질문 형식을 만들어 보았다. 아래의 질문 형식은 결코 완전한 것이 아니며, 교사가 상황에 따라 몇 가지 내용을 수정하거나 추가할 수도 있다(아래의 7번 설문은 학습자들의 일본어 학습경력을 파악하기 위해서 필요한 설문인데, 결과가 나오면 나중에 학습 진도 조절에 유용한 데이터가 될 수 있다).

1. 나는 히라가나를 아무런 어려움 없이 잘 읽고 잘 쓸 수 있다.
   ① 전혀 아니다 ② 아니다 ③ 보통이다 ④ 그렇다 ⑤ 매우 그렇다

2. 나는 가타가나를 아무런 어려움 없이 잘 읽고 잘 쓸 수 있다.
   ① 전혀 아니다 ② 아니다 ③ 보통이다 ④ 그렇다 ⑤ 매우 그렇다
3. 나는 히라가나를 전혀 읽을 수 없을 뿐만 아니라 쓰지도 못한다.
   ① 전혀 아니다 ② 아니다 ③ 보통이다 ④ 그렇다 ⑤ 매우 그렇다
4. 나는 가타가나를 전혀 읽을 수 없을 뿐만 아니라 쓰지도 못한다.
   ① 전혀 아니다 ② 아니다 ③ 보통이다 ④ 그렇다 ⑤ 매우 그렇다
5. 나는 히라가나를 조금은 쓰고 읽을 수는 있으나 특정 히라가나를 다른 히라가나와 잘 구별하지 못한다.
   ① 전혀 아니다 ② 아니다 ③ 보통이다 ④ 그렇다 ⑤ 매우 그렇다
6. 나는 가타가나를 조금은 쓰고 읽을 수는 있으나 특정 가타가나를 다른 가타가나와 잘 구별하지 못한다.
   ① 전혀 아니다 ② 아니다 ③ 보통이다 ④ 그렇다 ⑤ 매우 그렇다
7. 일본어는 언제부터 배웠으며, 몇 년 정도 되었습니까?
   ① 1년 이상 ② 2년 이상 ③ 3년 이상 ④ 4년 이상 ⑤ 처음 배움

위에서 제시한 설문조사 결과에 따라 교사는 자신이 계획했던 수업 속도를 그대로 유지할지, 아니면 늦출지, 아니면 수업의 질을 상향 조절해야 할지를 결정할 수 있다는 점을 명심해야 한다.

10.5 문자지도 방안

일본어 문자로는 히라가나, 가타가나, 한자가 있는데, 기초일본어 과정에서는 보통 히라가나를 먼저 가르치고, 한자는 한국어의 한자와 비교를 하면서 가르쳐나가는 것이 보통이다. 그리고 가타가나는 통상적으로 가르치지 않는 경우가 많으며, 학습레벨이 높아지면 본격적으로 가르치는 것이 일반적이다.

10.2와 10.3에서는 히라가나와 가타카나, 한자가 지니는 특수성 때문에 그 습득에 있어서 부담이 많다는 것을 알 수 있었는데, 이 절에서는 학습자들의 문자 습득에 도움이 되는 몇 가지 방안을 예시하고자 한다. 이 절에서 제시한 지도 방안은 절대적인 것은 아니며, 제시한 방안을 교사 임의대로 수정하거나 교사 자신이 생각해 낸 방안을 얼마든지 추가할 수 있다는 점을 유념해 주길 바란다.

방안 1
히라가나(가타카나)의 자형을 한자 자형에 연관시켜 지도한다.
  예) あ→安, う→宇, か→加, く→久, せ→世, な→奈, り→利

방안 2
히라가나(가타카나)의 자형을 특정 사물로 연상을 시켜서 지도한다.
  예)「こ」→ '돼지코',「き」→ 'key의 모양',「へ」→ '해 뜬 산',「し」→ '낚시 바늘',「ひ」→ '히히히 하고 웃고 있는 모양'

방안 3
자형이 유사한 히라가나(가타카나)로 대비시켜 지도한다.
  예1) [あ/お], [い/り], [う/ら], [き/さ], [く/へ], [た/こ/に], [せ/や], [な/た], [め/ぬ/ね], [は/ほ], [る/ろ], [れ/ね/わ]
  예2) [ウ/ワ], [ク/ケ], [コ/ユ/ロ/ヨ/ヲ], [シ/ン/ツ/ソ], [セ/ヤ], [テ/フ/ヌ/メ]

방안 4
자형이 어려운 것을 따로 모아서 지도한다.
  예) を, と, え, ん, て, そ, が, ぬ, れ

방안 5

코믹한 방법으로 지도한다.
　예) "바이킹만(세균맨)은 웃을 때 이들 히라가나(가타가나)처럼 웃어요. 따라 해 보세요." 「は～ひふ～へほ～」

방안 6

히라가나(가타가나)는 오십음도를 따라서 차례대로 あ행부터 가르치는 방법과 일정 시간이 지나서 단어를 사용해서 가르치는 방법이 있다. 방안1―방안5는 전자의 방법이다. 전자의 방법으로 가르치기 위한 교구로써 칠판, 플래시 카드, OHP, 화이트보드, 오십음도 등을 들 수 있다. 물론 이들 교구들은 단어를 사용해서 문자를 가르치는 데에도 사용될 수 있다.

방안 7

단어를 사용하는 방법은 여러 가지 방법이 있는데, 단어를 읽으면서 쓰게 하거나, 들으면서 받아쓰도록 하도록 하는 방법이 있다. 또한 받아쓰기는 장음/단음, 직음과 촉음, 요음, 발음, 청음과 탁음이 들어간 단어를 한 글자별로, 아니면 단어의 형태로 들려주고 받아쓰게 할 수도 있다.
　예1)「か」와「が」를 써보세요.
　예2)「たいがく」와「だいがく」를 써보세요.

방안 8

청음(직음) 외에 탁음, 반탁음, 장음, 촉음, 요음도 문자지도의 대상이 된다.
　지도 순서는 직음→탁음→장음→촉음→반탁음→요음으로 한다. 반탁음의 지도를 후반부에 두는 것은 히라가나로 표기되는 단어 중에서 반탁음으로 시작되는 음이 거의 없기 때문이다.

방안 9

하나의 문자 단위(청음〔직음〕외에 탁음, 반탁음, 장음, 촉음, 요음), 단어, 그리고 문장 단위로 문자를 쓰게 한다.

　　예1) 오십음도를 써봅시다.
　　예2) 다음 단어를 써봅시다. おかあさん, おじいさん, がっこう,
　　　　ぎゅうにゅう, りっぱ
　　예) 다음 문장을 써봅시다. 昨日友だちと映画を見に行きました。

방안 10

모양이 비슷하여 틀리기 쉬운 한자를 묶어서 가르친다.
　　예) 兄, 元, 光, 売, 発, 洗, 院

방안 11

門, 冂, 宀을 사용해 쓰는 한자를 묶어서 가르친다.
　　예) 問, 門, 開, 同, 用, 風, 字, 室, 家, 究, 堂

방안 12

놀이를 통해서 가르친다.
　　예1) 일본어로 된 유인물을 배부하고 나서, "자 여러분, 히라가나와 가타가나, 한자 중에서 가장 많은 문자는 무엇인가요? 각각 몇 번 나왔나요? 가타가나는 어떠한 어종과 단어에 사용되나요?

예2) 다음의 사진에서 보듯 일본사회에서 실제로 히라가나, 가타가나, 한자가 사용된 간판이나 포스터, 안내판 등을 보여 주면서 지도한다.

예3) 인터넷에 들어 있는 일본어 학습 사이트나 히라가나, 가타가나 게임

으로 문자를 익히도록 한다. 두 명(이상)의 학습자를 교실활동을 통해서 게임을 하도록 한다.

10.6 문자지도를 위한 교실활동을 구체적으로 생각해 보기

1) 일본어 유인물을 통한 문자지도 가능성에 대해서 생각해 봅시다. 그리고 문자지도를 위해서 어떠한 일본어 유인물을 선택할 것인지에 대해서 생각해 봅시다.
2) 일본어 유인물을 학습자들에게 배부하고 히라가나, 가타가나, 한자 지도를 실제로 어떻게 교실활동에 반영할 수 있을지 그 흐름에 대해서 생각해 봅시다.
3) 히라가나와 가타가나, 한자를 동시에 가르치는 것, 혹은 어느 하나 또는 둘을 가르치는 것, 어느 하나 또는 둘을 우선적으로 가르친다면 어느 것을 먼저 가르치는 것이 좋을지에 대해서 생각해 봅시다.
4) 히라가나와 가타가나를 쉽게 가르칠 수 있는 자신만의 아이디어를 생각해 봅시다.
5) 히라가나, 가타가나, 한자의 자형이 정확하지 않거나, 필순이 잘못된 학습자를 어떻게 지도하면 좋을지에 대해서 생각해 봅시다.
6) 히라가나, 가타가나의 지도 순서 및 방법에 대해서 생각해 봅시다.
7) 문자 학습에 대한 게임이나 프로그램을 인터넷에서 검색해 보고, 교실활동에 어떻게 도입할 수 있을지에 대해서 생각해 봅시다.

제10장 인용 및 참고문헌

이순형·이치시마 유키코·가게야마 다이스케(2010) 일본어 漢字, 한국문화사
천호재·조병현(2010)「제2부 제4장 일본어 발음 및 표기 오용 실태 분석」『한국인 일본어 학습자의 오용 연구』한국문화사
浅倉美波·遠藤籃子·春原憲一郎·松本隆·山本京子(2000)「第3章　初級指導のポイント」『日本語教師必携　ハート&テクニック』アルク池田悠子(2004)「第6章　文字/表記」『新しく始める日本語教育』語文学社
川口義一&横溝紳一郎(2005)「第3章　日本語の授業の実際- C. ライティングの指導」『日本語教育ガイドブック(上)』ひつじ書房
小池清治·氏家洋子·秋元美晴(2007)『日本語教育探求法』朝倉書店
手塚和世(2003)『일본어 학습에 있어서 저해 요인의 분석과 고찰』계명대학교 교육대학원 일어교육전공 석사학위논문
日本語教育学会(1991)「第3章　シラバス·デザイン」『日本語教育機関におけるコース·デザイン』凡人社
日本語教育学会(1995)「第4章　運用能力の育成」『タスク日本語教授法』凡人社
林大(1992)「第6章　文字·表記」『日本語教育ハンドブック』大修館書店

제11장 구성

11.1 일본어 발음의 종류 및 특징
11.2 한국인 일본어 학습자의 발음 실태-발음상의 문제점
11.3 발음지도상의 유의점
11.4 발음지도 방안
11.5 아래의 사항에 대해서 생각해 보기
제11장 인용 및 참고문헌

제11장

발음지도

제10장에서는 문자 습득 및 지도에 대해서 살펴보았는데, 그것과 더불어 문자로 표시되는 발음의 올바른 습득 및 지도에 대해서도 일본어 교사는 주의 집중을 하지 않으면 안 된다. 학습자 역시 다양한 방법으로 올바른 발음 습득을 위해 최선의 노력을 기울이지 않으면 안 된다. 실제로 본 저자가 일본어 발음 학습에 대한 학습자의 의식을 조사하였는데, 그 결과는 다음과 같다.

〈표 1〉 일본어 발음 학습에 대한 학습자의 의식

설문 번호	설문 항목	(매우) 그렇다	잘 모르겠다	(전혀) 아니다
5	일본어를 유창한 발음으로 말하는 것은 학습자에게 매우 중요하다.	84%	9%	7%

그 다음으로 본 저자는 〈표 1〉에 나타난 일본어 발음에 대한 학습자의 의식과는 별도로 일선에서 활동하는 일본어 교사(교수, 강사)들의 일본어 발음에 대한 의식을 조사해 보았는데, 그 결과를 학습자와 비교해서 제시하면 다음과 같다.

〈표 2〉 일본어 발음에 대한 학습자와 교사의 의식 비교

설문 번호	설문 항목	학습자	교사
5	일본어를 유창한 발음으로 말하는 것은 학습자에게 매우 중요하다.	84%	82%

일본어 발음 학습에 대한 중요성을 묻는 설문에 학습자와 교사는 각각 84%와 82%로 상당히 근접해 있음을 알 수 있는데, 그러나 여기에서 문제가 되는 것은 일본어 학습자들의 올바른 발음 습득을 위해 교사가 어디까지 노력을 기울여야 하는가 하는 것이다. 그것은 학습자의 니즈나 조건에 의해서 달라질 수 있는 것이기는 하지만, 본 장에서는 발음지도에 관련된 제반 사항을 소개하기로 한다.

이하에서는 올바른 발음지도 및 습득을 위해서 제11장에서는 아래에서 제

시하는 물음에 답하는 방식으로 논의를 진행해 나가고자 한다.

1) 일본어 발음의 종류로는 어떠한 것이 있으며 어떠한 특징을 지니고 있는가?
2) 한국인 일본어 학습자의 발음 실태는 어떠한가?
3) 발음지도를 할 때 유의해야 할 점은 무엇인가?
4) 발음지도의 방법으로는 어떠한 것들이 있는가?
5) 발음지도에 있어서 생각해야 할 점들은 어떠한 것이 있는가?

11.1 일본어 발음의 종류 및 특징

잘 알려진 바와 같이 일본어에는 청음(清音), 탁음(濁音), 반탁음(半濁音), 요음(拗音), 장음(長音), 촉음(促音), 발음(撥音)이 있다. 이들 음은 잘 알려져 있기 때문에 간략하게 설명하고 넘어가기로 한다.

청음은 맑은 소리이며, 탁음 부호와 같은 잉여의 표시가 붙지 않는 특징을 지닌다. 탁음은 か행, さ행, た행, は행 히라가나(가타카나) 오른쪽 상단에 탁음 표시「″」가 붙는 음이며, 반탁음은 は행 오른쪽 상단에「○」 표시가 붙는 음이다. 요음은 い단 히라가나(가타카나) 오른쪽 하단에「や, ゆ, よ」를 작게 표시한「ゃ, ゅ, ょ」가 붙는 음을 말한다. 장음은 모음「あ, い, う, え, お」로 나타내며, 가타카나의 장음은「ー」로 표시하여 이들 모음이나「ー」 직전 음의 길이에 해당하는 길이만큼 길게 늘어뜨려 발음한다. 촉음은「つ」를 작게 표시한「っ」로 표시하며, 한국어의 'ㄱ, ㄷ, ㅂ, ㅅ'의 받침에 해당하는 음을 나타낸다. 발음은「ん, ン」으로 표시되며, 한국어의 'ㅁ, ㄴ, ㅇ' 받침에 해당하는 음가를 지닌다. 청음, 탁음, 반탁음, 요음은 기본발음, 장음, 촉음, 발음은 특수발음으로 분류되는 것이 일반적이다.

그런데 여기에서 유념하지 않으면 안 되는 것은(사실 당연한 것이지만) 일본어의 기본발음과 특수발음이 한국어의 발음과 일대일 등가를 이루지 않는다는 점이다. 즉 한국어의 발음과 거의 동등한 음보다는 전혀 다르거나 미묘하지 차이를 지니는 음도 상당수 존재한다는 사실이다. 따라서 이러한 사실을 알기 위해서는 교사나 학습자가 일본어의 기본발음과 특수발음을 정확하게 주지하고 있어야 하며, 학습자 역시 해당 발음의 정확한 주지와 함께 실제로 발음을 할 수 있도록 최선의 노력을 기울여야 한다.

교사는 조음 방식에 따라 기본발음과 특수발음 등이 파열음, 마찰음, 파찰음, 비음, 탄설음 등으로 분류되는 것을 알고 있어야 한다. 조음 장소에 따라 양순음, 치경음, 경구개음, 연구개음, 구개수음, 성문음으로 분류되며, 구체적으로는 어떠한 음들이 분포하고 있는지를 숙지하고 있어야 한다. 또한 성대 진동 유무에 따라 무성 자음과 유성 자음으로 분류되며 무성 자음과 유성 자음으로 구체적으로 어떠한 음이 있는지를 숙지하고 있어야 할 것이다. 모음으로는 혀의 어떠한 부분이 구개를 향해서 올라가느냐에 따라 전설모음, 중설모음, 후설모음으로 분류되며, 혀가 구개를 향해서 올라가는 정도에 의해 구강 내부의 공간이 어느 정도 확보되느냐에 따라 협모음, 광모음, 중모음으로, 그리고 입술의 둥근 정도에 따라 원순모음, 평순모음(비원순모음)으로 분류된다는 점을 숙지하고 있어야 한다. 모음은 기본적으로 유성음이지만 무성화되는 경우가 있다는 것, 연탁 현상이 어떠한 경우에 일어나는지에 대해서도 알고 있어야 한다. 외래어음 중에서는 일본어에 없는 음, 개음화가 일어나는 조건 등에 대해서도 숙지하고 있어야 한다.

그리고 교사는 단음을 넘은 단어 레벨에서 펼쳐지는 박과 리듬, 악센트의 종류(두고형, 중고형, 미고형), 악센트의 높낮이, 특수한 박과 악센트와의 관계, 모음의 무성화와 악센트와의 관계, 인토네이션, 프로미넨스 등에 대해서도 해박한 지식을 가지고 있어야 한다.

이상에서 제시한 일본어 발음 지식을 교사는 충분히 숙지해 두고 있어야 하며, 구체적으로 특정한 분류에 속하는 음들이 한국어 음과 어떠한 공통점을 지니는지 혹은 차이점을 지니는지에 대해서도 교사는 분명하게 파악을 해 두어야 할 것이다. 예를 들면 교사는 파열음 [p]가 무성 양순 파열음으로써 어두에서는 기음의 성질을 지니며, 촉음 뒤에서는 기음의 정도가 약하며, 농음의 성질에 가까워진다든지(그렇다고 해서 완전한 농음은 아니지만) 등의 지식을 소유하고 있어야 할 것이다. 그리고 어두에서 [p]를 한국어의 'ㅍ'이나 농음인 'ㅃ'으로 발음해서는 안 된다는 점을 잘 알고 있어야 한다.

교사는 이러한 일본어(한국어) 발음 지식을 토대로 발음에 대해 학습자들에게 체계적인 지식을 전달하기 위한 자신만의 교수법을 개발해 나가야 한다. 발음에 관련된 제반 지식들은 주관적인 혹은 객관적인 방법으로 학습자들에게 전달될 수 있도록 교사는 노력을 경주해야 할 것이다.

11.2 한국인 일본어 학습자의 발음 실태―발음상의 문제점

본 저자가 다년간 일본어 학습 현장을 통해서, 그리고 여러 문헌을 통해서 알게 된 한국인 일본어 학습자의 일본어 발음에 대한 문제점으로 대략 다음과 같은 것을 들 수 있다.

1) 청음(탁음)을 탁음(청음)으로 발음하는 경향
   ☞ 예1) かんこく → かんごく, わたし → わだし,
   ☞ 예2) てんいん → でんいん, ながさ → なかさ
   ☞ 예3) どうか → とうか, くらいで → くらいて
2) 청음을 기음으로 발음하는 경향
   ☞ 예1) きせつ → 킨せつ, がっこう → がっ코う
   ☞ 예2) たいど → 타いど, つくえ → 츠くえ

3) 어두의 청음을 농음으로 발음하는 경향
- ☞예1) たら → **따**ら, ちかてつ → **찌**かてつ, つくえ → **쯔**くえ
- ☞예2) せんせい → **쎈**せい, そうそう → **쏘**うそう

4) 어두의 반탁음을 농음으로 발음하는 경향
- ☞예1) パス → **빠**ス, ピアノ → **삐**アノ
- ☞예2) ぺらぺら → **뻬**らぺら, ポーズ → **뽀**ーズ

6) 어두의 반탁음을 기음(ㅍ)으로 발음하는 경향
- ☞예1) ぱらぱら → **파**らぱら, ピカソ → **피**カソ
- ☞예2) ポロポロ → **포**ロポロ, ぺらぺら → **페**らぺら

7) 촉음을 삽입해서 발음하는 경향
- ☞예1) きてください → きってください, かいてください → かいってください
- ☞예2) でかけて → でかけって, たべた → たべった, みてくれる → みってくれる

8) 촉음을 탈락시켜서 발음하는 경향
- ☞예1) おくってください → おくてください
- ☞예2) おわった → おわた, つくって → つくて

9) 장음(단음)을 단음(장음)으로 발음하는 경향
- ☞예1) だろうか → だろか, おとうさん → おとさん
- ☞예2) 友だちといっしょに → 友だちといっしょうに

10) 성문마찰음의 유성음화
- ☞예) あさひ[asaçi] → [asahi], ふつう[ɸɯtsɯː] → [hɯtsɯː]

11) 직음(直音)의 요음화
- ☞예) どうぞ → どうじょ, ぜんぜん → じぇんじぇん

12) 무성 모음의 유성음화
- ☞예) ください[kɯdasai] → [kɯdasai]

13) 모음 탈락에 대한 무지
    ☞ 예) がくせい[gaksei] → [gakɯsei], やくそく[yaksoku] → [yakɯsokɯ]
14) 모음 삽입의 무지
    ☞ 예) ストライク(원래 strike) → 실제 발음 [straik]

그 외에 手塚和世(2003)에 의하면 일본어 발음은 일본어 학습의 저해 요인으로 1위인 한자에 이어, 2위를 차지하는 것으로 알려져 있다. 참고로 3위는 경어, 4위는 표현, 5위는 동사·형용사이다. 발음 중에서 56%의 학습자가 청탁음 구별을 가장 힘들어 하였으며, 그 다음으로 40%의 학습자가 악센트 사용을 힘들어 하는 것으로 나타났다. 그리고 29%의 학습자가 어두의 탁음(ガラス→カラス), 어중의 청음(さっか), 어중의 [h]음 탈락(がくひ→がくい), 촉음의 삽입(きて→きって), 파찰음의 마찰음화(つめきり→すめきり), 탁음의 요음화(どうぞ→どうじょ)의 경향을 보이는 것으로 나타났다.

11.3 발음지도상의 유의점

- 성인 일본어 학습자가 동료 학습자들 앞에서 교사로부터 몇 번이나 일본어 발음을 교정 받게 되면 고통과 굴욕감을 지닐 염려가 있다. 그 결과 일본어 학습의욕이 저하되거나 상실될 염려가 있다.
- 일본어 학습자의 발음을 너무 무리하게 고쳐서는 안 된다.
- 학습자의 모어, 예를 들어 한국어의 발음 체계를 일본어 교사는 이해하고 있어야 하며 나아가 일본어 발음과 한국어 발음의 차이를 잘 파악할 수 있어야 한다.
- 발음지도는 단음만이 대상이 되는 것이 아니다. 즉 특수음을 포함하여 단어, 구, 절, 문장에 관여하는 악센트, 인토네이션, 프로미넌스, 프로소디와

같은 모든 것을 시야에 넣어(의식해서) 지도가 행해져야 한다.
- 해당 음을 교사는 큰 소리로 명료하게 발음(발화)한다. 속도는 너무 빠르지도 않고 너무 느리지도 않게 한다. 학습자 자신의 입이나 혀의 움직임에 주목하도록 한다.
- 소리를 내게 하는 방법은 코러스와 솔로가 있는데, 코러스는 학습자 전원을 대상으로 소리를 내게 하는 것이고, 솔로는 특정한 학습자 한 명에게 소리를 내게 하는 것이다. 코러스는 학습자의 부담이 낮은 반면, 솔로는 학습자의 부담이 높다. 따라서 솔로로 발음하도록 하면 학습자 개인의 발음상의 버릇이나 오류를 파악할 수 있다. 순서는 코러스→솔로→코러스가 바람직하다.
- 학습자의 발음(발화)를 들을 때 교사는 다음의 사항에 유의하여야 한다.
  예1) 하나하나의 발음이 좋은가? (청음, 탁음, 반탁음, 요음, 장음, 촉음 등)
  예2) 특정 단어의 악센트가 정확한가?
  예3) 한 문장의 인토네이션이 정확하고 적절한가?
  예4) 특정 학습자가 잘못 발음을 할 경우, 학습자들을 코러스로 발음을 반복한다.
  예5) 교사는 학습자의 특정 발음을 귀로 들을 뿐만 아니라 눈으로도 학습자의 입의 움직임을 관찰한다.
- 발음지도는 「小→大」 즉 단음→단어→구→절→문장의 순서보다 「大→小」 즉 문장→절→구→단어→단음의 순서로 행하는 것이 효율적일 수 있다는 생각을 교사는 할 수 있어야 한다. 「大→小」의 순서가 최근에 각광을 받고 있는데, 그것은 최근 일본어교육의 흐름이 정확성에서 유창성으로 바뀌고 있는 것과 무관하지 않다. 실제로 절이나 문장 단위에서 악센트, 인토네이션, 프로미넨스와 같은 프로소디가 자연스럽게 어우러져 발화를 하게 되면 일본인들은 설사 부분적인 발음의 오류가 있다고 해도 일본인들은 거의 의식을 못한다.   ☞ VT법

그러나 지도 순서는 교실활동에 참여하는 학습자의 니즈나 조건에 따라서 교사의 재량에 의해 바뀌어질 수 있다.

11.4 발음지도 방안

1) 프로소디(プロソディ/prosodi: 악센트, 인토네이션, 리듬, 포즈, 프로미넌스 등의 총칭) 그래프(음향분석기를 사용하여, 높이를 나타내는 피치 곡선을 추출하여 그것을 음절 단위로 구분하여 알기 쉽게 나타낸 것)를 사용하여 학습자들에게 보여주고 반복하여 따라 읽도록 하면 일본어다운 자연스러운 발음 능력이 배양될 수 있다.
   예) ☞ 松崎寛先生のホームページ「1日10分の発音練習」
2) 두고형(頭高型), 중고형(中高型), 미고형(尾高型) 악센트의 단어를 모아서 학습자들에게 제시하고 따라 읽도록 하는 방법이 있다.
3) 손으로 박을 지도하는 방법이 있다.
   예) まって의 3박을 가르치고자 할 경우. 손을 펴서「ま」, 손을 쥐고「っ」, 손을 펴고「て」를 각각 발음한다. 이와 같은 방법으로 수차례 연습하도록 한다.
4) 미니멀 페어를 이루는 단어를 함께 발음하고 따라 읽게 하여 특정 발음의 차이를 인식시킨다.
   예1) たいがく:だいがく　　かんこく:かんごく
   예2) 실제로 청취한 단어에 동그라미를 칩시다.
   　　　かいしゃ (　　　)　　がいしゃ (　　　　)
   　　　きんか　 (　　　)　　ぎんか　 (　　　　)
   　　　クラス　 (　　　)　　グラス　 (　　　　)
5) 긴장, 이완의 개념을 사용한 지도 방법이 있다.
   예) 어두의 탁음 발음 예를 들어「だめ」의「だ」의 발음이 잘 안되는 한국인 일본어 학습자의 경우. 힘이 없는 목소리로 한숨 섞인「あ～だめ

だ」를 발화하도록 한다. 이것은 긴장에서 이완으로 이행하게 하는 과정이다.

6) 직음과 비직음의 물리적 성질을 있는 그대로 설명하며 이해시키는 방법이 있다. 즉 입의 형태, 혀의 위치, 소리 내는 법을 정확하게 설명한다.

예) 「か[ka]」의 [k]는 무성 연구개 파열음이다. 혀의 뒷면이 위를 향하며 입천장의 보들보들한 부분에 닿아 공기의 흐름을 막았다가 그 흐름을 갑자기 개방해서 만들어지는 음이다. 성대(목울대)의 떨림을 동반하지 않는다. 단어 제일 앞에 나오는 경우는 약한 숨(기음)이 동반되며, 어중에 오는 경우에는 숨이 거의 나오지 않는다.

7) 도구(초, 얇은 종이)를 사용해서 가르치는 경우

예)「ふ[ɸɯ]」의 '[ɸ]'의 성질을 이해시키기 위해 초나 얇은 종이를 이용하는데, 「ふ[ɸɯ]」를 발음하여 촛불의 흔들림이 크거나 꺼지거나, 얇은 종이가 많이 흔들리거나 하는 것을 학습자들로 하여금 목격하도록 하여 지도하는 방법이다.

8) 음향의 파형을 보면서 특정한 음향의 파형과 유사한 파형이 나오도록 학습자로 하여금 관찰하게 하면서 해당 발음을 이해시키는 방법이 있다.

9) 모어(한국어) 음과 비교해서 가르친다.

예)「か[ka]」의 [k]는 한국어의 'ㄱ'보다는 숨을 세게 내어서 발음해야 하며, 'ㅋ'보다는 숨을 약하게 내어 발음해야 한다. 단어 제일 앞에 나오는 [k]를 한국어의 'ㅋ'처럼 발음해 버리면 감정이 격한 것처럼 의미가 전달되어 버려서 일본인으로부터 오해를 사게 될 소지가 있다. 그리고 [k]가 단어 중간에 오게 되면 한국어의 'ㄲ'과 거의 유사한 음에 가까워진다.

10) 단어를 손으로 칠판에 써서 박을 연습시키는 방법이 있다.

예) びょ/う/い/ん　　　び/よ/う/い/ん

11) 손가락으로 박을 세면서 발음을 지도한다.

예) び/よ/う/い/ん을 한 박마다 손가락으로 세면서(세게 하면서) 박의 감각을 배양시킨다.

12) 걸으면서 발음하도록 한다.

예) 교실에서 1박에 한 걸음씩 걷게 한다. び/よ/う/い/ん의 경우 각 한 박에 한 걸음씩 다섯 걸음을 걷게 한다.

13) 게임을 통해서 박을 연습시킨다.

예) 여러 명의 학습자들을 일렬로 세우고 그림, 카드, 사진에 담긴 단어를 제시하여 해당 단어의 박 수만큼 정확하게 걸어 나가게 하여 교실 끝까지 가장 먼저 도달한 학습자가 이기는 룰을 만들어 교실활동을 한다.

14) 악센트 유형을 익히게 하기 위한 것으로 각 악센트 유형에 따라 손이나 머리의 움직임으로 악센트의 높낮이를 나타내도록 하는 방법이다.

예)　さ　か　な　た　ま　ご　さ　か　な　た　ま　ご
　　손　손　손　손　손　손　머리 머리 머리 머리 머리 머리
　　내　든　든　내　올　내　올　올　내　올　내
　　림　다　다　림　림　림　림　림　림　림　림

15) 피드백 행동을 통한 발음지도(솔로와 코러스)

예1) 발음에 대해서만 피드백을 할 수도, 또는 박자와 발음에 대해서 두 가지 모두 피드백을 할 수 있다.

T: ひとつ、ふたつ、みっつ、よっつ、いつつ、むっつ…

S: ひとっ、ふたっ、みっ

T: 자 다시 해보세요. ひとつ、ふたつ、みっつ、よっつ、いつつ、むっつ…

S: ひとつ、ふたつ、みつ

T:「みっつ」에서는「っ」에서 한 박을 지켜야 해요.

S: みつ、よつ、いつつ?

T:「み」와「つ」사이에 한 박을 넣어보세요. 다시

예2) 한 문장 길이 단위의 반복적 피드백이다.

 T: 今日もいい天気ですね。

 S: 今日もいい天끼ですね。

 T:「気」부분은 'ki'로 발음해야 해요. 농음이 되지 않도록 발음해보세요.

 S: 今日もいい天気ですね。

 T: 네, 잘했어요.

16) VT법(Verbo-Tonal Method)에 따른 발음지도 방법

발음지도 방법으로 언어음을 청취하고 발음하는 메커니즘에는 입 혹은 입술이나 혀 등과 같은 조음에 직접 관여하는 기관뿐만 아니라 몸 전체가 영향을 끼치고 있으므로 발음지도에는 몸 전체의 긴장이나 이완의 상태를 고려하여 행하는 것이 필수적이라는 말이 있는데, 이것을 **VT법에 따른 지도법**이라고 한다. 즉 리듬이나 인토네이션, 즉 음성의 프로소딕한 부분, 즉 초분절적인 지도를 중시하는 지도 방법으로 이 방법을 채택하면 일본어 발화가 매우 자연스러울 뿐만 아니라 단음 레벨의 오류 역시 현저하게 줄어드는 것으로 알려져 있다.

 예1) Nursery Rhyme에 의한 방법: 예를 들어 일본어의 기본적인 리듬, 인토네이션을 익히게 하여 그것에 따라 다른 발음을 익히도록 지도한다.

 예2) Affectivity에 의한 방법: 기계적인 발음 연습이 아니라 분노, 슬픔, 기쁨 등의 상황을 설정한 발음 연습 방법이다.

 예3) prosody에 의한 방법: 학습하려는 음을 그 음의 특징이 가장 잘 드러나는 음 환경에 두고 그것에 따라 학습자가 해당 음을 식별하고 발음하기 쉽도록 하는 방법이다.

 예4) Finger Action에 의한 방법: 조금 힘을 넣어 손을 쥔다. 그리고 팔을 전방으로 뻗은 후 손바닥을 펴며 [p] 발음을 한다. 이렇게 하여 [p]음의 실체를 익히도록 지도한다.

11.5 아래의 사항에 대해 생각해 보기

1) 발음의 오류는 고정화되기 쉬우므로 초급 단계부터 발음을 철저하게 지도해야 한다.
2) 발음을 마스터하는 것은 초급 단계에서는 불가능하고, 일본어를 공부할수록 언어지식과 더불어 발음 능력이 향상되어 가므로 발음 교육을 학습 초기부터 엄격하게 하지 않아도 된다. 발음은 장기적인 시야를 염두에 두고 가르쳐 나가야 한다. (초급→중급→고급)
3) 교실에서 교사와 학습자는 일본어로 수업을 하는 경우가 많으므로 음성지도를 따로 할 필요는 없다. 그리고 일본에서 생활할 경우 24시간 일본어에 학습자가 노출되어 있으므로 자연스럽게, 일본어 음성에 익숙해 질 것이므로 별도로 발음지도를 하지 않아도 된다.
4) 문법이나 어휘를 습득하면 저절로 발음 능력도 향상될 것이므로 발음지도를 별도로 하지 않아도 된다.
5) 악센트나 인토네이션은 일본 지역별로 모두 다르므로 공통어의 악센트는 지도할 필요가 없다.
6) 학습자를 위해서 학습 초기부터 발음을 철저하게 가르치는 것은 중요하다는 인식을 같이 한다. 발음을 교정할 때 학습자의 심리적 부담을 충분히 고려(처음부터 원어민 수준의 발음을 요구하고 있지 않은가?)하여 발음지도를 멋대로 무계획적으로 하는 것이 아니라 체계적으로 알맞게 행한다.
7) 여러분이 발음지도에 유용하다고 생각되는 아이디어를 구체화해 봅시다.
8) 과거에 발음지도를 하면서 효과적이지 않았던 에피소드를 생각해 봅시다.
9) 한국인 일본어 학습자가 특히 어떤 음의 발음이 서툰지, 잘 안 되는지, 잘 틀리는지, 비교적 잘 하는지에 대해서 구체적으로 생각해 봅시다.

10) 발음지도 방법으로 언어음을 청취하고 발음하는 메커니즘에는 입 혹은 입술이나 혀 등과 같은 조음에 직접 관여하는 기관뿐만 아니라 몸 전체가 영향을 끼치고 있으므로 발음지도에는 몸 전체의 긴장이나 이완의 상태를 고려하여 행하는 것이 필수적이라는 말이 있는데, 이것은 VT법에 따른 지도법이라고 합니다.

   a. 한국인 일본어 학습자들에게 일본어 발음을 지도할 때 나타나는 문제점을 해결하기 위한 방법으로 구체적으로 VT법을 통해서 어더한 방법을 취할지를 생각해 봅시다.

   b. 일본어 모음 가운데 빈도가 높은 것을 골라 VT법으로 지도하기 위한 구체적인 교실활동 계획에 대해서 생각해 봅시다.

제11장 인용 및 참고문헌

민광준(2006) 일본어 음성학 입문, 건국대학교 출판부
手塚和世(2003) 일본어 학습에 있어서 저해 요인의 분석과 고찰, 계명대학교 교육대학원 일어교육전공 석사학위논문
천호재(2008a) 일본어 학습법 및 교수법에 대한 한국인 일본어 학습자의 의식, 일본연구, 24, 99-120, 중앙대학교 일본연구소
천호재(2008b) 한국인 일본어 학습자와 교사의 일본어 학습법 및 교수법에 대한 의식 비교, 일본학연구, 24, 411-427, 단국대학교 일본연구소
安原順子(1991)「VT法による日本語の発音指導」『日本語教育論集』学研
日本語教育学会(1991)「第3章　シラバス・デザイン」『日本語教育機関におけるコース・デザイン』凡人社
日本語教育学会(1995)「第4章　運用能力の育成」『タスク日本語教授法』凡人社
川口義一&横溝紳一郎(2005)「第1章　日本語の授業の実際-A. 発音指導」『日本語教育ガイドブック(下)』ひつじ書房
国際交流基金(2009)『音声を教える』ひつじ書房
浅倉美波・遠藤籃子・春原憲一郎・松本隆・山本京子(2000)「第2章　行動編　第2節　授業をする」『日本語教師必携　ハート&テクニック』アルク
水谷修(1990[1992])「第5章　音声」『日本語教育ハンドブック』大修館書店

제12장 구성

12.1 어휘 습득의 실제
12.2 일본어 교사에게 요구되는 어휘 지식
12.3 한국인 일본어 학습자들의 어휘 습득 실태-문제점
12.4 어휘의 지도 방법
12.5 생각해 봅시다
제12장 인용 및 참고문헌

제12장

어휘지도

일본어교육에 있어서 어휘지도의 중요성은 아무리 강조해도 지나침이 없다. 어휘는 단어의 집합이며, 그 집합체를 구성하는 단어는 문장을 구성하는 최소의 단위로써 그 쓰임새가 매우 크기 때문이다. 단어는 그 의미의 파악과 함께 장면에 맞춰서 단어를 구별해서 사용할 수 있어야 하므로 단어를 효율적으로 지도하여 암기할 수 있도록 하는 것이 매우 중요하다.

12.1 어휘 습득의 실제

어휘지도의 중요성은 〈표 1〉에서 보듯 본 저자가 총 6학기 동안 담당한 전공과목과 교양과목의 중간고사와 기말고사의 결과에서도 뒷받침된다. 우선 표에 제시된 결과를 보기 전에 중간고사와 기말고사에는 다음과 같은 유형으로 문제를 출제하였음을 밝혀둔다.

〈어휘 영역〉
아래의 단어에서 히라가나는 한자로, 한자는 히라가나로 고쳐쓰고 한국어 의미를 기입하시오.

〈보기〉 にんげん → (人間)(사람, 인간) / 人間 → (にんげん)(사람, 인간)

(1) 長者(　　)(　　　)　(2) にもつ(　　)(　　　)
(3) 一反(　　)(　　　)　(4) 松林(　　)(　　　)
(5) しごと(　　)(　　　)　(6) わかもの(　　)(　　　)

한자로 제시된 단어는 히라가나로, 히라가나로 제시된 단어는 한자로 고쳐 쓰고 한국어 의미를 기입하는 형태인데, 보기에서 보듯 빈칸에 한자(히라가나)와 한국어의 의미를 정확하게 기입하면 해당 어휘를 완전히 습득한 것으로 간주할 수 있는 시험문제 유형이다.

중간고사와 기말고사의 출제 유형은 어휘 영역, 문법 영역, 독해 영역으로 나뉘는데, 아래의 표에서 보듯 어느 학기에서나 어휘 영역의 평균 점수가 가장 낮은 것을 확인할 수 있다(2011학년도 제2학기 기말고사는 예외임.).

〈표 1〉 전공 ○○, △△과목 각 영역 득점 상황

실시 연도 및 학기	시험 유형	어휘 영역	문법 영역	독해 영역	해당 학기 전체 영역 평균
2010(1)	기말고사	63	67	81	70
2010(2)	기말고사	58	62	77	66
2011(1)	중간고사	77	83	85	82
2011(1)	기말고사	75	85	88	83
2011(2)	중간고사	70	73	84	76
2011(2)	기말고사	78	75	87	80
	6학기 평균	70	74	84	76

위의 표는 문법 영역과 독해 영역에 비해서 어휘 영역의 득점이 일본어 학습자에게는 가장 곤란하다는 것을 단적으로 보여주는 것이라고 할 수 있다. 따라서 일본어 교사는 일본어 학습자들의 어휘 습득이 용이하게 이루어질 수 있도록 어휘론적 지식과 체계적인 지도 방법을 숙지하고 있어야 할 것이다.

12.2 일본어 교사에게 요구되는 어휘 지식

일본어 교사에게 요구되는 어휘적 지식은 실제 교실활동에서 많이 필요할 수도 있고 많이 필요하지 않을지도 모른다. 학습자의 니즈와 학습욕구 그리고 학습자의 수준에 따라 어휘지도의 수준이 결정될 것으로 생각되기 때문이다.

그러나 일본어 교사는 다른 언어의 교사들과 마찬가지로 전문직이기 때문에 교사는 그것에 부합하는 어휘론적 지식을 당연히 갖추고 있어야 하는 것은 당연하다고 할 수 있다. 어휘론적 지식이 있으면 어휘지도에 대한 전략을 수립하기가 가일층 용이해지는데, 이것은 교사가 어휘론적 지식을 왜 지녀야 하느나라는 물음에 대한 대답이 될 수 있다. 왜냐하면 어휘의 지식은 어휘의 체계에 대한 이해를 동반하는 경우가 많고 어휘를 지도할 시 관련 있는 어휘들을 묶어서 지도하는 것이 한층 수월하고 학습자에게 있어서도 습득이 용이하기 때문이다.

일본어 교사가 지녀야 할 어휘론적 지식은 크게 10가지이다. 즉 어휘의 체계, 어휘와 어휘량, 단어와 어형, 어종, 단어의 구성, 단어의 의미, 단어 결합/연어/ 관용구와 비유, 의성어/의태어, 단어의 의미 변화, 어휘와 사회, 사전이라는 최소한 10가지의 카테고리를 체계적으로 이해해 두어야 한다.

먼저 교사는 어휘에 어느 정도 체계가 존재하며, 특정 어휘를 체계화할 수 있는 능력을 지니고 있어야 한다. 예를 들면 직계 가족을 지칭하는 친족어휘, 색채를 나타내는 색채어휘, 특정 단어와 다른 특정 단어의 **계층적 관계**(とり-からす, すずめ, つばめ), **단계적 관계**(あつい-ぬるい-つめたい), **지시적 관계**(こ-そ-あ-ど), **유연(類縁) 관계**(단어들이 어떤 연관성을 지니고 의미장을 형성한다는 관계, 着る〔はく, かける, かぶる, はく, 着る〕), **연상관계**(学校「学生, 先生, 校門, 入学式, 運動場, 校舎…)」에 더한 지식 등을 예로 들 수 있다.

둘째, 어휘와 어휘량의 관계에 대해서 이해하는 것이다. 일정한 일본어 텍스트에서 사용된 어휘를 통해서 **개별어휘수**(異なり語数, 한 번 출현한 단어는 두 번 세지 않는 방법)와 **총어휘수**(延べ語数, 같은 단어가 몇 번 출현해도 매번 세는 방법), **기본어휘**(출현 빈도가 높은 기본적인 단어)와 **기초어휘**(무엇인가를 하기 위해서 최소한 알아두어야 할 주관적으로 선택된 단어들) 등에 대한 지식을 가지고 있어야 한다. 그리고 사전에 등장하는 모든 단어를 암기할 수 없다는 점에서 사용어휘와 이해어휘의 개념에 대해서 파악해 두어야 할 것이며, 일본인들과의 의사소통이 가능해지기 위해서 어느 정도의 어휘를 습득해야 하는지에 대해서도 이해를 해두어야 할 것이다. 일본어능력시험의 N1의 레벨에서는 한자는 2,000자 정도, 단어는 10,000개 정도의 습득을 요구하고 있다.

☞ 다음의 문장(동요 가사)에서 개별 어휘 수와 총 어휘 수를 세어보시오.
とんぼのめがね

とんぼの　眼鏡は　みずいろ　眼鏡
あおい　空を　飛んだから、飛んだから
とんぼの　めがねは　ピカピカ眼鏡
おてんとうさまを　みてたら　みてたら

셋째, 단어와 어형이다. 단어와 어형에서 히라가나나 가타가나에만 주목할 경우, 다음의 한자 단어「歯, 葉, 刃, 羽」는 모두「は」로 읽히며, 곧 **동음어**라고 할 수 있다. 동음어는 단음절 이외에「高唱, 交渉」와 같이 다음절의 어형을 취하는 경우도 있다. 그리고 단어는 7음절어(博多ラーメン), 3음절어(時計), 2음절어(橋), 1음절어(目)와 같이 다양한 길이를 지니고 있다.

넷째, **어종**(語種)에는 **순수 일본어**(和語, 耳), **한어**(漢語, 経済), **외래어**(外来語, ピアノ), **혼종어**(混種語, 帝国ホテル)로 나뉘어진다.

다섯째, 단어는 **단순어**(単純語, さかな), **복합어**(複合語, 飲み物), **중첩어**(畳語, 人々), **파생어**(派生語, こ-ざかな) 등의 구성 방식을 취한다.

여섯째, 단어는 다른 단어와의 의미관계를 통해서 **다의어**(多義語, 取る), **단의어**(単義語, 豊臣秀吉), **동음어**(同音語, 住む/澄む), **유의어**(類義語, きっと/必ず/ぜひ), **반의어**(反義語, 出席/欠席) 등으로 나뉘어진다.

일곱째, 단어 결합/연어/ 관용구와 비유에 대한 지식도 교사는 갖추고 있어야 한다.「夢を抱く」와 같이 특정 단어가 다른 특정 단어와 반고착적으로 결합하여 사용되는 **연어**(連語),「転んでもただで起きない」와 같은 특정 단어와 다른 특정 단어가 고착적으로 결합하여 사용되는 **관용구**,「りんごのようにあかいほっぺた」와 같이 뺨을 사과에 표현하는 비유에 대한 지식에 대해서 교사는 나름 이해를 해두지 않으면 안 된다.

여덟째, 「ぽかぽか, ぷろぷり, ぽろぽろ, ざーざー」와 같은 사물의 모양이나 상태를 표현한 '의성어/의태어'에 대한 지식도 가지고 있어야 하며, 이들 의성어/의태어가 언어 표현을 한층 실감나게 전달하는 기능을 한다는 지식도 당연히 지니고 있어야 할 것이다.

아홉째, 「駅」와 같이 단어의 의미는 변화한다는 것, 단어는 **여성어**(あら, まあ)와 **남성어**(おお, おい), **집단어**(직업어, 전문어, 젊은이 말[若者言葉], 금기어), 지역 차, **구어체**(話し言葉)와 **문장체**(書き言葉), 경어, 신어와 유행어, 차별어와 같이 특정 사회 속에서 제각기 다른 위상을 가지며 존재한다는 것을 교사는 잘 알고 있어야 한다. 마지막으로 교사는 사전의 종류, 사전의 특징, 사전의 구성 방식, 학습자의 니즈에 맞는 사전에 대해서 충분한 정보와 이해를 필요로 하는 것은 두말할 나위가 없다.

12.3 한국인 일본어 학습자들의 어휘 습득 실태—문제점

12.1에서는 한국인 일본어 학습자들의 어휘 영역의 득점 실태를 평균점으로 제시하였는데, 이 절에서는 한국인 일본어 학습자들의 실제 어휘 습득 실태를 다양한 유형별로 제시한다.

※아래의 단어에서 히라가나는 한자로, 한자는 히라가나로 고쳐쓰고 한국어 의미를 기입하시오.

1) 맞게 쓴 경우
　예) 勉強(べんきょう) (공부)
2) 칸을 비워둔 경우
　예1) 解熱剤(　　　)(　　　　　)

예2) 窓(まど)( )

예3) つくえ( )(책상)

3) 한자는 맞지만 다른 의미를 쓴 경우

　　예) むかし(昔)(마을), はし(箸)(다리)

4) 다른 한자, 다른 의미를 쓴 경우

　　예) むかし(史)(벌레), 津波(およ)(헤엄), けしき(出各, 気色)(출석, 기색), しごと(子供)(아이), ひま(皮膜)(피막), はし(石)(돌), じしょ(帽子)(모자)

5) 다른 한자를 사용하였지만 의미는 맞게 쓴 경우

　　예) ろうか(六日)(복도), しごと(業)(일), けしき(景致, 遠色)(경치), ろうか(郎下)(복도), ねだん(値投, 直段, 段値, 金段)(가격), おふろ(風官)(목욕), うた(家)(노래), はし(棒)(다리), ねだん(価格)(가격), いっしょうけんめい(一生健命, 一生熱運)(열심히), やね(居板)(지붕), いじわるい(いじ要に)(심술궂은), おふろ(お周, お呂)(목욕), いじわるい(意事悪い)(심술궂은), けしき(見景)(경치), けしき(席)(결석), なっとう(糸豆)(낫토), ともだち(友建, 友道, 友書)(친구), 勉強(べんきょ)(공부), りっぱ(立辰)(훌륭함)

6) 맞지 않는 한자, 맞지 않는 의미를 쓴 경우

　　예) やちん(家価)(집값), 机(いけ)(연못)

7) 한자에 해당되는 히라가나를 잘못 표기하였지만 의미는 맞게 쓴 경우

　　예) 津波(すなみ)(해일), 四時(よんじ)(4시), 待合室(しかんしつ)(시합실), 解熱剤(けいねつざい, げれつざい, かいれつせい, げねつさい, かいりょうざい)(해열제), 待合室(だいはつしつ)(대합실), 湿度(しつどう)(습도), 猫(わこ, にこ, れこ, めこ)(고양이), じしょ(親書)(사전), 真面目(はじめ)(성실함), 机(つえろ)(책상), 机(つえぐ)(책상)

8) 한자에 해당되는 히라가나를 맞게 썼지만, 의미가 다른 경우

　　예) 湿度(しつど)(온도), 居間(いま)(지금), へや(窓)(방)

9) 한자에 해당되는 히라가나, 의미 모두 틀리게 쓴 경우

예) 湿度(こんど)(혼돈), 湿度(しっど, しっと)(습기), 居間(やつ)(옥상), 真面目(き れい, まちめ, おもしろい)(깨끗한, 진심으로, 재미있는), 勉強(げんきぃ, かんきぃ, し んせつ)(건강한, 건강, 친절함), 机(じんせい)(친절하다), じしょ(家)(집), 机(まっか) (새빨강)

10) 존재하지 않는 한자로 쓴 경우

구체적인 예는 생략함.

이상 제시한 한국인 일본어 학습자들의 어휘 습득의 실태는 좀더 다양한 패턴을 보일지도 모르지만, 대부분 본 저자가 위에서 제시한 패턴에서 크게 벗어나지는 않을 것으로 생각한다. 위에서 제시한 패턴을 알아두면 일본어 학습자들의 어휘 습득의 메커니즘을 이해하는 데에 많이 도움이 될 것으로 생각된다.

12.4 어휘의 지도 방법

이 절에서는 어휘지도에 관련된 다양한 지도 방법을 제시하도록 하겠다. 이하에서 제시하는 방법들은 초급 학습자, 중급 학습자, 고급 학습자에게 모두 적용되는 것, 부분적으로 적용되는 것들이 있다. 교사는 이하에서 제시하는 지도 방법들을 학습자들의 니즈나 욕구에 맞춰 융통성 있게 적용할 수 있고, 이하에서 제시하는 지도 방법 이외의 방법을 적용할 수도 있다. 이하에서 제시하는 지도 방안을 살펴보고 자신만의 아이디어를 살려 색다른 지도 방안에 대해서 생각해 보는 것도 의미가 있을 것이다.

1) 시각 교재(실물, 그림, 사진, 슬라이드, 비디오, OHP, PPT, 교사의 판서)를 이용한 지도 방법

예1) 실물이나 그림을 제시하여 해당 단어를 지도한다.

예2) 일본어 어휘 제시: 특정 단어를 제시하여 특정 단어에 해당하는 그

림을 선택하게 한다.

　예3) 모방 반복 학습 지도: 실물과 그림에 해당하는 어휘를 서로 연관시켜 보여주면서 발음을 반복적으로 모방하게 한다.

2) 무언극(mime), 행동(action) 혹은 몸짓(gesture)을 이용한 지도 방법

　예1) 동작 시범과 어휘 제시하기: 말을 하지 않고 달리는 동작을 하면서 「走る」를 제시하여 상호 관계를 깨닫게 한다.

　예2) 모방 반복 학습 지도: 「今私は走っています」라고 말하면서 학습자들에게 따라 읽게 한다.

　예3) 의사소통 활동 지도: 당일 학습한 동작 동사를 이용하여 의사소통 능력의 향상을 도모한다. 日本語が読めますか。→はい、読めます。

　예4) 옆 사람이나 조별 활동 지도: 교사와 학습자 사이에서 행했던 것을 학습자들끼리 하도록 한다.

3) 동화나 이야기를 이용한 지도 방법

　예1) 그림 카드 제시 및 이야기 들려주기: 특정 이야기에 해당하는 그림 카드를 보여주면서 원어로 이야기를 학습자들에게 들려준다.

　예2) 단어 카드 제시 및 모방 반복 학습 지도: 이야기 속에 등장했던 단어나 문장을 카드로 제시하면서 교사 자신의 발음(발화)을 반복해서 따라 읽게 하는 것.

4) 대조나 열거를 이용한 지도 방법

　예1) 반대의 상황을 보여주는 그림 카드, 반대의 의미를 지닌 단어를 제시한다.

　예2) 모방 반복 학습 지도 및 그림 카드의 제시: 「安い, 高い」를 적은 카드를 보여주면서 반복해서 따라 읽도록 한다.

　예3) 의사소통 활동 지도

　　あなたはりんごが好きですか。「りんご」그림을 보여주면서

「はい、好きです。」혹은「いいえ、あまり好きではありません。」으로 대답할 수 있는 상황으로 유도해 낸다.

예4) 옆 사람과의 대화나 조별 활동을 통해 어휘의 습득이 이루어지도록 한다.

5) 설명이나 번역을 이용한 지도 방법

예1) 동의어, 반의어, 유의어 등을 한국어로 번역하면서 설명한다.

예2) 한국어 또는 일본어로 해당 단어(추상명사, 부사, 형용사, 접속사)를 설명.

예3) 추상명사를 알기 쉬운 일본어로 정의하듯이 설명을 한다.

独身→まだ結婚していない人 / 新郎→結婚したばかりの男の人

예4) 어휘의 체계를 제시하는 방법: 색채 명사, 감정을 나타내는 형용사, 일상생활에서 많이 사용되는 단어, 남성어, 여성어

예5) 연어를 이용해서 지도한다. 箸を使う, すもうをとる

6) 게임을 이용한 지도 방안

예1) 빙고게임: 히라가나로 무작위로 써넣어 대각선, 가로, 세로로 일직선이 만들어지면 먼저 빙고를 외친 학습자가 이기도록 하는 게임이다.

예2) 코코코 게임: 팀 대표가 코를 만지다가 입으로 다른 곳을 말하고, 특정한 곳에 만졌을 때, 다른 동료 학습자들이 올바른 부위에 손을 대었는지를 말하도록 하는 게임이다.

예3) 위치 익히기 게임: 방향을 나타내는 특정한 명사를 교사가 말하면 학습자들은 특정한 방향으로 손가락을 가리키는 방법이다. 교사가 말한 방향이 아닌 다른 방향이나 위치로 손가락을 가리키면 지는 게임이다.

예4) 카드집기 게임: 엎어 놓은 카드 2장을 뒤집어 보고 단어와 그림이 일치하면 점수를 얻는 게임이다.

예5) 색칠하기 게임: 과일이나 국기와 같은 무채색의 그림판에 교사가 말

하는 색채로 칠을 해서 넣는 게임이다.

예6) 주고받기 게임: 학습자가 교사나 MP3 파일에 담긴 내용을 듣고 누가 누구에게 선물을 주었는지, 받았는지를 화살표로 정확하게 표시한 학습자가 이기는 게임이다.

7) 챈트(chant, 박자 노래)를 이용한 게임
8) 노래를 이용한 지도 방법

예) 노래듣고 가사의 빈칸에 들어갈 해당 단어 기입하기

9) 전신반응식 지도 방법

예) 立ちましょう、立ってください、座ってください、座りましょう、赤旗あげて白旗さげて

10) 역할극을 이용한 지도 방법

예1) 배역을 정해서 조별로(분단별로, 성별로) 읽는다.

예2) 배역을 바꿔가면서 조별로(분단별로, 성별로) 읽는다.

예3) 배역을 정해서 개인별로 읽는다.

예4) 배역을 바꿔가면서 개인별로 읽는다.

12.5 생각해 봅시다

1) 일본문화에 관련된 단어를 학습자들에게 가르치고자 할 경우, 어떤 단어를 우선적으로 선정하는 것이 좋을지 생각해 봅시다.
2) 일본문화에 관련된 단어들을 지도하고자 할 경우, 12.4에서 제시된 것 이외의 방법이 있으면 그것을 구체적으로 어떻게 제시할 수 있을지에 대해서 생각해 봅시다.
3) 여성어, 남성, 유아어, 노인어, 유의어, 반의어, 동의어, 상하관계를 이루는 단어, 식물명, 동물명 등등의 단어를 학습자들에게 가르치고자 할 경

우, 우선적으로 가르쳐야 할 단어는 무엇인지, 왜 우선적으로 가르쳐야 하는지, 구체적으로 어떠한 방법으로 가르치면 좋을지에 대해서 생각해 봅시다.

4) 각과에 나오는 신출단어를 어떠한 방법으로 지도할지에 대해서 구체적으로 생각해 봅시다.

제12장 인용 및 참고문헌

나기연(1997) 초등학교 영어교육에서의 어휘지도에 관한 연구, 『論文集』 34, 전주교육대학교
임현하(2003) 게임을 활용한 고등학교 일본어 교과서 어휘지도법 연구, 계명대학교 교육대학원 일어교육전공 석사학위논문
천호재(2011) 「제2부 제3장 패션 관련 생활문화를 활용한 일본어교육의 가능성과 연구 방법」 『인터넷 기반 일본어교육의 가능성과 연구 방법』 한국문화사
천호재·조병현(2011) 『한국인 일본어 학습자의 오용 연구』 한국문화사
高見沢孟(2004) 「第7章　語彙/意味」 『새롭게 시작하는 日本語教育基本用語辞典』 語文学社
日本語教育学会(1990[1992]) 「第7章　語彙 Ⅵ. 語彙教育の技術」 『日本語教育ハンドブック』 大修館書店
日本語教育学会(1995) 「第4章　運用能力の育成　3. 語彙の導入と広げ方」 『タスク日本語教授法』 凡人社

제13장 구성

13.1 문법지도의 중요성
13.2 교사가 알아두어야 할 문법·문형 지식
13.3 일본어문법 학습에 대한 학습자들의 의식
13.4 일본어 학습자의 문법 습득(오용) 실태
13.5 생각해 봅시다
13.6 문법지도 방안
제13장 인용 및 참고문헌

제13장

문법지도

13.1 문법지도의 중요성

　문법이란 예를 들어 일본어에 있어서 올바른 문장을 만들어 내게 하는 일본인들에게 공유된 규칙을 말한다. 일반사람들 중에는 문법을 배워야 한다고 말하는 사람들이 있는가 하면 문법을 배우지 않아도 좋아하는 일본 드라마나 애니메이션을 시청하거나 하면 문법이 저절로 뇌 내에 장착되므로 배우지 않아도 된다고 말하는 사람도 있다. 전자가 문제가 되는 것은 문법을 위한 문법을 학습한 나머지 정작 필요한 의사소통은 불가능한 경우를 말하며, 후자가 문제가 되는 것은 문법이 일정 기간 안에 마스터되지 않을 경우(뇌 내에 문법이 제대로 장착되지 않을 경우) 규칙에 맞는 일본어로 의사소통을 하기가 어려운 경우이다.

　본 저자의 생각은 단호하다. 문법은 학습자들이 반드시 배워야 하며 학습자들에게 합리적으로 가르쳐야 한다. 교사에게 있어서 문법을 가르친다 함은 일본어 규칙을 학습자의 뇌 내에 정착시켜 무한의 새로운 일본어 문장을 생성해 내도록 돕는다는 것이다. 문법은 체계적으로 가르쳐져야 하고, 명쾌하게 학습될 수 있도록 지도해야 한다. 그리고 쉽고 친숙한 형태로 가르쳐져야 한다. 친숙하게 가르쳐져야 한다는 것은 특정 표현이 저 머나먼 우주 공간에 떠도는 행성의 작용과 같은 낯선 것이 아닌, 우리 일상과 밀접한, 우리가 살아가면서 어떤 상황에 직면했을 때, 우리가 처한 특정 상황을 상대방 혹은 제3자에게 자연스럽게 전달될지도 모르는 우리의 의식주와 같은 것으로 가르쳐져야 한다는 것이다.

　그런데 문법지도가 의사소통을 활성화할 수 있도록 하기 위해서는 문법 그 자체가 지니는 내재적 규칙을 합리적으로 학습자들이 연습할 수 있도록 해야 할 뿐만 아니라 특정 문법이 사용될 수 있는 적절한 상황 즉 화용론적 요소도 가미해야 한다는 것이다.

13.2 교사가 알아두어야 할 문법·문형 지식

일본어 교사를 지향하는 사람들은 일본어문법에 대한 지식을 가지고 있다 하더라도 막상 일본어 학습자들에게 가르쳐야 할 문법 실러버스가 무엇이냐는 물음에 대답을 못하는 경우가 많다. 즉 알고는 있지만 머릿속에 정리는 되어 있지 않은 것이다. 일본어 교재에 들어 있는 문법 실러버스의 배열 순서와 방식을 아는 사람은 그렇지 않은 사람보다 당연히 문법을 명료하게 알기 쉽게 가르칠 가능성이 높다.

다음의 〈표 1〉은 KM(1)과 KB(1)의 초급 일본어 교재에 배열된 문법 실러버스이다.

〈표 1〉 초급일본어 교재에 나타난 문법 실러버스의 배열 순서(1)

NO	KM(1)	KB(1)
1과	문자 쓰기와 자원	명사+「です(か)」/ 명사+「ではありません」
2과	발음 연습(청음, 탁음, 반탁음, 요음)	지시대명사(こ,そ,あ,ど)/ 명사+「の」+명사, 준체 조사「の」의 용법/「も」의 용법
3과	발음 연습(촉음, 장음, 발음)	(조)수사/ 명사+「で」+명사+「です」
4과	명사+「は(も~です(か)」, 명사+「は」(も)~ではありません」	시간, 요일 명사/ 시간 명사+「に」/ 「~から~まで」
5과	지시대명사(「これ」,「それ」,「あれ」)/ 「の」의 용법(소유, 동격, 준체 조사)/ 연체사(「この」,「その」,「あの」)	월(일)을 나타내는 명사/ 시제/ 동사의 형태적 특징, 종류/「ます」형 활용
6과	「い」형용사+「です(か)」,「い」형용사+ 명사,「い」형용사+「です」의 부정형, 「い」형용사+「くて」	시간 명사+「に」/ 장소+「へ」/ 수단+ 「で」
7과	「な」형용사+「です」,「な」형용사+명사,「な」형용사+「で」,「な」형용사+「です」의 부정형	명사「を」+동사/ 부정문과 조사
8과	방향 명사+「に」/ 존재 표현(「います」,「あります」)	「~は~に~を」동사/ 수단+「で」+동사
9과	수사/요일/날/「~から~まで」	「い」형용사,「な」형용사의 종류 및 특징/ 형용사의 접속/ 역접 조사「が」

10과	시각(1시–12시)/ 동사+「ます」형 접속/ 동사의 「ます」형+「ながら」/ 교통수단 명사+「で」/ 명사+「になる」	「~が好きだ(嫌いだ, 上手だ, 下手だ)」/ 「から」의 용법(원인, 이유)
11과	동사+「ます」의 과거형, 「い」형용사+「です」의 과거형, 「い」형용사+「です」의 부정 과거형, 동사의 「ます」형+「にいく」	「AはBより~です」/ 「AとBとどちらが~ですか」/ 형용사의 과거 표현
12과	동사의 음편형+「て(で)いる」 동사의 종지형+「かもしれません」 장소 명사+「で」	「~がほしい」/동사의 「ます」형+「たい」/「ます」형+「にいく」/ 명사+「にいく」의 「に」용법
13과	동사+「て(で)ください」, 동사+「ないでください」	위치/ 존재 표현(いる, ある)/ ~や(열거)/ 종조사 「よ」와 「ね」의 용법
14과	동사+「て(で)もいいですか」/ 동사+「て(で)みてもいいですか」/ 동사+「なくてもいいです」/ 명사+「にする」	동사의 음편형(「て」형)/ 「ている」의 의미 용법/ 「~てください」/ 「~てもいい」의 의미 용법
15과	동사+「て(で)から」/ 「い」형용사+「くなる」/ 동사+「ましょう(か)」	「~てはいけない」/동사+「ない」형/「~ないでください」/「~なければなりません」/「~なくてもいいです」

KM(1)에서는 문법 실러버스가 제4과부터 배열되기 시작한다. KM(1)과 KM(2)에 나타난 문법 실러버스의 배열은 세세한 부분의 차이는 있음에도 불구하고 명사 술어→지시대명사→형용사 활용→동사의 활용이라는 순서를 채택하고 있다는 점에서 공통점을 지닌다.

다음의 〈표 2〉에서 보듯 KM(2)와 KB(2)에서도 문법 실러버스가 비슷하게 배열되어 있음을 볼 수 있다.

〈표 2〉 초급일본어 교재에 나타난 문법 실러버스의 배열 순서(2)

NO	KM(2)	KB(2)
1과	동사+「た(だ)ことがある」/ 명사+「好きだ」/ 명사성 접미사 「さ」/ 동사+「て(で)みる」	동사+「た(だ)」형/「~た(だ)ことがある」/「~た(だ)ほうがいいです」/ 「~た(だ)後で」

2과	동사+「た(だ)ほうがいい」/동사+「ないほうがいい」/동사의 사전형+「し」	동사의 사전형+「ことができる」/동사의 사전형+「前に」
3과	「~て(で)いるところです」/「にとって」의 의미 용법/ 용언의 종지형+「ので」, 명사(「な」형용사)+「なので」	동사의 가능형/ 명사「が」+가능형/ 명사「が」+「できる」
4과	가능 동사, 명사+「が」+「できる」, 동사의 사전형+「ことができる」	동사, 형용사, 명사+「です」/ 정중체 활용, 보통체 활용
5과	「い」형용사+「くなる」,「な」형용사, 명사+「になる」/ 종지형+「と思います」	명사,「な」형용사+「になる」,「い」형용사+「くなる」/ 동사의 사전형+「つもりだ」
6과	친밀체/ 동사+「なければならない」/ 동사+「なきゃ(なくちゃ)」/「~らしい」	동사의 사전형,「ない」형+「と」/ 동사, 형용사, 명사「の」+「とき」
7과	용언의 종지형+「そうだ」/동사의「ます」형・형용사의 어간+「そうだ」/「い」형용사+「て」	동사의 사전형+「ことが好きだ」/ 동사의 사전형+「ことです」/ 동사의 명사화「こと」
8과	접두어「お」,「ご」의 의미 용법/ 동사+「て(で)おく」/ 동사+「た(だ)ばかり」/「お」+동사의「ます」형+「ください」/「ご」+한자성 명사+「ください」	동사의「たら(なかったら)」/ 형용사의「たら」(なかったら)/역접의「~ても(でも)」
9과	동사+「たい(たがる)」/명사+「ほしい(ほしがる)」	수수 표현/ 행위의 수수 표현/의뢰 표현
10과	동사의 사전형(「ない」형)+「つもりです」/동사의 의지형+「と思っている」/ 동사의「ます」형+「合う」	일본어 대우 표현 방법, 존경 표현, 겸양 표현
11과	동사+「れる(られる)」(수동)/동사+「ば」/동사+「ば~ほど」/동사의「ます」형+「方(かた)」/수단을 나타내는 명사+「で」	
12과	수수 표현, 행위의 수수 표현/「て(で)しまう」	
13과	「~たら(だら)どうですか(권고)」/ 동사의 사역형	
14과	동사+「れる(られる)」(존경, 수동, 가능)/ 가능 동사+「ようになる」/ 동사의 사전형(「ない」형)+「ように」	
15과	동사의「ます」형+「おわる」/동사+「て(で)」(원인, 이유)	

교재마다 당연히 다르겠지만, 일본어 교사를 꿈꾸는 사람들은 복수의 일본어 교재를 두고 문법 실러버스가 어떻게 배열되어 있는지를 비교할 수 있도록 해야 할 것이다. 예를 들어 다음과 같은 양식을 그려서 복수의 일본어 교재에 나타난 문법 실러버스를 기입해 보는 것이다.

〈표 3〉고등학교 일본어 I 교재에 나타난 문법 실러버스의 배열 순서

NO	A교과서	B교과서	C교과서	D교과서	E교과서
1					
2					
3					
:					
15					

문법 실러버스 배열 상태를 비교해 보는 것은 다음의 세 가지 점에서 의미가 있기 때문이다. 첫째, 일본어 교사가 학습자의 니즈와 학습욕구에 맞는 교과서를 선택하기 위함이다. 학습자의 니즈가 일본으로 유학을 가는 것이라든지, 아니면 학습욕구가 높을 경우 교사는 당연히 문법 실러버스가 다양하게 배열된 교과서를 선택하게 될 것이다. 반대로 학습자의 니즈가 실용성을 추구하거나 학습욕구가 낮거나 학습능력이 떨어질 경우에는 문법 실러버스가 덜 체계적이고 비교적 간단하게 배열된 교과서를 채택하게 될 것이다. 둘째, 문법 실러버스 배열 상태를 비교해 보는 것은 장차 특정한 교과서를 채택하였을 경우, 특정한 교과서를 통해서 가르쳐야 할 문법 실러버스를 교사가 파악하기 위함이다. 문법 실러버스를 파악하면 교사는 교과서에 배열된 순서대로 문법 실러버스를 가르칠 수도 반대로 학습자들에게 보다 알기 쉽게 학습부담을 덜 끼치기 위해 문법 실러버스의 재조정을 시도할 수도 있을 것이다. 셋째로 문법 실러버스를 파악하여 특정 문법 실러버스에 대한 교수법을 강구할 수 있다. 즉 특정한 문법 실러버스를 어떠한 순서로, 어떠한 방법으로 가르칠지를 생각할 수 있다.

13.3 일본어문법 학습에 대한 한국인 일본어 학습자들의 의식

특정한 문법 실러버스를 가르치고자 할 경우, 지도 경력이 짧은 교사나 교사를 지망하는 사람들은 특정 문법 실러버스에 대한 학습자들의 의식이 어떠한지, 자신의 교수법이 학습자들에게 과연 얼마만큼의 지지를 받을지, 혹은 지지를 받지 못할지를 알아둘 필요가 있다.

문법 학습에 대한 학습자들의 의식은 학습자의 니즈, 학습욕구가 어느 정도이냐에 따라서 교사 자신의 생각과 학습자의 생각이 일치할 수도 하지 않을 수도 있다. 본 저자는 문법 실러버스 학습에 대한 학습자들의 의식과 일본어 교사의 의식을 비교한 적이 있는데, 참고로 그 수치를 다음과 같이 제시해 보고자 한다.

우선 〈표1〉은 학습자와 교사의 문법 학습에 대한 의식이 매우 일치하는 항목을 나타낸 것이다.

〈표 1〉 일본어 학습자와 교사의 의식이 매우 일치하는 항목   단위: %

설문번호	매우 일치하는 항목(차이가 5% 이하인 것)	학습자	교사
1	한 과에서 특정 문법(예를 들면, 형용사 활용)을 배울 때 한꺼번에 일괄해서 배우기보다는 일상생활에서 사용 빈도가 높은 특정 문법 몇 개만을 먼저 배웠으면 좋겠다.	80	83
2	하나의 문법에 관련된 여러 가지 다양한 용법을 한 과 안에서 한 번에 배우는 것보다는 쉽고 기본적인 용법부터 먼저 배웠으면 좋겠다.	89	85
3	한국어에는 없는 특이한 문법보다는 한국어와 유사한 문법을 우선적으로 배웠으면 좋겠다.	62	66
4	초급 일본어 단계에서는 예를 들면 「あります」가 무생물의 존재를 의미하고, 「います」가 생물의 존재를 의미하는 것만 배우면 되지, 「あります」의 특별한 용법에 대해서는 나중에 배워도 좋다.	48	53
5	일본어문법에 대한 선생님의 설명은 쉽고 구체적인 설명보다 약간 어렵더라도 격조 높고 추상적인 설명이 좋다.	15	16

설문번호		학습자	교사
8	다소 어렵고 격조 높은 문법 용어보다는 쉬운 용어로 풀어서 가르쳐 줬으면 좋겠다.	89	91
11	"일본어와 영어 중 어느 쪽이 더 어렵습니까?"라는 일본어 질문에 "영어입니다."라고 간단하게 대답하는 것보다 교재에서 배운 대로 "일본어와 영어 중 영어가 더 어렵습니다."라고 대답하는 것이 옳다고 생각한다.	24	26
14	문법을 위한 문법보다는 회화에 금방 사용할 수 있는 문법을 가르쳐 줬으면 좋겠다.	86	84
17	한꺼번에 많은 내용의 문법을 제시하여 배우게 하기보다는 학생들의 회화 능력을 고려해서 쉬운 문법부터 서서히 어려운 문법으로 순차적으로 가르쳐 줬으면 좋겠다.	92	94

위의 설문 항목들은 학습자와 교사의 의식이 5% 이내의 것으로 상당히 일치하는 것이다. 5번 설문은 보수성이 강한 반면, 나머지 설문들은 실용성이 강한 것들이다. 일본어 학습자의 시각에서 볼 때, 실용성이 강한 설문에 대해서 높은 응답률을 보일 것으로 생각되지만, 3번, 4번, 11번 설문에 대해서는 의외로 낮은 응답률을 보인다. 따라서 〈표 1〉의 수치는 일본어 교사가 문법에 대한 학습자의 의식을 파악하는 데에 많은 도움이 될 수 있음을 단적으로 보여준다고 할 수 있다.

그 다음으로 〈표 2〉 즉 일본어 학습자와 교사의 의식이 어느 정도 일치하는 설문 결과를 보도록 하자.

〈표 2〉 일본어 학습자와 교사의 의식이 어느 정도 일치하는 항목　　　　단위: %

설문번호	어느 정도 일치하는 항목(차이가 6%에서 9% 이하인 것)	학습자	교사
6	특정 문법 사항에 대한 세세한 용법보다는 우선 대표적이고 기본적인 용법만 배우고 싶다.	70	78
15	실생활에서 별로 사용되지 않는 문법보다는 실생활에서 자주 사용되는 문법을 우선적으로 가르쳐 줬으면 좋겠다.	94	88
20	쉬운 문법과 어려운 문법을 섞어서 가르치기보다는 쉬운 문법부터 가르쳐 주고 어려운 문법은 어느 정도 일본어 실력이 갖춰졌을 때 가르쳐 줬으면 좋겠다.	79	85

〈표 2〉에서 제시된 설문 항목들은 학습자와 교사의 의식차가 6%에서 9% 이하로 어느 정도 일치하는 것이다. 〈표 2〉의 설문은 실용성이 강한 것으로 학습자와 교사 모두 높은 응답률을 보여주고 있다.

마지막으로 〈표 3〉 즉 일본어 학습자와 교사의 의식이 전혀 일치하지 않는 설문 결과를 보도록 하자.

〈표 3〉 학습자와 교사의 시점이 전혀 일치하지 않는 항목 단위: %

설문번호	전혀 일치하지 않는 항목(10% 이상 차이가 나는 것)	학습자	교사
7	대명사에는 방향 지시 대명사, 장소 지시 대명사, 사물 지시 대명사, 인칭 대명사 등이 있는데, 이들 대명사를 모두 한 과에서 체계적으로 가르쳐 줬으면 좋겠다.	57	32
9	자신(또는 남)이 구사하는 일본어 문장이 문법적으로 다소 틀려도 뜻이 통한다면 별 문제가 없다.	35	46
10	초급 일본어 교재에 추상적인 의미 기술을 요하는 문법 사항은 배워도 무방하다.	42	63
12	쉽게만 가르쳐 줄 수 있으면 매우 이해하기 어려운 문법이 교재에 얼마든지 나와도 상관없다고 생각한다.	58	38
13	쉽게 가르쳐 주지 않아도 좋으니 가급적 이해하기 쉬운 문법을 중점적으로 다루어서 학습부담을 들어 줬으면 좋겠다.	44	66
16	앞 과에서 나온 문법이 나중에 다른 과를 배울 때도 다시 나왔으면 좋겠다.(왜냐하면 그 문법을 잊어버리지 않기 위해서)	88	72
18	나는 문법을 공부하려는 의욕보다는 회화를 하고 싶은 의욕이 더 강하다.	81	93
19	「何」이「なん」또는「なに」로 읽히고 어떤 경우에「なん」또는「なに」로 읽히는지를 아는 것보다 둘 가운데 가장 일반적인 것부터 먼저 가르쳐 주고 특수한 것은 나중에 가르쳐 줘도 무방하다고 생각한다.	37	61
21	한 과에 문법이 많이 나열된 교재보다는 문법이 가급적 간략하게, 소량으로 제시된 교재가 훨씬 좋다고 생각한다.	57	72
22	나는 문법을 많이 배우는 것보다는 적게 배우더라도 제대로 아는 것이 더 중요하다고 생각한다.	91	79
23	나는 초급 때부터 일본어문법을 철저하고 완벽하게 배워야 한다고 생각한다.	59	37

| 24 | 나는 몰라도 불편하지 않은 문법이나 당장 필요가 없는 문법은 배우지 않아도 되며, 아니면 나중에 일본어가 능숙해졌을 때 배워도 늦지 않다고 생각한다. | 54 | 67 |
| 25 | 나는 특정 문법에 대한 매우 구체적이고 상세한 설명, 추상적인 설명, 특정 문법에 대한 예외적인 설명이 구체적으로 제시된 교재보다 학생들이 일본어를 쉽게 접할 수 있도록 배려된 초급 일본어 교재가 훨씬 좋다고 생각한다. | 77 | 87 |

〈표 3〉에서 제시된 설문들은 보수성이 강한 것도 있는가 하면 실용성이 강한 것도 있다. 7번 설문은 보수성이 강한 것이다. 9번 설문은 실용성이 강한 것이다. 10번 설문은 보수성이 강한 것이다. 12번 설문은 보수성과 실용성이 모두 강한 것이다. 13번 설문은 실용성이 강한 것이다. 16번, 18번, 19번, 21번, 22번, 24번, 25번 모두 실용성이 강한 것이다. 21번 설문은 보수성이 강한 것이다.

여기에서 우리가 예측할 수 있는 것은 보수성이 강한 설문들에 대해서는 일본어 학습자가 낮은 응답률을, 교사는 높은 응답률을 보일 것이며, 보수성이 약한 즉 실용성이 강한 설문들에 대해서는 일본어 학습자는 높은 응답률을, 교사는 낮은 응답률을 보일 것이라는 사실이다.

그런데 예측과는 달리 보수성이 강한 7번 설문에 대해서 오히려 학습자가 교사보다 높은 응답률을 나타내었다. 같은 현상은 12번과 23번 설문에서도 확인할 수 있다. 그리고 흥미로운 것은 실용성이 강한 설문에 학습자보다 교사 쪽이 오히려 높은 응답률을 보이는 경우도 있다는 사실이다. 13번, 18번, 19번, 21번, 24번, 25번과 같은 실용성이 강한 설문에서 교사의 응답률이 학습자의 응답률보다 훨씬 높게 나왔다는 것이다. 예측한 대로 나온 것은 실용성이 강한 16번, 22번 설문이다.

그러나 여기에서 간과해서는 안 되는 것은 실용성이 강한 설문에 다해서 학습자들이 압도적인 지지를 표시하지는 않는다는 것이다. 높은 응답률을 보이는 것은 16번, 18번, 21번, 25번 설문이며, 나머지는 대부분 낮은 응답률을 보여준다.

위의 표에서 제시한 수치는 학습자의 니즈나 학습욕구에 따라서 얼마든지 달라질 수 있는 것이지만, 문법 학습에 대한 학습자의 의식을 알고자 하는 교사에게는 많은 시사점을 던져 줄 수 있다고 생각한다. 같은 내용으로 설문조사를 실시해 볼 수 있을 것이며, 위에서 제시한 설문 내용을 수정하거나 다른 내용을 추가해서 설문조사를 실시한다면, 더더욱 가치 있는 데이터를 확보할 수 있을 것이다.

13.4 한국인 일본어 학습자의 문법 습득(오용) 실태

이러저러한 형태로 교실활동을 통해서 문법지도가 이루어졌다고 한다면, 일본어 학습자들이 문법 실러버스의 습득 상태에 대해서도 고려해 볼 필요가 있다. 문법 습득에는 크게 두 가지로 나뉜다. 하나는 일본어 학습자가 해당 문법 실러버스를 정확하게 습득한 경우와 다른 하나는 잘못 습득한 경우이다. 그런데 문제는 문법 실러버스를 잘못 습득한 경우이다. 잘못 습득한 경우 그 양상은 매우 다양하고 복잡하다. 따라서 복잡하고 다양한 오용례를 교사는 사전에 인지해 둘 필요가 있고, 실제로 오용이 발생했을 경우, 교사는 오용의 유형, 오용이 일어난 원인, 오용이 일어나지 않게 할 방법들을 생각해 두어야 한다. 이는 마치 의사가 환자의 병세를 진찰하고, 병세의 유형과 병이 발생한 원인을 파악하고, 병을 치료할 수 있는 처방을 내리는 것과 같은 이치라고 하겠다.

이 절에서는 일본어 학습자의 문법 습득(오용) 실태에 대해서 살펴보도록 하겠다. 본 저자는 아래의 유형으로 문법 테스트(중간고사, 기말고사)를 6학기 동안 실시하였다.

유형 1) 아래의 빈칸에 들어갈 알맞은 어구를 기입하시오.

> (보기)
>
> ① 私は飛行機(で) 日本にいきました。

① やまださんはきれいです。(　　　　　　　)性格もいいです。
② 授業は火曜日から木曜日(　　　　　)です。

유형 2) 맨 오른쪽 칸에 있는 어구를 활용하여 빈칸에 들어갈 적당한 어형을 기입하시오.

> (보기)
>
> ① ろうかを(はしり)ます。(はしる)

① 友だちとお酒を(　　　　　)にいきました。(飲む)
② 日本に(　　　　　)てください。(行く)

　유형1)은 〈조사, 접속사〉에 관련된 유형으로 학습자들의 오용 실태는 다음과 같다. 해당 오용이 어떠한 이유로 발생하였는지 생각해 보도록 하자.

　1) 私はこの車(で,を,と,て)します。→に
　2) 教室(へ,に,には,べ,を)勉強しています。→で
　3) 山田さんはきれいです。(ては,それは,それも,それを,ながら) 性格もいいです。→それに
　4) 母と買い物(と,て)行きました。→に
　5) 山田さんとは英語(を,ために,と)話しました。→で
　6) 弟が先生(ても)なりました。→に
　7) 兄は3月に先生(を,が)なります。→に
　8) 昨日、山田さんとお酒を飲み(で,て,うちに,きま)行きました。→に

9) 田中さんはやさしい人です。(ところで)とても親切です。→そして
10) 私は昨日山田さんの家(へ,に,が,びました)遊びました。→で
11) 田中さん、私はお茶(を,のみ,い,ので)します。→に
12) 色もこれ(は,に,で,が,ほうが)明るいほうがいいですね。→より
13) ええ、日本人にはちょっと辛いかも知れません(それに,でも,それで,ながら,もちろん)、本当においしいですよ。→が
14) 今度の旅行はよかった(で,たら,も,に,から,早めに)思います。→と
15) 中村さんはきれい(ので,で,のに,という)なりました。→に
16) 英語がわからない(ので,で,から,のように,ん,てから,にとって,なん,のに)ことはどういうことか。→という
17) 私はまだ学生(てから,のように,ところ,ん,という,を,について)です。→なん
18) 弟はいま友だちと勉強している(なん,にとって)です。→ところ
19) 学生(に,で,を,早めに,について,のように,にとって,という)英語は本当に大事な科目です。→にとって
20) 部屋が暑い(てから,にとって,について,し)、窓を開けました。→ので
21) 彼はハンサムだ(ので,早めに,にとって,から,で,それとも)、とてもやさしいです。→し
22) 日本語は難しいです(あまり,と,など)、おもしろいです。→が
23) 机の上に本(の,も,は,など,とても,から)消ゴムがあります。→と
24) 彼女の部屋には机やベット(も,から,が,あまり)があります。→など
25) 田中先生は(と,ても,から)親切ではありません。→あまり
26) 私は木村(から,あまり,が,もの)もうします。→と
27) それは日本語の先生(が,は,とても,あまり,と)ではありません。→の
28) 京都は大阪(と,は,が,の,とても,あまり)とおいですか。→から
29) 私の弟は来年大学生(が)なります。→に
30) 田中さんと英語(に,を,ながら)話しました。→で

31) 昨日は鈴木さん(を)会いました。→に
32) 昨日はひさしぶりに地下鉄(を,で)のりました。→に
33) 日本人にはちょっと辛いかもしれません(で,ところに,では,でも,ながら,ところで)、本当においしいですよ。→が
34) きのう友だちと映画を見(へ)行きました。→に
35) わたしは田中(が,の,も,で)もうします。→と
36) このかばんは先生(に,は,か)ではありません。→の
37) 木村さん(と,は,に)かばんはどれですか。→の
38) 日本語はおもしろいです(で,では,と,か,でか)、むずしいです。→が
39) きむらさんはきれい(と,では,は,くで,に)、やさしいです。→で

다음의 유형2)는 〈형용사 및 동사, 조동사 활용〉에 관련된 유형으로 학습자들의 오용 실태는 다음과 같다. 해당 오용이 어떠한 이유로 발생하였는지 생각해 보도록 하자.

1) 英語の先生はやさしくて(親切で, しんせつだな, 親切て, 親切だ, しんせつ, ともだちな)人です。(親切だ)
2) 韓国は(広いでは, 広いで, 広くて, 広な, 広くでは, ひろく, 広い)ありません。せまいです。(広い)
3) 金さんは親切で(あかるく, 明るな, あかる, 明るいな, 明るいな)学生です。(明るい)
4) 私は日本の東京に(行いた, 行た, 行んだ, 行る, いきて, 行って)ことがあります。(行く)
5) このビルの(高くない, たかる, 高いさ, 高かさ, 高え)はどのくらいですか。(高い)
6) 今日は昨日より少し(いそんだ, いそいんだ, いそい, いそ, いそし, いそで, いそい

で、いそが、いそぐいだ、いそがい)ほうがいいです。(いそぐ)

7) 学生証だけで市立図書館に(入、入り、入いて、入らない、入い、入って、入っ、入え、入らたい、入ます、入るは、入ら、入に)ますか。(入る)

8) 花子さんは一人で着物を(着た、着った、着んだ、着い、着って、着られる、着に)ことができます。(着る)

9) 明日から(寒いので、寒る、寒い、寒し、寒いについて、寒いに、寒いて、寒いに)なります。(寒い)

10) 冬にはたくさんの人々が雪祭りを(見た、見い、見るで、見ら、見、見って)きます。(見る)

11) はじめてお酒を(飲くまて、飲って、飲みる、のみ、食んで)みました。(飲む)

12) 運動場を(はしく、はし、はしみ、はしるは、はしる、はして、はしない)ます。(走る)

13) 山田さんはそれを(知、知るは、知して、じって、知ってい、知って、知つ、知っても)かもしれません。(知る)

14) はやく家に(かえて、かえり、かえないて、かえりっ)てください。(帰る)

15) 金さん、私の部屋に(はい、はいて、はいって、はいり、はく、はいく、はいる、はわ)ないでください。(入る)

16) 日本の小説はおもしろいです。과거형→(おもしろいます、おもしろでした、おそしろいでした)

17) 山田さんの顔はきれいです。과거형→(きれでした、きれいました、きれかったです、きれいします)

18) その公園は有名です。과거형→(有名ました、有名します)

19) 天気がいいです。과거형→(いいでした、いでした、いいました、いかったです、いいでました、いいします)

20) だれにもそれを(いあ、いいって、いお、いは、いくって、いく、いか、いいか、いない、いっく)ないでください。(言う)

21) ぜひ日本に(いい、いき、いか、いいくは、い、いくない)てください。(行く)

22) あしたは(き, きる, くって, くら, くんて, くるは, きいて, くで, くる, こら, く, きき, こて)なくてもいいですか。(くる)

23) 韓国の冬は(ながにながいのながながいながいでながてながいて)て寒いです。(ながい)

24) このかばんは(たかいではたかくではたかくてはたかいたかいにたかいがたかは)ありません。(高い)

25) この(あかいの, あかいで, あかく, あかいな, あかいい, あか, あかいだ)かばんは日本語の先生のかばんです。(あかい)

26) 田中さんはとても(まじめは, まじめで, まじめだ, まじめに)学生です。(まじめだ)

27) 田中さんは(きれいな, きれくきれいだ, きれいは, きれくて, きれいない, きれいだでは)ありません。(きれいだ)

28) 先生には(はなし, はなしく, はなせ, はなして)ないほうがいいです。(はなす)

29) 金さんはコンピューターを(使って, 使い, 使った, 使)ことができますか。(使う)

30) 先生が(有名なくて, 有名, 有名いな)なりました。(有名だ)

31) あなたは日本の小説を(読んで, 読ま)ことがありますか。(読む)

13.5 생각해 봅시다

13.4에서 살펴본 것처럼 오용은 다양한 형태로 나타납니다만, 그러한 오용이 발생하는 데에는 실은 다양한 원인이 있는 것으로 알려져 있습니다. 野田尚史・迫田久美子・渋谷勝己・小林典子(2001)에 의하면 일본어 학습자의 문법 오용이 일어난 데에 있어 다음과 같은 숨은 배경이 있다고 합니다.

1) 과제에 따라서 다른 오용
2) 처리 시간이 짧기 때문에 일어난 오용
3) 산출 방법에 의해 달라지는 오용의 성질
4) 문법 테스트로 오용을 관찰하려는 것의 한계
5) 학습자가 추론한 잘못된 문법 지식

첫째, 과제에 따라서 다르게 나타나는 오용이란 예를 들어 시험문제를 잘못 맞혀서 틀린 오용, 작문에서 실수하여 발생한 오용, 회화에서 문법적으로 틀린 문장을 말해서 발생한 오용 등과 같이 다양한 오용이 존재하는데, 이들 오용은 일률적으로 나타나는 것이 아니라 어떤 경우에는 오용을 범하지 않다가도 어떤 경우에는 오용을 범한다는 것입니다. 즉 시험을 칠 때는 틀리지 않다가 말을 할 때에는 해당 문법 표현을 오용하는 경우가 있다는 것입니다.

둘째, 처리 시간이 짧기 때문에 일어난 오용이란, 특정한 표현을 당황하거나 짧은 시간에 발화하거나 작성하려고 하면 오용이 일어나기 쉽다가도 반대로 시간이 충분히 주어지면 오용이 일어나지 않거나 일어나기 어렵다는 것입니다.

셋째, 산출 방법에 의해 달라지는 오용이란 예를 들면 작문을 사전이나 교과서를 보면서 했는가, 제목이 정해진 것인가, 아니면 정해지지 않은 것인가, 과제를 미리 알고 충분히 시간을 들여서 준비해 온 것인가, 아니면 바로 준비해서 짧은 시간에 준비해서 발생한 오용인지 여부를 말합니다. 사전이나 교과서를 참고했음에도 불구하고 특정 표현의 오용이 발생하였다면 학습자는 해당 문법 표현에 대한 정확한 지식이 결여된 것으로 생각할 수 있습니다.

넷째, 문법 테스트로 오용을 관찰하는 것의 오류인데, 이것은 문법 테스트로 해당 표현에 대해 문법적 오용을 범했다고 해도 그것이 반드시 해당 문법 사항에 대한 학습자의 무지의 소산으로 단순히 귀결되는 것은 아니라는 것입니다. 즉 문법 테스트를 통해서 확인된 오용은 학습자의 단순한 주의력 부족, 해당 학습자로서 이유 있는 오용, 몰라서 제멋대로 추측해서 답을 적은 경우가 있다는 것입니다.

다섯째, 학습자가 추론한 잘못된 문법 지식이 원인이 되어 오용이 발생하는 경우가 있습니다. 예들 들어 「형용사+です」 즉 「さむいです」의 부정이 「さむくないです」라는 규칙을 학습한 학습자가 「きれいです」를 「きれくないです」라는 오용을 일으킨 경우입니다. 또한 「東京が行きたいです」와 같이 「동사+たい」 앞에서 무조건 「が」를 사용해야 한다는 학습자의 잘못된 문법 지식이 원인이 되어 오용이 일어나는 경우도 생각할 수 있습니다. 그리고 학습자가 잘못 추론한 데에서 발생하는 오용에는 학습자의 모어에서 비롯된 것도 있습니다. 예를 들면 「*先生がよむの本」은 한국어에서 연체형이 기본형이 아니라는 사실이 일본어에 전이되어 오용이 발생한 것입니다.

다음의 작문은 일본어 학습자들이 본 저자에게 제출한 작문 과제 중의 하나인데, 거기에는 많은 오용이 들어가 있습니다. 이 작문 과제는 자유 주제의 형식으로 예고하여 1주일이 지나서 받은 것입니다. 아래의 작문 과제에 나타난 문장을 읽고 지금까지 설명한 사항을 근거로 해당 오용이 어떻게 발생하게 되었는지, 그리고 해당 오용이 단순한 문법 지식의 결여에서 비롯된 것인지, 아니면 다른 무엇인가가 원인이 되어 발생한 것인지에 대해서 생각해 보도록 합시다.

> 病院の問題
>
> 日常生活に感じる不便と問題のはいろいろなことがありますそのなかで私の経験でいちばん衝撃だったことにたいして紹介します
> 私が高校生どきでしだははがプレゼントで買ってくれたくつがありましだとてもきれいですが私のあしのなかさが大きいですからくつを履かないでしだでもきが入たくつだったらむりやりにくつを履きましたきついくつをはいてあるきまわりましたがらまずまずあしゆびが赤くなてかのうしてしまいました病院に行くのがこわいですからいたかったでしたけと耐えましたそのとき祖母といっしょに住んでいましたが祖母はむかしの考を持っていますから民間療法でみそをあしゆびに塗いでくれましだそれで私が行くまわりにはいつもみその特別な臭いにおいがでましたでももっと悪貨になって勇気をもって病院にいなければなりませんでした医者は私のあしゆびを見なからはなしをしました「あなたはくまですね」いままでかまんしているのがすごいだと言われましたそして手術をしました手術にわたしはきぶんがわるくになりましだなぜなら手術をしたときに医者は音楽を聞たりうたをうたったりしました医者のたちばにはかんたんな手術かもしれませんげと患者のたちばはたいせつなことですから患者のこころをりかいしてくれるのが医者のしめいがないかとおもっていますまた医者はこわい印象で患者をむしをしたり傲慢な態度で事務的に扱うのが私のきぶんをわるくになりましだ
> 私が経験したことより病院の問題はもっとあるとおもいますそのなかでいちばんひつようだっとおもうのは患者のだちばで配慮することだとおもいます

☞ 표기 오용, 조사 오용이 일어난 부분을 줄을 그어가면서 찾아봅시다.

☞ 문법(용언 활용) 오용이 일어난 부분을 줄을 그어가면서 찾아봅시다.

☞ 특정 오용이 어떠한 이유로 발생하였는지 곰곰이 생각해 봅시다.

13.6 문법지도 방안

문법지도 방안에는 다양한 방법이 있는데, 청화식 교수법(audio lingual method)에 의거한 교수법(1~5)을 제시하겠습니다. 아래에 제시하는 지도 방안은 말하기 지도에도 적용될 수 있습니다.

1) 청화식 교수법

예1) 대입드릴: 어떤 특정한 표현을 다른 표현으로 바꾸어서 문형을 연습하는 방법

교사	학습자
私は韓国人です	私は韓国人です
私は日本人です	私は日本人です
タイ人	私はタイ人です
アメリカ人	私はアメリカ人です

예2) 변형드릴: 교사가 말한 것을 학습자가 다른 형태로 바꾸는 것입니다.

교사	학습자
これは本です	これは本ではありません
あした学校へ行く	あした学校へ行きます
高いです	高かったです

예3) 확장드릴: 교사가 말한 단어를 가지고 학습자가 문장을 확장시켜 나가는 연습입니다.

교사	학습자
私は行きました	私は行きました
京都	私は京都へ行きました
バス	私はバスで京都へ行きました
先生	私は先生とバスで京都へ行きました
土曜日に	私は土曜日に先生とバスで京都へ行きました

예4) 결합드릴: 복수의 짧은 문장을 하나의 문장으로 만드는 연습입니다.

교사	학습자
これは本です/あれは鉛筆です	これは本であれは鉛筆です

예5) 완성드릴: 교사가 일부의 문장을 제시하면, 학습자는 제시받은 일부의 문장을 완전한 문장으로 완성하는 연습입니다.

교사	학습자
頭が痛いから	学校を休みたいです

2) 게임을 통한 지도 방법
　예1)「られる」릴레이: 칠판에 교사가 복수의 동사 기본형을 적고, 조별로 학습자들이 나와서 동사에 られる를 활용한 형태를 빠른 시간에 정확하게 적는 조가 우승하는 게임
　예2) 빙고게임: 학습자는 복수의 동사 기본형을 적는다. 교사가 동사의 활용형을 말하면 그 기본형을 표시하여 가로 세로 대각선이 만들어지면 빙고라고 말한다. 빙고라고 말한 학습자가 이기는 게임이다.

3) 노래를 통한 지도 방법: 동사 음편형 지도
　예) 클라멘타인 노래 악보에 맞춰 다음과 같은 가사를 붙여 학습자들에게 부르게 한다.

```
一類動詞  つるうって
ぬぶむんで  くはいて
ぐはいで  するはして
二類動詞  るとって
するはして  くるはきて
行くは例外  行ってです
```

제13장 인용 및 참고문헌

천호재·조병현(2011)『한국인 일본어 학습자의 오용 연구』한국문화사
手塚和世(2003)『일본어 학습에 있어서 저해 요인의 분석과 고찰』계명대학교 교육대학원 일어교육전공 석사학위논문
浅倉美波·遠藤籃子·春原憲一郎·松本隆·山本京子(2000)「第3章 初級指導のポイント」『日本語教師必携 ハート&テクニック』アルク
江副隆秀(1985[1993])『日本語を外国人に教える日本人の本』創拓社
K·ジョンソン·H·ジョンソン(1999)[岡秀夫訳(1999)]「文法指導」『外国語教育学大辞典』大修館書店
川口義一&横溝紳一郎(2005)「第1章 日本語の授業の実際-B. 導入と文法説明」『日本語教育ガイドブック(下)』ひつじ書房
清水義昭(2000[2002])「第4章 文法·文体」『概説日本語学·日本語教育』おうふう
国際交流基金(2011)『文法を教える』ひつじ書房
田中寛(2006)『日本語の教え方ハンドブック』国際語学社
日本語教育学会(1991)「第3章 シラバス·デザイン」『日本語教育機関におけるコース·デザイン』凡人社
日本語教育学会(1995)「第4章 運用能力の育成-文型の練習」『タスク日本語教授法』凡人社
野田尚史·迫田久美子·渋谷勝己·小林典子(2001)『日本語学習者の文法習得』大修館書店
古田弥寿夫監修(1991)『日本語教育論集』学研
宮地裕(1990[1992])「第8章 文法」『日本語教育ハンドブック』大修館書店

제14장 구성

14.1 듣기의 중요성
14.2 일본어 교사가 알아두어야 할 듣기 관련 예비지식-듣기의 종류
14.3 듣기지도의 유형
14.4 듣기 교재의 종류
14.5 한국인 대학생 일본어 학습자들의 듣기에 대한 의식과 실태
14.6 듣기에 영향을 미치는 요인
14.7 듣기 기능 향상을 위한 구체적인 지도 방법
제14장 인용 및 참고문헌

제14장

듣기지도

14.1 듣기의 중요성

듣기(listening)라는 것은 예를 들어 특정 문맥, 장면이나 배경 지식을 단서로 하여 타인의 음성에서 의미를 구축해 내는 과정이라고 할 수 있다. 이러한 듣기는 일상생활에서 말하기, 쓰기, 읽기(독해)와 어우러져서 의사소통 활동을 하는 데 중요한 역할을 한다. 말하기, 쓰기, 읽기도 의사소통을 하는 데 중요한 역할을 하기는 하지만, 일상생활에서 듣기가 차지하는 비중은 50% 이상이라고 알려져 있다. 따라서 듣기는 일상생활에서 의사소통 활동의 중심적인 역할을 한다고 할 수 있다.

일상생활에서 우리는 두 가지의 형태를 통해서 듣기를 실천하고 있다. 하나는 어떤 사람과 얼굴을 맞대고 무엇인가를 듣는 형태이고, 다른 하나는 얼굴을 맞대지 않고 사람이나 그 무엇인가(라디오, 텔레비전, 비디오, 동영상, 테이프 레코더)의 매개체를 통해서 듣는 형태이다.

우리가 일상생활을 통해서 무엇인가를 듣는다는 것은 단순히 그 무엇인가를 수동적으로 듣는 것을 의미하는 것이 아니다. 듣는다는 것은 적극적이고 능동적인 활동이다. 그 이유는 듣는다는 것이 상대방이 발화한 음성을 구별하며, 연속적인 음성을 단어(형태소) 단위로 분해하며, 분해한 단어나 구, 문장의 의미를 부여하는 것이며, 청취한 내용을 단기 기억에 저장(왜냐하면 대부분 청취한 내용은 시간이 경과하면 잊어버리기 때문에)하기 때문이다. 듣기는 청자에게 있어 필요한 정보를 수용한다고 하는 목적을 지닌 활동이며, 듣는 양에는 한계가 있다. 그리고 듣기는 화자의 발화가 일정한 스피드로 이루어지며, 일정 시간이 지나버리면 그 발화가 순식간에 사라져 버린다는 것, 그러기 때문에 집중하지 않으면 화자의 발화에 담긴 내용을 놓쳐버릴 염려가 크다는 점에서 어려움을 지닌다. 그렇다고 해서 놓쳐버린 화자의 발화를 매번 반복해주길 바랄 수도 없다. 일본어의 경우도 별반 사정이 다르지는 않다.

14.2 일본어 교사가 알아두어야 할 듣기 관련 예비지식―듣기의 종류

이미 언급한 바와 같이 듣기 행위는 그 무엇인가를 단순히 듣는 것은 아니다. 일본의 원어민(한국인도 포함하여)이 그 무엇인가를 듣는다는 것은 단순히 수동적으로 청각을 통해서 그 무엇인가를 파악하는 것으로 치부해서는 안 된다. 듣기에는 여러 종류가 있으며 그 종류에는 단순한 것부터 복잡한 정신적 작용이 이루어지는 것까지 다양하다. 단순하며, 또는 다양하고 복잡한 정신적 작용을 내포한 듣기의 종류를 아는 것이 중요한 것은 일본어 학습자에게 원어민 수준의 듣기를 즉시 기대할 수 없다는 데에 있다. 즉 듣기에는 난이도가 다른 다양한 수준의 요소들이 연결되어 있으며 각 요소들이 하나로 어우러지는 능력이 갖추어졌을 때 원어민 수준의 듣기가 가능해진다는 것이다. 따라서 일본어 교사는 각 단계에 맞는 듣기 활동을 파악해 두어야 하며, 그러한 파악을 통해서 듣기를 교실활동에 유효적절하게 인내심을 가지고 시간을 가지고 적용할 수 있는 능력을 지닐 필요가 있는 것이다.

그러면 듣기 활동에는 어떠한 것이 있을까? 먼저 듣기에는 식별이 있다. 식별은 들은 내용과 일치하는 단어와 문장을 청자가 식별해 내는 행위이다.

둘째, 듣기에는 정서(整序)라는 것이 있다. 들은 내용을 이해한 청자는 그림이나 도표를 적절한 순서로 나열할 수 있다.

셋째, 그림이나 도표의 작성이다. 들은 내용을 이해한 청자는 그래프나 그림, 도표를 그리거나 작성할 수 있다.

넷째, 받아쓰기이다. 들은 내용을 이해한 청자는 문장 전체나 부분을 듣고 받아쓰는 활동을 할 수 있다. 초급 과정의 학습자들에게는 본문에 나오는 단어를 들려주고 받아쓰게 하는 방안을 생각해 볼 수 있다.

다섯째, **스캐닝**(scanning)이다. 청자에게 있어서 필요한 정보나 지정된 정보를 듣는 행위를 말한다. 예를 들면 아래의 예문을 듣고 学生C가 무엇을 주고받았는지를 파악하는 것이다. 아래의 예를 보도록 하자.

```
先生    みなさんは誕生日に何をもらいましたか。ひとりずつ、教えてください。
学生A   友だちに腕時計をもらいました。
学生B   私は母からスカートをもらいました。
学生C   先輩が中古のテーブルをくれました。
先生    そうですか。では、みなさんは何をあげましたか。
学生A   後輩に財布をあげました。
学生B   先生にペアのコーヒーカップをさしあげました。
学生C   妹に人形を作ってあげました。
学生D   私は、だれからももらえませんでした。
        そしてだれにもあげませんでした。
全員    …
```
―KB2(10과 본문)―

　예를 들면 교사는 위의 문장을 학습자들에게 들려주고 수준에 따라 다양한 교실활동을 스캐닝의 형태로 실천할 수 있다. 즉 위의 본문에서「もらいました」와「くれました, あげました」가 몇 번 출현했는지를 맞히게 할 수 있다. 또한 일인칭 대명사「私」가 몇 회 출현했는지도 묻고 대답하게 할 수도 있다. 또는 수준을 올려「私」가 누구에게 무엇을 주었으며, 받았는지를 묻고 대답하게 할 수도 있다.

　여섯째는 **스키밍**(skimming)이다. 이것은 전체 내용을 대략 듣고 전체의 대의를 파악하게 하거나 파악하는 행위를 말한다. 예를 들면 위의 예문을 듣고 지금 어떠한 주제로 회화가 행해지고 있는지, 회화에 참가한 사람은 몇 명인지, 학습자들 전원이 선물을 주고받았는지를 파악하도록 하는 것이다. 그 외에 요약이나 바꾸어 쓰기(paraphrase)가 있다. 들은 내용을 간결하게 요약하거나 자신의 표현으로 바꾸어 쓰는 것도 스키밍과 유사한 활동으로 일반적으로 분류된다.

　일곱째, **자세하게 듣기**(こまか聞き取り)이다. 이것은 모든 내용을 하나도 빠짐없이 정확하게 모두 이해해서 듣는 행위를 말한다. 예를 들면 위의 문장을 들려주고 학습자들 각자가 각각 무엇을 주고받았는지를 자세하게 물어보고 대답하게 하는 것이다.

　여덟째, 노트 정리(note—taking)이다. 이것은 화자가 말한 내용을 청자가 이해한 내용을 노트에 정리하는 것이다.

마지막으로 예측이다. 이것은 화자의 이야기를 청자가 듣고 그 다음 어떤 발화가 나올지, 특정한 발화가 나오게 된 원인이나 결과를 생각하는 행위를 말한다.

이와 같이 듣는다는 행위는 일률적이 아니며 상당히 많은 종류를 지니며 듣기 활동을 구성하고 있다고 할 수 있다. 따라서 교사는 이러한 듣기의 종류를 파악하고 학습레벨에 따라서 어떠한 종류의 듣기 활동을 교실활동에 반영해야 하는지에 대해서 일가견을 가지고 있지 않으면 안 된다.

14.3 듣기지도의 유형

듣기지도시 두 가지의 큰 유형이 있다. 하나는 **상향식 방식**(bottom-up)과 다른 하나는 **하향식 방식**(top-down)이다. 전자의 상향식 방식은 학습자로 하여금 단어와 같은 작은 단위에서 단락이나 문장과 같이 커다란 단위로 이해를 중첩시켜 전체의 의미를 구축하도록 교사가 유도해 나가는 방식이다. 이 방식이 유효하다고 판단되면 교사는 14.2에서 제시한 듣기 종류를 상향식 방식으로 운영해 나가는 구상을 해보려는 시도가 필요하다고 생각된다. 예를 들면 받아쓰기를 단어→구→문→단락의 순서로 교실활동에 도입해 보는 것이다. 또한 스캐닝, 스키밍, 자세하게 듣기도 상향식 방식으로 운영해 보는 생각도 해볼 수 있을 것이다.

후자의 하향식 방식은 문맥, 장면을 바탕으로 배경 지식을 사용한 예측이나 추측을 행하면서 이해를 촉진해 나가는 것이다. 이것은 스키밍을 통해서 실천할 수 있다. 일정한 단락의 대의를 파악하면 당연히 그 단락 안의 특정 부분을 놓쳤다고 해도 놓친 부분을 예측하여 결국 그 단락의 대의를 파악하도록 하는 것도 듣기 활동에 있어 매우 중요한 활동이라는 사실이다. 예를 들면 아래의 발화에서 듣지 못한 부분을 추측하도록 하고, 추측한 내용을 어떻게 메모해서 다시 물어볼 수 있는지에 대해서 교실활동을 해 보도록 하는 것이다.

田中さまのお宅でしょうか。「キッズ・スポーツ」新宿西口店でございます。24日日曜日にご注文いただきましたお品物が○○○○○○○○○○○○○○○よろしいときにご来店くださいますようお願い申し上げます。なお、当店の営業時間は、午前10時から午後10時までとなっております。では失礼致します。

14.4 듣기 교재의 종류

듣기 교재로는 일본어교육을 수행하기 위해 듣기활동을 고려해서 만들어진 교과서, 교재가 있고, 듣기활동이라는 일본어교육의 수행을 목적으로 하지 않은 산교재를 이용하는 경우가 있다. 전자는 일반적인 중학교, 고등학교, 대학교 일본어 교과서, 서점에서 시판되고 있는 일본어 자습서, 문제집 같은 것을 들 수 있고, 후자는 애니메이션, 드라마, 광고(상업광고, 공익광고, 뉴스), 비디오 테이프, 인터넷 등을 들 수 있다. 이들을 교실활동에 도입하고자 할 경우, 교사는 상향식 방식 혹은 하향식 방식 어느 하나를 염두에 두어야 할 것이며, 어느 하나를 선택할 경우 14.2에서 제시한 다양한 듣기 종류 가운데 하나 혹은 하나 이상의 종류를 선택하면 교실활동을 수행해 내기가 매우 수월해질 것으로 생각된다.

교과서나 일본어 문제집을 교실활동에 도입할 경우 교사에게는 산교재를 도입하는 것보다 훨씬 수월할 것으로 예상된다. 왜냐하면 듣기활동이 가능하도록 교재가 꾸며져 있기 때문이다. 예를 들어 아래의 문장을 초급 일본어 학습자들에게 듣게 하고, 읽히고, 다시 듣게 하고 번역하고, 한국어를 일본어로, 일본어를 한국어로 바꾸어 번역하는 연습을 시킨다. 그리고 일본어로 묻고 일본어로 대답하게 한다.

> 先生　みなさんは誕生日に何をもらいましたか。ひとりずつ、教えてください。
> 学生A　友だちに腕時計をもらいました。
> 学生B　私は母からスカートをもらいました。
> 学生C　先輩が中古のテーブルをくれました。
> 先生　そうですか。では、みなさんは何をあげましたか。
> 学生A　後輩に財布をあげました。
> 学生B　先生にペアのコーヒーカップをさしあげました。
> 学生C　妹に人形を作ってあげました。
> 学生D　私は、だれからももらえませんでした。
> 　　　　そしてだれにもあげませんでした。
> 全員　　…
>
> ―KB2(10과 본문)―

①学生Aはだれから何をもらいましたか。
②学生Bはだれから何をもらいましたか。
③学生Cはだれから何をもらいましたか。
④学生Aは後輩に何をあげましたか。
⑤学生Cは後輩に何をあげましたか。

그리고 시판중인 일본어능력시험문제집(N4)는 일본어능력시험에서 출제하고 있는 듣기 유형에 따라서 다음과 같이 듣기 연습을 하도록 문제를 출제하고 있다.

1) 과제 이해: 결론이 있는 대화를 듣고, 문제해결에 필요한 구체적인 정보를 찾아서 다음에 어떻게 행동할 것인지를 묻는 문제이다. 선택지만 나오는 문제, 그림만 나오는 문제, 그림과 선택지가 나오는 문제로 나뉜다.

2) 포인트 이해: 결론이 있는 대화를 듣고, 사전에 제시되는 질문에 입각하여 포인트를 파악할 수 있는지를 묻는 문제이다. 문제지에는 선택지만 나온다.

3) 발화 표현: 삽화를 보면서 상황 설명문을 듣고 적절한 발화를 선택할 수 있는지를 묻는 문제이다. 예를 들어 퇴근하는 사람이 잔업을 하는 사람에게 무슨 말을 할지를 4개의 선택지에서 하나를 골라 답을 기입하는 형태이다.

4) 즉시 응답: 짧은 질문 등의 문장을 듣고 적절한 응답을 찾는 문제이다. 질문 등의 짧은 문장이 나오고 그 문장에 대한 응답으로 3개의 음성이 제시된다.

14.5 한국인 대학생 일본어 학습자들의 듣기에 대한 의식과 실태

듣기를 읽기, 쓰기, 말하기와 함께 의식 조사를 실시해 본 결과 다음과 같은 결과가 나왔다.

〈표 1〉 언어 4기능 관련 설문 결과

설문 번호	설문 항목	(매우) 그렇다	잘 모르겠다	(전혀) 아니다
16	일본어를 듣고 이해하는 것보다도 말하기 쪽이 쉽다.	29%	33%	38%
21	일본어는 듣기 및 말하기보다 읽기 및 쓰기 쪽이 쉽다.	30%	25%	45%
37	학습자는 일본어 읽기 및 쓰기 공부를 시작하기 전에 듣기 및 말하기를 어느 정도 마스터 해 두는 것이 필요하다.	51%	30%	19%

16번 설문에서 보듯, 듣기에 대해서 일본어 학습자들은 말하기보다는 거부 반응을 덜 보이는 것으로 나타났다. 17번 설문에서 보듯, 읽기 및 쓰기보다 듣기와 말하기에 대한 거부 반응이 덜 한 것으로 나타났다. 그리고 언어4기능에서 학습자들은 듣기 및 말하기를 읽기 및 쓰기보다 우선적으로 학습하기를 희망하는 것으로 나타났다. 무엇을 어떠한 어느 수준의 내용을 듣느냐에 따라서 설문 결과는 다르게 나타나겠지만, 기본적인 듣기 레벨이라면 학습자들은 듣기〉말하기〉읽기〉쓰기의 순으로 듣기를 선호하는 것으로 나타났다.

그리고 본 저자는 교양일본어 수업(2012학년도 제1학기, 60명 정원에 50명은 히라가나를 쓰지 못하거나, 잘 쓸 수 없었으며, 또한 다른 히라가나 문자와 혼동을 하였음)에서 매 수업에서 10

분간「となりのととろ」를 시청하게 하고, 몇몇 학습자들에게 아는 단어(수업시간에 배운 단어, 원래 알고 있던 단어)를 교육용 홈페이지 자유게시판에 올리게 하였더니, 다음과 같은 단어들이 올라왔다. 표기가 부정확한 것도 있으며, 학습자5와 같이 완벽하게 받아 적은 학습자도 있었다.

☞ 학습자1
えほんユ림책, め눈, まど문, あれ~!어라!(감탄사), こんにちは안녕하세요(낮인사), はい네, みづ물, さようなら잘 가, どもありがとうございました 감사했습니다, おばあぢゃん할머니

☞ 학습자2
これは그건, あれ없어, なに뭐라구?, こんにちは안녕하세요, おねえさん언니, おとうさん아빠, おばあさん할머니, どうもありがとうございました감사합니다

☞ 학습자3
これ, まくろぐろすけ, め, かいだん, はい, あれ, ない, まくろ, どんぶり, おとうさん, だいへん, おねえちゃん, けんき, いもうと, こんにちは, すすわたり, うち, てんじょ, よる, みず, いく, おさかな, なに, おかあさん, まだ, おとこきらい, どうもありがどうございます.

☞ 학습자4
おとうさん아버지, ありがとうございます고맙습니다, さようなら안녕히 가세요, なあに무엇, おばあさん 할머니, いく갈래, こんにちは안녕하세요, まっくろ까만, ない없다, とこに어디, どんぐり도토리, ゆめ 꿈, まて 기다려, しごと 일, ひっこし이사, じゃ그러면..

☞ 학습자5
これはまっくろくろすけだな。/あかいどころからきゅうにくらいどころいはいると目がくらんでまっくろくろすけがでるのさ。/そうか/まっくろくろすけでておいで, でないとめだまをほじくるじょ。/さあ, しご

제14장 듣기지도 277

としごと！/にかいのかいだんはいったいどこにあるでしょうか？/あれ？/ない！/あ、めい！あったよ！まっくろだね！/まっくろくろすけ！/へえ、あ、どんぐり！！/まっくろくろすけさん、いませんか/おとうさん、やっぱり、このうちなにかいる！/とった！！おねちゃん！！/げんきだね！/このうちをかんりされてるとなりのおばあちゃんだよ。/めい、手まっくろじゃない。/どうしたの。/まっくろくろすけにげちゃった。/めいのあし、あ、わたしのもまっくろ！/すすわたりがでたな。めい、みんなにげちゃってさ。/つまらない！/めい、こわくないもん！！/あら、じゃ夜になってもおべんじょいっしょにいってやらんない。/めいもいく！！/めいはそこにまってな。/おさかなとれた。/あ、さきの、なに？/かちゃんがばあちゃんに。/ねえ、まって、これなに？/おまえのうちおばけやしき！！！/男のこきらい。/ごくろさま。/どうもありがとうございました。/さようなら。

14.6 듣기에 영향을 미치는 요인

듣기에 영향을 미치는 요인으로 다음과 같은 것을 들 수 있다. 교사는 아래에 제시하는 요인으로 말미암아 학습자들이 일본어 듣기에 다양한 변수가 작용할 수 있음을 미리 파악해 두지 않으면 안 된다.

① 속도(너무 빠르다, 빠르다, 느리다, 매우 느리다): 너무 빨라도 너무 느려도 듣기에 영향을 미친다.
② 모어의 경우와는 다른 담화의 전개 방식 때문에 일본인들의 발화를 예측하지 못하고 그 결과 듣기에 실패할 수도 있다.
③ 일본이라는 언어 사회에서 행해지는 특유한 언어 습관에 대한 이해 부족 때문에 듣기에 실패하게 될 수도 있다.
　예) 청자와 화자 사이의 사회적인 관계, 장면, 특유의 인사 주고 받기, 화제 제시 방법
④ 특정 발음의 인식 부족

예1) 청음과 탁음의 구별에 대한 지식 부족

예2) 직음과 요음과의 구별에 대한 지식 부족

예3) 단음과 장음과의 구별에 대한 지식 부족

⑤ 어형의 축약형, 생략형에 대한 이해 부족

예) いっちゃった, のんじゃった, 言ってる

⑥ 애매한 표현, 둘러써 말하는 표현에 대한 이해 부족

예) ゆっくり考えさせていただきます/ 検討させていただきます。

⑦ 화자가 청자가 모르는 단어, 어려운 표현을 많이 사용한 경우

⑧ 교실 안에서 배우는 일본어와 교실 밖에서 배우는 일본어의 차이에 대한 이해 부족

⑨ 기억의 한계

14.7 듣기 기능 향상을 위한 구체적인 지도 방법

아래에 제시하는 지도 방법은 초급에서 중급, 고급 학습자를 대상으로 어떠한 방법으로 사용할 수 있는지에 대해서 생각해 보도록 합시다.

1) 게임을 활용한 지도 방안

예1) 빙고게임: 히라가나로 무작위로 써넣어 대각선, 가로, 세로로 일직선이 만들어지면 먼저 빙고를 외친 학습자가 이기도록 하는 게임이다.

예2) 코코코 게임: 팀 대표가 코를 만지다가 입으로 다른 곳을 말하고, 특정한 곳에 만졌을 때, 다른 동료 학습자들이 올바른 부위에 손을 대었는지를 말하도록 하는 게임이다.

예3) 위치 익히기 게임: 방향을 나타내는 특정한 명사를 교사가 말하면 학습자들은 특정한 방향으로 손가락을 가리키는 방법이다. 교사가

말한 방향이 아닌 다른 방향이나 위치로 손가락을 가리키면 지는 게임이다.

예4) 카드집기 게임: 엎어 놓은 카드 2장을 뒤집어 보고 단어와 그림이 일치하면 점수를 얻는 게임이다.

예5) 색칠하기 게임: 과일이나 국기와 같은 무채색의 그림판에 교사가 말하는 색채로 칠을 해서 넣는 게임이다.

예6) 주고받기 게임: 학습자가 교사나 MP3 파일에 담긴 내용을 듣고 누가 누구에게 선물을 주었는지, 받았는지를 화살표로 정확하게 표시한 학습자가 이기는 게임이다.

2) 동영상, 비디오, DVD와 같은 산교재를 활용한 지도 방안

예1) 음성없이 특정한 장면이 들어간 동영상을 보여준다. 이야기 내용을 추측하도록 한다. 추측이 맞는지 확인한다.

예2) 특정 영상을 숨기고 음성만 들려준다 ─ 등장인물의 위치, 외모, 상황을 추측하게 한다. 그리고 실제 영상을 보여준다. 예측한 영상인지 확인하게 한다.

예3) 영상을 일시 정지한다 ─ 다음의 영상과 목소리를 학습자들로 하여금 예측하도록 한다.

예4) 반을 양분한다. 한 쪽 그룹은 화면을 보고, 나머지 그룹은 화면을 뒤로 향하도록 돌아 앉게 한다. 화면을 본 그룹은 화면을 안 본 그룹에 대해 설명하도록 한다. 반대로 한다.

예5) 요리하는 법을 담은 동영상을 보여주고 요리하는 법을 한국어로 요약하도록 한다.

예6) 종이 접기하는 법을 담은 동영상을 보여주고 실제로 종이를 접도록 한다.

3) 사진이나 그림과 같은 산교재를 활용한 지도 방안

예1) 동화나 옛날이야기를 들려주고 특정한 삽화를 고르게 한다.

예2) 특정한 내용을 들려주고 특정한 사진을 여러 사진 가운데 고르도록 한다.
4) 어휘의 암기량을 늘린다. 어휘의 일정한 암기량에 걸맞은 일본어를 들려준다.
5) 일본인 화자의 발화 스피드에 따라 갈 수 있도록 노력한다.
6) 교실 밖에서 현실적으로 이루어지고 있는 회화체의 일본어에 인위적으로 노출시키는 교실활동을 한다.
7) 비언어적 요소에 해당하는 실제 장면과 표현을 보여준다.
    예) 드라마에 나타나는 손짓, 표정, 거리, 침묵, 헤어스타일, 자세, 말투
8) 음성의 특징을 파악하도록 한다.
    예) 청탁음의 구별, 악센트의 이동, 모음의 무성화, 장음과 단음의 구별, 촉음이 들어가는 단어와 안 들어가는 단어의 구별
9) 장면/상황을 파악하도록 한다.
    예) 어디를 안내하고 있는 발화인가? 무슨 내용을 말하는 발화인가? 청자와 화자는 어떠한 관계인가? 무슨 내용의 전화인가?
10) 필요한 정보를 파악하게 하는 방안―스캐닝
    예) (내용을 듣고) 엔과 자동차 관련 주식 시세는 얼마인가? 할아버지와 할머니는 몇 세부터라고 말하고 있는가? 2011년도 중국의 경제 성장률은 어느 정도인가? 무슨 내용의 광고인가?
11) 대의를 파악하게 하는 방안―스키밍
    예) 최근 중학생들의 행동, 내용을 듣고 O표, 혹은 X표로 표시하기
12) 악센트나 인토네이션을 통해서 화자의 발화 의도 말하기
    예)「あります」에서 끝을 올리면 상대방에게 권유하거나 무엇인가를 확인하는 것이다 /「ええ、これから」에서「これから」를 길게 평탄조로 말하면 질문에 대한 대답으로 사용되거나 침착한 말투가 된다.
13) 이야기의 전개를 예측하도록 하는 방안

예) 특정 문장의 내용에 연결되는 특정 문장을 예측해서 읽도록 한다.
14) 그림이나 도표 혹은 문자를 보면서 청취하도록 하는 방안
예) 그림을 보면서 어떤 내용을 말하고 있는지를 파악하도록 하는 방안이다. 즉 구체적인 특정한 그림을 몇 장 보여주고 그림 순서를 배열하도록 하는 방안이다.

제14장 인용 및 참고문헌

민광준(2006)「일본어 음성학 입문」건국대학교 출판부
이치우·이한나(2011)『新 일본어능력시험 한권으로 끝내기 N4』다락원
임현하(2003) 게임을 활용한 일본어 교과서 어휘지도법 연구, 계명대학교 교육대학원 석사학위논문
천호재(2011)「제2부 인터넷상의 생활문화 및 대중문화를 활용한 일본어교육의 가능성과 연구 방법」『인터넷 기반 일본어교육의 가능성과 연구 방법』한국문화사
천호재·윤주희(2011a)「제2부 제3장 사진교재를 통해서 본 일본의 이미지와 일본어교육 방안」『일본어 교재론』제이엔씨 출판사
천호재·윤주희(2011b)「제2부 제4장 일본의 노래교재를 활용한 교실활동 방안」『일본어 교재론』제이엔씨 출판사
岡崎ひとみ・岡崎敏雄(2001)「第2章 理解(読むこと・聞くこと)の過程をめぐる研究と現場への示唆」『日本語教育における学習の分析とデザイン-言語習得過程の視点から見た日本語教育』凡人社
川口さちこ・桐生新子・杉村和枝・根本牧・原田明子(2003)『上級の力をつける聴解ストラテジー(上)』凡人社
川口さちこ・桐生新子・杉村和枝・根本牧・原田明子(2003)『上級の力をつける聴解ストラテジー(下)』凡人社
川口義一&横溝紳一郎(2005)「第3章 日本語の授業の実際-B. リスニングの指導」『日本語教育ガイドブック(上)』ひつじ書房
木村宗男(1990[1992])「第3章 教授法 Ⅱ. 言語技能別の指導方法 1.聞くことの指導」『日本語教育ハンドブック』大修館書店
国際交流基金(2008)『聞くことを教える』ひつじ書房
小林ミナ(2004)「第2章 教室活動」『이해하기 쉬운 教授法』語文学社
JACET SLA研究会(2000[2001])「Ⅱ. 理論と研究 11. リスニング・コンプリヘンション, 13. リーディングのプロセスとストラテジー」『SLA研究と外国語教育』リーベル出版
日本語教育学会(1991)「第3章 シラバス・デザイン-4. 技能シラバス-読解指導および聴解 指導を中心に-」『日本語教育機関におけるコース・デザイン』凡人社
日本語教育学会(1995)「第4章 運用能力の育成-6.聞く力」『タスク日本語教授法』凡人社
水谷修(1990[1992])「第5章 音声」『日本語教育ハンドブック』大修館書店

제15장 구성

15.1 말하기의 중요성
15.2 일본어 교사가 알아두어야 할 말하기 관련 예비지식
  15.2.1 기계드릴
    ①반복드릴(repetition drill)
    ②확장드릴(expansion drill)
    ③전개드릴(development drill)
    ④대입드릴(substitution drill)
    ⑤변형드릴(transformation drill)
    ⑥결합드릴(combination drill)
    ⑦완성드릴(completion drill)
    ⑧문답드릴(question and answer drill)

  15.2.2 의미 드릴
    ①장면연습(situation drill)
    ②소회화 연습(small conversation drill)
    ③정보의 갭(information gap)
    ④인터뷰 태스크(interview task)
    ⑤짝 활동(pair work)
    ⑥롤 플레이(role play)

15.3 의미드릴 지도 시 유의사항
15.4 말하기(대화)의 확대 방법
15.5 말하기(회화)에 대한 한국인 대학생 일본어 학습자들의 의식
15.6 말하기 지도 방안
제15장 인용 및 참고문헌

제15장

말하기지도

15.1 말하기의 중요성

　말하기라는 언어행동은 화자가 말하고자 하는 내용을 여러 표현 형식 가운데 특정한 표현 형식을 선택하여 음성으로 상대방에게 전달한다는 인간의 기본적인 언어행동 중의 하나이다. 말하기에는 회화와 같은 화자와 청자의 쌍방적인 언어행동뿐만 아니라 스피치나 프리젠테이션 등의 청자에 대한 화자의 일방적인 언어행동도 포함된다.

　그런데 일본어를 예로 들어 말하면 화자의 입에서 나오는 음성(회화)은 음성이나 음운 자체의 체계적인 면을 파악하는 것은 그리 어려운 일이 아니라 할지라도 음성 언어 즉 구어체의 언어를 의사소통을 위해서 운용한다는 것은 결코 용이하지 않다. 왜냐하면 화자와 청자의 연령, 사회적 관계, 성별, 장면 등과 같은 언어 외적 요소와 더불어 인토네이션이나 프로미넌스와 같은 언어 내적 요소가 말하기에 복잡하게 얽혀 있기 때문이다.

　따라서 당연한 것이기는 하지만 일본어 학습자가 교실활동을 통해서 특정한 문법 실러버스를 습득하고 말하는 연습을 했다고 해서 원어민 수준의 말하기가 가능한 것은 아니다. 그래서 일본어 교사는 말하기에 대한 기본 지식과 초급, 중급, 고급 일본어 학습자에게 부합되는 말하기 지도 방안에 대한 다양한 지견을 흡수하려는 노력을 기울이지 않으면 안 된다. 일본어 학습자가 기본적인 수준에서부터 일정 수준 이상의 말하기 능력을 획득하기 위해서는 다양한 유형의 교실활동이 필요하며, 고로 일본어 교사는 다양한 유형의 말하기 교실활동을 학습자들로 하여금 체험하게 할 수 있는 전문적인 지견을 갖추고 있어야 하기 때문이다.

15.2 일본어 교사가 알아두어야 할 말하기 관련 예비지식

　일본어 교과서를 사용한 말하기 교실활동의 기본적인 절차는 다음과 같다.

학습항목의 제시와 문법 설명→기계드릴→의미드릴→롤플레이
　　　　①　　　　　　②　　　　　③　　　　　　④

①번과 ②번 단계는 초급 단계에서 이루어지는 교실활동이라고 할 수 있으며, ③번과 ④번 단계는 중급 단계에서 이루어지는 교실활동이라고 볼 수 있다. 그것은 ①번 단계와 ②번 단계에서 문맥이 배제된 정형화된 문법 패턴의 습득이 주목적이라면 ③번과 ④번 단계에서는 문맥과 상황이 고려된 비정형화된 표현의 습득이 주목적이기 때문이다. 이하의 절에서는 기계드릴과 의미드릴에 대해서 설명을 하고자 한다.

15.2.1 기계드릴

먼저 기계드릴은 문맥을 배제한 정형화된 표현을 학습자로 하여금 기계적으로 습득하도록 한다는 점에 그 특징이 있다. 이 드릴에는 반복드릴, 확장드릴, 전개드릴, 대입드릴, 변형드릴, 결합드릴, 완성드릴, 문답드릴이 있다.

① 반복드릴(repetition drill): 교사가 어떤 내용을 말하면 학습자들은 교사가 말한 내용을 모방해서 반복적으로 말하는 연습을 말한다. 아래의 'T'는 teacher 즉 교사를, 'S'는 student 즉 학습자를 가리킨다. 이하 동일함.
　예) T: はじめまして
　　　S: はじめまして
　　　T: 私は鈴木と申します。
　　　S: 私は鈴木と申します。

② 확장드릴(expansion drill): 반복드릴의 한 형태이기는 하지만, 교사가 말한 문장의 길이가 횟수가 거듭될수록 길어진다는 점에서 반복드릴과는 구별

된다.

예) T: 買いました。
S: 買いました。
T: プレゼントを買いました。
S: プレゼントを買いました。
T: 誕生日のプレゼントを買いました。
S: 誕生日のプレゼントを買いました。
T: 田中さんの誕生日のプレゼントを買いました。
S: 田中さんの誕生日のプレゼントを買いました。

③ **전개드릴(development drill)**: 교사는 학습자에게 특정 표현을 자극으로 제시하고 특정 표현을 제시받은 학습자는 원래 문장을 더 확대해가는 연습이다. 확장드릴은 교사의 발화를 학습자가 단순히 모방하는 것에 반해, 전개드릴은 교사가 제시한 표현을 주체적으로 늘려나간다는 데에 차이점이 있다. 일반적으로 전개드릴을 확장드릴로 일괄해서 제시하는 경우도 있다.

예) T: 買いました。
S: 買いました。
T: プレゼントを
S: プレゼントを買いました。
T: 誕生日の
S: 誕生日のプレゼントを買いました。
T: 田中さんの
S: 田中さんの誕生日のプレゼントを買いました

④ **대입드릴(substitution drill)**: 교사가 학습자에게 제시한 원래 문장의 일부를 다른 표현으로 제시하면(제시 방법으로는 교사의 발화, 플래시 카드, 그림, 사진, 제스처, 실

물 등이 있다.) 학습자는 해당 표현으로 문장을 다시 바꾸는 연습이다. 즉 문형이나 명사 바꾸어 넣기, 동사(형용사)의 변화형을 습득시키는 연습이라고 생각하면 된다.

 예) T: 昨日、友だちと一緒に海へ行きました。デパート
   S: 昨日、友だちと一緒にデパートへ行きました。
   T: 郵便局
   S: 昨日、友だちと一緒に郵便局へ行きました。

 ⑤ 변형드릴(transformation drill): 교사가 기본 용언을 제시하고, 교사가 원하는 형태로 학습자가 용언의 어형을 바꾸는 연습 형태를 말한다. 전환연습이라고도 한다.

 예) T: のむ
   S: のみます
   T: する
   S: します
   T: くる
   S: きます

 ⑥ 결합드릴(combination drill): 교사가 두 가지 이상의 별개의 문장을 제시하면 학습자는 교사가 제시한 해당 문장들을 하나의 문장으로 결합하는 연습 형태를 말한다.

 예) T: 日本語の先生はきれいです。日本語の先生はやさしいです。
   S: 日本語の先生はきれいで、やさしいです。
   T: 大阪はにぎやかです。京都は静かです。
   S: 大阪はにぎやかですが、京都は静かです。

⑦ **완성드릴**(completion drill): 교사가 불완전한 문장 요소들을 학습자에게 제시하면 학습자는 해당 문장 요소들을 가지고 올바른 문장으로 완성시키는 연습 형태를 말한다.

  예) T: 田中さん、誕生日、プレゼント、買いました
    S: 田中さんの誕生日のプレゼントを買いました。
    T: 銀行、9時、4時、です。
    S: 銀行は9時から4時までです。

⑧ **문답드릴**(question and answer drill): 교사가 특정한 내용을 학습자에게 제시하며 질문하면, 학습자는 제시된 특정한 내용을 넣어 대답하는 연습 형태이다. 응답연습이라고도 한다.

  예) T: これは先生の本ですか。いいえ
    S: いいえ、それは先生の本ではありません。
    T: これはだれのかばんですか。先生の
    S: それは先生のかばんです。

이상 기계드릴에 대해서 살펴보았는데, 이 기계드릴은 일본어 학습자의 해당 문법 실러버스에 대한 정확한 습득을 주목적으로 하는 것으로 **패턴 프랙티스**(pattern practice)라고도 불린다. 따라서 일본어 학습자가 해당 표현의 정확한 습득을 신념으로 삼는 교사는 이러한 기계드릴이 가지는 속성을 충분히 이해하고 정확하게 교실활동에 반영할 수 있는 능력을 갖추고 있어야 한다.

그런데 이 기계드릴을 교실활동에서 교사가 충실히 행한다고 해서 학습자들이 교사의 바람대로 말하기라는 의사소통 능력이 순조롭게 갖추어질 것이라고 낙관해서는 안 된다. 왜냐하면 학습자들은 해당 항목을 사용해서 의사소통을 한 경험이 없으며, 또한 실제로 일본인을 만나서 무엇인가를 말을 한다고 해서 교실활동을 통해서 습득한 항목을 실제로 사용할 수도 못할 수도 있으며, 해당 항목을 문법적, 음성적, 기능적으로 부정확하게 운용하는 바람에 일본 원어민이 이해를 하지 못할 수도 있으며 일본어 학습자의 의도를 오해할 수도 있기 때문이다.

해당 표현의 정확성을 기한다는 점에서 기계드릴은 매우 중요하다고 할 수 있지만, 기계드릴이 지니는 가장 큰 단점은 기계드릴을 교실활동에서 충실히 실천할 경우 학습자들이 쉽게 지치고 싫증을 잘 내며, 교실환경이 어수선해질 가능성이 있다는 데에 있다. 따라서 교사가 기계드릴의 효과를 적절히 보기 위해서는 기계드릴이 교실활동에서 차지하는 시간적 비중을 조절하든지, 아니면 해당 표현의 습득을 위해서 기계드릴이 필요하다고 생각되는 때와 항목만을 선별해서 교실활동을 하도록 해야 할 것이다.

15.2.2 의미드릴

기계드릴로는 자연스런 말하기 능력이 향상되기 어렵다. 그것은 기계드릴에서는 적절한 문맥(장면, 상황)이 배제되며, 정보의 주고받기라는 실제 의사소통의 필수적인 구성 요소가 결여되기 때문이다. 따라서 일본어 학습자의 말하기 능력을 향상시키기 위해서는 장면연습, 소회화 연습, 정보의 주고받기, 인터뷰 태스크, 짝 활동, 롤 플레이 등과 같은 실생활에 근접한 적절한 말하기 연습을 교실활동에 반영할 수 있는 전문적 지견을 교사는 갖추어야 할 필요가 있다. 즉 기계드릴이 정확하게 말하기에 중점을 둔 것이라면, 의미드릴은 실생활에 적절하고 자연스럽게 말하는 데에 중점을 둔 것이라고 생각하면 된다. 기계드릴이 초급 일본어 학습자들을 대상으로 하는 것이라면, 의미드릴은 중급 이상의 일본어 학습자가 지도의 대상이 된다고 할 수 있다.

이하에서는 장면연습, 소회화 연습, 정보의 주고받기, 인터뷰 태스크, 짝 활동, 롤 플레이에 대해서 설명하도록 한다.

① **장면연습(situation drill)**: 교사가 특정한 상황이나 장면을 제시하고, 해당 장면에서 적절한 문장을 학습자가 해당 어구를 가지고 말하는 연습 형태를 말한다. 이 연습을 통해 학습자는 특정 문장과 특정한 문장을 사용할 수 있는 적절한 상황이나 장면까지도 습득할 수 있다.

☞ 교사: 특정한 상황을 여러분에게 제시하면 여러분은 알고 있는 어구를 수동형 문장으로 대답하면 됩니다.

예) T: 英語の先生があなたの妹を叱ったときにあなたは何と言いますか。
　　S: 妹が英語の先生に叱られました。
　　T: 友だちがあなたの自転車を壊したときにあなたは何と言いますか。
　　S: 友だちに私の自転車を壊されてしまいました。

② **소회화 연습(small conversation drill)**: 교사가 짧은 회화문과 학습자가 다른 표현으로 바꿀 부분을 제시하면 학습자는 자신이 알고 있는 다른 문장으로 대입하여 문장을 완성한다. 학습자는 단순히 문장을 재생하는 것이 아니라 상대방(교사)에게 주어진 문장에 적절한 대답을 수행해 낼 수 있는 기초 실력을 형성하게 된다는 점에서 의의가 있다고 할 수 있다.

예1) どうしましたか。
　　　熱もあるし、頭もいたいです。KM(2, 02과 본문)
예2) 全さんはどんな曲が好きですか。
　　　70年代の曲が好きです。　　KB(1, 10과 본문)
예3) 駅から遠いですか。
　　　いいえ、遠くないです。近いです。KB(1, 09과 본문)

③ **정보의 갭(information gap)**: 우리 일상은 대부분 화자와 청자가 가지고 있는 정보의 갭을 메우기 위한 언어행동(정보의 주고받기)이 주를 이루고 있다고

해도 과언이 아니다. 즉 화자나 청자 가운데 어느 한쪽이 가지고 있는 정보의 차이가 발생하면 의문문을 통해 회화가 이루어지는 모습이 일상의 모습이라고 할 수 있다. 정보의 갭을 메우기 위한 언어행동은 교실활동과 일상으로 분류될 수 있다.

교실활동의 예	일상생활에서의 예
朴: あっ、それは何ですか。 先生: あ、それは日本語の辞書です。 朴: 先生の辞書ですか。 先生: はい、そうです。わたしの辞書です。 KB(1, 05과 본문)	全: 池田さん、 　　田中さんは事務室にいますか。 池田: いいえ、いません。さっき、 　　ジムに行きましたよ。 KB(1, 06과 본문)

④ **인터뷰 태스크(interview task)**: 인터뷰를 통해서 예정된(기획된, 지시된) 정보를 획득하는 언어 활동을 말하는데, 미지의 정보를 획득한다는 점에서 앞에서 말한 정보의 갭을 메우기 위한 활동이라고 할 수 있다. 그런데 이 인터뷰 태스크가 정보의 갭 메우기와는 구별되는 것은 실제 대인접촉을 통해서 말하기, 읽기, 쓰기, 듣기와 같은 종합적인 언어기능의 활성화를 동시에 꾀할 수 있다는 점이다.

　예1) 질문1: あなたは自転車が乗れますか。

　　　질문2: あなたはニューヨークに行ったことがありますか。

　　　질문3: あなたの趣味は何ですか。

　　　질문4: あなたはどの季節が好きですか。

　　　질문5: あなたは先週の土曜日に何をしましたか。

　예2) 태스크 시트의 기입

	自転車	ニューヨーク	趣味	好きな季節	先週やったこと
山田さん	のれない	ある	読書	春	テニス
高橋さん	のれる	ある	ドライブ	夏	バスケットボール
黒田さん	のれる	2回	ボート	夏	ハイキング
平野さん	のれない	ない	将棋	秋	デパートで買い物
スミスさん	のれる	たくさんある	ゲーム	冬	サッカー

⑤ **짝 활동(pair work)**: 짝끼리 의사소통하는 교실활동을 말한다. 서로 얼굴을 맞대고 아래와 같은 문장을 배역을 바꾸어 가면서 보고 혹은 암기한 것을 서로 말을 주고 받는다.

 朴: あっ、それは何ですか。
 先生: あ、これは日本語の辞書です。
 朴: 先生の辞書ですか。
 先生: はい、そうです。わたしの辞書です。
   KB(1, 05과 본문)

⑥ **롤 플레이(role play)**: 교사가 학습자들 각자에게 특정한 상황과 역할을 제시하고 특정한 상황과 역할을 제시받은 학습자들이 교사가 제시한 대로 회화 연습을 하는 활동을 일컫는다. 즉 학습자들에게 특정한 역할들을 부여하고 대화를 만들게 하는 교실활동이다.

롤 플레이 유형으로 교단 위에서 배역을 설정한 롤 플레이, 캐릭터 롤 플레이(손장갑 인형, 골판지 인형, 막대 인형, 헤어밴드 인형, 마스크 인형), 무대 위에서 행하는 롤 플레이(노래&챈트 페스티벌, 이야기책 꾸며 말하기, 무대에서 펼치는 연극 발표), 마임 및 스토리텔링 등이 있다.

 예) 일본에 온 한국인 유학생(安さん)은 지금 매우 추우며 한국의 온돌이 매우 그립습니다. 그리고 安さん은 겨울을 좋아하지 않고 가을을 좋아합니다. 이러한 내용을 적절히 고려하여 회화를 진행하도록 하세요.

渡辺: 昨日は寒かったですね。
 安: ええ、とても寒かったですね。韓国のオンドルが懐かしいです。
  私は冬が好きではありません。
渡辺: では、季節の中で、どの季節が一番好きですか。
 安: 秋が一番好きです。
   KB(1, 11과 본문)

15.3 의미드릴 지도시 유의사항

의미드릴 지도시 몇 가지 유의사항에 대해서 살펴보면 다음과 같다.

1) 교사는 반드시 장면이나 상황을 학습자에게 제시한다.
2) 장면이나 상황은 학습자 개인에게만 제시하지 말고 전체 학습자에게 제시하여야 한다.
3) 학습자에게 질문과 응답을 번갈아가며 할 수 있도록 해야 한다.
4) 학습자의 응답은 질문에 대한 대답의 형식으로만 끝내서는 안 된다.
5) 하나의 학습항목에 대해서 문맥을 많이 제시하여야 한다.

첫째, 교사가 학습자들에게 장면이나 상황을 제시해야 하는 것은 실생활에 근접한 적절한 말하기 연습이 되도록 해야 하기 때문이다. 그렇지 않으면 기계드릴의 성격에 가까운 말하기 연습이 되어 버린다.

둘째, 문맥을 전체 학습자에게 제시해야 하는 것은 말하기 연습 기회가 특정한 학습자에게만이 아니라 전체 학습자에게도 균등하게 주어져야 하기 때문이다. 즉 특정 학습자가 말하기 연습을 하고 있어도 나머지 학습자들은 소리를 내지 않고 동일한 문맥하에서 마음속으로 말하기 연습을 할 수 있기 때문이다.

셋째, 학습자에게 질문과 응답을 번갈아가며 할 수 있도록 해야 하는 것은 실생활에서 말하기 행동이 질문과 응답으로 대부분 이루어지기 때문이다. 즉 일상생활에서 질문하는 사람은 계속 질문하고 응답하는 사람은 계속해서 응답하는 경우는 거의 없기 때문이다.

넷째, 응답이 질문에 대한 대답의 형식으로 끝나서는 안 된다는 것은 응답이 대답 이외의 기능도 수행하기 때문이다. 예를 들면 (キャンセルになった音楽会のポスターを見ながら) A: 残念ですね。B: そうですね。와 같이 동의로 응답을 하는 경우도 있으며, 이러한 응답의 유형이 실생활에서 차지하는 비중이 실제로 더 높다.

　마지막으로 하나의 학습항목에 대해 문맥을 제시하는 것은, 일상생활에서 하나의 학습항목이 다양한 문맥하에서 사용된다는 사실을 학습자들에게 주지시킴으로써 해당 학습항목에 대한 습득을 촉진시키기 위함이다. 예를 들어「동사 음편형＋ください」즉「書いてください」는 '부탁', '권유', '지시', '의뢰', '애원'과 같이 다양한 문맥하에서 사용될 수 있다.

15.4 말하기(대화)의 확대 방법

　우리는 일상생활에서 말하기(대화)가 묻고 대답하는 일회성의 언어행동으로 끝나는 경우는 거의 없다. 의사소통이 알차고 인간관계가 돈독한 경우에는 대화의 길이가 길어지는 것이 상식이다. 따라서 일본어 교사는 일본어 학습자들에게 있어서 대화의 확대를 가능하게 하는 전문적인 지견을 갖추고 있어야 한다. 그러한 일본어 교사의 지견을 통해서 학습자는 대화의 확대라는 스킬을 연마해 나갈 수 있는 것이다.

1) 학습자로 하여금 이미 배운 학습항목을 재생하도록 한다.
2) 대화는 교사의 모델에 따라 조금씩 확대되어 나가야 한다.
3) 하나의 문맥의 확대가 끝나면, 동일한 패턴을 사용한 표현을 도출해 내는 문맥을 제시하여 한꺼번에 학습자에게 대화를 확대하도록 한다.
4) 학습자를 지치게 하거나 싫증나게 하지 않도록 대화의 흐름을 바꾸는 문맥을 제시한다.

　첫째, 학습자에게 이미 배운 학습항목을 재생하게 하는 이유는 우선 이미 배운 학습항목이 보다 완전하게 해당 학습자에게 습득되도록 하기 위함이다.

다른 이유는 해당 학습항목을 단기기억에서 장기기억의 형태로 저장하도록 하기 위해서이다.

둘째, 대화가 교사의 모델에 따라 조금씩 확대되어 나가야 한다는 것은 교사가 일정한 모델문을 대화의 확대를 촉진하는 목적으로 제시한다는 것이다. 예를 들면 교사가 의문문을 의도적으로 사용해 나가는 것에 의해 대화가 확대되어 나가도록 하는 것이다. 본 저자의 체험이긴 하지만 초급 일본어 학습자를 대상으로 30분간 대화를 한 적이 있다. 그것은 학습자의 발화에 관계되는 사항을 계속 의문문의 형태로 질문을 하면 가능해진다.

　　예) T: それ、何ですか。
　　　　S: 韓国のお菓子です。食べませんか。
　　　　T: え？でも、いいですか。
　　　　S: どうぞ。どうぞ。

셋째, 하나의 문맥 확대가 끝나면, 동일한 패턴을 사용한 표현을 도출해 내는 문맥을 제시하여 한꺼번에 학습자에게 대화를 확대하도록 한다는 것은 예를 들어 위에서 「食べませんか」를 사용하는 문맥에서 바로 「飲みませんか」가 사용되는 문맥으로 교사가 다른 학습자들에게 이행해버리면 대화가 확대될 수 있다는 것이다. 따라서 교사는 대화가 확대될 수 있는 다양한 문맥을 사전에 잘 준비하고 있어야 한다.

　　예) T: それ、何ですか。
　　　　S: 韓国のカンコーヒです。飲みませんか。
　　　　T: え？でも、いいんですか。
　　　　S: どうぞ。どうぞ。

마지막으로 학습자를 지치게 하거나 싫증나게 하지 않도록 대화의 흐름을 바꾸는 문맥을 제시한다 함은 대화에 대한 일본어 학습자들의 흥미를 지속시키기 위함이다. 예를 들면 교사는 위의 「カンコーヒ」의 제조 일자를 3년 전이라는 문맥을 제시하여 학습자들의 대화를 다른 흐름으로 유도해나가는 것이다.

15.5 말하기(회화)에 대한 한국인 대학생 일본어 학습자들의 의식

이 절에서는 한국인 대학생 일본어 학습자들의 말하기 즉 회화 욕구에 대한 의식에 대해서 살펴보도록 한다.

본 저자는 초급일본어(1)을 수강하는 대학생 일본어 학습자(140명)를 대상으로 설문조사를 실시하고 다음의 〈표 1〉과 같은 설문 결과를 얻었다.

〈표 1〉 의사소통 욕구에 대한 일본어 학습자의 의식(%)

설문 번호	설문 내용	(매우) 그렇다	보통 이다	(전혀) 아니다
14	문법을 위한 문법보다는 회화에 금방 사용할 수 있는 문법을 가르쳐줬으면 좋겠다.	86%	9%	5%
15	실생활에서 별로 사용되지 않는 문법보다는 실생활에서 자주 사용되는 문법을 우선적으로 가르쳐줬으면 좋겠다.	94%	6%	0%
18	나는 문법을 공부하려는 의욕보다는 회화를 하고 싶은 의욕이 더 강하다	81%	11%	8%

14, 15, 18번의 설문 내용은 말하기 즉 회화 능력 향상에 대한 일본어 학습자들의 의식에 관련된 것으로 먼저 14번 설문 결과를 보면 학습자의 86%가 문법을 위한 문법보다는 회화에 금방 적용할 수 있는 문법을 가르쳐 주길 바란다고 응답하였다. 이 결과는 말하기가 문법을 배우는 주요 목적인 것임을 말해 주는 것이라고 할 수 있다. 그 다음으로 15번 설문 결과를 보면 무려 94%의 일본어 학습자가 실생활에서 자주 사용되는 문법을 우선적으로 가르쳐주길 바란다는 응

답을 함으로써 일본어 학습자들의 말하기 욕구가 어느 정도인지를 가늠할 수 있다. 그리고 이 수치는 문법 실러버스 배열 순서를 결정하는 데에 있어 중요한 지침으로 작용할 수 있다는 사실을 보여 주는 것이다. 마지막으로 18번 설문 결과를 보면, 81%의 일본어 학습자가 문법보다는 회화를 하고 싶은 욕구가 더 강하다고 응답하였다.

이와 같이 〈표 1〉은 일본어 학습자들의 회화 욕구를 단적으로 보여주는 것으로 일본어 교사는 이러한 일본어 학습자들의 의식을 무엇보다도 잘 이해하고 있어야 한다.

그리고 다음의 〈표 2〉를 통해서 언어4기능에 관련하여 말하기에 대한 일본어 학습자들의 의식을 들여다 볼 수 있다.

〈표 2〉 언어 4기능 관련 설문 결과

설문 번호	설문 항목	(매우) 그렇다	잘 모르겠다	(전혀) 아니다
16	일본어를 듣고 이해하는 것보다도 말하기 쪽이 쉽다.	29%	33%	38%
21	일본어는 듣기 및 말하기보다 읽기 및 쓰기 쪽이 쉽다.	30%	25%	45%
37	학습자는 일본어 읽기 및 쓰기 공부를 시작하기 전에 듣기 및 말하기를 어느 정도 마스터 해 두는 것이 필요하다.	51%	30%	19%

16번 설문 결과를 통해서 학습자들은 듣고 이해하기보다 말하기 쪽에 어려움을 좀 더 느끼고 있는 것을 알 수 있다. 그리고 21번 설문 결과를 통해서 읽기, 쓰기보다 말하기 쪽에 어려움을 더 느끼고 있는 것을 확인할 수 있다. 마지막으로 37번 설문 결과를 통해서 일본어 학습자들은 새로운 과에 들어가서 말하기(듣기)를 먼저 배우고 읽기 및 쓰기를 나중에 학습을 희망하는 것으로 나타났다. 이를 통해서 학습자들은 말하기 학습에 부담을 느끼는 것과는 별도로 말하기 연습이 다른 언어기능보다 중요한 것으로 여기는 것을 알 수 있다.

15.6 말하기 지도 방안

이하에서 제시하는 말하기 지도 방안은 초급 일본어 학습자에게만 적용되는 경우, 중급 학습자와 고급 학습자 모두에게 적용되는 방안이 있을 것입니다. 이하에서 제시하는 지도 방안 외에도 자신만의 독특한 방안에 대해서 생각해 봅시다.

1) 게임을 통한 말하기 지도 방안
   예1) 숨겨진 그림 알아맞히기: 그림의 일부분을 보여주고 대상이 무엇인지 일본어로 묻고 일본어로 대답하는 것이다. 학습 수준에 따라서 단어나 문장으로 대답하는 여러 활동 형태를 취하도록 한다.
   예2) 명함 교환하기: 자기의 명함을 만들어 동료 학습자들과 서로 교환하면서 일본어로 번갈아 가면서 자기소개를 한다. 명함을 교환하면서 인상 깊었던 동료 학습자들의 명함 내용을 앞에서 일본어로 소개한다.
   예3) 수수께끼: 일반적인 단어를 하나 선택하여 학습자들로 하여금 말하고 맞히게 한다. 「鉛筆」→(일본어로) 나는 나무로 만듭니다/나는 공부할 때 사용해요/나는 가늘답니다/ 나는 검어요.
   예4) 퀴즈쇼: 특정 단어를 일본어로 말하게 하고 답을 맞히게 하는 놀이이다.
   「富士山」을 보고 한 사람이 「日本で一番高い山は?」라고 말하면 조원들이 「富士山」이라고 대답하는 것이다.
2) 인터뷰 태스크
   예) 한류 스타 1위에서 5위까지를 일본어로 각자에게 인터뷰하고 그 결과를 일본어로 발표하도록 하는 것이다.
3) 스피치 활동

예) 일본에서 거주하면서 겪었던 체험담을 일정한 시간 내에 스피치하도록 하는 활동.
4) 디스커션 활동
예) 각각 호화 결혼식과 조촐한 결혼식을 지지하는 그룹으로 나누어서 번갈아가면서 호화 결혼식과 조촐한 결혼식을 지지하는 이유를 합리적인 근거를 들면서 주장하는 활동. 여기에서 어느 그룹이 합리적이고 논리적인 근거를 제시했는지 평가를 내리는 제3의 그룹의 발표도 하도록 한다.
5) 롤 플레이 활동
예1) 패밀리 레스토랑 아르바이트 정보에 대해서 묻고 대답하게 한다.
예2) 호텔 매점에서 택배원의 접수 시간을 묻고 대답하게 한다.
예3) 전화로 선배에게 면접 시험의 장소를 묻고 대답하게 한다.
예4) 화장품이나 눈썹 광고 대사를 만들어 서로 배역을 정해 나가면서 상품의 특징에 대해서 말하도록 한다.
예5) 친구 생일 파티에 지각하게 된 것을 사과한다.
예6) 전화로 東京駅에서 집까지의 길을 묻고 안내한다.
6) 프리젠테이션 활동
예1) 신입사원 연수에서 가게 매출 상황 보고를 한다.
예2) 신제품 판매 전략에 대해서 보고한다.
7) 연구 발표 활동
예1) 자신이 연구한 일본어 수동구문에 대해서 발표한다.
예2) 일본 여성들의 옷차림새에 대해서 발표한다.
8) 면접을 받는다.
예1) 당사에 지원하게 된 동기에 대해서 설명한다.
예2) 대학원 입학시험에서 장차 무슨 연구를 할지에 대해서 설명한다.
9) 얼굴을 맞대고 혹은 전화로 잡담(일상 이야기)을 한다.

예1) 이야기를 들으면서 맞장구를 친다.
예2) 신입생 환영회에서 마음에 드는 후배와 잡담을 한다.
예3) 상대방에게 필기도구를 빌리고자 할 때, 상대방이 선생님인 경우, 가족, 아이, 친구, 모르는 사람, 선배일 경우 어떻게 말하는지 실제로 말해 본다.
예4) 상대방에게 전화를 걸어 말을 할 때 어떻게 시작하여, 어떻게 용건을 전달하고 어떻게 말을 맺는지를 실제로 연습해 본다.
예5) 소개팅에 나가서 상대(남성, 여성)에게 무슨 말을 어떻게 할지 실제로 연습해 본다.

제15장 인용 및 참고문헌

김명희(2004) 다양한 교육 연극 프로그램 구안·적용을 통한 말하기 표현 능력 신장 방안, 부산교육, 봄호
임현하(2003) 게임을 활용한 고등학교 일본어 교과서 어휘지도법 연구, 계명대학교 교육대학원 일어교육전공 석사학위논문
천호재(2008)「일본어 학습에 대한 한국인 학습자의 視點」, 일어일문학연구, 65(1),235—252, 한국일어일문학회
천호재(2011a)「제2부 제3장 패션 관련 생활문화를 활용한 일본어교육의 가능성과 연구 방법」『인터넷 기반 일본어교육의 가능성과 연구 방법』한국문화사
천호재(2011b)「제2부 제4장 동영상 자료를 활용한 일본어교육의 가능성과 연구 방법 」『인터넷 기반 일본어교육의 가능성과 연구 방법』한국문화사
천호재·윤주희(2011a)「제2부 제2장 사진교재를 활용한 교실활동」『일본어 교재론』제이엔씨
천호재·윤주희(2011b)「제2부 제3장 일본이 사진교재를 활용한 교실활동 방안」『일본어 교재론』제이엔씨
허경숙(2004) 다양한 언어 놀이 구안·적용을 통한 기초 영어 말하기 능력 기르기, 부산교육, 가을호
浅倉美波·遠藤籃子·春原憲一郎·松本隆·山本京子(2000)「第1章 心構え編 第2節 日本語教師のコミュニケーション学」『日本語教師必携 ハート&テクニック』アルク
岡崎ひとみ·岡崎敏雄(2001)「第3章 産出(話すこと·書くこと)の過程をめぐる研究と現場への示唆」『日本語教育における学習の分析とデザイン』凡人社
川口義一&横溝紳一郎(2005)「第3章 日本語の授業の実際─A. スピーキングのの指導」『日本語教育ガイドブック(上)』ひつじ書房
川越菜穂子(1991)「コミュニケーション·アプローチと機能的シラバス」『日本語教育論集』学研
清水義昭(2000[2002])『概説 日本語学·日本語教育』
木村宗男(1990[1992])「第3章 教授法」『日本語教育ハンドブック』大修館書店
国際交流基金(2008)『話すことを教える』ひつじ書房
小林ミナ(2004)「第2章 教室活動」『이해하기 쉬운 教授法』語文學社(서울)
高見澤孟(2004)「第1章 教授法」『새롭게 시작하는 日本語教育基本用語辞典』語文學社
田中望·斎藤里美(1993)「第4章 学習者による学習過程の意識化」『日本語教育の理論と実際』大修館書店
日本語教育学会(1995)「第4章運用能力の育成 7. 話す力」『タスク日本語教授法』凡人社
縫部義憲(1991[1994])「第7章 日本語インターアクション教育」『日本語教育入門』創拓社
野田尚史·森口稔(2004[2006])『日本語を話すトレーニング』ひつじ書房
ハードソン遠藤陸子(2008)「短編を通して「日本」を教える」『外国語としての日本語教育』くろしお出版
JACET SLA研究会(2000[2001])「Ⅲ. 外国語教育─言語能力の指導 12. スピーキングの研究と指導」『SLA研究と外国語教育』リーベル出版

제16장 구성

16.1 읽기지도란 무엇인가? 읽기지도는 왜 중요한가?
16.2 교사가 알아두어야 할 읽기 관련 예비지식
16.3 읽기지도의 유형
16.4 각 단계별 읽기지도의 유의점
16.5 읽기에 대한 교사와 학습자의 의식
16.6 다양한 읽기지도 방안들
제16장 인용 및 참고문헌

제16장

읽기지도

16.1 읽기의 중요성

언어는 **이해**(comprehension)와 **산출**(production)의 두 가지 과정으로 압축될 수 있다. 전자의 이해에는 문자로 된 내용을 읽는 읽기(독해)와 구어체로 된 말을 듣는 듣기(청취)가 있다. 반면 산출에는 구어체로 된 말을 하는 말하기와 문장체의 말을 쓰는 쓰기가 있다.

읽기는 다른 언어기능과 마찬가지로 인간이 일상에서 의사소통 활동을 하는 데에 있어서 중요한 활동 중의 하나이다. 외국어 즉 일본어를 학습할 때에 기본적으로 읽기는 기본적인 학습행위 중의 하나이다. 일본어 어휘를 습득하기 위해서, 일본어를 생활기반으로 하는 사람들 즉 일본인들의 정신문화, 물질문화나 여러 활동에 대한 정보를 얻기 위해서, 읽는 행위가 매우 유효적절한 수단으로 그 가치가 인정될 수 있기 때문이다.

읽기에는 두 가지 측면이 있는데, 하나는 쓰여진 문자, 인쇄된 문자로 된 문장(단어)을 정확하게 발음하여 읽을 수 있는가 하는 것이고, 다른 하나는 문장(단어) 내용을 어느 정도 이해하면서 소리 내어 혹은 침묵을 통해서 읽는다는 것이다.

일본 원어민이든 일본어 학습자이든 문자를 통해서 정보를 입수해 가는 읽기 행동은 사회생활에서 필수적으로 요구되는 것이다. 따라서 읽기지도라는 것은 교사가 문자로 된 다양한 정보를 일본어 학습자로 하여금 인식시키고 이해할 수 있도록 하는 행위라고 할 수 있다.

이하의 절에서는 일본어 교사가 기본적으로 알아두어야 할 읽기지도에 대한 몇 가지 지식을 소개하고, 읽기지도의 유형, 읽기에 대한 학습자들의 의식, 읽기지도의 유의점, 읽기지도 방안에 대해서 살펴보도록 한다.

16.2 일본어 교사가 알아두어야 할 읽기 관련 예비지식

일본어 읽기 기능을 향상하기 위한 재료로는 교과서뿐만 아니라 소설, 신문기사, 잡지, 손으로 쓴 전언, 메모, 가전제품 등의 사용 설명서, 포스터, 논문, 일본어능력시험 독해 문제집 등의 다양한 재료를 들 수 있다.

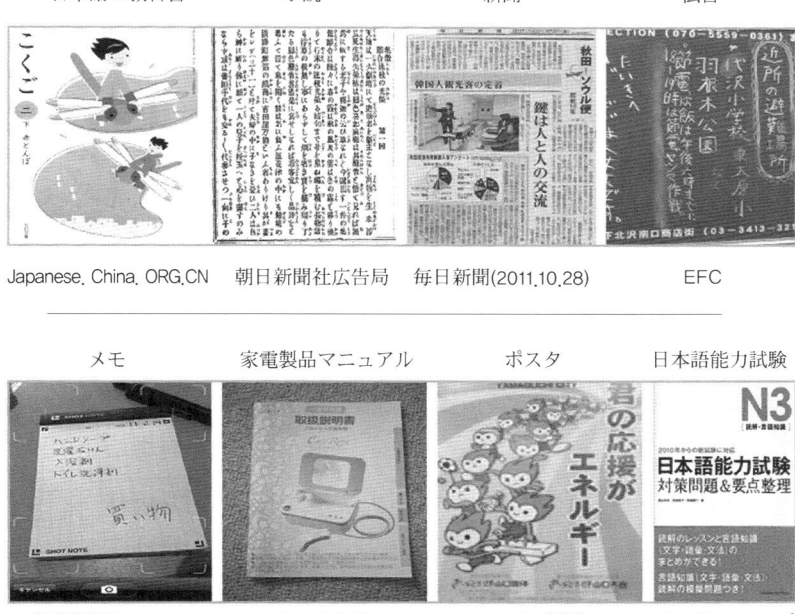

이들 읽기 재료들은 특정 학습자들의 흥미나 관심을 끌기 위해서 혹은 초급 학습자, 중급 학습자, 고급 학습자와 같은 수준에 맞는 읽기 수업을 위해서 취사선택될 수 있다.

이들 읽기 재료들에는 각각 고유의 장점이 있는데, 단편(소설, 에세이, 옛날이야기, 추리)에서 거두어들일 수 있는 효과로는 단편 내용(메시지), 일본의 심층문화(인사, 호칭, 인생관, 가치관, 종교관, 가족관, 안과 밖의 개념, 연령, 계급, 성, 재화, 질병 등에 대한 태도, 몸짓,

시선)에 대한 깊은 이해를 들 수 있다. 그리고 일본인의 방언을 바라보는 태도, 속담이나 관용구를 통해서 일본인들의 정신문화를 이해할 수 있으며, 단편에서 나타나는 지리를 통해서 지리와 음식, 토착문화, 풍경 등에 대한 다양한 이해도 가능하다.

읽기지도에는 세 가지 방법이 주로 거론된다. 스캐닝, 스키밍, 정독이다. 먼저 **스캐닝**(scanning)이란 일본어 학습자로 하여금 필요한 정보를 찾을 수 있도록 하는 교실활동이다. 예를 들면 신문이나 인터넷 사이트의 일기예보란에서 특정 지역의 일기예보 내용을 일본어 학습자들로 하여금 찾도록 한다든지, 문자(히라가나, 가타가나, 한자)를 막 학습한 일본어 학습자들에게 일정량의 텍스트(예를 들어 광고 전단지)를 제공하고 그 텍스트 안에 들어 있는 히라가나 단어, 한자 단어, 가타가나 단어를 찾도록 하는 교실활동이다.

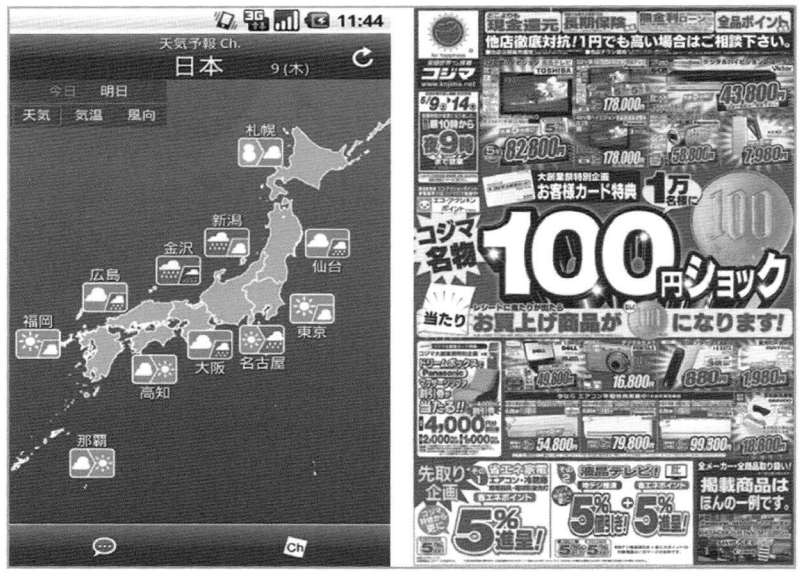

天気予報　　　　　　　　　広告ちらし

NHK(2012.04.20)　　　　　on line 日経BP社

둘째는 **스키밍**(skimming)의 형식을 통한 교실활동이다. 학습자로 하여금 일정한 내용이 들어간 텍스트 전체를 대충 파악하도록 하고, 세세한 내용이 아닌 대의를 파악하도록 지도하는 교실활동이다.

셋째, **정독**을 통한 교실활동이다. 이 정독은 반드시 교실활동을 통하지 않아도 학습자 개인이 교실 이외의 공간에서 수행할 수 있는 것으로 이것은 일정한 텍스트에 들어 있는 특정 단락을 구성하는 특정한 문장, 특정한 단어에 이르기까지 학습자로 하여금 정확하게 이해하고 모든 정보를 파악하도록 하는 것이다. 이하 예를 들면 다음과 같다. 아래에서 제시하는 예는 초급 일본어 학습자에게 적용될 수 있는 것이지만, 텍스트의 수준을 높여 고급 일본어 학습자를 대상으로 정독을 통한 교실활동도 가능하다.

金さんは わたしの せんぱいです。
かれは まじめな 学生です。
また、しんせつで 明るい ひとです。
かれの うちは 慶州です。
慶州は にぎやかな まちですか。
あまり にぎやかでは ありません。
こうつうは どうですか。
とても べんりです。
大邱から とおいですか。
いいえ、あまり とおく ありません。
ちかいです。

KB(1)7

① 金さんは だれの せんぱいですか。
② 金さんは どんな ひとですか。
③ 金さんの うちは どこですか。
④ 金さんの うちは 大邱から ちかいですか、とおいですか。

흔히 일본어 학습자들은 읽기라고 하면 정독만을 생각하기 쉬운데, 스키밍이나 스캐닝 방식을 통한 읽기 활동이 있다는 것을 학습자들이 알게 되면 읽기에 대해서 한층 유연한 자세를 취할 수 있을 것으로 생각된다.

16.3 읽기지도의 유형

교사가 독해 과정을 어떻게 생각하느냐에 따라 세 가지 큰 유형으로 읽기지도가 가능하다. 즉 상향식 모델(bottom up model), 하향식 모델(top down model), 절충식 모델이다.

첫째, **상향식 모델**(bottom up model)은 인쇄된 혹은 작성된 문자를 일일이 추적하면서 문자→단어(word)→문장(sentence)→단락(paragraph)→담화(discourse)로 독해를 진행시키며 최종적으로 글쓴이가 전달하고자 했던 의도를 올바르게 이해해 가는 과정으로 파악해가는 모델이다. 이 모델은 오로지 글쓴이의 의도를 이해해 내려는 데에 주안점이 두어져 있으므로 읽는 이가 관여할 여지가 없다. 그래서 이 모델은 읽는 이에게는 수동적이다. 이하 이 모델에 적용되는 예를 제시하면 다음과 같다.

예1) 어휘의 의미를 가르친다.
예2) 어휘 목록을 건네주고 예습을 시킨다.
예3) 구 레벨(관용구) 해석 방법에 대해서 지도한다.
예4) 문장 레벨(수식 관계, 지시사)의 해석 방법에 대해서 지도한다.
예5) 단어와 구의 의미, 문장이나 단락 전체의 의미에 대해서 다양한 질문을 한다.

둘째, **하향식 모델**(top down model)이다. 이 모델은 읽는 이의 능동적인 관여, 특히 예측과 검증에 의해서 비로소 읽기가 가능해지는 모델이다. 읽는 이는 텍스트 속에 나타난 특정한 언어 정보를 힌트로 해서 텍스트의 내용을 예측하는 공격적인 읽기 방식이다.

예1) 예측의 힘을 기르는 교실활동의 예

> ─ 아래의 문장을 읽고 그 다음에 연결되는 문장을 문장 중에서 하나를 고르시오. 해당 문장을 고른 뒤에 소리 내어 읽어 봅시다.
>
> 昔々あるところにこころやさしいおじいさんとおばあさんが住んでいました。

> ① おばあさんはその大きな桃を家に持って帰り、おじいさんと二人で割ってみました。
> ② ある日おじいさんは木を切りに山へいき、おばあさんは川に洗濯に行きました。
> ③ 桃太郎はいつのまにか大きくなり、元気でたくましい青年になりました。

예2) 스캐닝 능력을 향상시키는 교실활동
　　― 일정량의 텍스트를 제시하고 그 텍스트 안에 있는 몇 가지의 특정한 단어를 동그라미를 치면서 찾도록 하는 것.

예3) 스키밍 능력을 향상시키는 교실활동
　　― 일정량의 텍스트를 제시하여 읽도록 한 뒤, 그 텍스트 내용에 관련된 특정한 복수의 그림을 시간 순번으로 번호를 매겨가면서 나열하도록 하는 것.

마지막으로 **상호교류 모델**(interaction model)이다. 이 모델은 하향식 모델과 상향식 모델을 혼합한 것으로 독해가 독자의 수동적 행위와 능동적 행위가 결부된 상호작용의 결과로 이루어지는 것으로 보려는 모델이다.

16.4 각 단계별 읽기지도의 유의점

이하 초급단계, 중급단계, 고급단계별 일본어 학습자들에 대한 읽기지도의 유의점에 대해서 살펴보도록 하자.

1) 초급단계

초급단계에 있어서 읽기지도의 주요 목적은 교과서 각 단원의 문형이나 문법과 같은 구조 실러버스의 습득을 촉진하는 데에 있다. 예를 들어 특정한 구조 실러버스가 들어간 매우 짧은 문장, 회화문 등을 많이 제시하여 해당 구조 실러버스의 습득이 용이하도록 배려할 필요가 있다. 또한 이미 배운 구조 실러버스

내에서 작성된 내용을 묻고 약간 긴 문장이나 회화 표현의 이해 속도를 높이려고 교사는 노력을 하여야 한다. 교사가 학습자들에게 질문을 할 경우, 그것은 시험을 위함이 아니라 순수하게 해당 구조 실러버스가 들어간 문장의 이해와 학습자의 주의력 환기를 목적으로 해야 한다.

2) 중·고급 단계
언어적 지식의 함양과 읽기(독해) 기술을 지도하여야 한다. 전자의 언어적 지식의 함양이라는 것은 추상적 어휘, 한자 숙어, 관용 표현, 시사적 어휘, 전문 용어, 일본사정에 관련된 지식을 함양한다는 것이고, 후자의 읽기 기술을 지도한다함은 특정한 표현이나 담화 구조에 주목하는 등의 언어 재료의 처리 방식을 지도한다는 것이다. 구두 발표나 디스커션, 페어 워크 등의 활동이 요구된다.

3) 초중급 단계에서 실제 읽기지도시 유의점
- 교사가 일본어 학습자에게 자기 학습 페이스에 맞춰서 묵독을 하게 한다.
- 교사가 소리를 내어서 읽고(카세트, CD), 학습자들은 눈으로 교과서 내용을 따라 가도록 한다.
- 교사가 소리내어 읽고, 학습자들이 따라 읽기를 반복하게 한다.
- 학습자들 각자가 교재로 본문을 번갈아 가며 읽도록 한다.

16.5 읽기에 대한 교사와 학습자의 의식

본 저자는 읽기에 관련된 일본어 학습자와 교사의 의식차를 조사한 적이 있다. 그 결과는 다음의 〈표 1〉과 같다.

〈표 1〉 읽기에 관련된 학습자와 교사의 의식차

설문 번호	설문 항목	학습자	교사
21	일본어는 듣기 및 말하기보다 읽기 및 쓰기 쪽이 쉽다.	30%	23%
37	학습자는 일본어 읽기 및 쓰기 공부를 시작하기 전에 듣기 및 말하기를 어느 정도 마스터 해 두는 것이 필요하다.	51%	49%

학습자 30%와 교사 23%가 듣기 및 말하기보다 읽기 및 쓰기 쪽이 쉽다고 대답한 것을 확인할 수 있었다. 그리고 37번 설문 결과는 약 반수 가까운 학습자와 혹은 그 이상의 교사가 읽기 및 쓰기보다 듣기 및 말하기 학습에 높은 비중을 두고 있다는 것을 말해 주는 것이다.

16.6 다양한 읽기지도 방안들

이하 읽기지도에 관련된 다양한 방안을 제시합니다. 이하에서 제시된 방안을 자신의 관점대로 수정해 보거나, 자신의 고유한 아이디어를 살려 새로운 읽기지도 방안을 모색하도록 합시다. 아래에서 제시하는 읽기지도 방안 가운데 상향식 모델, 하향식 모델, 상호교류 모델에 해당하는 방안들을 찾아보도록 하고, 각 방안들을 실제 교실활동에서 어떻게 도입할 수 있는지에 대해서도 곰곰이 생각해 보도록 합시다.

  1) 소리를 내어 읽게 하는 방안
     예1) 전체 학습자가 읽기: 읽기에 대한 부담은 없으나 개개인의 발음 상태 확인은 거의 불가능하다.
     예2) 각자 자유롭게 소리 내어 읽게 하는 방안: 교실이 웅성거리므로 학습자 개개인의 발음 상태 확인이 어렵다. 읽기에 대한 부담은 없다.
     예3) 특정 학습자에게 읽게 하기: 학습자 개개인의 발음 상태 확인은 가능하지만, 읽기에 대한 부담은 증가한다. 따라서 이 방식으로 과도

한 교실활동을 할 경우 학습의욕이 감퇴할 우려가 있다.
2) 읽기와 모어 번역을 동시에 하는 지도 방안— 직독직해 방식
3) 속독 연습을 통한 지도 방안
   예) 스키밍, 스캐닝: 배우지 않은 어휘, 구조 실러버스 항목이 너무 많아서는 안 된다. 내용에 구심점이 있어야 하며 또한 흥미로운 내용이어야 한다. 길이가 적절해야 한다. (A4 용지 1매 정도)
4) 특정한 텍스트를 읽게 하기 전에, 특정한 텍스트에 나타난 배경적 지식을 학습자들에게 설명한다.
5) 본문 줄거리 설명을 통해서 특정 텍스트의 전체 내용을 대강 파악하게 한다.
6) 텍스트 본문에 나오는 단어의 한국어 의미를 제시한다.
7) 텍스트 본문에 나오는 문법을 구체적으로 설명한다.
8) 본문 읽고 번역하기— 직독직해하게 한다.
9) 아래에서 제시하는 단어를 텍스트 본문에서 동그라미 치면서 찾게 한다.
10) 제목에 부합하는 단어를 텍스트 본문에서 동그라미 치면서 찾게 한다.
11) 제목에 부합하는 문장을 텍스트 본문에서 동그라미 치면서 찾게 한다.
12) 특정 단락과 연결되는 다른 단락 찾게 한다.
13) 복수의 제시된 단락의 전개 순서를 번호를 붙이며(읽으면서) 표시하게 한다.
14) 글쓴이의 의도를 파악하게 한다.
15) 텍스트 본문 내용을 일본어(한국어)로 묻고 일본어(한국어)로 대답하게 한다.
16) 제시한 문장 중에서 본문 내용과 합치하는 것은 'O'로, 합치하지 않는 것은 'X'로 표시하게 한다.
17) 텍스트 본문에 관련된 문화적 요소를 인터넷에서 검색하게 한다.
18) 다독 지도를 한다.
   예1) 정독과는 달리, 이야기의 내용의 6할에서 7할 정도만 이해하도록 지

도한다.

예2) 이야기의 흐름을 포착하는 것에 주안점을 둔다. 자문자답하면서 읽어나가도록 지도한다.

예3) 미지의 단어는 문맥의 전후관계를 통해서 추측하게 하고, 사전 사용을 금한다.

19) 게임을 통해 지도한다.

예1) 가타가나 읽기 게임: 가타가나로 명기된 국가명과 수도명을 빨리 읽는 게임

예2) 반대말 찾기 게임: 복수의 단어 중에서 특정 단어의 반대말을 빨리 읽는 사람이 이기는 게임

20) 낭독

예) 아래의 드라마 대사(잔잔한 음악을 틀어주며 읽게 한다. 물론 읽기 연습을 며칠 동안 하게 한다.)를 낭독을 하듯 읽는다.

9月8日はれ。

心配かけてすいません。わたしそんなに強くないですよ。山岡さんの書けない辛さ私には想像つかないけど、でも私ことばってすごいと思います。どんなに遠くにいてもちゃんと届くから。ときどき思うんです。もしロケットに小説家が乗ってたら宇宙の美しさをなんて伝えるんだろうって。きっとわたしには思いもつかないことばじゃないんじゃないかなって。だから山岡さんももっと伝えてください。ことばをもっといっぱい。

－世にも奇妙な物語「過去からの日記」에서 발췌함.

제16장 인용 및 참고문헌

윤강구(2011)「일본어 교육에서 글 읽기지도법」『日本語 어떻게 가르칠 것인가?』지식과교양

임현하(2003) 게임을 활용한 고등학교 일본어 교과서 어휘지도법 연구, 계명대학교 교육대학원 일어교육전공

천호재(2008) 일본어 학습법 및 교수법에 대한 한국인 일본어 학습자의 의식, 일본연구, 24, 99—120, 중앙대학교 일본연구소

천호재(2011a)「제2부 제3장 패션 관련 생활문화를 활용한 일본어교육의 가능성과 연구 방법」『인터넷 기반 일본어교육의 가능성과 연구 방법』한국문화사

천호재(2011b)「제2부 제4장 동영상 자료를 활용한 일본어교육의 가능성과 연구 방법」『인터넷 기반 일본어교육의 가능성과 연구 방법』한국문화사

천호재(2001c) 일본의 옛날이야기, 인문사

천호재·이은선(2010)「제1부 일본어교육을 위한 애니메이션 활용 방안」『일본어교육의 다각적 연구 방법을 위한 다양한 시론』한국문화사.

천호재·윤주희(2011a)「제2부 제2장 사진교재를 활용한 교실활동」『일본어 교재론』제이엔씨

천호재·윤주희(2011b)「제2부 제3장 일본이 사진교재를 활용한 교실활동 방안『일본어 교재론』제이엔씨

岡崎ひとみ·岡崎敏雄(2001)「第2章 理解(読むこと·聞くこと)の過程をめぐる研究と現場への示唆」『日本語教育における学習の分析とデザイン』凡人社

川口義一&横溝紳一郎(2005)「第3章 日本語の授業の実際—D. リーディングのの指導」『日本語教育ガイドブック(上)』ひつじ書房

木村宗男(1990[1992])「第3章 教授法—Ⅱ. 言語技能別の指導方法3. 読むことの指導」『日本語教育ハンドブック』大修館書店

小林ミナ(2004)「第2章 教室活動」『이해하기 쉬운 教授法』語文學社(서울)

日本語教育学会(1991)「第3章 シラバスデザイン—4. 技能シラバス 4)読解·聴解指導について」『日本語教育機関におけるコース·デザイン』凡人社

日本語教育学会(1995)「第4章 運用能力の育成 9. 読む力」『タスク日本語教授法』凡人社

縫部義憲(1991[1994])「第8章 日本語授業の創造」『日本語教育学入門』創拓社

JACET SLA研究会(2000[2001])「Ⅲ. 外国語教育—言語能力の指導 13. リーディングのプロセスとストラテジー」『SLA研究と外国語教育』リーベル出版

ハドソン遠藤陸子(2008)「短編を通して「日本」を教える」『外国語としての日本語教育』くろしお出版

제17장 구성

17.1 쓰기지도의 중요성
17.2 교사가 알아두어야 할 쓰기지도 관련 예비지식
17.3 쓰기지도의 유의점
17.4 작문을 잘 하는 학습자들의 특징
17.5 한국인 일본어 학습자들의 쓰기 실태
17.6 쓰기지도 방안
제17장 인용 및 참고문헌

제17장

쓰기지도

17.1 쓰기지도의 중요성

　쓰기란 글쓴이가 쓸 내용을 생각하여 어떤 단어나 문장을 어떻게 쓸 것인지 생각하여 그것을 읽는 이에게 전달하는 것이며, 쓰기지도란 바로 이러한 쓰기 방법을 지도하는 것이다.
　무엇인가를 쓴다는 것은 서면(메일)으로 읽는 이에게 전달한다는 점에서 대인관계를 의식한 의사소통의 한 행위라고 할 수 있다. 그런 점에서 쓰기는 말하기와 일맥상통하는 면이 있다. 또한 쓰기는 쓰는 사람의 뇌 내에 구축된 언어지식을 산출하는 기능을 수행한다는 점에서 말하기와 공통점을 지닌다.
　대인과의 의사소통 행위에 있어서 말하기는 구두로 행해지는 반면에, 쓰기는 예를 들어 친구와 같은 지인에게 근황을 알린다든지, 과제물을 작성한다든지, 부하 직원이 상사에게 전화 내용을 메모로 전달한다든지, 업무 진행 상황을 메일로 작성하는 경우를 일상다반사로 경험하는 것을 보면 쓰기는 분명 말하기와는 구별되는 또 다른 중요한 의사소통 중의 하나임을 새삼 인식할 수 있다.
　쓰기는 언어4기능 가운데 가장 습득이 어렵고 타인의 엄격한 평가에 노출된다. 그것은 쓰기가 일대일뿐만 아니라 일대다의 형태로 오로지 문장만으로 타인에게 전달되며, 문장 내용만으로 타인으로부터 평가를 받기 때문이다. 오류가 있으면 그것을 수정해 주는 사람들이 없다는 점에서 쓰기는 항상 정확성이 요구된다.
　이 장에서는 쓰기지도에 대해 기본적으로 교사가 알아두어야 할 지식, 일본어 학습자들의 쓰기 실태와 교사의 태도, 쓰기지도의 유의점, 쓰기지도 방안에 대해서 살펴보도록 하겠다.

17.2 교사가 알아두어야 할 쓰기지도 관련 예비지식

　초급 단계에서는 학습자의 해당 구조 실러버스의 지식이 있는지 확인할 수 있고 이미 학습한 해당 어휘나 문법 실러버스의 정착을 분명하게 확인할 수 있다는 점에서 쓰기는 매우 중요하다고 할 수 있다.

쓰기를 교실활동에 도입하기 전에, 교사들은 우선 문자지도와 문장지도에 대한 지견을 획득하지 않으면 안 된다. 문자지도는 히라가나, 가타가나, 한자를 지도하는 것이며, 문장지도는 단문과 문장(담화)을 지도하는 것이다. 문자지도는 문자를 정확하게 표기하도록 지도하는 것이며, 문장지도는 문법에 맞게 정확하게 표기함과 동시에 적절한 문장을 산출해 내도록 지도하는 것이다. 이를 보다 세분화해서 제시하면 다음과 같다.

〈문자지도〉
① 정확하게 히라가나를 쓸 수 있도록 지도해야 한다.
　예) 받아쓰기(단음, 단어), 히라가나 문자의 변별적 특징, 즉 특정 히라가나의 허용 범위, 다른 히라가나와 구별되는 고유의 형태적 특징을 지도, 쓰는 순서를 지도.
② 정확하게 가타가나를 쓸 수 있도록 지도해야 한다.
　예) 받아쓰기(단음, 단어), 가타가나 문자의 변별적 특징, 즉 특정 가타가나의 허용 범위, 다른 가타가나와 구별되는 고유의 형태적 특징을 지도, 쓰는 순서 지도.
③ 정확하게 한자를 쓸 수 있도록 지도해야 한다.
　예1) 한자권 학습자와 비한자권 학습자를 염두에 두고 지도해야 한다.
　예2) 한자의 변별적 특징, 즉 특정 한자의 허용 범위, 다른 한자와 구별되는 고유의 형태적 특징을 지도, 획순 지도.

〈문장지도〉
① 문자를 정확하게 표기해야 함과 동시에 정확한 어휘와 문법에 맞는 문장을 쓸 수 있도록 지도해야 한다.

예1) 문자의 사용법, 단어 사용법, 문법의 정확성

예2) 원고용지나 특정 양식의 용지에 쓸 규칙, 구두점, 반복 부호. 괄호 사용법, 마침표

② 적절하게 쓸 수 있도록 지도해야 한다. 교사가 문장쓰기에 대해서 알아두어야 할 기본적인 것은 정확하게 쓰기와 적절한 문장을 쓰기, 그리고 알기 쉽게 쓰기이다. 정확하게 쓴다는 것은 문장을 구성하는 문자(히라가나, 가타카나, 한자)를 정확하게 쓴다는 것과는 별도로 어법에 맞는 문장을 써야 한다는 것임을 유념해야 한다. 어법에 맞는 문장을 쓴다 함은 문법적인 문장을 써야 한다는 것이며, 적절한 문체가 고려된 문장을 써야 한다는 것이기도 하다. 예를 들면 「だ」체를 쓰느냐, 「である」체를 쓰느냐, 「です」체를 쓰느냐 「ます」체를 쓰느냐, 나아가 각각의 문체는 격식체인지, 비격식체인지, 편지나 엽서, 메일과 같은 인간관계를 필요로 하는 문장에서 사용되는 것인지, 신문기사, 비즈니스 문서, 논문, 수필, 소설 등에서 사용되는지에 대한 지견을 갖추고 있어야 할 것이다. 그리고 알기 쉽게 쓴다는 것은 기승전결이라는 최소한의 논리 형식을 갖춘 문장으로 전달력을 최대한 잘 살린 문장을 쓴다는 것을 의미하는 것이다.

예1) 문체의 적절함

예2) 단어에서 문장, 문장에서 단락으로 단락에서 담화로 쓰는 이의 의도를 효과적으로 전달하기 위해 문장을 구성할 수 있어야 한다.

예3) 작문에는 제한 작문(어떤 문장을 완성하기, 사진을 보고 질의응답하기, 다른 문장으로 바꾸기, 문장 결합하기, 문장 확장하기, 받아쓰기)과 자유 작문으로 나눌 수 있는데, 교사는 문장을 통해서 학습자들이 읽는 이에게 자신이 뜻한 바를 잘 표현할 수 있도록 지도해야 한다.

17.3 쓰기지도의 유의점

① 초기 단계의 쓰기지도에서는 문자 및 표기와 문법적으로 올바른 문장 작성을 목적으로 한 베껴쓰기와 제한 작문을 학습자들에게 부과하는 것이 좋다.
  예) 문장 완성/ 질문에 대한 대답을 작성하기/ 요약문 작성/ 그림을 보고 문장 작성하기
② 초기 단계와 중급 단계에서는 단순한 모방에서 탈피하여 이미 학습한 어휘나 문형을 학습자들이 효과적으로 작성할 수 있도록 지도해야 한다.
③ 고급 단계에서는 사실을 정확하게 전달하고 의견을 논리적으로 기술한 논설문을 작성할 수 있도록 지도하여야 한다.
  예) 예를 드는 법/ 인과관계 서술법/ 세부의 서술/ 비교 대조법/ 분류 서술법/ 분석의 서술

17.4 작문을 잘 하는 학습자들의 특징

이 절에서는 작문(자유 작문, 주제 작문)을 잘 하는 학습자들(중급 학습자, 고급 학습자)의 특징에 대해서 살펴보겠다. 이하에서 제시하는 특징과 반대되는 특징을 지니는 학습자들은 작문을 잘 못하는 학습자로 간주해도 무방하다.

① 작문 능력이 우수한 학습자는 무엇을 작성할 것인지, 어떻게 작성할 것인지 쓰기 전에 시간을 들여 계획(아웃라인)을 나름대로 면밀하게 혹은 대략 세운다.
② 작문 능력이 우수한 일본어 학습자는 자신이 작성한 작문(내용, 표현, 자구)을 수차례에 걸쳐서 수정을 한다.
③ 작문 능력이 우수한 일본어 학습자는 기승전결(서론-본론-결론) 사이에서

몇 번이나 왕복한다.

④ 작문 능력이 우수한 일본어 학습자는 항상 구체적인 특정한 독자를 염두에 두고 마치 그 사람과 말을 주고받듯이 문장을 작성한다.

17.5 한국인 일본어 학습자들의 쓰기 실태

이하 한국인 일본어 학습자의 쓰기 실태를 A유형과 B유형으로 나누어서 제시하기로 한다.

〈A유형〉

病院の問題

日常生活に感じる不便と問題はいろいろなことがありますそのなかで私の経験でいちばん衝撃だったことにたいして紹介します
私が高校生どきでしだははがプレゼントで買ってくれたくつがありましだとてもきれいですが私のあしのなかさが大きいですからくつを履かないでしだでもきが入たくつだったらむりやりにくつを履きましたきついくつをはいてあるきまわりましたがまずまずあしゆびが赤くなてかのうしてしまいました病院に行くのがこわいですからいたかったでしたけと耐えりましたそのとき祖母といっしょに住んでいましたが祖母はむかしの考を持っていますから民間療法でみそをあしゆびに塗いでくれましだそれで私が行くまわりにはいつもみその特別な臭いにおいがでましたでももっと悪貨になって勇気をもって病院にいなければなりませんでした医者は私のあしゆびを見なからはなしをしました「あなたはくまですね」いままでかまんしているのがすごいだと言われましたそして手術をしました手術にわたしはきぶんがわるくになりましだなぜなら手術をしたときに医者は音楽を聞たりうたをうたったりしました医者のたちばにはかんたんな手術かもしれませんげと患者のたちばはたいせつなことですから患者のこころをりかいしてくれるのが医者のしめいがないかとおもっていますまた医者はこわい印象で患者をむしをしたり傲慢な態度で事務的に扱うのが私のきぶんをわるくになりましだ私が経験したことより病院の問題はもっとあるとおもいますそのなかでいちばんひつようだっとおもうのは患者のたちばで配慮することだとおもいます

이상의 문장을 읽고 아래의 물음에 대답해 보자.

☞ ① 표기(히라가나, 가타가나, 한자)가 정확한가?

② 「です」나 「ます」/「だ」, 「である」체의 혼용이 보이지는 않는가?

③ 회화체와 문장체의 혼용이 보이지는 않는가?

④ 어법(문법)에 맞는 문장을 썼는가?

⑤ 적절한 어휘, 적절한 문체를 사용하였는가?

⑥ 그 외에 다른 문제점은 없는가?

〈B유형〉

筒ギターの家―無我

高校を卒業して友だちと私は釜山の海のなかで해운대と광안리によくあそびに行き来した。海は心をあけられて見るだけでも気にいるから。
どのなつの日、台風で海には多い風が吹いてかさを差すもしないで行くぐらいの日、わたしたちは광안리のうみべへ行きたいので行った。友だちは私の手をつかんでどのたてものの中ではいった。4かいにいちしているそこにのぼるかいだんのかべには多い紙のなかのめもや詩などがへきめんをぎっしりつけってあった。かんばんようなみえる木の板には「無我」とかけってあった。筒ギターの家のだった。ぬれたわたしたちはあたたかいおちゃをさせて、とおい見えるおこった海をみてたのしかった。そしてそのおおきいカラスまどのまえのちいさいステイジにはどのわかい男子が筒ギターを打ちながらうたをうたっていた。とてもすばらしく見えた。ぶいきもよかった。そのあとときもちがよくない日とか筒ギターの音がききたい日は「無我」に行くになった。もう5年前のことだ。今はいそがしいのでよく行かないけとそのとき、その時間がうきあがれば無我ほどいい筒ギターの家もないと思う。

이상의 문장을 읽고 아래의 물음에 대답해 보자.

☞ ① 표기(히라가나, 가타카나, 한자)가 정확한가?

② 「です」나 「ます」/「だ」, 「である」체의 혼용이 보이지는 않는가?

③ 회화체와 문장체의 혼용이 보이지는 않는가?

④ 어법(문법)에 맞는 문장을 썼는가?

⑤ 적절한 어휘, 적절한 문체를 사용하였는가?

⑥ 그 외에 다른 문제점은 없는가?

⑦ A유형과 B유형의 차이점은 무엇인가?

17.6 쓰기지도 방안

이하에서는 다양한 쓰기지도 방안을 제시하고자 한다. 본 저자가 제시한 쓰기지도 방안을 수정하거나, 자신의 아이디어를 살린 새로운 방안에 대해서 생각해보도록 하자.

1) 사진(그림)을 사용하여 단어, 단문, 복수의 문장을 작성하는 방안
    예1) 사진 속의 물건이 무슨 물건인지를 묻고 단어를 작성하게 한다.
    예2) 아이들이 공원에서 공놀이를 하고 있는 사진을 보여주고 아이들이 무엇을 하고 있는지를 묻고 문장으로 작성하게 한다.
    예3) 여러 정보가 들어간 사진을 보여주고, 사진 속의 모든 정보를 문장으로 작성하게 한다.
2) 장면·상황별 작문지도 방안
    예1) お知らせのメール – 일본어 스터디 그룹 일정에 대해서 알린다.
    예2) 問い合わせのメール – 일본어 동아리 활동 내역에 대해서 대표자에게 메일로 문의한다.
    예3) 주의사항이나 서비스 안내 – 호텔 입장 안내, 공사를 알리는 안내 간판
    예4) 선생님에게 책 대출을 의뢰할 때 쓸 수 있는 메일
    예5) 가게나 이벤트 광고문 작성
    예6) 장소나 교통 안내에 대한 작성
    예7) 기획이나 제안을 위한 작성
    예8) 뉴스 레터 만들기
    예9) 게시판에 들어갈 내용 작성하기
    예10) 리포트나 논문 작성하기
    예11) 자기소개서 작성하기

3) 게임을 활용한 쓰기지도 방안

예1) 순서대로 연결하기 — 무질서한 점으로 된 히라가나를 순서에 맞게 연결하여 하나의 그림이 되게 하여 무슨 그림인지 빨리 맞히는 학습자가 이기는 게임

예2) 단어 전달하기 — 단어를 기억하여 앞 사람의 등에 단어를 써서 가장 빨리 맞히는 조가 이기는 게임

예3) 빈칸 채워넣기 — 히라가나 카드를 순서 없이 흩어놓고 문장 빈칸에 들어갈 카드를 채워넣음으로써 그 완성된 문장의 의미를 가장 빨리 말하는 학습자(팀)가 이기는 게임

제17장 인용 및 참고문헌

임현하(2003)『게임을 활용한 고등학교 일본어 교과서 어휘지도법 연구』계명대학교 교육대학원 일어교육전공, 석사학위논문
천호재(2011a)「제2부 제3장 패션 관련 생활문화를 활용한 일본어교육의 가능성과 연구 방법」『인터넷 기반 일본어교육의 가능성과 연구 방법』한국문화사
천호재(2011b)「제2부 제4장 동영상 자료를 활용한 일본어교육의 가능성과 연구 방법」『인터넷 기반 일본어교육의 가능성과 연구 방법』한국문화사
천호재·윤주희(2011a)「제2부 제2장 사진교재를 활용한 교실활동」『일본어 교재론』제이엔씨
천호재·윤주희(2011b)「제2부 제3장 일본이 사진교재를 활용한 교실활동 방안」『일본어 고재론』제이엔씨
천호재·조병현(2011)「한국인 일본어 학습자의 오용 연구」한국문화사
岡崎ひとみ·岡崎敏雄(2001)「第3章 産出(話すこと,書くこと)の過程をめぐる研究と現場への示唆—2. 書くこと―作文」『日本語教育における学習の分析とデザイン』凡人社
川口義一&横溝紳一郎(2005)「第3章 日本語の授業の実際― C.ライティングの指導」『日本語教育ガイドブック(上)』ひつじ書房
JACET SLA研究会(2000[2001])「Ⅲ. 外国語教育―言語能力の指導 14. ESL/EFL ライティングの研究と指導」『SLA研究と外国語教育』リーベル出版
小林ミナ(2004)「第2章 教室活動」『이해하기 쉬운 教授法』語文學社(서울)
木村宗男(1990[1992])「第3章 教授法―Ⅱ. 言語技能別の指導方法 5. 書くことの指導」『日本語教育ハンドブック』大修館書店
日本語教育学会(1995)「第4章 運用能力の育成 9. 書く力」『タスク日本語教授法』凡人社
野田尚史·森口稔(2003)『日本語を書くトレーニング』ひつじ書房
K·ジョンソン·H·ジョンソン(1999)[岡秀夫訳(1999)]『外国語教育学大辞典』大修館書店

제18장 구성

18.1 언어4기능의 복합적이고 균형적인 발달 도모
18.2 복합적인 교실활동을 위한 교사의 예비지식
　①시뮬레이션(simulation)
　②프로젝트 워크(project work)
18.3 교실활동의 실제
제18장 인용 및 참고문헌

제18장

복합적인 교실활동

18.1 언어4기능의 복합적이고 균형적인 발달 도모

우리는 지금까지 인간의 의사소통 활동에는 듣기, 말하기, 읽기, 쓰기와 같은 고유의 개별적인 언어활동이 있다는 것을 살펴보았다. 각각의 언어기능은 어느 것이 더 중요하고 덜 중요한 것이 아니라 언어생활에서 제각기 가치를 지니며 존재하는 것이다.

그런데 여기에서 우리가 유념하지 않으면 안 되는 것은 언어4기능이 실제 언어생활에서는 개별적으로 사용되기보다 복합적으로 어우러져 사용되는 경우가 더 많다는 것이다. 이것은 인간 활동이 이루어지는 그 어떠한 사회에서도 공통적으로 나타나는 현상이고 또 당연한 것이므로 새삼스럽게 강조할 필요가 없다고 하겠다.

따라서 특정한 언어기능 향상을 염두에 둔 언어활동이 아니라 화제나 내용에 중점을 두고 수단으로써 언어를 사용하는 것에 의해서 학습을 촉진시키고 나아가 언어4기능을 복합적으로 취급하여 균형있는 언어4기능 능력의 향상을 위한 다양한 방안을 강구할 필요가 있다고 하겠다.

18.2 복합적인 교실활동을 위한 교사의 예비지식

언어4기능을 복합적으로 취급하여 균형있는 언어4기능 능력의 향상을 위한 방법으로는 시뮬레이션, 프로젝트 워크 등이 있다. 이하 시뮬레이션과 프로젝트 워크에 대해서 설명을 하도록 하겠다.

① **시뮬레이션**(simulation)― 실제로 있을 법한 사회문제를 선정하여 그 문제를 둘러싸고 두 가지(그 이상)의 대립된 그룹으로 나누어서 각각의 입장에서 목표언어로 토론하는 연습 방법이다. 이 연습 방법은 **디베이트**(debate, 하나의 테마에 대해서 입장이 다른 두 그룹이 룰을 지키며 토론)라고도 불린다. 또한 토론으로 들어가기 전에

각 조의 구성원들은 자신들의 주장에 유리한 자료를 모으기도 하고 그 자료를 요약하는 등 논쟁에 철저한 준비를 한다. 또는 어떤 가상의 장면이 만들어지면 학습자들은 해당 인물이 되어 주어진 역할을 수행한다. 그러한 과정을 통해서 해당 장면 및 상황에 맞는 언어4기능이 모두 수행된다.

☞ **롤 플레이**(role play)와의 차이점
시뮬레이션은 교실에서 가상의 공간을 재현하고 특정한 곳에서 의사소통을 체험한다는 점에서 공통점을 지니지만, 롤 플레이는 시뮬레이션과 달리 짧은 몇 문장의 회화를 연습하는 반면에 시뮬레이션은 특정한 역할을 통해서 대본에 없는 자신의 역할을 최대한 현실적으로 연기를 한다는 점에서 차이가 있다.

② **프로젝트 워크**(project work) — 조별로 결정된 프로젝트를 실시하기 위해 우선 각조 구성원들의 분담을 결정하여, 계획, 정보 수집(인터넷, 책자, 설문조사)을 행하며 그것을 보고서로 발표하는 연습이다. 이러한 과정을 통해서 해당 장면 및 상황에 맞는 언어4기능이 모두 수행된다.
  예) 반 신문을 만든다./ 한류 스타를 앙케이트 조사하여 1위에서 5위까지 결과를 일본어로 구두 발표한다./한국의 요리를 소개하고 비디오를 만든다./ 학교 소개를 자막과 일본어 내레이션이 들어간 동영상으로 제작한다.

18.3 교실활동의 실제

① 시뮬레이션 교실활동
  예) 결혼식을 어떻게 올릴 것인가? 호화 결혼식? 아니면 조촐한 결혼식?
   A: 結婚式は派手にするべきだ。결혼식은 화려하게 해야 한다.

B: 結婚式は質素にするべきだ。결혼식은 검소하게 해야 한다.

〈진행상의 룰〉

1) AグループとBグループ、ジャッジグループに分かれて座る。A조와 B조, 심사조로 나누어서 앉는다.
   － ジャッジ項目の確認 심사 항목의 확인
   － ジャッジ項目のプリントを配る。심사 항목 프린트를 조원들에게 배부한다.
   －マナーの追加 어떤 매너를 추가할지 정한다.
2) 発表するときは手を挙げる。발표할 때는 손을 든다.
3) 相手に失礼な発言はしない。상대에게 실례스러운 발언은 하지 않는다.
4) 試合中のおしゃべりはしない。시합 중의 잡담은 하지 않는다.
5) 両方同じ時間が与えられる。양쪽 같은 시간이 부여된다.
6) 時間を守る。시간을 지킨다.
7) グループで協力してディベートを行う。조별로 협력하여 디베이트를 한다.
   － 相手のグループの意見をしっかり聞く。상대 조의 의견을 철저하게 듣는다.
   －話すときに大きい声か。말할 때에 큰 소리로 하는지를 듣는다.
   －目線を相手と合わせているか。시선을 상대방과 맞추고 있는지 확인한다.
   －他のグループに上手に反対できているか。다른 조에 능숙하게 반대하고 있는가?

〈교실활동〉

1) 각 그룹 구성원들로 하여금 의견 시트를 적게 한다.

2) 그리고 나서 무엇을 정할지 서로 얘기한다.

3) 1분간 A그룹의 의견을 논의한다.

4) 1분간 B그룹의 의견을 논의한다.

5) 3분간 반론을 생각한다.

6) 시간을 부여한다.

7) 무엇을 반론할지 그룹별로 논의한다.

8) 1분간 A그룹의 의견에 대해 B그룹이 반론한다.

9) 1분간 B그룹의 의견에 대해서 A그룹이 반론한다. 손을 들면서 의견을 말한다.

10) 단계별로 마지막으로 3분으로 정리한다.

11) 심판 그룹이 판정한다.

12) 디베이트에서 패배한 그룹에 대해서도 심판은 좋은 점을 논한다.

규칙의 설명

규칙의 명시

A조 토론 모습

B조 토론 모습

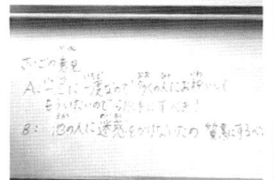
A조와 B조의 최종 입장

심사단 평가

제18장 인용 및 참고문헌

천호재·윤명옥(2010)『문화 콘텐츠를 활용한 일본어 교수법』도서출판 책사랑
천호재·윤주희(2011)「제2부 제2장 사진교재를 활용한 교실활동」『일본어 교재론』제이엔씨 출판사
川口義一&橫溝紳一郎(2005)「第3章 日本語の授業の實際─E. 4技能の統合」『日本語教育ガイドブック(上)』ひつじ書房
学習院大学日本語日本文学科(2010)『夏期日本語硏修論集』学習院大学文学部
小林ミナ(2004)『이해하기 쉬운 教授法』語文學社
高見択孟(2004)『새롭게 시작하는 日本語教育』語文學社
田中望·斎藤里美(1993)「第11章 プロジェクトワークによるコースワークと自己評価」『日本語教育の理論と実際』大修館書店

제19장 구성

19.1 문화지도의 중요성
19.2 교사가 알아 두어야 할 일본문화 관련 예비지식
19.3 교실활동과 일본문화
19.4 일본의 대중문화에 대한 일본어 학습자의 선호도
19.5 일본문화 수업을 위한 교재
19.6 일본문화를 활용한 교실활동
제19장 인용 및 참고문헌

제19장

문화지도

19.1 문화지도의 중요성

본 저자는 일찍이 아래의 〈표 1〉에서 보듯이, 일본어를 바르게 말하기 위해서는 일본문화에 관한 지식이 필요한가라는 설문조사를 행한 적이 있었는데, 거의 90%에 육박하는 일본어 학습자가 필요하다는 응답을 나타내어 보였다.

〈표 1〉 문화 학습에 대한 일본어 학습자들의 설문 결과

설문 번호	설문 항목	(매우) 그렇다	잘 모르겠다	(전혀) 아니다
6	일본어를 바르게 말하기 위해서는 일본문화에 관한 지식이 필요하다.	89%	6%	5%

〈표 1〉에서 나타난 수치는 일본어 교사가 일본어 학습자들의 언어4기능 향상뿐만 아니라 일본문화에 대한 지식 전달에도 주력해야 한다는 것을 단적으로 보여 주는 것이다.

그런데 여기에서 우리가 유념해야 하는 것은 일본문화의 습득이 일본어 학습에 어떻게 공헌할 수 있느냐 하는 것이다. 일본문화적 요소를 도입하는 것이 실제로 일본어 학습에 많은 동기를 부여한다는 주장이 최근에 많이 제기되고 있다. 예를 들어 일본 대중문화(음악, 애니메이션, 게임, 방송, 스포츠, 만화 등)가 일본어 학습자(고교생, 대학생, 일반인)의 학습에 상당한 동기 부여를 제공하는 것으로 밝혀졌다.

본 저자 역시 일본문화적 요소를 교실활동에 도입하는 것이 일본문화 학습 그 자체로서 매우 가치가 있을 뿐만 아니라 언어4기능 학습에도 매우 유용한 것이라고 생각한다. 이는 본 저자가 실제로 일본문화적 요소를 교실활동에 반영하여 그 효과를 직접 확인한 데에서 얻은 결론이다.

19.2 교사가 알아 두어야 할 일본문화 관련 예비지식

현직 일본어 교사들 역시 교실활동에서 일본문화적 요소를 도입하는 데에 대체로 찬성하고 있는 듯하다. 그러나 일본어 수업 시수가 다른 과목에 비해 상대적으로 부족하다는 현실적인 문제로 인해 선뜻 일본문화적 요소를 교실활동에 반영하는 데에 주저하게 된다는 현장의 보고를 많이 듣는다.

그러나 무엇보다 큰 문제는 교사들 자신이 정작 일본문화에 대해서 잘 모른다는 것이다. 따라서 이 절에서는 교사가 기본적으로 알아두어야 할 몇 가지 일본문화 관련 예비지식을 제시하고자 한다.

문화라는 것은 위키페디아(2012.03.30)에 따르면 예절, 언어, 종교, 의례, 가치관과 같은 것들을 포괄하는 사회 전반의 생활양식이라고 정의되고 있는데, 문화에 대해 백 사람이 정의하면 백 가지의 정의가 내려진다고 할 정도로 문화를 정의하기가 어려운 것이 사실이다.

비록 문화를 한마디로 정의내리기 어렵다는 한계점에도 불구하고 우리는 가장 보편적이고 대중적인 잣대로 문화를 분류할 수 있다. 그것은 예를 들어 다양한 문화적 요소를 전통문화, 생활문화, 대중문화 가운데 어느 하나의 범주에 넣을 수 있다. 그것은 다양한 문화적 요소들이 생겨난 시간적 배경과 무관하지 않다. 따라서 개략적인 분류라고 할지라도 최소한 일본어 교사는 일본문화가 전통문화, 생활문화, 대중문화와 같은 단순한 범주로 분류되며 각 범주에 들어갈 기본적인 요소들을 대략 파악해 두는 정도의 노력이 요구된다고 하겠다.

전통문화로는 의식주(着物, 刺身, そば, 畳 등), 마쓰리, 전통예술(歌舞伎, 能, 文楽 등), 전통 스포츠(相撲), 연중행사(正月, 初もうで, 端午の節句, 節分 등) 등의 문화적 요소로 나눌 수 있다.

생활문화로는 지리, 문학, 교통, 현 시점에서의 의식주, 역사, 종교, 일상생활이다. 일본인들의 일상생활로는 식생활 습관(젓가락, 국그릇, 밥그릇 모양, 배치 모양), 결혼식 습관, 부부 별성 제도, 인사, 공중도덕, 대인관계 등을 들 수 있는데, 교사는 이들 요소들에 대해서 기본적으로 파악해 둘 필요가 있다.

대중문화로는 애니메이션, 코스프레, 영화, 만화, 게임, 스포츠, 연예인, 드라마 등의 요소를 들 수 있다. 이들 범주에 속한 다양한 대중문화적 요소들은 변화의 속도가 빠르기 때문에 교사가 구체적으로 파악하기에 한계가 있겠지만, 대중문화를 구성하는 이들 범주를 평소에 파악을 해 두면, 특정한 시기의 교실활동에 대중문화적 요소를 도입하는 데에 매우 수월할 것으로 생각된다.

19.3 교실활동과 일본문화

그런데 일본어 교사가 일본문화적 요소를 전통문화, 생활문화, 대중문화로 분류하고 각각의 요소들을 파악하여 실제 교실활동에 특정한 문화적 요소들을 교실활동에 반영했다고 해서 일본문화가 일본어 학습에 강력한 영향을 미칠 것이라는 낙관적인 전망을 해서는 안 된다. 그러나 대다수의 일본어 학습자들이 일본문화에 관심을 어느 정도 가지고 있는 것은 사실이므로 일본어 교사가 일본문화에 관심이 많든 적든 일정한 문화적 지식을 실제 교실활동에서 적절하게 운용할 수 있는 스킬을 가지고 있어야 한다.

전통문화, 생활문화, 대중문화의 교실활동 가능성을 곰곰히 고려해 보면, 여가적 특성(기분 전환적 여가, 책임감을 지닌 여가, 참여적 여가), 발견학습 및 탐구학습 그리고 체험학습으로서 가능성이 있음을 알 수 있다. 이러한 가능성을 교사가 파악해 두면, 특정 문화적 요소를 교실활동에서 어떠한 방법으로, 어떠한 전략을 가지고 교실활동을 할 수 있을지에 대한 판단을 내리기가 가일층 용이해 질 것임에 틀림없다.

전통문화를 여가적 특성에 바탕을 두어 말하자면 다음의 문화적 요소들은 교실활동에서 학습자들의 기분 전환이나 전통문화 학습을 위한 교재로 사용될 수 있을 것이다.

1. 전통스포츠 : 相撲, 剣道, 柔道
2. 연중행사 : 正月, ひな祭り, 七夕, お盆, 端午, 鯉のぼり, 大晦日, お中元, お歳暮, 節分, 月見, 七五三
3. 마쓰리 : 祇園祭り, 神田祭り, 天神祭り, 七夕祭り, 阿波踊り
4. 전통놀이 : カルタ, 凧, 折り紙, 双六, 鬼ごっこ, 隠れん坊, お手玉, 竹馬
5. 전통 춤 : 芸者の踊り, 獅子舞

그리고 전통문화를 단순히 보여주기 차원에서 나아가 일본인들의 질서와 책임을 이해하는 데까지 목표를 두고 교실활동을 하고자 하는 교사는 다음과 같은 문화적 요소들을 교실활동에 도입할 수 있을 것이다.

1. 전통연극 : 能, 歌舞伎, 文楽, 狂言, 落語
2. 전통취미 : 茶道, 華道, 盆栽, 書道
3. 전통종교 : 神道, 仏教, キリスト教
4. 전통악기 : 和琴, 琴, 琵琶, 神楽笛, 太鼓, 薩摩琵琶, 三味線

마지막으로 참여적 여가의 차원에서 전통문화를 교실활동에서 혹은 교실 밖에서 도입하고자 하는 경우는 다음과 같은 요소들을 생각해 볼 수 있을 것이다.

1. 전통의상 : 着物, 浴衣, 草履, 下駄, 羽織, 袴, 帯び
2. 마쓰리 : 祇園祭り, 神田祭り, 天神祭り, 阿波踊り
3. 전통스포츠 : 相撲, 剣道, 柔道
4. 연중행사 : 正月, ひな祭り, 七夕, お盆, 端午, 鯉のぼり, 大晦日, お中元, お歳暮, 節分, こどもの日, 母の日, 月見, 七五三

5. 전통놀이 : カルタ, 凧, 折り紙, 双六, 鬼ごっこ, かくれんぼう, おはじき, お手玉, 竹馬, 駒, 羽根突き
6. 전통춤 : 芸者の踊り, 獅子舞
7. 전통취미 : 茶道, 華道, 盆栽, 書道
8. 전통가옥 : こたつ, いろり, 畳, 床の間, 仏壇

이상 본 저자가 예로 제시한 것은 문화적 요소가 학습자에게 있어 단순히 보이는 것뿐만 아니라, 깨닫고, 체험하는 데까지 그 적용 범위를 넓혀 각 문화적 요소들을 이해해 두어야 한다는 것이다.

19.4 일본의 대중문화에 대한 일본어 학습자의 선호도

본 저자는 일본 대중문화 학습에 대한 학습자의 선호도를 실제로 조사한 적이 있다. 본 저자는 대중문화를 영화, 드라마, 애니메이션, 만화, 캐릭터, 게임, 스포츠, 코스프레, 음악, 연예인으로 나누어서 이들 범주를 다시 세분화하여 다음과 같이 각각의 선호도를 알아보았다.

〈표2〉 시각적 대중문화 요소에 대한 남녀 전체 일본어 학습자의 선호도(%)

설문내용	1. 다음의 일본영화 중에서 관심 있는 장르는 무엇입니까?							
보기	멜로	로맨스	SF	공포	액션	판타지	애니	기타	없다
설문결과	18.1	21.7	4.35	14.5	5.8	5.07	44.9	2.9	3.62
설문내용	2. 다음의 일본 드라마 가운데 관심 있는 장르는 무엇입니까?							
보기	사극	가족극	멜로	학원	형사물	의학물	기타	없다	
설문결과	4.35	15.2	31.1	37.6	18.1	9.42	2.17	12.3	

설문내용	4. 다음의 일본 애니메이션 중에서 관심 있는 장르는 무엇입니까?								
보기	멜로	코믹	SF	공포	액션	판타지	기타	없다	
설문결과	15.2	52.1	9.42	4.3	11.5	28.2	1.4	7.2	
설문내용	6. 다음의 일본 만화 중에서 관심 있는 장르는 무엇입니까?								
보기	코믹	액션	SF	학원	판타지	순정(로맨스)	스포츠	무협	기타	없다
설문결과	35.5	10.8	7.9	15.9	13.0	40.5	9.4	4.3	3.6	9.4
설문내용	8. 다음의 일본 캐릭터 중에서 관심 있는 장르는 무엇입니까?								
보기	애니	스타	팬시	게임	프로모션	기타	없다		
설문결과	55.8	2.9	22.4	5.8	0.73	0	23.1		

본 저자는 영화, 드라마, 애니메이션, 만화, 캐릭터을 시각적 대중 문화 요소라는 범주로 묶어 선호도를 조사하였다. 영화에서는 애니메이션이 가장 높은 선호도를 보였다. 드라마에서는 학원 드라마와 멜로 드라마가, 애니메이션에서는 코믹, 만화에서는 순정과 코믹, 캐릭터 중에서는 애니메이션 캐릭터가 높은 선호도를 보였다.

그 다음으로 〈표 3〉을 보면 J—POP이 가장 높은 선호도를 보이고 있음을 확인할 수 있다. 일본어 학습자 중에는 J—POP 마니아가 상당히 많으며, 1주일 간격으로 수십 곡의 노래가 발표되는 형국이다.

〈표 3〉 청각적 대중문화 요소에 대한 남녀 전체 일본어 학습자의 선호도

설문내용	3. 다음의 일본음악 중에서 관심 있는 장르는 무엇입니까?								
보기	발라드	댄스	J—pop	랩	록	R&B	엔카	기타	없다
설문결과	23.9	11.5	51.4	0.7	7.2	3.6	1.4	2.9	11.5

셋째, 운동적 대중문화 요소 즉 게임, 스포츠, 코스프레에 대한 일본어 학습자의 선호도는 다음과 같다.

〈표 4〉 운동적 대중문화 요소에 대한 전체 일본어 학습자의 선호도(%)

설문내용	5. 다음의 일본 게임 중에서 관심 있는 장르는 무엇입니까?									
보기	록맨	몬스터 헌터	드래곤 볼	슈퍼 마리오 대전	삼국지	슈퍼 마리오	메탈 기어	위닝 일레븐	기타	없다
설문결과	1.4	4.3	5.8	4.3	7.9	32.6	0.7	10.1	1.6	36.2
설문내용	7. 다음의 일본 스포츠 중에서 관심 있는 장르는 무엇입니까?									
보기	야구	J一리그	피겨	스모	기타	없다				
설문결과	26.0	4.3	15.9	3.6	2.1	50.7				
설문내용	8. 다음의 일본 코스프레 중에서 관심 있는 장르는 무엇입니까?									
보기	애니	게임	창작	팬코스	기타	없다				
설문결과	32.6	3.62	3.62	2.9	0.73	58.7				

게임에서는 슈퍼마리오가, 스포츠에서는 J―리그, 코스프레는 애니메이션이 가장 높은 선호도를 나타내어 보였다. 그런데 운동적 대중문화에 대해서 관심이 없는 일본어 학습자도 상당수 있다는 것은 매우 흥미로운 일이다.

마지막으로 연예인에 대한 선호도는 단연 가수가 가장 높고, 탤런트, 영화배우가 각각 그 뒤를 이었다.

〈표 5〉 연예인에 대한 남녀 전체 일본어 학습자의 선호도(%)

설문내용	10. 다음의 일본 연예인 중에서 관심 있는 분야의 연예인을 선택해 주세요.							
보기	영화배우	가수	탤런트	개그맨	모델	기타	없다	
설문결과	23.1	44.2	33.3	4.3	2.9	1.4	13.7	

19.5 일본문화 수업을 위한 교재

일본어 교사는 일본문화적 요소를 교실활동에 적용하려고 할 때, 문화 수업을 위해서 어떠한 교재를 사용할지에 대해서 충분히 생각하지 않으면 안 된다. 이하에서는 일본문화 수업을 위한 몇 가지 교재에 대해서 살펴보기로 한다. 이하에서 예시하는 것 이외에도 어떠한 것을 제시할 수 있는지에 대해서 곰곰이 생각해보도록 하자.

① 사진교재를 통한 일본문화 수업
　예1)「ひなまつり」나「鯉のぼり」 사진과 함께 각 사진에 관련된 설명문을 제시한다.
　예2) 가족들의 식사 장면이나 자판기, 거리의 모습 등이 들어간 사진과 각각의 설명문을 제시한다.
② 동영상을 통한 일본문화 수업
　예1) 마쓰리에서 봉오도리를 추는 현지인의 모습을 구두로 설명하면서 보여준다.
　예2) 마쓰리에서 일본 전통민요를 부르는 현지인의 모습을 구두로 설명하면서 보여준다.
③ 데이터를 사용한 일본문화 수업
　예1) 일본인이 좋아하는 노래 1위에서 10위까지 제목과 가사를 알아보고 노래를 들어본다.
　예2) 일본인이 좋아하는 취미활동(여가생활) 1위에서 10위까지를 알아본다.
④ 실물 교재를 사용한 일본문화 수업
　예1)「こま」를 학습자들에게 보여주면서 설명한다.
　예2)「着物」를 학습자들에게 실제로 입어 보이면서 설명한다.
⑤ 일본인이나 일본을 잘 아는 사람을 초청해서 일본문화 수업을 하도록 한다.

19.6 일본문화를 활용한 교실활동

이하 일본문화 가운데 전통의상인「浴衣」에 관련된 교실활동에 대해서 살펴보기로 하겠다. 아래의 사진은 유카타를 입고 봉오도리를 추는 현지인(東京巣鴨)들의 모습을 본 저자가 직접 촬영한 것이다.

봉오도리는 일본의 전형적인 전통문화임과 동시에 생활문화로 체흩이 가능한 문화 요소 중의 하나이다. 유카타를 입고 봉오도리를 추기 위해서는 우선 유카타 입는 법과 봉오도리를 추는 법을 배워야 할 것이며, 그러한 일련의 과정을 통해서 우리는 언어4기능의 향상이 이루어질 것으로 기대된다.

이하 유카타와 봉오도리를 통한 교실활동의 흐름에 대해서 살펴보기로 하자.

① 수업의 준비 단계
  흐름1) 조편성을 한다.
  흐름2) 교사는 유카타의 확보 및 입는 법에 대해서 조사한다.
  흐름3) 교사는 봉오도리 춤의 특징을 파악하고 추는 방법에 대해 조사한다.
② 수업의 개시
  흐름1) 교사는 유카타와 봉오도리 관련 단어를 제시한다.
  흐름2) 교사는 유카타 입는 법을 일본어로 설명한다.
  흐름3) 교사는 봉오도리 추는 법을 일본어로 설명한다.

흐름4) 교사는 학습자들과 함께 봉오도리를 춘다.

③ 수업 후 단계

　　흐름1) 교사는 학습자들에게 유카타 접는 법을 설명한다.

　　흐름2) 학습자들이 실제로 유카타를 접는다.

④ 기대 효과

　　예1) 듣기 기능이 향상된다.

　　예2) 읽기 기능이 향상된다.

　　예3) 말하기 기능이 향상된다.

　　예4) 이문화 체험이 가능하다.

☞ 그밖의 문화 요소를 활용한 교실활동 방안에 대해서 생각해 보도록 하자.

제19장 인용 및 참고문헌

우지윤(2004) 문화적 소재를 활용한 일본어교육에 관한 연구—제7차 일본어 교과서를 중심으로, 부산외국어대학교 교육대학원 석사학위논문
이순형 역·NHK방송문화연구소 여론조사부(2009) 『일본인이 좋아하는 것』 한국문화사
이정숙(2002) 제7차 교육과정에 의한 일본문화 교육에 관한 연구, 동아대학교 대학원 석사학위논문
이재영(2011) 인터넷을 활용한 일본문화교육 방안, 계명대학교 교육대학원 일어교육전공, 석사학위논문
정귀현(2008) 고등학교 일본어 교과서Ⅰ의 일본문화 교육에 관한 연구, 경남대학교 교육대학원 석사학위논문
조진아(2005) 고등학교 일본어 교과서의 문화 교육에 관한 연구, 신라대학교 대학원 석사학위논문
천호재(2008) 일본어 학습법 및 교수법에 대한 한국인 일본어 학습자의 의식, 일본 연구, 24, 99—120, 중앙대학교 일본연구소
천호재(2011a)「제2부 제3장패션 관련 생활문화를 활용한 일본어교육의 가능성과 연구 방법」 『인터넷 기반 일본어교육의 가능성과 연구 방법』 한국문화사
천호재(2011b)「제3부 인터넷상의 전통문화(옛날이야기)를 활용한 일본어교육의 가능성과 연구 방법」 『인터넷 기반 일본어교육의 가능성과 연구 방법』 한국문화사
천호재·윤명옥(2010a)「제1부 제1장 일본 전통의상 유카타(浴衣)와 전통춤(봉오도리)를 활용한 일본어 수업 방안」 『문화 콘텐츠를 활용한 일본어 교수법』, 도서출판 책사랑
천호재·윤명옥(2010b)「제1부 제2장 일본 요리를 활용한 일본어 수업 방안」 『문화 콘텐츠를 활용한 일본어 교수법』, 도서출판 책사랑
천호재·윤명옥(2010c)「제1부 제3장 일본 하이쿠(俳句)를 활용한 일본어 수업 방안」 『문화 콘텐츠를 활용한 일본어 교수법』, 도서출판 책사랑
천호재·윤명옥(2010d)「제1부 제4장 일본 서도를 활용한 일본어 수업 방안」 『문화 콘텐츠를 활용한 일본어 교수법』, 도서출판 책사랑
천호재·윤명옥(2010e)「제1부 제5장 일본 화도(華道)를 활용한 일본어 수업 방안」 『문화 콘텐츠를 활용한 일본어 교수법』, 도서출판 책사랑
천호재·윤주희「제2부 제3장 사진 교재를 통해서 본 일본의 이미지와 일본어교육방안」 『일본어 교재론』 제이엔씨 출판사
홍계순(2011) 인터넷 정보에 기반한 일본문화교육에 관한 연구, 계명대학교 교육대학원 일어교육전공, 석사학위논문.
学習院大学日本語日本文学科(2010) 『夏期日本語研修論集』, 学習院大学日本語日本文学科.
国際交流基金(2010) 『日本事情·日本文化を教える』 ひつじ書房

제3부
교실활동에서 학습자와 교사의 상호작용

제20장 교사의 부정적 피드백
제21장 교사의 긍정적 피드백
제22장 교실활동에 있어서
　　　　 교사와 학습자의 상호작용

제20장 구성

20.1 피드백에 대한 교사의 예비지식
20.2 부정적 피드백– 실천 사례 보고
20.3 교사의 부정적 피드백에 대한 학습자의 의식(1)
20.4 교사의 부정적 피드백에 대한 학습자의 의식(2)
20.5 교사의 표정이나 언어행동에 대한 학습자의 의식
제20장 인용 및 참고문헌

제20장

교사의 부정적 피드백

교사의 피드백이란 교실활동에서 학습자가 활동(듣기, 말하기, 읽기, 쓰기)한 것에 대한 교사의 반응 즉 표정이나 언어행동을 말한다. 이러한 교사의 피드백은 교실활동에서 학습자와 교사가 주고받는 상호작용 중의 하나로 그밖에도 학습자의 다양성, 교사의 언어행동/지시/묻기, 교실운영 등을 들 수 있다. 학습자의 다양성은 연령, 적성, 심리, 성격, 학습방식 등이 학습자마다 다양하다는 것으로 교사가 이러한 학습자의 다양성을 충분히 고려하면 학습자에게 다양한 피드백을 줄 수 있다.

교사의 언어행동/지시/묻기에서 교사의 언어행동이란 교실활동에서 학습자들이 학습내용을 충분히 이해할 수 있도록 교사 자신이 특정한 방식으로 말을 하는 행동을 말한다. 그리고 지시와 묻기 역시 교사의 언어행동으로 학습자들이 학습내용을 충분히 이해할 수 있도록 하는 것이다.

교실운영은 학습자들이 학습내용을 최적의 조건으로 이해할 수 있도록 교사가 최적의 분위기를 연출해 가는 것을 말하는 것으로 예를 들면 학습자의 좌석 배치, 교사의 시선, 창문의 개폐, 움직임, 표정 등을 들 수 있다.

이 장에서는 이러한 학습자와 교사와의 상호작용 중에서 교사의 피드백에 주목하여 교사가 취하는 피드백에 대해 학습자들이 어떠한 의식을 가지고 있는지에 대해서 살펴보도록 한다.

20.1 피드백에 대한 교사의 예비지식

이미 언급한 바와 같이 교사의 피드백이란 교실활동에서 학습자의 활동(듣기, 말하기, 읽기, 쓰기)에 대한 교사의 반응을 말하는데, 이러한 교사의 피드백에는 부정적인 피드백과 긍정적인 피드백이 있다.

전자의 부정적 피드백은 교실활동에서 학습자가 오류를 보였을 때, 교사가 취하는 반응을 말하며, 후자의 긍정적 피드백은 학습자가 아무런 오류를 보이지 않았을 때, 즉 정확한 활동을 했을 때 교사가 취하는 반응을 말한다.

학습자의 활동(듣기, 말하기, 읽기, 쓰기)에서 발생하는 오류에 대해서 교사가 피드백을 하려고 할 경우, 적어도 다음의 5가지의 문제점이 있다.

① 교사는 학습자의 오류를 반드시 정정해야 하는가?
② 교사는 학습자의 어느 오류를 정정해야 하는가?
③ 교사는 학습자의 오류을 어떻게 정정해야 하는가?
④ 누가 학습자의 오류를 정정해야 하는가?
⑤ 교사는 학습자의 오류를 어떠한 방법으로 정정해야 하는가?

첫째, 교사는 학습자의 오류를 반드시 정정해야 하는가 하는 것이다. 이에 대해서는 두 가지 생각이 있다. 하나는 오류를 방치하면 오류가 굳어져버려 고치기가 어려워지므로 교사가 반드시 오류를 지적하여 고쳐야 한다는 생각과, 다른 하나는 중간언어 발달 과정에서 학습자의 오류는 반드시 나타나는 것이므로 그리 적극적으로 학습자의 오류에 대해 민감하게 대처할 필요는 없다는 생각이다.

둘째, 교사는 학습자의 어느 오류를 정정해야 하는가 하는 것이다. 교사가 학습자의 오류를 정정하고자 할 경우, 반드시 학습자의 오류를 지적하여 정정해야 한다는 생각을 가진 교사로서는 학습자의 모든 오류를 정정해야 하는 것으로 생각할 것이다. 그러나 오류에 대해 관대한 생각을 가진 교사는 학습자가 범하는 모든 오류를 정정하는 것은 시간낭비로 간주한다. 그런데 여기에서 주목해야 할 것은 모든 오류를 정정하는 것이 아니라면 정정을 해야 할 오류와 정정을 하지 않아도 되는 오류를 교사는 어떻게 선택해야 하는가이다. 여기에는 다음과 같은 4개의 관점이 있다.

1) 실수(mistakes)와 오류(errors)를 구별하고 교사의 대처법을 바꾼다. 오류는

일본어 학습자의 불완전한 문법 습득을 의미하는 것이며, 실수는 주의력의 결핍으로 우연히 발생한 것이므로 오류에 대해서만 교사가 반응한다는 것이다.
2) 학습자의 전체적인 오류에 대해서는 교사가 정정하지만, 학습자의 부분적인 오류에 대해서는 교사는 정정하지 않는다. 부분적인 오류에 대해서도 철저하게 교사가 반응하면 학습자가 자칫 일본어 학습에 흥미를 잃을 수도 있기 때문이다.
3) 부정적인 평가로 연결되는 오류에 대해서 교사는 반드시 정정을 해야 한다. 즉 청자나 독자에게 심리적인 악영향을 끼치는 내용에서 오류가 발생할 경우에는 반드시 그 오류를 정정해야 한다.
4) 발달의 다음 단계에 관련된 오류에 대해서는 반드시 교사가 반응을 해야 한다. 예를 들면 「先生ではない」를 학습한 학습자가 「おもしろいではない」에서 보는 것처럼 형용사에서도 명사와 동일한 부정형으로 발화하거나 작성한 것에 대해서 교사는 반드시 정정을 해야 한다는 것이다.

셋째, 교사는 학습자의 오용을 어떻게 정정해야 하는가 하는 것이다. 부정적 피드백의 종류에는 대략 다음과 같은 방법이 있다.
1) 명시적 피드백— 학습자의 말하기에서 나타나는 오류를 지적하기 위해 학습자의 말하기 그 자체를 차단한다.
   예) 조금 이상한데?/ 그 조사가 아니야/「こえん」이라고 학습자가 말한 것에 대해「こうえん」에 갔다는 말이죠?
2) 암시적 피드백— 학습자의 말하기에서 나타나는 오류를 지적은 하지만 말하기 흐름을 차단하지는 않는다.
   예) 교사가 정답을 말할 뿐, 학습자에게 반복해서 정답을 말하게 하지 않는다.
3) 명확화 요구의 피드백—발화를 고치거나 다른 말로 바꾸거나 하는 기회

를 교사가 학습자에게 부여한다.

　　예) "방금 읽은 부분을 처음부터 정확하게 한번 더 읽어주세요."
4) 잘못 이해했음을 알려주는 피드백 — 학습자가 이해할 수 있었던 부분에 대해서만 교사가 피드백을 하고 전혀 이해를 하지 못한 부분에 대해서 교사는 더 이상 반응하지 않는다.

　　예) 학습자가 제대로 이해하고는 있지만 문법적으로 잘 못 말한 것에 대해서 「今日はさむいではありませんね。」교사 "에? 방금 뭐라고 읽었죠?"

넷째, 누가 학습자의 오용을 정정해야 하는가 하는 것이다. 일반적으로 교사만이 학습자의 오류를 정정해야 하는 것으로 생각되기 쉽지만, 특정 학습자가 범하는 오류에 대해 학습자의 동료가 오류를 정정하는 것도 생각할 수 있다. 또한 학습자 본인이 직접 자신의 오류를 정정할 수도 있다. 이것을 '**자기 정정**'이라고 한다.

마지막으로 교사는 학습자의 오용을 어떠한 방법으로 정정해야 하는가 하는 것이다. 정확성을 요구하는 교실활동에서는 현장에서 바로 학습자의 오류를 정정하는 것이 좋다. 그러나 유창성을 요구하는 교실활동에서는 말하기 흐름을 차단하지 않는다는 점에서 교실활동이 종료되고 나서 프린트나 메모나 구두로 오류를 제시해 주는 것이 바람직하다. 말하기의 흐름을 차단하지 않기 위해 암시적인 피드백을 하는 것이 좋다. 그러나 학습자가 인식하지 못하면 명시적인 피드백으로 전환하는 것도 모색해 볼 필요가 있다. 경우에 따라서는 오용 발견 게임을 교실활동에 반영하여 **모니터 능력**을 강화시키는 것도 생각해 볼 수 있다. 모니터 능력이란 Krashen의 모니터 가설(the Monitor Hypothesis)에서 비롯된 것으로 학습에 의해서 체계적으로 배운 문법규칙의 지식을 통해 특정 언어의 오용을 체크하거나 정정하는 능력을 말한다. 여기에서 모니터란 학습에서 획득한 문법 지식으로 올바른 문장을 만들려고 하는 의식을 말한다.

20.2 부정적 피드백―실천 사례 보고

　본 저자는 한국인 일본어 학습자가 작성한 작문을 오류 발견 게임이라는 방식으로 교실활동에 반영한 적이 있다.

　본 저자는 다음과 같은 부정적 피드백 방식을 취하여 작문을 교실활동에 반영하였다. 우선 본 저자는 학습자의 오류를 정정해야만 한다는 입장을 취하였다. 둘째, 본 저자는 학습자의 작문 자료에 나타난 표기(히라가나 표기, 가타카나 표기, 한자 표기) 오류, 용언(동사, 형용사) 활용의 오류에 대해서 반드시 정정을 해야 한다는 입장을 취하였다. 셋째, 본 저자는 암시적 피드백→명시적 피드백으로 교실활동을 하였다. 학습자들이 작문에서 나타난 오류를 찾는 데에 충분한 시간을 줄 필요가 있었기 때문이다. 넷째, 학습자들로 하여금 작문에서 나타난 오류를 정정하도록 하였다. 오류인지 여부에 대해서는 최종적으로 본 저자가 결정을 내렸다. 마지막으로 오류를 정정하는 방식으로 오류 발견 게임(작문 자료를 배부하고, 그 자료에서 나타나는 표기와 활용의 오류를 경쟁적으로 찾도록 하는 게임)을 도입하였다. 교실활동에서 사용한 작문 자료는 다음과 같다.

> 病院の問題
>
> 1)日常生活に感じる不便と問題はいるいるなことがあります2)そのなかで私の経験でいちばん衝撃だったことにたいして紹介します
> 3)私が高校生どきでした4)ははがプレゼントで買ってくれたくつがありました5)とてもきれいですが私のあしのなかさが大きいですからくつを履かないでしだ6)でもきが入たくつだったらむりやりにくつを履きました7)きついくつをはいてあるきまわりましたがらまずまずあしゆびが赤くなてかのうしてしまいました8)病院に行くのがこわいですからいたかったでしたけと耐えりました9)そのとき祖母といっしょに住んでいましたが祖母はむかしの考を持っていますから民間療法でみそをあしゆびに塗いでくれました10)それで私が行くまわりにはいつもみその特別な臭いにおいがでました11)でももっと悪貨になって勇気をもって病院にいなければなりませんでした12)医者は私のあしゆびを見なからはなしをしました「あなたはくまですね」いままでかまんしているのがすごいだと言われました13)そして手術をしました14)手術にわたしはきぶんがわるくになりました15)なぜなら手術をしたときに医者は音楽を聞たりうたをうたったりしました16)医者のたちばにはかんたんな手術かもしれませんげと患者のたちばはたいせつなことです17)たから患者のこころをりかいしてくれるのが医者のしめいがないかとおもっています18)また医者はこわい印象で患者をむしをしたり傲慢な態度で事務的に扱うのが私のきぶんをわるくになりました
> 19)私が経験したことより病院の問題はもっとあるとおもいます20)そのなかでいちばんひつようだっとおもうのは患者のだちばで配慮することだとおもいます

위에서 제시한 작문 자료에는 많은 표기 오류와 용언 활용 오류를 볼 수 있다. 학습자들은 이 자료를 보고 자신이 발견한 오류를 특정한 문장 가운데에서 찾는다. 맞히면 무엇이 오류인지 어떻게 고치거나 표기를 해야 정확한지 대답을 하면 상을 주고, 못 맞히면 다른 학습자들로 하여금 대답을 하게 한다. 학습자들은 위의 자료에서 나타난 오류를 거의 모두 맞혔다. 이 방식은 특정 학습자들의 발화(듣기, 말하기, 쓰기, 읽기)에 관련된 교사의 피드백과는 관련이 크게 있는 것은 아니지만 오류 발견 게임이라는 방식으로 교사와 학습자의 상호작용을 통한 피드백이라는 점에서 수업의 몰입도를 올릴 수 있는 흥미로운 교실활동의 한 형태가 될 수 있음을 본 저자는 확신한다. 학습자 자신의 작문 자료를 일정 시간이 경과한 후에 재차 자신의 작문에 나타난 오류를 발견하도록 하는 교실활동 방안도 고려해 볼 수 있다.

20.3 교사의 부정적 피드백에 대한 학습자의 의식(1)

본 저자는 교실활동 중에 일본어 학습자가 발화(듣기, 말하기, 읽기, 쓰기)에 대한 교사의 부정적 피드백을 어떻게 의식하는지를 조사한 적이 있다. 우선 남녀별로 본 학습자의 의식을 보면 다음과 같다.

〈표 1〉 교사의 부정적 피드백에 대한 남녀별 일본어 학습자들의 의식(%)

설문 항목	남학생	여학생
5. 수업 중에 선생님이 자신의 일본어 발음이나 문법을 몇 번씩이나 고쳐 주면 기분이 별로 좋지 않다.	3%	11%
6. 내가 일본어로 무언가에 대해서 한창 말하고 있는데 선생님으로부터 오용을 지적받으면 기분이 별로 좋지 않다.	7%	29%
7. 내가 일본어로 무언가에 대해서 한창 말하고 있는 중이라도 오용이 있다면 선생님이 정확하게 고쳐줬으면 좋겠다.	82%	76%
12. 수업시간에 내가 발언한 것에 대해 선생님이 어떠한 반응을 하는지 매우 신경 쓰인다.	42%	50%

〈표 1〉을 보면 일본어 학습자들은 교사의 부정적 피드백에 대해 부정적인 의식을 지니기 보다는 긍정적인 의식을 지니고 있는 것을 볼 수 있다. 5번 설문과 6번 설문에 긍정적으로 대답한 비율이 남녀 모두 낮으며 반면에 7번 설문에서 보듯 남학생과 여학생 모두 자신의 오용을 정확하게 지적해 주길 바라는 수치가 높기 때문이다. 단 남녀 학습자의 수치가 차이를 보이는 점은 흥미롭다.

20.4 교사의 부정적 피드백에 대한 학습자의 의식(2)

본 저자는 교사의 부정적 피드백에 관련된 설문 항목을 좀 더 추가하여 남녀 학습자의 의식을 조사하였는데, 그 결과를 제시하면 다음과 같다.

〈표 2〉 교사의 부정적 피드백에 대한 남녀별 학습자의 의식(2)

설문 번호	설문 내용	남학생 (매우) 그렇다	여학생 (매우) 그렇다
6	불완전하게 대답을 했더라도 제대로 대답한 부분에 대해서는 선생님이 맞았다고 언급해 주시면 좋겠다.	65%	78%
8	내가 대답을 하지 못했을 경우, 선생님이 바로 답을 말하시면 기분이 좋지 않다.	31%	22%
9	대답할 시간을 충분히 받지 못하고 질문이 다른 학생한테 넘어가 버리면 무시당한 느낌이 든다.	65%	57%
10	내가 대답하지 못한 것을 다른 학생이나 반 전체에게 넘겨 그들이 대답을 하게 되면 본인이 바보 같다는 생각이 든다.	55%	60%
11	대답을 제대로 못한 경우에도 선생님이 일정 시간 대답을 할 수 있도록 배려해 주시면 좋겠다.	76%	71%
13	때로는 잘못 대답한 것에 대해 선생님이 "틀리다"라고만 언급해 주시는 것이 지적 호기심이나 학습의욕을 더 자극한다.	52%	47%
14	이미 배운 기본적인 내용이라면 선생님이 틀린 것만 정정해 가면서 속도감 있게 질문을 던져 주시면 좋겠다.	28%	21%

위에서 제시한 수치는 일본어 교사가 교실활동을 통해서 취할 피드백 효과를 가늠하는 데에 어느 정도 도움이 될 것으로 생각한다.

20.5 교사의 표정이나 언어행동에 대한 학습자의 의식

이번에는 교사의 표정이나 자세 그리고 구체적인 언어행동에 대한 학습자의 의식을 살펴보기로 하겠다. 그 결과는 다음과 같다.

〈표 3〉 교사의 피드백(표정, 언어행동)에 대한 남녀별 일본어 학습자의 의식(%)

설문 번호	설문 내용	남학생 (매우) 그렇다	여학생 (매우) 그렇다
7	일본어를 잘 못 읽거나 제대로 대답하지 못한 것에 대해 선생님이 아무 반응을 보이지 않으시면 기분이 좋지 않다.	41%	46%
8	나를 포함한 다른 학생들이 일본어로 잘 대답하지 못하거나 틀린 대답을 했을 때 선생님께서 분명하게 꾸짖고 잘못을 지적해 주시는 편이 좋다.	49%	52%

〈표 3〉에서 제시된 수치는 남녀별로 큰 차이를 보여주지는 않는다. 약 과반수에 가까운 남녀 학습자들이 아무 반응을 보이지 않는 교사의 피드백에 대해 불편한 감정을 지니고 있으며, 자신들의 틀린 대답에 대하여 교사가 분명히 지적해 주길 바라는 것으로 나타났다는 점은 교사들이 반드시 유의해야 할 점들이다.

본 저자는 교사의 표정이나 언어행동에 대한 학습자와 교사의 의식차를 조사한 적이 있는데, 그 결과는 다음의 〈표 4〉와 같다.

〈표 4〉 교사의 표정이나 언어행동에 대한 일본어 학습자와 교사의 의식(%)

설문 번호	설문 내용	학습자 (매우) 그렇다	교사 (매우) 그렇다
7	일본어를 잘 못 읽거나 제대로 대답하지 못한 것에 대해 선생님이 아무 반응을 보이지 않으시면 기분이 좋지 않다.	49%	65%
8	나를 포함한 다른 학생들이 일본어로 잘 대답하지 못하거나 틀린 대답을 했을 때 선생님께서 분명하게 꾸짖고 잘못을 지적해 주시는 편이 좋다.	58%	32%

위의 설문 결과는 교사의 표정이나 언어행동에 대한 학습자와 교사의 의식차를 극명하게 보여주는 흥미로운 결과라고 생각된다.

제20장 인용 및 참고문헌

천호재(2008) 일본어 교사의 칭찬행동에 대한 학습자의 의식, 도서출판 책사랑
천호재(2009)「제3부 제7장 교사의 피드백 행동에 대한 일본어 학습자의 의식」, 한국문화사
천호재·조병현(2011)「제1부 제1장 일본어 학습자의 오용에 대한 교사의 부정적 피드백과 학습자의 모니터 능력」『한국인 일본어 학습자의 오용 연구』한국문화사
川口義一&橫溝紳一郎(2005)「第3章 教室内のインターアクション C. 教師のフィードバック」『日本語教育ガイドブック』ひつじ書房
高見澤孟(2004)「第1章 教授法」『새롭게 시작하는 日本語教育』語文學社(한국)

제21장 구성

21.1 교사의 예비지식
21.2 교사의 긍정적 피드백에 대한 일본어 학습자들의 의식
  21.2.1 A설문을 통해서 본 일본어 학습자들의 의식
  21.2.2 B설문을 통해서 본 일본어 학습자들의 의식
21.3 정리하기
제21장 인용 및 참고문헌

제21장

교사의 긍정적 피드백

교사의 피드백이란 교실활동에서 학습자가 활동(듣기, 말하기, 읽기, 쓰기)에 대한 교사의 반응을 말하는데, 이러한 교사의 피드백에는 부정적인 피드백과 긍정적인 피드백이 있음을 제20장에서 이미 언급한 바 있다. 부정적 피드백은 교실활동에서 학습자가 오류를 보였을 때, 교사가 취하는 반응을 말하며, 후자의 긍정적 피드백은 학습자가 아무런 오류를 보이지 않았을 때, 즉 정확한 활동을 했을 때 교사가 취하는 반응을 말한다.

이 장에서는 교사의 긍정적 피드백(칭찬)에 대한 일본어 학습자의 의식에 대해서 살펴보기로 한다. 이 장에서 제시하는 각종 수치는 한국인 일본어 학습자의 의식을 객관적으로 나타내는 것은 물론 아니며, 어디까지나 교실활동을 통해서 교사의 긍정적인 피드백이 학습자에게 어떠한 양상으로 받아들여지는가를 들여다보기 위한 것임에 유념해 주길 바란다. 나아가 이들 수치를 통해 교사들이 교실활동에서 자신의 행동이 수업에서 효율적인 혹은 효율적이지 못한 형태로 학습자들에게 영향을 끼칠 수도 있음을 인식하고자 하는 데에 두엇보다 큰 의미가 있음을 미리 밝혀둔다.

21.1 교사의 예비지식

학습자의 교실활동에 대해 교사의 긍정적인 대응방식은 대략 세 가지로 분류될 수 있다. 그것은 아무런 말을 하지 않는 것(침묵, 표정(웃음, 미소)), 정답으로 인정하는 것, 그리고 칭찬하는 것이다.

교사가 아무런 말을 하지 않는 것은 학습자의 교실활동에 대해 아무런 문제가 없다는 것을 의미할 수도 있으므로 그러한 교사의 피드백만으로 학습자가 학습의욕을 높게 유지할 수 있다면 그것은 교사 혹은 학습자에게 있어서 참으로 다행스런 일이다. 교실활동에 있어서 교사가 학습자에게 별도의 에너지를 소모하지 않아도 되기 때문이다.

그런데 만약에 학습자의 올바른 교실활동에 대해 교사가 아무런 말을 하지 않는 것보다, 즉 침묵으로 대응을 하는 것보다 웃음을 띤 표정을 수반하여 피드백을 가했을 때, 그것이 침묵보다 훨씬 강한 임팩트로 작용하면서 학습자의 학습동기를 자극하게 될 수 있다는 사실을 교사가 깨닫는다면 그 교사는 무표정이나 침묵이라는 자세에서 탈피하여 보다 적극적인 표정이나 자애로운 시선을 학습자에게 지어보고자 노력할 것이다.

모든 학습자들이 이상 언급한 침묵이나 표정만으로 학습자의 학습동기가 강화될 수 있다면 교사의 피드백은 교실활동에서 매우 수월하게 행해질 수 있을 것이다. 그러나 학습자들 중에는 침묵이나 표정 외에도 교사가 보다 적극적으로 자신의 교실활동에 대해서 타당한 것으로 인정하거나(정답으로 인정하거나, 예를 들면 "예, 맞았습니다."), 칭찬("아주 잘 했어요.")이라는 매개체를 통해야만 학습동기가 학습효과가 탁월하게 발휘되는 경우가 있다. 정신적인 에너지 소모의 정도를 보면 무표정보다는 표정을 짓는 쪽이, 표정을 짓는 것보다는 시인을 하는 쪽이, 시인을 하는 것보다는 칭찬을 하는 쪽이 훨씬 더 에너지 소모의 정도가 더 클 것으로 예상된다.

이렇게 생각하면 적극적인 교사는 나름 학습자들의 학습동기를 강화시켜보고자 교실활동에서 학습자들에게 정신적인 에너지 소모가 가장 큰 칭찬이라는 피드백을 실행하는 쪽으로 힘을 기울이려고 할지도 모른다. 그런데 그렇다고 해서 칭찬이라는 피드백이 반드시 학습자들의 학습동기를 강화하는 쪽으로 이어지는 것은 아니다. 학습자의 니즈가 천차만별이듯이 학습자의 내면세계 역시 천차만별이어서 일률적인 교사의 피드백만으로는 동일한 학습동기나 학습효과를 거둘 수는 없다는 말이다. 그것은 칭찬이라는 피드백이 학습자들의 학습동기를 강화할 수도, 반대로 약화시킬 수도 있는 동전의 양면과 같은 성질을 지니고 있기 때문일 것으로 생각된다.

일반적으로 알려진 칭찬이라는 피드백의 장점은 다음과 같다.

- 학습자의 교실활동에 대한 칭찬은 학습자의 행동을 효율적으로 강화할 수 있다.
- 학습자의 교실활동에 대한 칭찬은 학습자에게 지속적인 학습을 위한 격려가 될 수 있다.
- 학습자의 교실활동에 대한 교사의 칭찬은 학습자의 자기존중감을 확립하는 데에 도움이 된다.
- 학습자의 교실활동에 대한 교사의 칭찬은 교사와 학습자와의 친밀한 관계를 만드는 데에 도움이 된다.
- 칭찬은 학습자의 학습동기를 강화하며, 교실 내의 협력적인 환경을 만드는 작용을 한다.

반대로 칭찬이라는 피드백의 단점도 있다.

- 학습자 자신이 개인적인 문제점을 안고 있는 경우, 비록 자신의 고실활동에 대해 교사로부터의 칭찬이 있었다고 해도 만족하지 않으며 전혀 즐겁지 않다.
- 교사가 칭찬을 진심으로 하는 것이 아니라 교실활동을 원만하게 하기 위한 일종의 테크닉이라는 생각이 들면 학습자는 교사의 칭찬에 기뻐하기보다는 교사의 그 칭찬을 작위적이고 자신을 기만하는 술책으로 받아들인다.
- 교실활동 중에 교사가 일부의 학습자들만을 칭찬하면 다른 학습자는 교사가 자신의 교실활동에 대해서는 평가를 못 받았다고 느끼며, 칭찬에 익숙한 학습자가 칭찬받지 못하면 자신의 교실활동에 평가를 받지 못했다고 느낀다.

교사가 교실활동을 통해서 학습자들에게 칭찬이라는 피드백을 실행할 시

다음과 같은 점에 유의해 두는 것도 필요하다.

- 칭찬은 어느 일정한 조건하에서 적절한 표현을 통해서 행해져야 한다. 무턱대고 하는 것이 아니다. 칭찬할 만한 상황에서 칭찬을 하는 것이 무엇보다 중요하다.
    예1) 원래 잘 하는 학습자에게 "참 잘했습니다." 라고 칭찬하면 학습자는 자신이 바보 취급당했다고 생각한다.
    예2) "참 잘했습니다." 는 초등학생들에게 하는 말투로, 성인 학습자에게 해서는 안 된다.
    예3) 별 것 아닌 것에 대해서 과장된 인토네이션으로 칭찬을 하면 학습자는 "선생님은 내가 이런 것도 모른다고 생각하시는 걸까?" 하고 반감을 가진다.
- 칭찬은 막연히 하는 것이 아니라 구체적으로 어디가 어떻게 좋았는지를 제대로 말해야만 효과가 있다.
- 교사는 학습자들 개개인이 자신의 칭찬이라는 피드백에 구체적으로 어떻게 반응하는지를 모니터할 필요가 있다.
- 교사는 각 학습자들에게 적절한 수준의 문제를 부과하여 칭찬할 기회를 풍부하게 준비해 두어야 한다.
    예1) 난이도가 보통인 문제를 맞힌 학습자에게 "맞습니다", "그래요!" 라는 식으로 시인의 수준에서 머무는 것이 바람직하다. 다만 이때, 교사는 만족스런 미소를 짓는 것이 중요하다.
    예2) 어려운 문제를 맞힌 학습자에게는 "훌륭해요!", "대단해요.", "잘했어요." 와 같은 모든 감정을 실은 다소 과장된 칭찬을 하는 것이 효과적이다.

그런데 이상 제시한 칭찬의 장점과 단점, 그리고 유의점은 어디까지나 이론적이거나 개인적인 생각에서 비롯된 것일지도 모르므로 실제 학습자들을 통해서 교사의 칭찬이라는 피드백에 대해 어떠한 의식을 가지는지를 조사해 보는 것이 무엇보다 필요하다고 생각된다. 왜냐하면 가령 교사가 교실활동을 원만하게 효율적으로 진행하기 위하여 칭찬을 이용했다고 생각되었을 경우라도 학습자들은 이러한 교사의 의도적인 칭찬에 대해 반드시 좋지 못한 감정을 가진다고는 할 수 없을지도 모르기 때문이다.

21.2 교사의 긍정적 피드백에 대한 일본어 학습자들의 의식

이 절에서는 교사가 취하는 긍정적 피드백(침묵, 표정, 시인, 칭찬)에 대허 일본어 학습자들이 구체적으로 어떠한 의식을 가지는지에 대해서 살펴보고자 한다.

21.2.1 A설문을 통해서 본 일본어 학습자들의 의식

〈표 1〉 난이도에 따른 교사의 칭찬에 대한 남녀별 일본어 학습자들의 의식

설문 번호	설문 내용	남학생 (매우) 그렇다	여학생 (매우) 그렇다
3	별로 대단하지 않은 질문에 대한 대답이어도 선생님이 칭찬하시면 기분이 좋다.	46%	73%
14	무조건 칭찬해 주시기보다는 예를 들면 난이도가 높은 질문에 대답을 잘했을 때 칭찬해 주시는 편이 훨씬 좋다고 생각한다.	48%	53%
17	별 것 아닌 것에 대해 선생님이 무조건 칭찬하시거나 과장되게 칭찬하셔도 기분이 나쁘지 않다.	39%	29%
18	쉬운 질문에 답하여 칭찬받아도 바보 취급을 당한 느낌이 들지는 않는다.	50%	61%
19	별 것 아닌 것에 대해서 과장된 억양으로 칭찬받아도 내가 이런 것도 모른다고 생각하느냐라는 반발심이 생기지는 않는다.	52%	55%
23	어려운 질문에 능숙하게 대답한 경우, 선생님의 칭찬이 과도하거나 과장되어도 기분이 나쁘지는 않다.	49%	67%

〈표 1〉에서 교사의 칭찬에 대한 반응이 남녀 학습자별로 차이가 나는 점에 유의하자. 설문 3과 설문 17, 18, 23이 그 예인데, 남자 학습자보다는 여자 학습자 쪽이 교사의 칭찬을 훨씬 적극적으로 받아들인다는 사실이다.

그 다음으로 〈표 2〉의 결과를 보도록 하자.

〈표 2〉 일본어 교사의 칭찬 방식에 대한 남녀 일본어 학습자들의 의식

설문번호	설문 내용	남학생 (매우) 그렇다	여학생 (매우) 그렇다
13	나의 정확한 대답에 막연하게 칭찬해 주시는 것보다 구체적으로 어떻게 좋았는지 지적해 주시는 편이 훨씬 좋다.	60%	80%

〈표 2〉에서 보듯, 남학생보다 여학생 쪽이 압도적인 비율로 교사가 자신을 구체적으로 칭찬을 바라는 것으로 나타났다.

그 다음으로 〈표 3〉을 보도록 하자.

〈표 3〉 남녀별 일본어 학습자가 의식하는 교사의 칭찬과 학습의욕과의 상관관계

설문번호	설문 내용	남학생 (매우) 그렇다	여학생 (매우) 그렇다
1	내가 일본어를 잘 읽었을 때 선생님이 칭찬을 해 주시면 기분이 좋다.	67%	91%
9	내가 일본어를 잘 읽거나 대답을 잘했을 때 칭찬을 해주시면 학습의욕이 높아진다.	62%	88%
10	선생님 질문에 잘 대답한 결과 선생님께서 칭찬을 해주시면 자아존중감이 확립된다.	56%	72%
11	나의 대답에 선생님이 칭찬해 주시면 선생님과 내가 친밀해질 수 있을 것으로 생각한다.	54%	55%
12	선생님의 칭찬은 나의 일본어 학습을 격려하는 힘이 된다.	57%	79%

설문 1, 9, 10, 12의 결과를 보면, 남학생보다 여학생 쪽이 훨씬 높은 비율로 교사의 칭찬이 높은 학습의욕으로 연결되어질 가능성을 안고 있는 것을 확인할

수 있다. 즉 교사가 학습자를 칭찬하면 남학생보다 여학생 쪽의 학습의욕이 강화될 가능성이 높다는 사실을 유념할 필요가 있다.

〈표 4〉를 보도록 하자.

〈표 4〉 일본어 교사의 칭찬에 대한 남녀별 일본어 학습자들의 정의적 반응

설문 번호	설문 내용	남학생 (매우) 그렇다	여학생 (매우) 그렇다
4	다른 학생이 일본어를 잘 읽었을 때 선생님이 그 학생을 칭찬해 주시고 나는 칭찬받지 못하더라도 왠지 소외된 느낌이나 좋지 않은 느낌이 들지는 않는다.	54%	47%
5	선생님이 아무 학생에게나 일본어를 잘 했다고 칭찬해 주시면 설사 자신이 칭찬받았다고 해도 기분이 나쁘지 않다.	50%	56%
6	자신이 특정 선생님의 칭찬에 익숙해져 있는 경우, 다시 칭찬받았다고 해도 기분이 나쁘지는 않다.	53%	78%
15	선생님이 칭찬을 그냥 건성으로 하는 것처럼 보여도 칭찬하지 않는 것보다는 훨씬 낫다고 생각한다.	43%	64%
16	선생님 칭찬이 진심으로라기보다 일본어 수업을 원활하게 진행하기 위한 테크닉의 하나라는 생각이 들어도 기분이 나쁘지는 않다.	41%	46%
21	선생님이 칭찬하실 때 만족감 어린 음성과 웃는 얼굴이 곁들어지면 만족감이 높아진다.	59%	83%
22	선생님이 칭찬하실 때 진지한 목소리와 절도 있는 동작이 곁들어지면 훨씬 만족감이 든다.	48%	63%

설문 6, 15, 21, 22를 보면 역시 남학생보다 여학생 쪽이 교사의 칭찬에 대해 정의적으로 반응하는 수치가 높다는 것을 확인할 수 있다. 또한 칭찬과 함께 표정이나 밝은 목소리가 곁들어지면 여학생의 만족도는 훨씬 높아지는 것을 확인할 수 있다.

그 다음으로 〈표 5〉를 보도록 하자.

〈표 5〉 교사의 침묵과 시인에 대한 남녀 학습자별 의식의 비교

설문 번호	설문 내용	남학생 (매우) 그렇다	여학생 (매우) 그렇다
2	내가 대답한 내용이 정확했을 때 선생님이 고개만 끄덕이시고 아무 말도 해 주지 않으시면 기분이 별로 좋지 않다.	42%	42%
20	선생님의 질문에 대답을 잘 했을 때 칭찬해 주시기보다는 "정답입니다." 혹은 "정확합니다." 식으로 사실관계만을 언급해 주시는 것이 오히려 만족감이 든다.	29%	25%

〈표 5〉를 보면 남녀 학습자 모두 침묵이나 시인으로 반응하는 교사의 피드백에 대해 만족을 하지 않는 것을 확인할 수 있다. 이것은 교실활동에서 교사의 칭찬이 중요한 피드백으로 작용할 수 있다는 사실을 보여주는 결정적인 예라고 할 수 있다.

21.2.2 B설문을 통해서 본 일본어 학습자들의 의식

〈표 6〉을 보도록 하자.

〈표 6〉 난이도에 따른 일본어 교사의 칭찬에 대한 남녀별 일본어 학습자의 의식

설문 번호	설문 내용	남학생 (매우) 그렇다	여학생 (매우) 그렇다
1	비교적 쉬운 질문에 올바른 대답을 한 경우, 선생님께서 "맞습니다. 정답입니다." 정도만 말해 주는 것이 좋다.	73%	60%

〈표 6〉은 비교적 쉬운 질문에 대답을 했을 때, 선생님이 칭찬보다는 시인을 한 것에 대한 남녀 학습자별 수치인데, 남자 학습자의 경우는 높은 수치로 교사의 시인에 대해 높은 만족도를 보인 반면에 여자 학습자의 경우는 남자 학습자만큼 높은 수치를 보이지는 않았다. 그러나 이들 수치는 비교적 쉬운 질문에 대답을 한 것에 대해 반드시 교사가 적극적으로 칭찬해 주길 바라는 것은 아니라

는 것을 의미한다고 할 수 있다.

〈표 7〉을 보도록 하자.

〈표 7〉 일본어 교사의 칭찬에 대한 남녀별 일본어 학습자의 정의적 반응

설문 번호	설문 내용	남학생 (매우) 그렇다	여학생 (매우) 그렇다
2	선생님의 질문에 대답을 잘 하고나서 스스로 느끼는 만족감의 정도에 따라 선생님의 칭찬이 다르게 느껴진다. 즉 만족감이 크면 선생님의 칭찬도 매우 기쁘게 느껴진다.	81%	85%
3	질문이 차례대로 진행되어 예상된 질문에 준비된 대답을 했더라도 선생님으로부터 칭찬을 들으면 기분이 그리 나쁘지는 않다.	44%	73%
16	수업 내용에만 관계된 칭찬이라도 칭찬을 자주 들으면 선생님이 나를 인간적으로도 좋게 평가하고 계시다는 생각이 든다.	63%	77%
18	그룹으로 해 낸 일이라도 선생님이 그룹 구성원 각각에 대한 칭찬을 해 주시는 것이 좋다.	60%	65%

설문 3, 16을 보면 남자 학습자보다 여자 학습자 쪽이 교사의 칭찬에 대해 압도적으로 높은 정의적 반응을 보인다는 사실을 확인할 수 있다.

〈표 8〉을 보도록 하자.

〈표 8〉 일본어 교사의 칭찬과 남녀별 일본어 학습자의 학습의욕

설문 번호	설문 내용	남학생 (매우) 그렇다	여학생 (매우) 그렇다
5	특별히 신경 써서 대답한 부분을 선생님이 칭찬해 주시면 이전보다 자신감이 더 생긴다.	44	51
7	대답을 잘 했는데 예상했던 것만큼 선생님이 적극적으로 칭찬해 주시면 학습의욕이 생긴다.	42	43
15	선생님으로부터 어느 부분(발음, 한자 쓰기)이 뛰어나다는 칭찬을 받으면 그 부분에 좀 더 집중해서 공부를 하게 된다.	65	72

| 17 | 일본어 수업시간에 칭찬을 자주 듣는 학생은 일본어 성적도 좋을 것이라는 생각이 든다. | 76 | 72 |
| 19 | 대답하기 전에 선생님이 내가 훌륭하게 대답할 수 있을 것이라는 기대감을 보이면 더 잘 하고자 노력하게 된다. | 81 | 65 |

〈표 8〉에서 설문 15와 17, 19를 보면 대부분 교사의 칭찬이 학습자의 학습의욕 고취로 이어질 가능성이 있음을 확인할 수 있다. 설문 19를 보면 여자 학습자보다 남자 학습자 쪽이 교사의 자신들의 대한 기대에 보다 적극적으로 대응하려는 의식이 작용하고 있음을 확인할 수 있다.

21.3 정리하기

지금까지 우리는 남녀 학습자별로 교사의 칭찬에 대한 의식을 살펴보았다. 그 결과 선행 연구에서 일컬어져 온 칭찬에 대한 다양한 이론의 타당성 여부를 확인할 수 있는데, 구체적으로 언급하면 다음과 같다.

첫째, 학습자의 교실활동에 대한 교사의 칭찬은 학습자의 학습행동을 효율적으로 강화할 수 있다는 것이다.
둘째, 학습자의 교실활동에 대한 교사의 칭찬은 학습자에게 지속적인 학습을 위한 격려가 될 수 있다는 것이다.
셋째, 학습자의 교실활동에 대한 교사의 칭찬은 학습자의 자기존중감을 확립하는 데에 분명히 유용하다는 사실이다.
넷째, 학습자의 교실활동에 대한 교사의 칭찬은 교사와 학습자와의 친밀한 관계를 만드는 데에 도움이 될 것이라는 사실이다.
다섯째, 교사의 칭찬은 학습자의 학습동기를 강화하며, 교실 내의 협력적인 환경을 만드는 작용을 하는 데에 도움이 된다는 사실이다.

여섯째, 남녀간의 차이는 있지만, 교사가 칭찬을 진심으로 하는 것이 아니라 교실활동을 원만하게 하기 위한 일종의 테크닉이라는 생각이 들더라도 학습자는 교사의 칭찬을 긍정적으로 받아들인다는 사실이다.

일곱째, 교실활동 중에 교사가 일부의 학습자들만을 칭찬하면 칭찬받지 못한 다른 학습자가 반드시 부정적인 감정을 가지지는 않는다는 것이다.

여덟째, 교사의 칭찬은 어느 일정한 조건하에서 적절한 표현을 통해서 행해지지 않더라도 칭찬은 대부분 교실활동에서 긍정적으로 작용한다는 사실이다. 그러나 교사의 침묵이나 시인은 교실활동에서 칭찬만큼 크게 긍정적인 요소로 받아들이지는 않는다는 사실이다.

아홉째, 칭찬은 구체적으로 어디가 어떻게 좋았는지를 제대로 말하지 않아도 교실활동에서 긍정적인 요소로 작용하며 만약 칭찬을 구체적으로 하게 되면, 그것은 여자 학습자 쪽에 훨씬 강력한 긍정적인 요소가 될 수 있다는 사실이다.

마지막으로 난이도가 보통인 문제를 맞힌 학습자에게 "맞습니다", "그래요!"라는 식으로 시인의 수준에서 머무는 것이 바람직하며 어려운 문제를 맞힌 학습자에게는 "훌륭해요!", "대단해요.", "잘 했어요."와 같은 다소 과장된 칭찬으로 피드백을 하는 것이 긍정적 요소로 작용할 가능성이 높다는 사실을 확인할 수 있었다.

교실활동을 통해서 칭찬이라는 피드백이 학습의욕을 자극하는 매개체가 되기 위해서는 교사는 그때그때 자신의 칭찬에 반응하는 남녀 학습자들을 일일이(아니면 대략) 모니터할 필요가 있다. 그렇게 되면 교사는 칭찬을 매개로 해서 일본어 학습자들의 학습의욕을 고취시키는 능력을 갖추게 될 것으로 믿어 의심치 않는다.

제21장 인용 및 참고문헌

천호재(2008) 일본어 교사의 칭찬행동에 대한 학습자의 의식, 도서출판 책사랑
川口義一&横溝紳一郎(2005) 「第3章 教室内のインターアクション C. 教師のフィードバック」『日本語教育ガイドブック』ひつじ書房

제22장 구성

22.1 교사의 예비지식
　22.1.1 학습자의 다양성
　22.1.2 교사의 교실활동 내에서의 언어행동/지시/묻기
　22.1.3 교실운영
22.2 좋은 일본어교사의 특징
22.3 유능한 일본어 교사의 조건
22.4 좋은 수업의 특징
22.5 일본어 학습자의 언어학습적성
22.6 일본어 학습과 교수에 대한 문화적 전통의 차이
22.7 일본어 학습자의 좌석과 거리 선택의 심리
　22.7.1 설문 장면의 내용
　22.7.2 말굽형 좌석 선택에 대한 일본어 학습자의 심리
　22.7.3 테이블 식 좌석 선택에 대한 일본어 학습자의 심리
　22.7.4 교사와 학습자의 물리적 거리
　22.7.5 학습자와 교사의 위치
제22장 인용 및 참고문헌

제22장

교실활동에 있어서 교사와
학습자의 상호작용

이미 언급한 것처럼 교사의 피드백은 교실활동에서 학습자와 교사가 주고받는 상호작용 중의 하나로 그밖에도 학습자의 다양성, 교사의 언어행동/지시/묻기, 교실운영 등을 들 수 있다.

학습자의 다양성은 연령, 적성, 심리, 성격, 학습방식 등이 학습자마다 다양하다는 것으로 교사가 이러한 학습자의 다양성을 충분히 고려하면 다양한 학습자의 학습을 성공적으로 실현할 수 있을 것으로 생각된다.

교사의 언어행동/지시/묻기에서 교사의 언어행동이란 교실활동에서 학습자들이 학습내용을 충분히 이해할 수 있도록 교사 자신이 특정한 방식으로 말을 하는 행동을 말한다. 그리고 지시와 묻기 역시 교사의 언어행동으로 특정한 지시와 묻기 행동을 통하여 학습자들이 학습내용을 충분히 이해할 수 있도록 하는 것이다.

교실운영은 학습자들이 수업 내용을 최적의 조건으로 이해할 수 있도록 교사가 최적의 분위기를 연출해 가는 것을 말하는 것으로 예를 들면 학습자의 좌석 배치, 교사의 시선, 창문의 개폐, 움직임, 표정 등을 들 수 있다.

이 장에서는 먼저 학습자의 다양성 중에서 적성에 대해서 살펴보고자 한다. 여기에서 말하는 적성이란 일본어 학습적성을 말한다. 둘째, 교실운영에서 좌석 선택에서 나타나는 학습자의 심리에 대해서 살펴보기로 한다. 교사가 학습자들의 학습적성이나 학습자의 좌석 선택 심리를 파악할 수 있다면 교사는 교실활동을 훌륭하게 리더해 나가는 충분한 자질을 갖춘 자로 충분히 인정을 받게 될 것임은 두말할 필요가 없다고 하겠다.

22.1 교사의 예비지식

교실활동에서 일어나는 교사와 학습자들의 상호작용은 교사의 피드백 이외에도 학습자의 다양성, 교사의 언어행동/지시/묻기, 교실운영 등이 있다. 이하에서는 선행 연구에서 밝혀진 학습자의 다양성, 교사의 언어행동/지시/묻기, 교실운영에 대해서 인용 설명하기로 한다.

22.1.1 학습자의 다양성

얼굴 모습이나 가정환경, 취미, 연령, 적성, 심리, 성격, 학습방식 등이 학습자마다 제각기 다른 만큼 이들 다양성을 충분히 고려하여 교실활동을 하게 되면 교사는 일본어 학습자의 학습을 성공적으로 이끌어 갈 수 있을 것이다.

학습자의 다양성을 고려할 경우, 우선 첫째로 교사는 교실활동에서 어떠한 자세로 임해야 하는가 하는 문제가 대두되는데, 거기에는 교사 중심 수업, 학습자 중심 수업, 교사 중심 수업＋학습자 중심 수업이라는 세 가지 패턴이 있다. 교실활동을 어떻게 이끌어 가야 하는가? 혹은 어떠한 수업목표를 지향하느냐에 따라서 이들 세 가지 패턴은 독립적으로 혹은 유기적으로 교실활동에 도입이 될 수 있을 것이다.

둘째, 교실활동에서 교사가 학습자와 상호작용을 할 경우, 교사는 학습자들의 그룹 특성을 파악해야 함은 물론이고, 학습자 개개인의 특성에 대한 파악도 물론 필요하다. 학습자 개개인의 특성을 가려내는 기준을 제시하면 대략 다음과 같다.

1) 학습자의 연령이 어느 정도인가?
2) 일본어 학습경력은 어느 정도인가?
3) 매일 일본어 예습 복습을 할 수 있는 시간은 어느 정도인가?
4) 학습자는 어떤 성격의 소유자인가? 즉 외향적인가? 내성적인가?
5) 일본어 학습자의 학습목적은 무엇인가?
6) 일본어 학습자의 학습의욕은 어느 정도인가?
7) 일본어 학습자의 일본어 학습적성은 높은 편인가? 낮은 편인가?

− 문법적 감수성은 어느 정도인가?
8) 일본(인)에 대한 태도는 호의적인가? 적대적인가?
9) 일본어 학습자는 어떠한 인지스타일을 가지고 있는가?
  − 일본어의 구조나 음성체계를 어떠한 방법으로 인지하는가?
10) 일본어 학습자는 어떠한 학습전략을 구사하고 있는가?
11) 일본어 학습자는 일본문화에 대한 관심이 있는가?
12) 일본어 학습자는 언어 장애를 가지고 있는가?

이러한 학습자들의 특성을 교사가 잘 이해해 두면 교실활동에서 발생하는 교사와 학습자간의 상호작용이 원만하게 이루어질 것은 두말할 나위가 없을 것이다.

셋째, 교실활동에서 교사가 학습자와 상호작용을 할 경우, 교사는 학습과 교수에 대한 문화적 전통을 고려하지 않으면 안 된다. 여기에서 말하는 문화적 전통이란 교사나 학습자가 자국에서 인식해 온 학습과 교수에 대한 나름대로의 신념을 말한다. 예를 들면 교사는 일본어 학습에서 문법이나 발음 학습이 중요하다고 여기는 데에 반해서 학습자가 그러한 교사의 신념에 반발하거나 하면 교실활동에서 어느 쪽을 우선시해야 하는가 하는 문제가 대두된다.

넷째, 교실활동에서 교사가 학습자와 상호작용을 할 경우, 교사는 학습자의 학습목적의 다양성을 고려하지 않으면 안 된다. 학습자의 개개인의 학습목적을 파악하는 것에 의해서 학습자 개개인의 니즈에 맞는 교실활동이 가능해지기 때문이다. 예를 들면 일본 유학을 생각하는 학습자에게는 듣기, 말하기, 읽기, 쓰기 모두를 가르쳐야 하겠지만, 단지 여행을 생각하는 학습자는 이들 4가지 기능 습득에 저항감을 가질 것이다. 그 외에도 일본어 학습자의 학습목적은 기술자나 과학연구, 비즈니스맨이나 연소자, 일본 귀국자녀, 난민, 어학교사, 외교관, 저널리스트, 변호사, 선교사, 조기학습 등과 같은 다양한 목적을 들 수 있다.

22.1.2 교사의 언어행동/지시/묻기

교실활동에서 교사가 학습자와 상호작용을 할 경우, 교사는 학습자들을 가르치면서 어떠한 언어행동이 필요하며, 어떻게 지시하고 어떻게 물어야 하는지가 문제가 된다.

우선 첫째로 교사는 학습자들에게 어떠한 언어행동이 필요한지에 대해서 설명하면 다음과 같다. 교사는 천천히 말해야 하며, 중간 중간 포즈를 두어야 하며, 발음을 분명히 해야 하며, 쉬운 단어나 일반적으로 사용되는 단어를 사용해야 하며, 복잡한 문법이 아닌 단순한 문법(복문보다 단문)이 들어간 문장을 사용해야 한다. 그리고 그러한 언어를 사용하면서 적절한 시각 정보를 학습자들에게 제공해야 한다(판서, 사진, 손짓 발짓, 표정, 그림 그리기). 그 다음으로 교사는 명확하고 이해가 쉽게, 확실하게, 유머를 섞어가며, 때로는 경청하는 자세로 언어행동을 수행해 나가지 않으면 안 된다.

둘째, 지시이다. 교사는 학습자에게 지시를 하기 전에 그전에 설명이나 질문에 대해서 학습자가 교사의 지시를 충분히 이해할 수 있도록 하지 않으면 안 된다. 지시가 많아지면 수업이 딱딱해지기 쉽고 그 결과 많은 학습자들의 학습의욕이 떨어지게 된다. 지시가 많아지면 학습자들의 학습태도가 수동적이 되어버리기 쉽다. 지시는 천천히 알기 쉽게 가능한 한 부드러운 표정으로 하는 것이 중요하다. 지시는 다음과 같은 표현 형식을 취하는 것이 좋다. "제 말을 잘 들어 주세요.", "다시 한 번 말해 주세요.", "한 사람씩 말해 주세요.", "한국어를 사용하지 말고 일본어로만 말해 주세요."

셋째, 묻기이다. 묻기에는 질문과 발문이 있다. 질문은 지식의 유무를 확인하기 위해서 사용하는 언어행동이며, 발문은 학습자의 개성차에 근거한 대답의 차이를 인정하기 위해서 사용하는 언어행동이다. 질문은 학습자의 레벨에 맞게 행하면 되는 것이고, 발문은 학습자의 내면세계에 존재하는 이미지를 통해 상상력을 자극하는 형태로 행하면 된다(예를 들면 텍스트상의 모순점이나 대립구도에 대해서,

아니면 사고를 심화시켜 갈 수 있는 사고활동이 활발해지도록 돕는 언어행동). 초급이나 중급에서는 질문 행위가 많이 이루어질 것이며, 고급 단계에서는 발문 행위가 많이 이루어질 것이다.

22.1.3 교실운영

교실운영이란 교사가 수업의 분위기를 최적의 상태로 만드는 것을 말한다. 수업 분위기가 좋지 않으면 아무리 유능한 교사라도 학습자들의 학습효과를 올릴 수 없다. 앞서 언급한 교사의 피드백, 학습자의 다양성을 고려하는 것, 교사의 언어행동/지시/묻기도 교실운영에 직간접적으로 관련이 있다.

이 절에서는 교실운영을 주로 비언어적인 요소 즉 좌석 배치, 학습자의 주의력을 모으는 원리, 교사의 시선, 교사의 선 자세와 움직임, 지명, 교사의 비언어 표현에 대해서 설명하고자 한다.

우선 첫째, 좌석 배치이다. 좌석 배치란 수업시간에 학습자들이 자리에 어떻게 앉으며 어떻게 교사가 학습자들을 앉히느냐 하는 것과 관계가 있다. 수업이 교사주도형이고 정확함을 지향하는 교실활동의 경우에는 보통 교실에서 보는 분단별 좌석 배치가 바람직하다. 그리고 교실활동이 학습자 중심으로 이루어지고 정확함을 지향하는 활동의 경우에는 분단을 두 그룹(혹은 그 이상)으로 나누어 서로 마주보게 배치하는 방법이 바람직하다. 또한 교실활동이 교사 중심으로 이루어지고 유창함을 지향하는 수업일 경우에는 좌석 배치 그 자체는 문제가 되지 않으며 학습자 개개인에 대한 질문이 전체 반 구성원들의 수업 분위기를 활성화하는 것만이 문제가 된다. 교실활동이 학습자 중심이고 페어 혹은 그룹으로 이루어지며 유창함을 지향하는 수업일 경우에는 서로 흩어져서, 둘 혹은 그 이상 모여서 교실활동을 하도록 하는 것이 바람직하다.

둘째, 학습자의 주의력을 모으는 원리이다. 일반적으로 세 가지 원리가 있는데, 학습자들과의 거리이다. 학습자들에게 다가갈 때는 천천히, 멀어질 때는 재빨리 멀어지는 것이다. 학습자들의 심리적 압박감을 조절하기 위해서이다. 그 다음으로 교사 자신의 시선을 학습자들의 시선과 맞추는 것이다. 시선을 맞추면 나는 너에게 관심이 있다는 것이고, 맞추지 않으면 관심이 없다는 것이다. 너무 시선을 맞추면 학습자는 교사의 태도를 공격적으로 해석할 소지가 있다. 그 다음으로 학습자들에게 말을 할 때, 스피드를 천천히 하고, 억양의 고저, 틈을 두어야 한다. 특히 중요한 내용을 말할 때는 그 부분을 강조해서 말함으로써 깊은 인상을 남긴다. 그리고 말은 학습자들에게 낭독하는 것이 아니라 한 사람 한 사람에게 말을 걸듯이 한다.

셋째, 교사의 시선이다. 교사가 취해야 할 시선에는 두 가지 종류가 있다. 하나는 흐르는 시선이고, 다른 하나는 포착하는 시선이다. 전자의 흐르는 시선은 학습자들의 얼굴을 물이 흐르듯이 쳐다보는 동작을 말하며 어느 한 사람을 고정적으로 보는 것은 아니다. 후자의 포착하는 시선은 전체 학습자나 개인 학습자를 단순히 쳐다보는 것이 아니라 수업에 집중할 수 있도록 마음을 다잡고자 하는 시선으로 그들을 쳐다보는 것이다.

넷째, 교사의 선 자세와 움직임이다. 교사는 필기를 할 때 등을 보여서는 안 되며 중요한 내용을 설명할 때에는 교탁을 앞, 칠판 중앙에 올바른 자세로 격식을 차린 자세를 취해야 한다. 학습자와 문답을 하고자 할 경우에는 자신이 서 있는 곳에서 가장 멀리 떨어진 학습자를 선택해야 한다. 바로 앞에 있는 학습자와 문답을 하게 되면 교실 분위기가 나빠질 염려가 있다. 움직임은 소위 기간순시(机間巡視)로 나타난다. 기간순시는 학습자의 수업 상황을 파악하거나 질문에 대답을 하기 위해서 필요하다. 교탁밀착형(교실 내에서 교탁에서 멀리 떨어지지 않는 범위 내에서만 움직이는 것이다), 시계형(시계 방향으로 책상 사이를 움직이는 것이다), 총알형(총알처럼 직선으로 책상을 빠져 나가는 것을 말한다), 역전형(駅伝型, 학습자의 책상을 하나도 남김없이 돌아다니며 보는 것), 스포츠형(기간순시를 마치 산책하듯이 학습자들의 책상이나 얼굴을 전혀 보지 않으면서 하는 것이다)이 있다.

다섯째, 지명이다. 지명은 학습자들의 이해도를 체크하기 위해서, 완전한 습득을 도모하기 위해서, 수업에 대한 집중도를 높이기 위해서 한다. 지명의 효과를 높이기 위해서 우선 교사는 전체 학습자가 교사 쪽을 보는 경우에 하는 것이 바람직하다. 지명하기가 용이하기 때문이다. 그리고 지명은 번호 순서대로 아니면 그날 날짜의 배수로, 혹은 랜덤으로 하는 것이 좋다. 학습자의 정신적 부담을 덜어 주기 위해서이다. 지명은 개인 학습자뿐만 아니라 전체 학습자에게도 할 수 있다. 전체 학습자에게 지명을 하면 전체 학습자들은 일체감을 가질 수 있다. 반대로 개인 학습자에게 지명을 하면 개개인의 학습상의 문제점을 발견할 수 있다. 지명은 또한 질문을 먼저 하고 나서 학습자를 지명하는 것이 바람직하다. 생각할 시간을 주기 위해서이다. 지명은 모든 학습자들에게 균등하게 한다. 만약 특정 시간에 3분의 1의 학습자들에게만 지명을 했다고 한다면, 다음 시간에 나머지 학습자들에게 지명을 하는 것이 바람직하다. 특정 학습자에게 지명을 하고 대답을 하는 시간을 어느 정도 기다리는 것이 필요하다.

　　마지막으로 교사의 비언어표현이다. 교사는 교실활동에서 전체 학습자에게 발화를 하는 것뿐만 아니라 표정이나 제스처를 유효적절하게 섞어 사용할 수 있어야 한다. 시무룩한 표정이나 따분한 표정, 피곤한 표정을 지어서는 안 된다. 학습자들을 일으켜 세우고자 할 때는 양손을 위로 들어 보인다. 뭔가를 쓰게 하고자 할 경우에는 손으로 쓰는 흉내를 낸다. 내용을 듣지 않는 학습자에게는 귀에 손을 대어 잘 듣도록 재촉한다. 형용사「軽い」를 가르칠 때는 정말 가벼운 듯한 몸짓을 한다.「重い」를 가르칠 때는 무거운 시늉을 한다.

22.2 좋은 일본어교사의 특징

　　일본어교육(외국어교육)에서 일컬어지고 있는 좋은 일본어교사의 특징을 요약하면 다음과 같다.

1) 좋은 일본어 교사는 일본어를 충분히 습득하고 있다.
2) 좋은 일본어 교사는 초급 단계에서라도 한국어를 가능한 한 사용하지 않는다.
3) 좋은 일본어 교사는 유창하게 일본어를 말할 수 있다.
4) 교실활동에서 좋은 일본어 교사는 말을 많이 하지 않는다.
5) 좋은 일본어 교사는 교실활동에서 비언어적 표현, 신체 언어를 활발하게 사용한다.
6) 좋은 일본어 교사는 표정이 풍부하고 생기에 차 있다.
7) 좋은 일본어 교사는 교실 안을 자주 이동한다.
8) 좋은 일본어 교사는 학습자들의 능동적인 참가를 유도한다.
9) 좋은 일본어 교사는 학습자들에게 피드백을 바로 가한다.
10) 좋은 일본어 교사는 교실 분위기가 따뜻하고 수용적이다.
11) 좋은 일본어 교사는 자주 미소 지으며, 칭찬하며 농담을 잘 한다.
12) 좋은 일본어 교사는 칭찬하는 시간이 길다.
13) 좋은 일본어 교사는 교실 내에서 웃음을 많이 짓는다.
14) 좋은 교사는 신변의 것을 가르치려고 한다.
15) 좋은 일본어 교사는 학습자들로 하여금 일체감을 가지게 한다.
16) 좋은 일본어 교사는 학습자들로 하여금 의욕적으로 수업에 참가하게 한다.
17) 좋은 일본어 교사는 학습자를 비판하지 않는다.
18) 좋은 일본어 교사는 학습자들에게 묵독이나 작문 시간을 많이 부여하지 않는다.
19) 좋은 일본어 교사는 판서하는 시간을 많이 들이지 않는다.
20) 좋은 일본어 교사는 수업이 시작되기 전이나 끝난 뒤 학습자들이 자신에 말을 많이 걸어오게끔 한다.
21) 좋은 일본어 교사는 수업이 시작되기 전에 학습자들에게 말을 건다.

22) 좋은 일본어 교사는 학습자들이 충분히 워밍업하게 하고, 여유있게 복습 및 말하기를 하도록 유도한다.
23) 좋은 일본어 교사는 교실활동에서 학습자들로 하여금 다양한 활동을 하도록 한다.
24) 좋은 일본어 교사는 수업을 빨리 진행한다.
25) 좋은 일본어 교사는 교실활동에서 학습자들로 하여금 연습(드릴)을 신속하게 실행한다.
26) 좋은 일본어 교사는 인내심이 강하다.
27) 좋은 일본어 교사는 상냥한 어조나 느낌으로 학습자에게 주의를 준다.
28) 좋은 일본어 교사는 학습자들로 하여금 교재 교구의 준비를 잘 거들 수 있도록 한다.

22.3 유능한 일본어 교사의 조건

이하 일본어교육(외국어교육)에서 인정되어 있는 유능한 일본어 교사의 조건을 제시하면 다음과 같다.

1) 유능한 일본어 교사는 학습자들에게 알기 쉽게 가르쳐야 한다.
2) 유능한 일본어 교사는 다양한 방법을 사용하여 수업에 변화를 가져오도록 해야 한다.
3) 유능한 일본어 교사는 즐겁게 가르쳐야 한다.
4) 유능한 일본어 교사는 교과서에 지배되지 않아야 한다.
5) 유능한 일본어 교사는 학습자들에게 언어4기능을 효과적으로 훈련시킬 수 있어야 한다.
6) 유능한 일본어 교사는 객관적이고 효과적인 평가방법을 잘 모색할 수 있어야 한다.

7) 유능한 일본어 교사는 학습상의 곤란점에 적절한 대응을 할 수 있어야 한다.
8) 유능한 일본어 교사는 학습자들에게 비관적인 태도를 보이지 않아야 한다.
9) 유능한 일본어 교사는 학습자들을 배려할 수 있어야 한다.
10) 유능한 일본어 교사는 학습자들을 칭찬하거나 격려를 할 수 있어야 한다.
11) 유능한 교사는 학습자의 생각, 의견, 제안을 받아들일 수 있어야 한다.

22.4 좋은 수업의 특징

이하 일본어교육에서 인정되고 있는 좋은 수업의 특징을 소개하면 다음과 같다.

1) 좋은 일본어 수업에는 학습자들의 활기가 느껴진다.
2) 좋은 일본어 수업에는 리듬이 있다.
3) 좋은 일본어 수업에서는 학습자들의 반응이 매우 적극적이다.
4) 좋은 일본어 수업에서는 거의 모든 학습자가 교실활동에 참가하고 있다.
5) 좋은 일본어 수업에서는 학습자들의 표정이 생기에 차 있으며 매우 즐거워 보인다.
6) 좋은 일본어 수업에서는 교사의 발언이 학습자들을 매료시킨다.
7) 좋은 일본어 수업에서는 교사가 어떤 내용을 매우 알기 쉽게 가르치고 있다.
8) 좋은 일본어 수업에서는 교사가 정열을 가지고 학습자들을 가르치고 있다.

22.5 일본어 학습자의 언어 학습적성

22.1.1에서 우리는 학습자의 다양성을 고려할 경우, 우선 첫째로 교사는 교실활동에서 누가 주체가 되는 수업을 해야 하는지, 학습자 개개인의 특성으로 어떠한 것이 있는지를 확인하여야 한다는 것을 확인할 수 있었다.

본 저자는 얼마 동안 일본어문학과에 재학 중인 학습자들이 모두 일본어를 잘 하지 못하는 이유는 무엇인가, 일본어문학과 학습자보다 일본어문학과 이외의 학습자들이 발군의 실력을 발휘하는 이유는 무엇인지에 대해서 많은 고민을 한 적이 있다. 그 이유는 얼마 가지 않아서 밝혀졌다. 그것은 학과를 초월해서 일본어 학습을 열심히 하면 실력이 향상된다는 것이며, 열심히 하지 않으면 향상되지 않는다는 것이었다. 그런데 이유는 그뿐만이 아니었다. 일본어 학습자 중에는 언어(일본어)학습적성이 있는 학습자와 언어 학습적성이 없는 학습자도 있으며 언어 학습적성이 있는 학습자는 자연적으로 일본어 성적이 높게 나온다는 결론에 도달했다(물론 그 반대의 상황도 가능하다). 이에 본 저자는 일본어 학습자들에게 내재된 언어 학습적성 유무만을 체크하려다가 그 적성도 포함한 다중지능 상태를 체크해 보기로 하였다.

조사 방법은 음악지능, 신체운동지능, 논리수학지능, 공간지능, 언어지능, 인간친화지능, 자기성찰지능, 자연친화지능에 관련된 설문 검사 방식을 취했다. 그 결과는 다음과 같았다.

〈표 1〉 일본어문학과 학습자들의 다중지능검사 결과

	음악 지능	신체운동 지능	논리수학 지능	공간 지능	언어 지능	인간친화 지능	자기성찰 지능	자연친화 지능
남학생	41	47	45	44	56	53	61	36
여학생	45	43	49	46	51	57	58	32
전체	43(100)	45(100)	47(100)	45(100)	54(100)	55(100)	60(100)	34(100)

〈표 1〉에서 우리는 최소한 다섯 가지 흥미로운 사실을 확인할 수 있다. 첫째

는 일본어문학과에 재학중인 학습자들이 언어지능보다는 인간친화지능과 자기성찰지능이 높았다는 것이다. 둘째는 남자 학습자가 여자 학습자보다 언어지능이 높았다는 사실이고, 셋째는 여자 학습자가 남자 학습자보다 인간친화지능이 높았다는 것이다. 넷째, 자연친화지능은 남녀 학습자 모두 가장 낮은 점수를 보이고 있다는 것이다. 마지막으로 일본어 학습에 대해 흥미를 가지지 못하거나 일정한 학습효과를 보이지 못하는 학습자에 대해서 교사는 분노를 표출하거나 체념할 필요는 없다는 것이다.

〈표 1〉은 일본어문학과에 재학중인 학습자들이 모두 일본어를 잘 하지 못하는 이유가 무엇인가, 일본어문학과 학습자보다 일본어문학과 이외의 학습자들이 발군의 실력을 발휘하는 경우가 있는 이유가 무엇이냐에 대한 이유를 어느 정도 설명해 준다. 그것은 일본어문학과에 재학 중인 전공자이면서도 다른 지능에 비해 현저하게 높은 언어지능을 소유하고 있지 않다는 것이다. 반대로 일본어문학과에 재학 중인 전공자가 아니라도 다른 지능에 비해 높은 언어지능을 소유하고 열심히 학습하는 학습자는 발군의 일본어 실력을 발휘할 수 있다는 사실이다.

그러나 그렇다고 해서 이러한 지능유형을 지닌 일본어 학습자들로 하여금 일본어 학습을 포기하도록 해야 한다는 것은 아니다. 설문 대상자 중에는 높은 언어지능을 지닌 학습자들도 다수 있기 때문이다. 또한 〈표 1〉에 나타난 지능유형은 강점 지능만을 가지고 일본어 학습의 결격 사유로 인정하기에는 무리가 있다는 것, 오히려 각자 지능 유형에 맞는 일본어 학습을 하도록 해야 한다는 것, 그리고 일본어문학과 학습자들이 언어지능 이외의 지능과의 시너지 효과를 잘 발휘할 수 있도록 취업지도나 진학지도에 있어 개개인의 지능을 최대한 고려해야 한다는 사실에 주목할 필요가 있다.

22.6 일본어 학습과 교수에 대한 문화적 전통의 차이

22.1에서 우리는 교실활동에서 교사가 학습자와 상호작용을 할 경우, 교사는 학습과 교수에 대한 문화적 전통을 고려하지 않으면 안 된다는 것을 확인할 수 있었다. 여기에서 말하는 문화적 전통이란 교사나 학습자가 평소에 인식해 온 학습과 교수에 대한 나름대로의 교육철학적 신념을 말한다.

교사는 평소의 교실활동을 통해서 자신만의 교육철학(일본어는 이러이러 저러저러한 방식으로 교수되어야 한다는 것)을 가지고 있다. 그런데 문제는 자신의 교육철학적 신념이 모든 학습자들에게도 바람직한 것으로 받아들여질 것인가 하는 점이다. 따라서 교사는 자신의 일본어 교수법에 대한 학습자의 의식 즉 문화적 전통의 차이를 확인할 필요가 있으며, 그 차이점이나 공통점이 확인되면 보다 효율적인 교실활동의 실마리를 찾는 쪽으로 노력을 기울여 나가야 할 것이다.

이에 본 저자는 일본어 교사와 학습자들을 대상으로 일본어 학습과 교수에 대한 문화적 전통의 차이가 어떻게 나타나는지를 조사한 적이 있다. 그 결과 17항목의 매우 일치하는 것, 11항목의 비교적 일치하는 것, 10항목의 전혀 일치하지 않는 것을 찾아낼 수 있었다. 〈표 2〉–〈표 4〉로 나타내면 다음과 같다.

〈표 2〉 매우 일치하는 문화적 전통 항목(%)

설문 번호	매우 일치하는 항목	학습자	교사
4	한국인들은 외국어 습득이 능숙한 편이다.	45	46
5	일본어를 유창한 발음으로 말하는 것은 학습자에게 매우 중요하다.	84	82
7	정확하게 일본어를 구사하기 전까지 학습자는 교실 밖에서 일본어를 사용해서는 안 된다.	1	0
10	일본어를 학습하는 데에는 일본에 사는 것이 제일 좋다.	74	77
12	몇 번이나 반복 연습하는 것은 일본어 학습에 중요하다.	96	100
14	초급 때 일본어 학습자의 오용을 선생님이 묵인하면, 나중에 일본어를 정확하게 말하는 것이 어려워진다.	77	82
17	카세트(CD, MP3, 컴퓨터)로 일본어를 연습하는 것은 중요하다.	86	87
18	일본어 학습은 다른 교과의 학습과는 다르다.	25	28
26	학습자의 발화에 오류가 있을 경우, 선생님이 그것을 고쳐주고 그 오류가 발생하는 원인을 간결하게 설명해 주면 학습자에게 매우 도움이 된다.	96	93
27	일본인이 말하는 일본어를 듣거나 연습하거나 외우거나 하면, 그 학습자는 일본어를 실제로 알고 있다.	61	59
28	일반적으로 일본어가 유창해지기 위해서는 일본어문법을 이해해 둘 필요가 있다.	89	92
30	언어는 의미가 있는 커뮤니케이션이며 학교에서의 의식적인 공부가 아니라 사회 안에서 반 무의식적으로 습득하는 것이다.	68	64
31	기본적인 일본어문법 규칙을 어느 정도 이해하고 있으면 스스로 많은 새로운 일본어 문장을 만들어 낼 수 있다.	83	87
33	패턴을 연습하면 그 연습한 패턴에 따라 많은 새로운 일본어 문장을 만들어 낼 수 있다.	88	89
34	일본어 수업에서 선생님은 문법/구문을 분명하고 정확하게 제시하는 것이 중요하다.	76	75
36	학습자의 발화에 오류가 있는 경우라도 무엇을 말하려고 하는지 알기만 하면 그 오류는 무시하는 편이 좋다.	10	8
37	학습자는 일본어 읽기 및 쓰기 공부를 시작하기 전에 듣고 말하기를 어느 정도 마스터 해 두는 것이 필요하다.	51	49

⟨표 3⟩ 비교적 일치하는 문화적 전통 항목

설문번호	어느 정도 일치하는 항목	학습자	교사
1	어른보다도 아이 쪽이 일본어를 쉽게 습득할 수 있다.	80	71
3	일본어는 다른 언어보다도 습득이 어렵다.	7	0
6	일본어를 바르게 말하기 위해서는 일본문화에 관한 지식이 필요하다.	89	98
19	언어를 두 개 이상 말할 수 있는 사람은 머리가 좋은 사람이다.	36	31
20	일본어는 누구라도 말할 수 있는 언어이다.	81	72
21	일본어는 듣기 말하기보다도 읽기 및 쓰기 쪽이 쉽다.	30	23
22	일본어는 습득이 매우 어려운 언어이다.	11	7
25	선생님이 일본어로 말하는 것을 학습자가 이해한 경우 학습자는 해당 일본어를 실제로 알고 있다.	52	61
32	학습자에게 중요한 것은 무엇을 말하는가이지 어떻게 말하는가가 아니다.	40	33
35	일본어는 패턴연습(드릴)을 많이 행하는 것으로 습득할 수 있다.	81	87
38	일본어문법을 가르칠 필요는 없다. 자연스럽게 스스로 배우게 되기 때문이다.	9	3

⟨표 4⟩ 일치하지 않는 문화적 전통 항목(%)

설문번호	일치하지 않는 항목	학습자	교사
2	일본어를 습득하는 데에 있어 특별한 능력을 지닌 사람이 있다.	46	79
8	영어를 잘 구사하는 학습자는 일본어 역시 쉽게 학습할 것이다.	24	51
9	수학이나 과학을 잘 하는 학습자는 일본어 학습이 서툴 것이다.	3	15
11	일본어 학습에서 가장 중요한 것은 어휘를 습득하는 것이다.	76	64
13	일본어 학습에 관해서는 남성보다도 여성 쪽이 훨씬 뛰어나다.	32	46
15	일본어 학습에서 가장 중요한 것은 문법 학습이다.	26	10
16	일본어를 듣고 이해하는 것보다도 말하는 쪽 쉽다.	29	40
23	매일 한 시간씩 공부했을 때 매우 능숙하게 일본어를 말할 수 있게 되는 시간은 1년에서 2년 사이이다.	52	61
24	언어는 문법/구문의 총체이며 학습자는 그것을 의식적으로 학습해야 한다.	46	69
29	학습자의 발화에 오류가 있는 경우 그 오류를 낳는 패턴을 반복적인 구두 연습으로 오류를 없앨 수 있다.	85	97

〈표 2〉-〈표 4〉에서 나타난 수치는 교사가 효율적인 교실활동을 행하는 데에 유용한 정보가 될 수 있을 것으로 생각된다. 학습자들의 반응이 좋으면 왜 좋은지, 나쁘면 왜 나쁜지에 대한 판단 자료가 될 수 있기 때문이다.

22.7 일본어 학습자의 좌석과 거리 선택의 심리

22.1.3에서 언급한 바와 같이 효율적인 교실활동을 위해서는 교사가 학습자들로 하여금 어떻게 교사가 학습자들을 앉히느냐 하는 것이 필요하다. 이는 학습자의 수가 적은 경우에는 어려움이 없지만, 학습자 수가 매우 많은 경우(50명 이상)에는 분단 배치를 바꾸어가면서 이를 실행하기에는 현실적으로 많은 어려움이 따른다. 본 저자는 교실현장에서 다년간 수업을 하면서 학습자들이 좌석을 선택하는 데에 일정한 패턴이 있음을 깨달았다. 즉 한 학기 내내 본 저자가 위치해 있는 교단 부근에만 앉는 학습자가 있는가 하면 본 저자가 위치한 곳에서 의도적으로 멀리 떨어진 곳에만 앉는 학습자가 있었다. 또한 중간고사가 끝나면 앞에 주로 앉던 학습자들이 뒤로 이동하고, 그 반대의 현상도 목격할 수 있었다. 강의실 문 가까이에 앉는 학습자들도 있었고, 창가에만 앉는 학습자도 있었다.

이 절에서는 학습자들의 좌석(말굽형 좌석, 테이블식 좌석)과 개인 학습자에 대한 교사의 위치, 교사와 학습자의 물리적 거리에 따른 심리에 대해서 알아보기로 하겠다. 본 연구의 결과를 바탕으로 효율적인 교실활동을 위해 교사가 인위적으로 소수의 학습자들을 특정 좌석으로 이동을 시도해 본다든지 하는 교사의 노력이 이루어진다면 본 저자는 더 바랄 나위가 없겠다.

22.7.1 설문 장면의 내용

본 저자는 설문 장면의 내용으로 다음과 같은 요소(상대)들을 채택하였다. 이하에 채택한 요소 이외에도 다른 요소들이 있겠지만, 논의의 편의를 기하기 위해서 요소들을 제한하였음을 미리 언급해 둔다.

장면	상대(학습자 혹은 교사)
1. 말굽형 좌석 배치	친한 동성의 친구
	친한 이성의 친구
	친하지 않은 동성의 친구
	친하지 않은 이성의 친구
2. 테이블식 좌석 배치	친한 동성의 친구
	친한 이성의 친구
	친하지 않은 동성의 친구
	친하지 않은 이성의 친구
3. 교사와 학습자의 물리적 거리	친한 선생님
	친하지 않은 선생님
	동성의 선생님
	이성의 선생님
	연세 드신 선생님
	젊으신 선생님
	성적이 좋은 경우, 혹은 수업이 흥미로운 경우
	성적이 안 좋거나 혹은 수업이 재미없는 경우
	상냥하신 선생님
	무뚝뚝한 선생님
4. 개인 학습자와 교사의 위치	친한 선생님
	친하지 않는 선생님
	이성의 선생님
	연세 드신 선생님
	젊으신 선생님
	상냥한 선생님
	무뚝뚝한 선생님

22.7.2 말굽형 좌석 선택에 대한 일본어 학습자의 심리

아래의 〈그림 1〉은 말굽형 좌석의 모양을 나타내고 있다.

〈그림 1〉 말굽형 좌석 배치

〈그림 1〉에서 본 말굽형 좌석 선택에 대한 일본어 학습자의 심리는 다음의 〈표 5〉와 같다.

〈표 5〉 말굽형 좌석 선택에 대한 일본어 학습자의 심리(%)

번호	내용	항목 번호					
		①	②	③	④	⑤	⑥
1	친한 동성의 친구	8	3	34	44	10	2
2	친한 이성의 친구	3	12	41	37	10	4
3	친하지 않은 동성의 친구	28	27	4	2	15	32
4	친하지 않은 이성의 친구	18	24	3	6	21	26

〈표 5〉를 보면 말굽형 좌석 선택에 대한 일본어 학습자의 심리는 물리적 거리와 심리적 거리가 비례한다는 것을 알 수 있다. 즉 친하면 친할수록 물리적 거리는 가까워지며, 친하지 않을수록 물리적 거리가 멀어진다는 것이다. 그리고 친한 친구라도 이성이냐 동성이냐에 따라 좌석을 선택하는 방향이 달라진다는 것이다. 이 외에도 남녀 성별에 따른 선택의 차이도 있을 수 있지만 여기에서는 논외로 한다.

22.7.3 테이블식 좌석 선택에 대한 일본어 학습자의 심리

아래의 〈그림 2〉는 테이블식 좌석의 모양을 나타내고 있다.

③	④	⑤
①	☺	②

〈그림 2〉 테이블식 좌석

〈그림 2〉에서 본 테이블식 좌석 선택에 대한 일본어 학습자의 심리는 다음의 〈표 6〉와 같다.

〈표 6〉 테이블식 좌석 선택에서 나타난 일본어 학습자의 심리(%)

번호	내용	항목 번호				
		①	②	③	④	⑤
1	친한 동성의 친구	42	42	4	11	1
2	친한 이성의 친구	29	30	6	29	7
3	친하지 않은 동성의 친구	6	3	50	17	24
4	친하지 않은 이성의 친구	3	4	32	10	51

〈표 6〉을 보면 테이블식 좌석 선택에 대해서도 물리적 거리와 심리적 거리가 비례한다는 것을 알 수 있다. 친한 친구라도 이성이냐 동성이냐에 따라 좌석을 선택하는 방향이 달라진다는 점도 〈표 5〉에서 본 말굽형 좌석 선택 상황과 유사하다. 그 밖에 남녀 성별에 따른 선택의 차이도 있을 수 있지만 여기에서는 논외로 한다.

22.7.4 교사와 학습자의 물리적 거리

아래의 〈그림 3〉은 전형적인 강의실 배치 상태를 나타내고 있다.

〈그림 3〉 일반 강의실 좌석 배치

〈그림 3〉에서 본 전형적인 강의실 배치에 대한 일본어 학습자의 심리는 다음의 〈표 6〉과 같다.

〈표 6〉 교사와의 물리적 거리에서 본 일본어 학습자의 심리(%)

번호	내용	결과 순위									
		1위	2위	3위	4위	5위	6위	7위	8위	9위	10위
1	친한 선생님	5번 (20)	14번 (11)	4번 (10)	13번 (8)	3번 (8)	22번 (6)	15번 (5)	12번 (2)		
2	친하지 않은 선생님	45번 (14)	37번 (9)	41번 (7)	32번 (4)	20번 (4)	38번 (4)	14번 (3)	31번 (3)	8번 (2)	1번 (1)
3	동성의 선생님	14번 (13)	5번 (9)	3번 (8)	5번 (9)	22번 (6)	6번 (4)	15번 (3)	1번 (2)	11번 (1)	
4	이성의 선생님	14번 (13)	5번 (8)	4번 (7)	13번 (6)	3번 (5)	25번 (4)	7번 (3)	1번 (2)	12번 (1)	
5	연세 드신 선생님	14번 (11)	5번 (6)	22번 (5)	13번 (4)	4번 (3)	6번 (2)	21번 (2)	1번 (1)		
6	젊으신 선생님	14번 (12)	22번 (9)	13번 (8)	5번 (6)	15번 (4)	3번 (3)	4번 (2)	1번 (1)		

7	성적이 좋은 경우 - 수업이 흥미로움	14번 (22)	5번 (16)	13번 (12)	3번 (7)	4번 (7)	15번 (5)	6번 (3)	16번 (2)	12번 (2)	1번 (1)
8	성적이 안 좋은 경우 - 수업이 흥미 없음	45번 (11)	37번 (9)	41번 (5)	42번 (5)	30번 (4)	4번 (3)	5번 (2)	13번 (2)	1번 (1)	
9	상냥하신 선생님	5번 (12)	13번 (11)	4번 (10)	23번 (8)	22번 (6)	12번 (6)	16번 (4)	2번 (2)	1번 (1)	
10	무뚝뚝한 선생님	14번 (8)	23번 (7)	22번 (6)	24번 (5)	34번 (3)	33번 (3)	13번 (2)	4번 (2)	1번 (1)	

〈표 6〉을 통해서도 여전히 물리적 거리와 심리적 거리는 비례한다는 사실을 확인할 수 있다. 일본어 학습자들이 한 학기 내내, 혹은 일정 기간 특정한 좌석을 선택하였을 때 일본어 교사는 위의 10가지 내용 가운데 하나가 원인이 되었음을 일본어 교사는 파악할 수 있어야 한다. 즉 그러한 파악을 통해 특정한 학습자에게 좀 더 많은 관심을 나타내어 보일 수 있도록 노력을 기울여야 할 것이다.

22.7.5 학습자와 교사의 위치

아래의 〈그림 4〉는 개인 학습자와 교사의 위치 상태를 나타낸 것이다.

〈그림 4〉 학습자와 교사의 위치

〈그림 4〉에서 교사의 위치에 대한 개인 학습자의 심리는 다음의 〈표 7〉과 같다.

〈표 7〉 교사의 위치에서 본 일본어 학습자의 심리

번호	내용	선택 번호			
		①	②	③	④
1	친한 선생님	41	9	8	42
2	친하지 않는 선생님	17	50	27	7
3	동성의 선생님	25	23	30	21
4	이성의 선생님	37	12	28	24
5	연세 드신 선생님	31	35	25	10
6	젊으신 선생님	24	11	27	40
7	상냥한 선생님	38	5	14	44
8	무뚝뚝한 선생님	14	46	33	5

　친한 선생님의 경우에는 오른편 1시 방향과 3시 방향을 선호한다. 그러나 친하지 않은 선생님의 경우에는 오른편 5시 방향을 선호한다. 이 방향은 개인 학습자가 고개를 돌리지 않으면 보이지 않는 방향이다. 동성의 선생님인 경우에는 정면(12시 방향) 선택이 조금 우세하긴 하지만 다른 방향과 큰 차이가 없다. 이성의 선생님의 경우에는 오른쪽 1시 방향이 선호된다. 연세 드신 선생님의 경우에는 오른쪽 5시 방향이 선호된다. 그러나 오른쪽 1시 방향을 선호하는 학습자도 많은 것으로 보아 연세가 반드시 호악을 결정하는 요소가 되는 것은 아니라는 점을 확인할 수 있다. 젊으신 선생님의 경우에는 오른쪽 3시 방향이 선호된다. 이것은 친한 선생님의 경우 오른쪽 3시 방향을 선호하는 것과 궤를 같이 한다. 상냥한 선생님의 경우에도 친한 선생님과 마찬가지로 오른쪽 1시 방향과 3시 방향을 선호하는 학습자가 가장 많다. 마지막으로 무뚝뚝한 선생님의 경우에는 오른쪽 5시 방향이 선호된다.

　여기에서 우리가 결론을 내릴 수 있는 것은 친한 선생님, 이성의 선생님, 젊으신 선생님, 상냥한 선생님은 오른쪽 1시 방향과 3시 방향이 선호된다는 사실이며, 친하지 않은 선생님, 무뚝뚝한 선생님은 12시 방향과 오른쪽 5시 방향이 선호된다는 사실이다.

    교사는 학습자 개개인의 좌석 선택이나 위치 선정을 통해서 교실활동의 극대화를 위한 다양한 노력을 기울여 나가야 할 것으로 생각한다.

제22장 인용 및 참고문헌

문용린(2004)『지력혁명』비지니스북스
천호재(2008a)『일본어 교사의 칭찬행동에 대한 학습자의 의식』, 도서출판 책사랑
천호재(2008b)「한국인 일본어 학습자와 교사의 일본어 학습 및 교수법에 대한 신념 비교」『일본학연구』24, 411-427, 단국대학교 일본연구소.
천호재(2010a)「다중지능이론으로 본 한국 대학 일본어문학과 대학생들의 지능 유형 분석」『동북아문화연구』22, 327-343, 동북아시아문화학회.
천호재(2010b)「좌석 선택으로 본 한국인 대학생의 심리―일어학 학습자를 대상으로 한 연구―」『日本語教育研究』18, 171-189, 한국일어교육학회
천호재·조병현(2011)「제1부 제1장 일본어 학습자의 오용에 대한 교사의 부정적 피드백과 학습자의 모니터 능력」『한국인 일본어 학습자의 오용 연구』한국문화사
浅倉美波(2000)「第2章 行動編」『日本語教師必携ハート＆テクニック』アルク
川口義一＆横溝紳一郎(2005)「第3章 教室内のインターアクション」『日本語教育ガイドブック』ひつじ書房
寺村秀夫編(1991)「第14巻 日本語教育教授法(下)」『講座日本語と日本語教育』明治書院
日本語教育学会(1995)「第5章 教室でのインターアクション」『タスク日本語教授法』凡人社
縫部義憲(1991[1994])「第8章 日本語授業の創造」『日本語教育学入門』創拓社

제4부
평가 그리고 교사의 자세

제23장 시험과 평가
제24장 일본어 교사의 자세

제23장 구성

23.1 평가의 목적과 의의
23.2 평가의 실시 시기
   ① 사전평가(事前評価)
   ② 형성평가(formative evaluation, 形成評価)
   ③ 총괄평가(summative evaluation, 総括評価)
23.3 좋은 시험인지를 평가하는 기준
   ① 신뢰성(reliability, 信頼性)
   ② 타당성(validity, 妥當性)
   ③ 객관성(objectivity, 客観性)
   ④ 경제성(economy, 経済性(使い勝手))
23.4 테스트의 종류
   ① 숙달도시험(profiency test, 能力テスト/熟達度テスト)
   ② 도달도시험(achievement test, 到達度テスト, 達成度テスト)
   ③ 진단시험(diagnostic test, 診断テスト)
   ④ 분반시험(placement test, プレースメント テスト)
   ⑤ 언어학습적성시험(language aptitude test, 適性テスト, 言語学習適性テスト)
   ⑥ 집단준거시험(norm referenced test, 集団準拠テスト)과 목표준거시험(criterion referenced test, 目標準拠テスト)

⑦ 객관식 시험/ 주관식 시험
   A. 객관식 시험(objective test, 客観テスト)
      다지선다형(multiple-choice, 多肢選択法)
      진위법 방식(true-false test, choice out of two, 真偽法 テスト, 二肢選択法 テスト, OX式テスト)
      단순재생 방식(simple-recall, 単純再生法)
      조합식 시험(matching test, 組み合わせ法テスト)빈칸 메우기 시험(fill-in, completion test, 穴埋めテスト, 空所補充法)
      클로즈 시험(cloze procedure test, クローズ法テスト)
   B. 주관식 시험(subjective test, 主観テスト)
      인터뷰 테스트(interview test, 面接テスト, インタビューテスト)
      문장산출테스트(composition test, essay test, 作文テスト, 論述テスト)
23.5 시험 출제의 실제
23.6 평가(채점) 결과의 처리 방법 및 기준
   ① 상대평가(relative evaluation, 相對評價)
   ② 절대평가(absolute evaluation, 絶對評價)

23.7 평가(채점) 결과의 처리
  ① 소점(raw score, 素点)
  ② 표준편차(standard deviation, SD, 標準偏差)
  ③ 편차치(deviation, 偏差値)
23.8 학습자 자체에 대한 교사의 평가
  ① 스테레오 타입(stereo type, ステレオタイプ)
  ② 후광효과(halo effect, 後光效果)
  ③ 관용효과(generosity, 寬容效果)
  ④ 대비오차(対比誤差)
  ⑤ 천정효과(ceiling effect, 天井效果)
  ⑥ 계열효과(系列效果)
  ⑦ 중심화경향(中心化傾向)
〈附記1〉 교수에 대한 학습자의 평가항목
〈附記2〉 교육시설의 평가
제23장 인용 및 참고문헌

제23장

시험과 평가

23.1 평가의 목적과 의의

평가란 일본어 학습자가 그동안 학습해 온 내용의 습득 정도를 성적의 형태로 결정하기 위해 실행하는 것을 말한다. 평가는 학습자뿐만 아니라 교사의 교수법, 교재 그리고 교육기관의 교육시설, 교육방침 등에 대한 제반사항을 점검한다는 의미로도 사용된다.

이를 좀 더 구체적으로 설명해 보면 다음과 같다. 평가를 하는 데에는 대략 두 가지 이유가 있는데, 하나는 평가를 위한 평가를 하는 것이고, 다른 하나는 학습자, 교사, 교육기관에서 드러난 제문제점들(실태)을 해결하기 위해 평가를 하는 것이다. 예를 들어 특정 지역의 모든 고등학교 1학년 학생을 대상으로 모의고사를 실시했다고 한다면 기본적으로 특정 지역의 모든 고등학교 1학년 학생들의 개인적인 서열과 학급 서열과 학교 서열이 드러나게 될 것이다. 그리고 학급 서열을 통해 교사의 자질이나 능력의 정도가 부각될 것이다. 나아가 학교의 위상과 교장의 통솔 능력과 리더십이 운운될 것이며, 학교 주변 환경과 지역의 교육환경의 위상에도 영향을 끼치게 될 것이다. (진학률이 높은 고등학교 주위 아파트 시세가 월등히 높은 현상을 예로 들 수 있다.) 평가의 결과가 이들 요소에 초점이 맞춰지면 그것은 평가가 단순히 평가를 위한 도구로 받아들여질 수 있다. 이것은 평가의 대상이 단지 개개의 학습자뿐만 아니라 교사의 교육활동, 수업 커리큘럼, 교사, 학습자 집단, 교사 집단, 학교의 교육시설, 학교 주변과 지역의 교육환경까지 평가의 대상이 될 수 있다는 것을 의미한다.

그러나 평가결과가 학습자 자신의 학습방법을 개선하거나 학습동기를 더더욱 강화하게 한다든지, 교사가 세운 코스디자인을 수정하거나, 교수법을 개선하거나, 교육기관장의 교육시설(교실 내 환경, 컴퓨터의 교체)의 문제점을 점검하고 개선점을 돌이켜 보게 하는 쪽으로 나아간다면 그것은 평가가 다양한 문제점들을 해결하기 위한 도구로 받아들여지는 셈이 된다. 따라서 이러한 모든 것들은 왜 평가가 이루어져야 하는지, 평가의 의의가 무엇인가 하는 물음에 대한 대답이 될 수 있다.

이와 관련하여 그러면 평가의 주체는 누구인가 하는 의문이 떠오른다. 평가 결과가 다양한 영역으로 확장될 수 있다는 것은 평가의 주체 역시 다양하다는 것을 의미하는 것이다. 교사는 교육활동의 직접적인 주체이므로 교육활동에서 드러난 제반적인 현상에 대한 개선과 성과의 향상을 위해서 다양한 평가를 해야 하는 것은 당연하다. 학습자 역시 평가의 주체가 될 수 있다. 우선 학습자는 자신의 성적 결과에 대한 자각이 필요하며, 자신의 학습목표의 도달에 있어서 드러난 제반적인 문제들을 점검해야 한다. 나아가 자신의 교육활동에 관여하고 있는 교사, 학교의 교육환경 등등에 대한 평가도 할 수 있어야 한다. 그리고 교장(혹은 경영자)을 대표로 하여 교직원 전체도 역시 평가의 주체가 될 수 있다. 교육활동의 장으로서 교장을 비롯한 교직원들이 몸담고 있는 교육실태 및 교육활동 전반에 대해서 다양한 각도에서 문제점을 관찰하고 효율적인 운영 방안을 강구할 수 있어야 할 것이다. 또한 교육청과 같은 행정당국도 평가의 주체가 될 수 있다. 특정 교육청에 소속된 다양한 교육기관에서 드러난 문제점이나 교육 실태 파악을 통해 교육의 발전과 향상을 위해 다양한 노력을 기울여야 하는 것은 두말할 필요가 없다.

이러한 모든 것은 평가의 주체가 평가의 대상이 될 수 있으며, 또한 평가의 주체와 대상이 상호견제하에 교육활동의 효율화가 이루어질 수 있다는 것을 말해 주는 것이다.

이하의 절에서는 평가와 시험에 대한 구체적인 내용들을 선행 연구에서 인용 설명을 하도록 하겠다.

23.2 평가의 실시 시기

일본어 학습자들의 학습상태를 평가하기 위해 실시 시기와 목적이라는 관점에서 대략 다음의 3가지로 나누어 볼 수 있다.

① 사전평가(事前評価)

일본어로 예를 들면, 교사가 코스디자인에 필요한 적절한 정보와 계획을 세우기 위해 일본어 학습자들을 대상으로 수업이 개시되기 전에 행하는 평가를 말한다.

　　예) 준비도 조사, 언어학습적성조사

② 형성평가(formative evaluation, 形成評価)

일정한 학습 기간(수업 당일(각 과), 일주일, 한 달, 학기의 중간, 학기 말) 일본어 학습자가 일본어 학습내용을 어느 정도 습득하였는지를 측정하기 위해 실행되는 평가를 말한다. 성적이 낮게 나올 경우, 수업의 진도, 교수법, 교재, 학습자의 노력(보충수업, 과외수업, 가정학습) 등에 대한 점검이나 조정이 행해지게 된다.

　　예) 각 과 형성평가, 퀴즈, 쪽지시험, 월말고사, 중간고사

③ 총괄평가(summative evaluation, 総括評価)

일정 학습 기간의 학습이 일단락되거나 마감된 시점에서 학습자들이 그 기간 내의 학습목표에 어느 정도 달성을 했는지를 파악하기 위하여 실시되는 평가를 말한다. 학습자는 자신의 성적이 결정되므로 학습성과를 알 수 있게 되며, 교사나 교육기관에 있어서는 교육계획, 코스디자인의 적절성 여부, 교수법 점검, 교육방법의 양호 여부를 점검하게 된다.

　　예) 학기말 고사, 학년말 시험, 졸업 시험

23.3 좋은 시험인지를 평가하는 기준

일본어 학습자를 평가하는 데에는 보통 시험(test)이라는 도구가 사용된다. 그런데 시험이라는 도구가 좋은 것인지, 혹은 좋지 못한 것인지를 파악하기 위해서는 몇 가지 기준이 필요하다. 그 기준으로는 일반적으로 다음의 4가지가 있는 것으로 알려져 있다. 그것은 신뢰성, 타당성, 객관성, 경제성(실시의 편의성)이다.

① 신뢰성(reliability, 信頼性)
좋은 시험이기 위해서는 우선 신뢰성이 높아야 한다. 신뢰성이 높다는 것은 누가 언제 몇 번을 측정하여도 동일한 혹은 유사한 결과가 얻어져야 한다는 것이다. 즉 일관성 있고 안정성이 있는 시험 결과가 얻어져야 한다는 것이다.

☞ 신뢰성을 떨어뜨리는 요인

1) OX문제(찍기 문제, まぐれ当り)가 많이 출제되면 신뢰성이 떨어진다. 왜냐하면 학습자는 우연히 정답을 맞힐 가능성이 있기 때문이다.
2) 학습자의 부주의를 초래할 소지가 있으면 신뢰성이 떨어진다.
   예) OMR카드나 답안지가 작아서 답을 한 칸씩 내려 적은 경우
3) 시험 실시 중 사고가 생기면 신뢰성이 떨어진다.
   예) 시험 실시 중 학교 건물 공사 방치, 복도에서 소란을 피운다든지, 듣기 시험 시 카세트의 고장 등등
4) 출제 미스가 생기면 신뢰성이 떨어진다.
   예) 복수의 정답이 있는 문제를 출제했거나, 정답이 없거나, 문제의 내용이 애매하거나 하는 경우

② 타당성(validity, 妥当性)
좋은 시험이기 위해서는 타당성이 있어야 한다. 타당성이 높다는 것은 어떤

시험에서 평가하고자 한 학습자의 능력을 출제자가 정확하게 평가하고 있는 경우를 말한다. 타당성이 낮다는 것은 그 반대의 경우이다.

 예1) 청해 시험에서 청음과 탁음의 구별을 위해서「た」와「だ」가 들어간 단어를 차례로 들려줌.
  a. たいがく b. だいがく
 예2) 청해 시험에서 특정 단어의 발음을 위해서 예를 제시해 줌
  男: きのう私は教会へ行きました。
  〈男はきのうどこへ行きましたか。〉
  女: a. きょうかい/ b. きょうがい/ c. ぎょうかい/d. ぎょうがい
   へ行きました
 ☞ 예2)의 경우 학습자는 해당 단어가 들어간 문장을 듣지 않아도 보는 것만으로 충분히 답을 맞힐 수 있으므로 예2)는 타당성이 낮은 문제라고 할 수 있다.

③ 객관성(objectivity, 客観性)

좋은 시험이기 위해서는 누가 언제 몇 번을 채점하여도 동일한 혹은 유사한 결과가 얻어지도록 출제된 시험이어야 한다. 즉 시험의 채점 결과에 특정 채점자의 주관이 스며들 여지가 없는 시험을 객관성이 있는 시험이라고 한다.

 예1) 다지선다형(사지선다형, 오지선다형)은 객관성이 높다.
 예2) 작문시험(논술시험)은 복수의 정답이 나오거나 채점자마다 다른 채점 결과가 나올 가능성이 있으므로 객관성이 낮다.

④ 경제성(economy, 経済性〔使い勝手〕)

시험은 저비용으로 즉 경제적으로 평가를 필요로 하는 경우에는 언제 어디서라도 손쉽게 치룰 수 있어야 한다. 아무리 신뢰성과 타당성이 높은 시험이라고 해도 경제성이 없으면 좋은 시험이 될 수 없다.

23.4 테스트의 종류

시험은 어떠한 형식, 어떠한 종류, 어떠한 목적이냐에 따라서 몇 가지 범주로 나뉘어진다.

① 숙달도시험(profiency test, 能力テスト/熟達度テスト)

학습자의 일본어 학습경험이나, 현재 사용하고 있는 교재, 그리고 일본어 성적과는 관계없이 현재의 일본어 능력이 각 영역에서 설정한 기준에 어느 정도 숙달해 있는지를 파악하는 시험이다.

예1)• 日本語能力試驗(Japanese Language Profiency Test, JLPT) —일본어를 모어로 하지 않는 사람을 위한 일본어능력검정 시험이다.

N1, N2, N3, N4, N5 레벨이 있으며 N1이 가장 높다.

• 일본어능력시험(N4)의 영역:

언어지식(문자·어휘) 30분 / 언어지식(문법)·독해60분, 청해 35분

• 합격점 90점 이상/180점(만점)

90점을 넘겼다고 해도 언어지식(문자·어휘·문법) 독해 38점 이상, 청해 19점/60점 이상을 넘기지 못하면 불합격이 된다.

예2) OPI(Oral Profiency Interview) 구두능력인터뷰이다.

시험관이 일본어 학습자와 일대일 인터뷰의 형식으로 학습자의 일본어 운용 능력을 평가하기 위한 시험이다. 평가 기준은 기능의 완수 정도, 내용에 맞는 장면에서 회화 사용 여부, 정확함의 정도이다.

☞ JLPT 시험 내용

레벨	구성(항목/시간)		인정 기준
N1	언어지식 (문자·어휘·문법) 독해	110분	폭넓은 장면에서 사용되는 일본어를 이해할 수 있다. 【읽기】· 폭넓은 화제에 대해 쓰여진 신문의 논설, 논평 등 논리적으로 약간 복잡한 문장이나 추상도가 높은 문장 등을 읽고, 문장의 구성이나 내용을 이해할 수 있다. · 다양한 화제의 내용에 깊이 있는 내용을 읽고, 이야기의 흐름이나 상세한 표현 의도를 이해할 수 있다. 【듣기】· 폭넓은 장면에 있어 자연스러운 속도의 정리된 회화나 뉴스, 강의를 듣고 이야기의 흐름이나 내용, 등장인물의 관계나 내용의 논리 구성 등을 상세하게 이해하거나 요지를 파악할 수 있다.
	청해	60분	
	계	170분	
N2	언어지식 (문자·어휘·문법) 독해	105분	일상적인 장면에서 사용되는 일본어의 이해에 더해, 보다 폭넓은 장면에서 사용되는 일본어를 어느 정도 이해할 수 있다. 【읽기】· 폭넓은 화제에 대해 쓰여진 신문이나 잡지의 기사·해설·평이한 논평 등 요지가 명쾌한 문장을 읽고, 문장의 내용을 이해할 수 있다. · 일반적인 화제에 관한 내용을 읽고 이야기의 흐름이나 표현 의도를 이해할 수 있다. 【듣기】· 일상적인 장면에 더해 폭넓은 장면에서 비교적 자연스런 속도의 정리된 회화나 뉴스를 듣고 이야기의 흐름이나 내용, 등장인물의 관계를 이해하거나 요지를 파악할 수 있다.
	청해	50분	
	계	155분	

N3	언어지식 (문자·어휘)	30분	일상적인 장면에서 사용되는 일본어를 어느 정도 이해할 수 있다. 【읽기】· 일상적인 화제에 대해 쓰여진 구체적인 내용을 나타내는 문장을 읽고 이해할 수 있다. · 신문의 표제어 등에서 정보의 개요를 캐치할 수 있다. · 일상적인 장면에서 눈으로 보는 범위의 난이도가 약간 높은 문장은 대체 표현이 주어지면 요지를 이해할 수 있다. 【듣기】· 일상적인 장면에서 비교적 자연스러운 속도의 정리된 회화를 듣고 이야기의 구체적인 내용을 등장인물의 관계 등과 맞춰서 거의 이해할 수 있다.
	언어지식 (문법)·독해	70분	
	청해	40분	
	계	140분	
N4	언어지식 (문자·어휘)	30분	기본적인 일본어를 이해할 수 있다. 【읽기】· 기본적인 어휘나 한자로 쓰여진 일상생활 중에서도 우리 주변의 화제의 문장을 읽고 이해할 수 있다. 【듣기】· 일상적인 장면에서 약간 천천히 이야기하는 대화라면 내용을 거의 이해할 수 있다.
	언어지식 (문법)·독해	60분	
	청해	35분	
	계	125분	
N5	언어지식 (문자·어휘)	25분	기본적인 일본어를 어느 정도 이해할 수 있다. 【읽기】· 히라가나나 가타카나, 일상생활에서 사용되는 기본적인 한자로 쓰여진 정형적 어구나 글, 문장을 읽고 이해할 수 있다. 【듣기】· 교실이나 신변적인 일상생활 중에서도 자주 만나는 장면으로 천천히 이야기하는 짧은 대화라면 필요한 정보를 캐치할 수 있다.
	언어지식 (문법)·독해	50분	
	청해	30분	
	계	105분	

② 도달도시험(achievement test, 到達度テスト, 達成度テスト)

일본어 학습자가 특정한 학습 기간 내(코스 도중, 코스 종료시)에 학습한 특정한 내용을 어느 정도로 습득했는지, 즉 도달했는지를 파악하기 위한 시험이다. 형성평가의 판단 재료가 된다.

예) 중간고사, 기말고사

③ 진단시험(diagnostic test, 診斷テスト)

교사가 일본어 수업 개시 전 혹은 수업 도중에 일본어 학습자가 어느 정도의 일본어 능력이나 지식을 습득하고 있는지를 평가하고 평가 후 일본어 학습자에 맞는 수업 내용이나 교수법을 결정하기 위하여 치르는 시험을 말한다. 사전평가나 형성평가의 판단 재료가 되는 경우가 많다.

예) 배치고사(placement test, プレースメント テスト), 入学試験

④ 분반시험(placement test, プレースメント テスト)

각자의 레벨에 맞는 일본어 학습자에게 최적의 교육환경을 실천하기 위하여 각자의 수준에 맞는 클래스로 분반하기 위해 실시하는 시험이다. 이 시험을 실시하면 각자의 일본어 능력과 더불어 각자의 장점, 결점 등이 분명하게 드러난다. 사전평가의 일종이라고 할 수 있다.

⑤ 언어학습적성시험(language aptitude test, 適性テスト, 言語学習適性テスト)

일본어 학습을 희망하는 학습자의 일본어 학습을 할만한 적성이 있는지 여부를 알아보기 위한 시험이다. 대표적인 시험으로는 미국의 MLAT(Modern Language Aptitude Test)가 있는데, 이 테스트에는 외국어 음성을 식별하는 시험, 외국어의 음성을 흉내 내는 시험, 문법이나 용법의 규칙을 유추해 내는 시험, 문자의 특징을 식별하는 시험, 문자를 모방하는 시험, 새로운 말을 기억하는 시험 등을 통해 외국어 습득 능력이 있는지 여부를 판단한다. 언어학습적성시험을 통해 높은 학습자와 그렇지 않은 학습자를 분반하게 되면 이 시험은 분반시험이 될 수 있다.

⑥ 집단준거시험(norm referenced test, 集団準拠テスト)와 목표준거시험
　 (criterion referenced test, 目標準拠テスト)

집단준거시험은 개인 학습자의 일본어 능력이 전체 학습자 중에서 어느 위

치에 속해 있는지를 파악하기 위한 시험이다.

목표준거시험은 개인 학습자의 일본어 능력을 다른 학습자와 비교하는 일이 없이 특정한 기준이나 목표에 도달했는지 여부를 파악하기 위한 시험이다.

예1) 개인 일본어 학습자의 성적이 89점으로 전체 학습자 40명 중에서 2위

예2) 개인 일본어 학습자가 食べます를 食べります로, きます를 くりますロ, します를 すります로 활용했다면 동사의 종류를 판별하는 능력과 ます활용 능력이 결여되어 있다.

⑦ 객관식 시험/ 주관식 시험

A. 객관식 시험(objective test, 客観テスト)

누가 언제 몇 번을 채점하더라도 동일한 채점 결과를 얻을 수 있는, 즉 채점자 개인의 주관이 들어갈 여지가 없는 시험으로 결과에 대한 신뢰성이 높다. 정답은 하나밖에 없으며 정답표를 가지고 있으면 누구라도 채점이 가능하며, 일정한 조건만 주어지면 컴퓨터가 채점할 수도 있다. 문제 출제에는 시간이 걸리지만 채점은 매우 용이하다. 그러나 복수의 선택지 가운데에서 정답을 고르는 방식을 취하므로 답을 몰라도 우연히 맞힐 가능성이 있다.

☞ 관련 용어1)

다지선다형(multiple—choice, 多肢選択法)—하나의 문제에 3개 이상의 선택지가 제시되며 그 가운데에서 정답을 고르게 하는 시험 형식이다. 대표적인 예로 사지선다형, 오지선다형을 들 수 있다. 선택지가 많으면 많을수록 신뢰성은 높아지지만 출제에 시간이 많이 걸린다.

예) 괄호 안에 들어갈 단어를 아래의 번호에서 고르시오.

　　　日本の文学について(　　)を書きました。

1. ワープロ　2. チェック　3. パソコン　4. レポート

☞ 관련 용어2)

진위법 방식(true—false test, choice out of two, 眞僞法テスト, 二肢選択法テスト, CX式テスト)
— 이것은 문제의 내용이 올바른지 여부를 묻는 시험 방식이다. 올바르면 'O'로, 틀리면 'X'로 표기하게 하는 방식이다. 이 시험은 정답일 확률이 50%이므로 답을 알지 못해도 우연히 맞힐 가능성이 높다. 따라서 찍기 가능성을 배제할 수 없으며 결과의 신뢰성도 낮다고 할 수 있다.

☞ 관련 용어3)

단순재생 방식(simple—recall, 単純再生法)— 이미 배운 일본어 학습내용을 단순히 기억해 내어서 적도록 하는 시험 방식이다.

예) 아래의 빈칸에 들어갈 적당한 어형을 기입하시오.

기본형	ます형	가능형	た형
		食べられる	
帰る			
	します		

☞ 관련 용어 4)

조합식 시험(matching test, 組み合わせ法テスト)— 서로 관련 있는 단어나 문장끼리 연결하도록 하는 시험 방식이다.

예) 다음 형용사 중에서 서로 반대되는 것들끼리 줄을 치시오.

```
さむい ・        ・ ちいさい
おおきい ・      ・ やすい
せまい ・        ・ あたたかい
たかい ・        ・ ひろい
```

☞ 관련 용어5)

빈칸 메우기 시험(fill—in, completion test, 穴埋めテスト, 空所補充法)—정답에 해당하는 부분을 빈칸으로 해두고 그 빈칸에 들어갈 단어나 어형을 적도록 하는 시험

이다. 정답이 복수 존재할 가능성도 있다.

> 예) 다음의 문장 빈칸에 들어갈 적당한 조사를 보기에서 골라 기입하시오.
>
> バス(　)行くとき(　)ありますが、だいたい地下鉄(　)いきます。
> 日本語(　)授業(　)火曜日(　)木曜日(　)です。
>
> > 보기) で、から、は、も、の、まで、ので、と

☞ 관련 용어(6)

클로즈 시험(cloze procedure test, クローズ法テスト)— 빈칸메우기를 응용한 시험 방식이다. 의미가 완성된 복수의 문장에서 일정한 간격으로 단어(의 일부)나 조사 등을 제거하고 그 빈칸에 들어갈 적당한 단어나 어형을 넣어 의미가 완성된 문장으로 재생하도록 하는 시험이다. 이 시험은 언어의 종합적인 능력(문법, 문장의 흐름, 어휘의 지식, 어휘의 선택 등)을 측정하는 데 가장 적합한 것으로 알려져 있다.

> 예) 다음 빈칸에 들어갈 적당한 어형을 기입하시오.
>
> > 金さんはまいばん何時○寝ますか。12時○○です。
> > 私○いつ○音楽を聞きながら寝ます。では何時○起○ますか。
> > 朝7時○起きます。あなた○いも○○さんは何年生ですか。
> > 高校3年生です。もうすぐ大学生○なります。
>
> 원문) 金さんはまいばん何時に寝ますか。12時ごろです。
> 　　私はいつも音楽を聞きながら寝ます。では何時に起きますか。
> 　　朝7時に起きます。あなたのいもうとさんは何年生ですか。
> 　　高校3年生です。もうすぐ大学生になります。
> 　　KM1(10)

□ EWM(Exact Word Method)— 원문과 동일한 어형을 기입했을 경우에만 정답으로 간주하는 방식

□ AWM(Acceptable Word Method)— 의미만 통하면 원문과 다른 어형을 기입해

도 정답으로 간주하는 방식

그 외의 객관식 시험의 형식으로 **변환식 시험**(긍정문을 부정문으로 바꾸기, 능동문을 수동문으로 바꾸기), **완성식 시험**(일종의 빈칸 메우기 시험), **배열식 시험**(단어와 활용형을 섞어서 나열해 두고 문법적으로 올바른 문장으로 단어나 활용형을 재배열하는 것), **정정식 시험**(문법적으로 잘못된 문장을 올바른 문장으로 고치는 것) 등을 들 수 있다.

B. 주관식 시험(subjective test, 主観テスト)

해당 분야의 전문가인 채점자(일본어로 말하면 일본어 교사)가 주관적으로 평가하는 시험 방식이다. 예를 들면 일본어 작문, 번역, 회화(문장 산출 테스트), 스피치, 면접 테스트 등을 들 수 있다. 단점으로는 채점 결과가 채점자의 주관에 따라 달라질 수 있으므로 신뢰성이 낮다는 점을 들 수 있다. 그리고 채점에 많은 시간이 소요된다는 단점도 들 수 있다. 그러나 일본어 학습자의 종합 언어 능력(언어운용, 발음, 문법의 정확성, 어휘의 선택, 장면에 맞는 표현)을 측정할 수 있다는 장점이 있다.

☞ 관련 용어1)

인터뷰 테스트(interview test, 面接テスト, インタビューテスト)―일본어 학습자의 일본어 운용 능력이 어느 정도인지를 인터뷰를 통해서 측정하는 시험 방식이다. 음성이나 문법의 정확성, 어휘의 적절한 선택뿐만 아니라 상황이나 문맥에 맞는 표현의 구사 능력, 청취 능력, 담화의 전개 능력 등 다양한 면을 평가한다.

이 테스트를 시행하기 위해서는 객관성을 확보하기 위한 평가 기준을 마련하여야 하며 그에 따른 평가표도 갖춰져야 한다. 그리고 무엇보다도 일본어 학습자가 편안한 분위기 속에서 인터뷰 테스트를 받을 수 있는 환경을 갖추어야 한다.

예) 인터뷰 테스트 평가표

반:		학습자 성명:		채점자:		
1. 발음은 좋은가?		①	②	③	④	⑤
2. 문법은 정확한가?		①	②	③	④	⑤
3. 정확한 어휘를 사용하고 있는가?		①	②	③	④	⑤
4. 청취 능력은 뛰어난가?		①	②	③	④	⑤
5. 담화의 전개 능력은 뛰어난가?		①	②	③	④	⑤
총점		(	)			

☞ 관련 용어2)

문장산출 테스트(composition test, essay test, 作文テスト, 論述テスト) — 일본어 학습자가 작문한 문장에 나타난 언어 운용 능력을 측정하는 시험이다. 문법의 정확성, 어휘 능력, 담화 구성력, 일관된 논리성, 상황에 걸맞은 문장 작성 능력을 측정한다. 논술 테스트는 논리의 구성이나 독자에 대한 설득 능력을 더 우선시해서 채점을 하게 된다. 평가에 있어서는 채점자의 주관이 개입할 가능성이 크므로 신뢰성이 낮다고 할 수 있다. 그러나 이 테스트는 종합적인 언어 운용 능력을 측정하는 것이므로 객관적이고 타당한 평가항목을 만들 필요가 무엇보다 요구된다고 하겠다.

23.5 시험 출제의 실제

아래의 시험문제는 본 저자가 초급일본어(1)에서 실제로 출제했던 것이다. 이하에서 제시하는 출제 형식을 보고 객관식 문제와 주관식 문제 유형을 우선 분석하자. 그리고 객관식 문제와 주관식 문제로서 보완해야 할 점, 추가해야 할 점 등에 대해서 구체적으로 생각해 보도록 하자.

유형1) <u>한자는 히라가나로 히라가나는 한자로 고쳐 쓰고 한국어로 뜻을 기입하시오.</u> (1)

보기) たてもの(建物) (건물) / 建物(たてもの) (건물)

① 辞書(　　　　)(　　　　)

② ぼうし(　　　　)(　　　　)

③ 部屋(　　　　)(　　　　)

④ としょかん(　　　　)(　　　　)

⑤ かえる(　　　　)(　　　　)

⑥ 真面目(　　　　)(　　　　)

⑦ 元気(　　　　)(　　　　)

⑧ 交通(　　　　)(　　　　)

⑨ つくえ(　　　　)(　　　　)

⑩ なし(　　　　)(　　　　)

유형2) 아래의 그림을 보고 물음에 답하세요. (1)

① A: きょうは ふつかです。きょうは 何ようびですか。
　 B: きょうは＿＿＿＿＿＿＿＿＿＿＿＿＿＿＿です。

② A: あさっては 何ようびですか．
　 B: あさっては＿＿＿＿＿＿＿＿＿＿＿＿＿＿です。

③ A: むいかは 何ようびですか。
　 B: ＿＿＿＿＿＿＿＿＿＿＿です。

④ トマトは いくつ ありますか。＿＿＿＿＿＿＿＿＿＿＿あります。

⑤ たまごは ぜんぶで いくつですか。＿＿＿＿＿＿＿＿です。

⑥ りんごは いくつ ありますか。＿＿＿＿＿＿＿＿＿＿あります。

⑦ ももは いくつ ありますか。＿＿＿＿＿＿＿＿あります。

유형3) 다음 빈칸에 들어갈 알맞은 조사를 적으시오. (1)

① やすみは げつようび(　　　　　)かようび(　　　　　)です。

② この とけいは 英語の 先生(　　　　)です。

③ はじめまして。わたしは きむら(　　　　　) もうします。

유형4) 지시하는 대로 기본형을 활용하시오. (1)

① このかばんは おおきいです。

　→(부정문)＿＿＿＿＿＿＿＿＿＿＿＿＿

② すずきさんは 英語が きらいです。

　→(부정문)＿＿＿＿＿＿＿＿＿＿＿＿＿

③ 英語の 先生は あかるいです。やさしいです。

　→(두 문장을 한 문장으로)

＿＿＿＿＿＿＿＿＿＿＿＿＿＿＿＿＿＿

④ この(　　　　　)とけいは たかいです。(「白い」를 활용)

유형5) 다음의 한국어를 일본어로 작문하시오. (2)

① きむら씨는 친절하고 예쁜 사람입니다.

② 영어 공부는 어렵습니다만, 재미있습니다.

③ 大邱는 慶州에서 그다지 멀지 않습니다.

23.6 평가(채점) 결과의 처리 방법 및 기준

지금까지 형식, 종류, 목적에 따라서 시험이 다양한 범주로 구별되는 것을 보아왔다. 일반적으로 교사가 일본어 학습자들의 평가결과를 처리하는 방법으로는 다음과 같이 상대평가와 절대평가로 나눌 수 있다.

① 상대평가(relative evaluation, 相対評価)

이것은 특정 집단에서 개인 학습자가 어느 정도의 위치를 차지하고 있는지를 측정하기 위한 평가방법이다. 이 방법은 특정 집단 내에서 개인 학습자의 위치를 분명히 파악하는 데에는 도움이 되지만, 다른 집단에서의 등수를 비교하는 것은 불가능하며, 특정 집단 내에서 좋은 위치를 차지한 학습자가 다른 우수 집단에서는 좋은 평가를 받지 못하므로 개인 학습자의 노력이 제대로 보상받지 못할 가능성이 있다.

예) A(A+/A0) 10~30%/ B(B+, B0) 20~40%7, C(C+, C0) 20~40%, D(D+,D0) 10~30%, F(0~20%)

② 절대평가(absolute evaluation, 絶対評価)

하나의 기준을 제시하여 개인 일본어 학습자가 그 기준에 대해서 어느 위치를 차지하고 있는지를 파악하기 위한 평가방법이다. 예를 들어 일본어 학습자 50명 중에서 40명이 100점 만점에 90점 이상을 득점했다면 교사는 이들 40명에게 A성적을 줄 수 있다.

23.7 평가(채점) 결과의 처리

평가의 기준 및 방법에 따라 채점 결과가 나오면 그것을 어떻게 처리하느냐는 문제가 대두된다. 이와 관련해서 소점(素点), 표준편차(標準偏差), 편차치(偏差値) 등의 용어에 대한 이해가 필요하다. 이하에서는 이들 용어에 대해서 설명을 하기로 한다.

① 소점(raw score, 素点)

소점은 학습자가 실제로 취득한 점수를 말한다. 예를 들어 일본어 학습자가 100점 만점에 95점을 득점했으면, 그 95점은 소점이 된다.

② 표준편차(standard deviation, SD, 標準偏差)

학습자들이 득점한 점수들간의 분포가 어느 정도로 고른지 혹은 고르지 않는지를 나타내는 수치의 하나이다. 예를 들어 A반과 B반이 가령 평균치가 같다고 해도 A반의 표준편차치가 크면 A반에 우수한 학습자와 그러지 못한 학습자가 혼재하고 있다는 것이며, 표준편차치가 상대적으로 낮은 B반의 학습자들은 실력차가 크지 않다고 할 수 있다.

$$표준편차 = \sqrt{\frac{(개인의\ 득점 - 평균점)^2의\ 총합}{전체\ 학습자의\ 수}}$$

③ 편차치(deviation, 偏差値)

시험 내용이 동일하다면 반이 달라도 소점으로 학습자들의 득점에 따른 우위의 정도를 판단할 수 있다. 그러나 제각기 다른 반 학습자들이 다른 내용으로 시험을 치루었다면 소점만으로는 전체 학습자들의 비교 우위를 측정할 수는 없다. 따라서 생각되어진 것이 편차치이다. 이 편차치는 다른 내용의 시험을 치른 학습자 개개인들이 득점한 점수가 전체 학습자 가운데 상대적으로 어느 위치를 차지하고 있는가를 나타내는 수치의 하나이다. 편차치는 50을 표준치로 해서 50에서 수치가 높아지면 질수록 개인 학습자는 전체 학습자 중에서 상대적으로 높은 위치를 차지하게 되며, 그렇지 못하면 상대적으로 낮은 위치를 차지하게 된다.

$$ 편차치 = \frac{10 \times (개인의\ 득점 - 평균점)}{표준편차} + 50 $$

23.8 학습자 자체에 대한 교사의 평가

학습자 자체에 대한 평소의 판단과 인식, 즉 일종의 편견이 학습자의 시험 결과에 영향을 미쳐서는 안 된다. 편견에 관련된 개념으로서 스테레오타입, 후광효과, 관용효과, 대비오차, 천정효과, 계열효과, 중심화경향과 같은 것을 들 수 있다. 따라서 시험지 자체의 타당성과 신뢰성도 중요하지만, 교사는 이들 편견에 좌우되지 않는 노력을 통해서 평가의 타당성과 신뢰성을 기울여 나가는 자세도 필요하다고 할 수 있다. 이하 이들 개념에 대해서 설명을 하도록 하겠다.

① 스테레오타입(stereo type, ステレオタイプ)

이것은 일본어 교사가 특정 시기의 교실활동을 통해서 올바르지 못한 행동을 보인(설사 올바른 행동을 하더라도) 일본어 학습자에 대해 일종의 낙인을 찍어버리는 행동이다. 따라서 교사는 성급하게 일본어 학습자의 행동을 판단해서는 안 되며, 그러한 특정 학습자에 대한 낙인이 학습평가에 영향을 미쳐서는 안 된다. 자신의 특정 학습자에 가지는 편견의 내용이 과연 타당한 것인지를 여러모로 검토해 보지 않으면 안 된다. 설사 타당하다고 하더라도 그 학습자를 올바른 길로 나아갈 수 있도록 다양한 노력을 기울여야 한다.

② 후광효과(halo effect, 後光效果)

이것은 예를 들어 일본어 학습자의 학습결과를 평가하는 데에 있어서 그 학습자의 배경에 교사가 영향을 받는 것을 의미한다. 동일한 성적 결과가 나와도 A라는 학습자는 명문 고등학교를 나왔기 때문에 역시 다르다고 평가하거나 B라는 학습자에 대해서는 열심히 했기 때문에 그러한 성적이 나왔다고 생각하는 경우이다. 반대로 성적이 낮게 나온 경우 명문 고등학교를 나온 일본어 학습자에 대해서는 공부를 열심히 하지 않았기 때문이라고 평가하는 반면, B라는 학습자에 대해서는 머리가 좋지 않기 때문이라고 평가하는 경우이다. 이것은 교사의 학습자에 대한 평가의 경우에만 해당되는 것이 아니라 학습자와 교사, 교사와 교사, 교장과 교사, 교사와 교장의 평가에도 그대로 적용될 소지가 있다.

③ 관용효과(generosity, 寬容效果)

이것은 예를 들어 특정 일본어 학습자에 대한 평소의 감정에 의해서 교사의 판단이 영향을 받는 효과를 말한다. 예를 들어 평소 예의바르고 착한 성품을 지닌 학습자의 학습결과에 대해서는 엄격하게 채점을 하지 않지만, 그 반대의 학습자의 학습결과에 대해서는 엄격하게 채점을 하는 경우이다. 교사도 사람이기 때문에 감정의 파도를 타지 않을 수 없는 존재이기는 하지만 그 감정에 의해서 학습자의 평가가 왜곡되어서는 안 된다.

④ 대비오차(対比誤差)

이것은 평가자인 교사가 일본어 학습자를 교사 자신과 비교하면서 평가하는 경향을 말한다. 예를 들어 교사가 이번 학기의 수업을 위해 2년간 다양하고 풍부한 자료를 준비해 왔기 때문에 학습자들은 교사 자신이 원하는 수준에 반드시 도달해 있어야 한다고 생각하는 경우이다. 학습자들이 일정한 수준에 도달해 있지 못하면 즉 채점을 하면서 전반적으로 성적이 낮게 나오면 분노를 표출하는 경우이다. 물론 그 반대의 경우도 성립된다. 또한 교사가 나는 일본어를 제대로 말하는 데에 10년이나 걸렸으므로 3개월 정도로 이 만큼의 수준에 도달한 것은 대단하다고 평가하는 것을 들 수 있다.

⑤ 천정효과(ceiling effect, 天井効果)

이것은 시험 출제에 대한 타당성에 영향을 미치는 요인 중의 하나이다. 천정의 높이(난이도)를 어느 정도로 하느냐에 따라 그 결과도 다르게 나타난다는 것인데, 예를 들면 시험문제가 너무 쉬우면 변별력이 낮아지며 그 결과 평가에 많은 어려움을 초래하게 되며, 반대로 시험문제가 너무 어려우면 변별력은 높아지지만 학습에 대한 학습자의 불만이 증폭되게 된다. 이것은 학교와 학교 사이의 평가에도 적용된다. 예를 들어 A라는 학교의 시험은 쉽게 출제되어 편차가 높은 반면에 B라는 학교의 시험은 어렵게 출제되어 편차치가 낮은 경우, A라는 학교의 학생들이 상대적으로 교육기관이나 주민들로부터 좋은 평가를 받는 경우이다.

⑥ 계열효과(系列効果)

예를 들어 영희의 성격을 다음과 같은 순서로 소개한 경우 즉 "영희는 예쁘다"→"영희는 마음씨가 착하다"→"영희는 돈 씀씀이가 헤프다"와, 반대로 "영희는 돈 씀씀이가 헤프다"→"영희는 마음씨가 예쁘다"→"영희는 마음씨가 착하다"의 순서로 소개한 경우 단순한 소개 순서의 차이로 사람들은 영희에 대한 평가에 영향을 받는다.

이와 같은 예로 일본어 학습자가 풀이한 주관식 답안에서 훌륭하게 작성된 답안이 이어진 후에 갑자기 보통으로 작성된 답안에 대해서 교사가 그만 낮은 평가를 해버리고, 반대로 보통으로 작성된 답안이 이어진 후에 갑자기 훌륭하게 작성된 답안에 대해서 필요 이상의 좋은 평가를 내리는 현상을 들 수 있다.

⑦ 중심화경향(中心化傾向)

이것은 주관식 시험에 대한 채점에서 교사가 평가의 중심에서 크게 벗어나지 못하는 경향을 보이는 것을 말한다. 예를 들어 평가 점수가 5단계(①②③④⑤)일 경우, 교사가 채점의 차별화에 자신이 없어서 채점 결과를 3점 주변의 점수로만 평가하고 1점이나 5점의 점수를 주지 않는 경우를 들 수 있다.

〈附記1〉 교사에 대한 학습자의 평가항목

서두에서 본 저자는 평가가 교사→학습자로의 일방향적인 평가로만 그치는 것이 아니라, 학습자→교사와 같이 쌍방향적인 평가로도 성립이 된다고 언급한 바 있다. 아래에서는 학습자의 교사에 대한 평가항목을 제시하기로 한다. 1점을 주고 싶을 때에는 ①에 체크를, 5점을 주고 싶을 때에는 ⑤에 체크하면 된다. 가장 높은 점수를 준 학습자의 평가와 가장 낮은 점수를 준 학습자의 평가는 배제된다.

No	평가 내용	배점
1	수업은 만족스러웠다.	①②③④⑤
2	강의는 빠짐없이 진행되었다.	①②③④⑤
3	강의계획서를 근거로 충실한 수업이 되었다.	①②③④⑤
4	교수는 열심히 강의를 하였다.	①②③④⑤
5	강의 내용이 조리있고 명쾌하게 전달되었다.	①②③④⑤

6	강의는 학생들의 이해도를 고려하여 진행되었다.	①②③④⑤
7	교육자료(교재/참고자료 등)가 수업에 유용하였다.	①②③④⑤
8	학습량이 많았다.	①②③④⑤
9	평가는 강의 내용을 효과적으로 반영하였다.	①②③④⑤
자유문항		

〈附記2〉 교육시설의 평가

서두에서 본 저자는 평가가 학습자뿐만 아니라 교사의 교수법, 교재 그리고 교육기관의 교육시설, 교육방침 등에 대한 제반사항을 점검하는 기능을 할 수도 있다고 언급하였다. 즉 이것은 평가의 대상이 단지 개개의 학습자뿐만 아니라 교사의 교육활동, 수업 커리큘럼, 교사, 학습자 집단, 교사 집단, 학교의 교육시설, 학교 주변과 지역의 교육환경까지 평가의 대상이 될 수 있다는 것이다.

이하에서는 학과 교수의 수준, 학과 교육내용, 학과 학생들의 학교 및 학과 활동, 교육 시설 및 환경, 학생 지원 서비스, 학교 이미지에 대한 대학생들의 평가항목을 제시하기로 한다. 평가결과는 학교별, 남녀별, 학년별, 전공별로 제각기 다를 수 있으므로 일반화하기에는 당연히 무리가 따른다. 그러나 아래의 평가항목은 교육시설에 대한 평가방법을 구체적으로 이해하는 데에 도움이 될 것이다. 특정 평가항목을 생략할 수도 있고 추가할 수도 있을 것이다. 평가수치는 백분율로 표시해도 좋고, 5점을 만점으로 한 평균값을 제시해도 무방하다. 후자의 방법을 취할 경우, 5점은 매우 만족, 4점은 만족, 3점은 보통, 2점은 만족하지 않음, 1점은 매우 불만족인데, 수치가 높으면 만족도가 높으며, 낮으면 만족도가 낮다는 것을 의미한다.

우선 교수 수준에 대한 일본어 학습자들의 평가항목이다.

〈표 1〉 교수 수준에 대한 일본어 학습자들의 평가항목

No	평가 내용	배점
1	학과 교수님(외국인/내국인)의 수업에 대한 열의에 만족한다.	①②③④⑤
2	현재 듣고 있는 학과 수업들은 학생 수준에 맞는 강의 내용과 수업 방법이라고 생각한다.	①②③④⑤
3	성적 평가는 공정하고 타당하다고 생각한다.	①②③④⑤
4	학과 교수님의 학생에 대한 관심이나 태도에 만족한다.	①②③④⑤
5	강의 시간 이외에 교수님과의 면담 기회가 충분하다.	①②③④⑤

둘째, 학과 교육 내용에 대한 일본어 학습자들의 평가항목이다.

〈표 2〉 학과 교육내용에 대한 일본어 학습자들의 평가항목

No	평가 내용	배점
6	학과의 교육과정은 학생들의 요구가 반영되었다고 생각한다.	①②③④⑤
7	학과는 현장 연계/취업 능력 개발을 위한 교과목을 개설하고 운영하고 있다고 생각한다.	①②③④⑤
8	학과의 전공 영역 과목에 대해 만족한다.	①②③④⑤
9	교양 과목의 내용에 대해 만족한다.	①②③④⑤

셋째, 학과 활동 및 학교 활동에 대한 일본어 학습자들의 평가항목이다.

〈표 3〉 학과 교육내용에 대한 일본어 학습자들의 평가항목

No	평가 내용	배점
10	학과의 동료와 선후배 관계에 대해 만족한다.	①②③④⑤
11	학생회/동아리 활동에 대한 대학의 지원에 만족한다.	①②③④⑤
12	학생회/동아리 활동에 대해 만족한다.	①②③④⑤
13	교내 행사나 학생참여 프로그램에 대해 만족한다. (예: 신입생 환영회, MT, 체육대회, 축제 등)	①②③④⑤

넷째, 교육시설 및 환경에 대한 일본어 학습자들의 평가항목은 다음의 〈표 4〉와 같다.

⟨표 4⟩ 교육시설 및 환경에 대한 일본어 학습자들의 평가항목

No	평가 내용	배점
14	교육시설(강의실, 실험실습실 등)에 대해 만족한다.	①②③④⑤
15	후생복지시설(식당, 기숙사 등)에 대해 만족한다.	①②③④⑤
16	도서관 시설과 사용에 대해 만족한다.	①②③④⑤
17	전산망 시설과 사용에 대해 만족한다.	①②③④⑤

다섯째, 학생지원 서비스에 대한 일본어 학습자들의 평가항목은 다음의 ⟨표 5⟩와 같다.

⟨표 5⟩ 학생지원 서비스에 대한 일본어 학습자들의 평가항목

No	평가 내용	배점
18	공동체(학생회, 동아리) 지원을 위한 서비스에 만족한다.	①②③④⑤
19	재정 지원(장학금, 학자금)을 위한 학교의 서비스에 만족한다.	①②③④⑤
20	취업 지원을 위한 학교의 서비스에 만족한다.	①②③④⑤
21	창업 지원을 위한 서비스에 만족한다.	①②③④⑤

마지막으로 학과 이미지에 대한 일본어 학습자들의 평가항목은 다음의 ⟨표 6⟩과 같다.

⟨표 6⟩ 학과 이미지에 대한 일본어 학습자들의 평가항목

No	평가 내용	배점
22	우리 학과에 대해 자부심을 느낀다.	①②③④⑤
23	우리 학과의 사회적 평판에 만족한다.	①②③④⑤
24	우리 학과의 긍정적인 이미지에 만족한다.	①②③④⑤
25	우리 학과의 지역사회 기여도에 만족한다.	①②③④⑤

관련 인용 및 참고문헌

유럽평의회편(2010) 김한란 옮김(2010) 『언어학습, 교수, 평가를 위한 유럽 공통 참조 기준』 한국문화사

천호재(2011) 「제1부 제6장 한국인 대학생 일본어 학습자들의 교육만족도 조사」 『인터넷 기반 일본어 교육의 가능성과 연구 방법』 한국문화사

浅倉美波(2000) 「第3章 初級指導のポイント 第5節 テストの目的と方法」 『日本語教育必携 ハート&テクニック』アルク

川口義一・横溝紳一郎(2005a) 「第4章 日本語の授業の後で」 『日本語教育ガイドブック(下)』 ひつじ書房

川口義一・横溝紳一郎(2005b) 「第5章 日本語教師についてもう一度考えよう」 『日本語教育ガイドブック(下)』 ひつじ書房

高見沢孟(2004) 「第3章 評価法」 『새롭게 시작하는 日本語教育』 語文學社

小林ミナ(2004) 「第4章 評価」 『이해하기 쉬운 教授法』 語文学社

国際交流基金(2006) 『日本語教師の役割/コースデザイン』 ひつじ書房

国際交流基金(2010) 『考え方を改善する』 ひつじ書房

大坪一夫・三枝令子(1992) 「テストの作成と評価」 『講座日本語と日本語教育 第13巻 日本語教育教授法(上)』 明治書院

学習院大学日本語日本文学科(2010) 『夏期日本語研修論集』 学習院大学文学部日本語日本文学科

日本語教育学会(1991) 「第5章 測定と評価」 『日本語教育機関におけるコース・デザイン』 凡人社

日本語教育学会(1995) 「第4章 運用能力の育成」 『タスク日本語教授法』 凡人社

田中望・斎藤里美(1993) 「第12章 学習の評価とそのフィードバック—3」 『日本語教育の理論と実際』 大修館書店

清水義昭(2000[2002]) 「第10章 日本語教授法」 『概説日本語学・日本語教育』 おうふう

宮地裕・田中望(1988) 「14—教育の評価」 『日本語教授法』 放送大学教育振興会

제24장 구성

24.1 친절한 교사가 되기 위한 방법(1)
24.2 친절한 교사가 되기 위한 방법(2)
제24장 인용 및 참고문헌

제24장

일본어 교사의 자세

우리는 지금까지 교실 전 단계, 교실활동 단계, 교실활동 후 단계를 거쳐 오면서 교사와 학습자들의 다양한 교실활동에 대해서 살펴볼 수 있었다. 우리 교사가 궁극적으로 지향하는 것은 인간적이고 생동감 있는 교실활동을 통해서 학습내용(일본어)을 습득하는 것이라고 할 수 있다. 인간적이고 생동감 있는 교실활동을 위해서는 무엇보다도 일본어 교수에 대한 교사의 자세가 중요하다. 일본어 교사가 취해야 할 자세를 다시 한번 확인하고 일본어 교육론의 이야기를 마치고자 한다.

먼저 일본어 교사는 학습자의 학습목적에 맞춰서 교실활동을 할 수 있어야 한다. 중고등학교에서는 학습자들의 학습목적에 큰 차이가 없다 하더라도 일본어 교사는 일본어 학습자들이 연령이 다르고 학습목적이 다르고 학습경력이 다르고 학습환경이 다르며 그러한 차이에 의해서 학습교재(교과서)도 달라져야 한다는 인식을 하고 있어야 한다. 그리고 학습교재에 나오는 문형이나 어휘 등의 교수 범위도 달라져야 한다는 인식을 할 수 있어야 하며 매시간 학습자와 교사는 서로 평가를 하면서 교실활동이 이루어져야 한다는 자세를 취해야 한다.

둘째, 교실활동에서 교사는 발언을 최대한 자제하고 학습자의 발화를 최우선으로 해야 한다. 일본어 학습의 주체는 학습자이지 교사가 아니기 때문이다. 이를 위해서 교사는 실용적인 표현이 중심이 되어 최소한의 기계적 드릴을 사용하는 것에 의해 풍부한 예문, 살아 있는 장면 제시를 위해 항상 준비하고 사용할 수 있어야 한다.

셋째, 교사는 친절해야 한다. 교사는 분노에 더디고 학습자들의 대한 권위와 오만의 유혹에서 자신을 통제할 수 있어야 하며 겸손한 것을 배우고 자비의 옷을 입어야 하며 마음속에 있는 편견을 없애도록 노력해야 한다. 그리고 학습자의 학습부담을 최소화하고 학습효과를 최대한으로 이끌어 올리기 위해서 다양한 노력과 강구책을 마련할 수 있어야 한다. 학습자 중에는 교사에게 불손한 태도를 보이는 학습자들이 가끔 있다. 그러나 그렇지 않은 학습자도 많이 있다. 때로는 교사라는 직업에 환멸을 느끼고 때로는 긍지를 느끼며 살아가는 과정

속에서 교사는 흔들림 없이 친절을 유지할 수 있어야 한다.

　마지막으로 일본어 교사는 일본어라는 언어를 항상 일본사정(정치, 사회, 경제)·일본문화(전통문화, 생활문화, 대중문화)와 결부시켜 학습자들을 가르칠 수 있도록 노력하지 않으면 안 된다. 왜냐하면 우리가 외국어를 배운다 함은 각기 다른 문화를 가진, 우리와는 다른 인류와 의사소통하면서 이해와 친교를 나누어야 한다는 것을 뜻하기 때문이다. 즉 우리는 외국어를 배우기 위해서 외국어를 배우는 것이 아니라는 것이다. 그리고 일본사정이나 일본문화를 교실활동에 도입하면 교실 분위기가 한층 좋아지고 학습효과도 눈에 띄게 좋아진다는 점을 교사는 명심해야 한다.

24.1 친절한 교사가 되기 위한 방법(1)

　친절한 교사가 행해야 할 일은 많이 있지만 무엇보다 교사는 교실활동에 주체인 학습자들의 의식을 가능하다면 앙케이트 조사를 통해 항상 파악할 필요가 있다. 그러한 파악을 통해 학습자가 진정으로 희망하는 교실활동이 가능해지기 때문이다. 먼저 학습자의 입장에서 바라보는 다음과 같은 간단한 설문조사가 필요하다. 교사에 따라서 아래에서 제시한 설문 내용을 부분적으로 변경할 수도 있으며 수정할 수도 있을 것이다.

　　1. 일본어 수업은 어떻습니까?
　　　　1) 매우 만족하고 있다　　　　2) 그럭저럭 만족하고 있다
　　　　3) 만족하고 있지 않다
　　2. 지금 듣고 있는 일본어 수업에는 어떤 점에서 문제가 있다고 생각합니까?
　　　　1) 수업 진도가 너무 빠르다　　2) 수업의 진도가 너무 느리다
　　　　3) 선생님의 설명이 너무 어렵다 4) 교과서 내용이 너무 어렵다

5) 교과서의 내용이 너무 쉽다   6) 교과서 내용이 너무 재미없다
7) 한자 공부가 너무 어렵다   8) 기타(   )

24.2 친절한 교사가 되기 위한 방법(2)

친절한 교사가 되기 위한 방법은 그렇게 쉬운 일은 아니다. 열심히 혼신의 힘을 다해 가르친 교사는 학습자들의 경멸이 대상이 되는 경우가 있는가 하면, 요령있게 립 서비스를 유효적절하게 하면서 힘을 별로 들이지 않고 가르치는 교사(이러한 유형의 교사가 반드시 나쁘다는 뜻이 아니다. 학습자들을 오히려 잘 통솔하는 유능한 교사일 수도 있다고 생각한다.)는 학습자들의 환호의 대상이 되는 경우도 없지는 않다.

그리고 친절한 교사는 학습자들에게 크건 작건 인간적인 배신감을 느끼는 경우가 있으며 카리스마, 위엄, 권위를 내세우며 학습자들에게 절대 권력을 휘두르는 교사에게는 학습자들이 순종하며 존경심마저 내비치는 경우가 있을 수 있다.

본 저자는 완벽하게 친절한 교사였던 적이 없으며 더더구나 카리스마, 위엄이 넘치고 무소불위의 권위를 행사할 수 있는 성격의 소유자도 아니다. 본 저자가 가르치는 학습자들은 대개 90% 정도가 교실활동에 협조적인 자세를 보여 왔다. 그러나 매학기 한두 명 정도는 교사의 교수법이 이러니저러니 면전에서 평가를 한다든지 자신의 개인적인 감정 때문에 나머지 학습자들을 나쁜 쪽으로 여론을 형성해 나가기도 한다. 그러한 것을 교사가 알았다고 하더라도 그 한두 명의 학습자를 공개적으로 개인적으로 비난할 수도 없는 노릇이다. 나중에 문제가 생기면 거의 모든 책임은 교사에게 주어지기 때문이다.

교사가 이러한 학습자들의 반응에 대처하는 방법은 크게 두 가지이다. 하나는 교실활동 도중에 학습자가 교사에게 무례하거나 나쁜 태도로 교사의 권위에 도전했을 경우, 해당 학습자에게 완곡한 표현을 사용하는 것이다. "너, 이 자식

그런 말을 하다니, 용서 못하겠어!"라고 원색적으로 비난해서는 안 된다. 차분한 어조로 결과지향적인 표현을 하는 것이 바람직하다. "니가 그렇게 말을 하고 행동을 하니, 내 마음이 편치 않구나", "니 말도 맞기는 하다만, 지금은 수업중이니 수업 끝나고 다시 한번 말해주면 안 되겠니?", "(다른 학생들 앞에서 니가 그런 행동을 하고 말을 하니) 내가 다른 학생들 얼굴을 볼 용기가 생기지 않구나" 식으로 말하는 것이 좋다. 교사가 해당 학생에게 아무 말도 하지 않으면 다른 학습자들이 교사를 측은해하기보다는 교사를 카리스마 없는 무능한 존재로 생각하게 되는 것이 일반적이다.

다른 하나는 학습자들의 가상교육 공간인 교육용 홈페이지에 다음과 같은 글을 올리는 방법이다(물론 그것은 진실에 입각한 것이어야 하며, 하다못해 진실에 가까워지려고 노력하는 자세를 실제로 취하고 있는 교사여야 한다). 교실활동에서는 바람직하지 못한 학습자의 태도에 대한 표현을 극도로 자제하고(혹은 아무 말도 하지 말고), 다음과 같은 교사 자신의 교육신념을 전달한다. 그것을 읽은 학습자들은 자신들의 교사에 대해 존경심과 이해심을 최소한 가질지도 모른다. 만약 다음 수업에 들어가서 학습자들의 시선이 전보다 부드러워져 있거나 바람직하지 못한 태도를 보였던 해당 학습자가 일종의 미안함이 감도는 불편한 표정을 지었다면 자신의 교육신념을 표방한 그 행위는 타당한 셈이 된다.

제24장 인용 및 참고문헌

川口義一&横溝紳一郎(2005b)「第5章 日本語教師についてもう一度考えよう」『日本語教育ガイドブック(下)』ひつじ書房
国際交流基金(2006)『日本語教師の役割/コースデザイン』ひつじ書房
清水義昭(2000[2002])「第10章 日本語教授法」『概説日本語学・日本語教育』おうふう

여러분 감사합니다

초급일본어(2)를 수강하는 여러분에게
감사의 글을 드리고자 이글을 올립니다.
먼저 폐강이 될뻔한 초급일본어(2) 수업을
들어주고 같이 시간을 보낼 수 있게 해 준 여러분에게
진심으로 감사를 드립니다.

초급일본어(2) 수업을 생각하면
여러분의 열심히 수업을 듣는 자세,
그리고 행복해하는 표정,
가족 같은 분위기가 느껴져서
이 수업이 저에게는 매우 행복합니다.
물론 여러분 중에는 초급일본어(2)에 대한 기초 체력이 부족해서
힘들어하는 학생이 전혀 없는 것도 아니지만,
인생이라는 긴 여정을 두고 보면
이렇게 우리가 알 수 없는 인연의 작용으로
일본어를 이야기하고, 일본문화를 이야기하고,
인생을 이야기한다는 것이 성적 이상으로 매우
중요한 일이라 생각합니다.

저는 전공이 언어학입니다. 저는 인간의 뇌 속에 있는
언어습득장치의 보편성(모든 인간 언어에 내재된 공통된 규칙)에 대해서
많은 관심을 가지고 있습니다.
주로 언어의 규칙 발견이 주요 관심사가
됩니다만, 언어의 규칙이 뇌 속에 장착이 되는 데에는
여러 가지 방법이 있습니다.

저는 개인적으로 매우 힘들고 따분하고 지루하고,
기계적으로 언어의 규칙을 지금까지 이해해 왔습니다.
지금 쓰고 있는 논문도 그렇구요.
언어의 습득이 반드시 규칙의 입력을 통해
이루어지는 것이 아니라는 주장도 있습니다.
그러나 그 주장은 타당하지 않습니다.
규칙이 없으면 문법적인 문장을 발화할 수 없기
때문입니다.
따라서 저는 그러한 주장에 동조하지는 않습니다.

그러나 제 주장을 조금 후퇴해서 말씀드리면 언어의 규칙
은 부드럽고 덜 딱딱하고 덜 고통스러운 방법으로

습득이 될 수 있다는 것입니다.
그래서 수업시간에 여러분에게 이것저것 다양한
수업 방식을 적용하고 있는 것입니다.
그래서 보수적인 수업방식을 고수하는 학습자에게는
저의 수업에 대해 일종의 불만 같은 것을 가지고
있을지도 모른다고 생각하고 있습니다.

이 기회에 저의 교육철학에 대해서
여러분에게 몇 마디 말씀드리고자 합니다.
저의 교육철학은
첫째, 여러분에게 교수의 권위를 세우지 않는다는
데에 있습니다.
그러나 때로는 권위의 유혹을 많이 받기는 합니다만,
그래도 최선을 다해서 그 유혹을
떨쳐버리고자 애쓰고 있습니다.
이는 결코 쉬운 일이 아니며,
때로는 저도 사람이기에
후회도 합니다.

그러나 저는 19세기 말에서 20세기 중엽을 살다 가신
현대교육의 선각자, 마리아 몬테소리 박사님의 뜻을
되새기며 권위의 유혹을
뿌리치고자 제 나름대로 노력을 하고 있습니다.
그분은 교사의 권위와 학생들(아이들)에게 대한 억압,
분노를 철저하게 배척했습니다.
하물며 성인인 여러분에게 이러한 몬테소리 박사의
신념은 두말할 나위가 없이 실천되어져야 하겠죠.

둘째, 권위를 세우지 않는다는 말은 여러분들로 하여금
항상 기쁘고
즐거운 마음으로 수업을 들을 수 있도록
유도하겠다는 것입니다. 설사 그것이 쉽지 않더라도,
그렇게 해야 한다고 몬테소리 박사님은
누누이 강조하셨습니다.

셋째, 여러분은 제게 있어서 손님이라는 사실입니다.
저의 수업을 들어준 여러분이 단순한 학생이 아닌
손님이라는 생각으로

저는 여러분을 대하고 있습니다.
이 말에 거부감을 지니는 학생들이 있을지도 모르지만,
이 생각은 이미 우리가 태어나기 훨씬 오래전부터
교육계에서 제언되어 오고 있습니다.

마지막으로 다음의 말은 믿든 안 믿든 상관없으며,
단지 우리 학교가 미션 스쿨이라
말할 수 있는 것으로 여러분이 받는 수업은(제가 하는 수업은)
단순한 지식의 습득이 아닌, 우리의 의식이 진화되기 위한
하느님 사업의 일환일지도 모른다는 것입니다.

하느님은 우리로 하여금 우리 일생을 통하여 보다 완전한,
정신적으로 성숙된 삶을 영위하게 하기 위해
이 땅에 많은 도구들을 만들어 주셨습니다.
그래서 사람들은 아무리 무식한 사람이라도
죽을 때가 되면 자신의 일생을 통해서,
자신의 일생을 통해 무엇인가를 해 온 행위를 통해서
자신에게 주어진 사명이 무엇이었는지를,
어렴풋하게나마 (혹은 분명하게) 깨닫게 되는 것입니다.

우리도 예외가 아닙니다.
제가 맡은 사명은 일본어를 통해서 여러분이 보다
더 정신적으로 성숙되도록
여러분을 도와야 한다는 것입니다.

제 인생에게 제게 주어진 사명이
일본어를 가르치는 것이라 생각하기 때문에
저는 일본어를 열심히
여러분에게 가르쳐야 하는 것이며,
그러한 사명을 보다 충실하게 실현시키기 위해
애쓰고 있습니다.

제가 권위를 내세우지 않고,
다양한 나름대로의 스킬을 적용하면,
권위를 내세우고 전통적인 수업방식을 취했을 때보다
여러분은 더 효율적으로 일본어를 배우게 되고,
그로 말미암아 우리는 더 높이, 더 멀리,
더 오래 날 수 있을 것이며, 인격적으로 더 성숙해질 것으로 저는
믿습니다.

만약 내가 일본어 자체만을 전통적인 방식으로,
권위를 내세우며 가르친다면,
그것은 저의 강의가 인터넷 강의와 별반 다를 바가
없을 것입니다. 그리고 이 수업을 듣기 위해
아침에 일어나 식사하고 교통비 들여
이 강의실까지 온 여러분들의 노고도 아무런 의미가
없게 되는 것입니다.

여러분에게 축복을 빌며,
남은 기간 동안 열심히 일본어를 배워주시면
감사하겠습니다.

여러분은 세상에 단 하나뿐인 소중한 꽃들이며,
그런 여러분을 저는 아낌없이 사랑합니다.

색인

ㄱ

가전제품 등의 사용 설명서 307
가타카나 201
가타카나 문자의 습득 실태 203
각 단계별 읽기지도의 유의점 311
개별어휘수 234
개음화 218
객관성 414
객관식 시험 419
게임을 활용한 쓰기지도 방안 327
결합드릴 289
경구개음 218
경어 236
경제성 414
계열효과 430
계층적 관계 234
과정 실러버스 124
과제에 따라서 다르게 나타나는 오용 261
과제 이해 275
관용구 235
관용효과 429
광모음 218
교과서 53
교과서 분석에 관련된 교사의 예비지식 132
교과서의 머리말 133

교과서의 저자 133
교사에 대한 학습자의 평가항목 431
교사와 학습자의 물리적 거리 399
교사용 포트폴리오 30
교사의 긍정적 피드백에 대한 일본어 학습자
  들의 의식 370
교사의 비언어표현 386
교사의 선 자세와 움직임 385
교사의 시선 385
교사의 언어행동 354, 380
교사의 언어행동/ 지시/ 묻기 383
교사의 피드백 354
교수법 184
교실운영 380, 384
교실활동 185
교실활동의 시간적 틀 187
교실활동의 실행 187
교안작성시 유의사항 188
교육시설의 평가 432
교재・교구 186
교탁밀착형 385
구두연습법 83
구안식 교수법 81
구어체 236
구조 실러버스 124
구체적인 학습내용 187
그래프 223
그림교재・사진교재 60
그림교재・사진교재를 활용한 교실활동
  방안 69
그림이나 도표의 작성 271
긍정적 피드백 354, 366
기간순시 385
기계드릴 287
기능 실러버스 125, 126

기본발음 218
기본어휘 234
기초어휘 234
기학습자 103

ㄴ

남성어 236
낭독 315
내츄럴 어프로치 90
노래교재 63
노래교재를 활용한 교실활동 방안 71
노트 정리 272
논문 307
능력과 언어 습득에 대한 교사의 신념 25
니즈영역 101

ㄷ

다의어 235
다지선다형 419
단계적 관계 234
단순어 235
단순재생 방식 420
단의어 235
단편 307
대비오차 430
대입드릴 288
대중문화 342
데이터를 사용한 일본문화 수업 347
도달도시험 417
도달목표 187
도움 구하기 36, 47
동기조절 능력 35
동영상을 통한 일본문화 수업 347

동음어 235
두고형 223
드릴 마스터 85
듣기 270
듣기 교재의 종류 274
듣기에 영향을 미치는 요인 278
듣기의 종류 271
듣기의 중요성 270
듣기지도의 유형 273
디베이트 332
디스커션 활동 301

ㄹ

롤 카드 62
롤 플레이 294, 333
롤 플레이 활동 301
롯 88
리듬 218

ㅁ

마쓰리 343
마찰음 218
말굽형 좌석 선택 397
말하기 286
말하기 관련 예비지식 286
말하기(대화)의 확대 방법 296
멀티미디어 교재 57
메모 307
메타인지전략 35
메타인지전략 사용 능력 35
명령연습 83
명시적 피드백 356
명함 교환하기 300

명확화 요구의 피드백 356
모니터 가설 90, 357
모니터 능력 357
모듈형 교재 54
모음의 무성화 218
목표준거시험 418
무성 자음 218
무성화 218
문답드릴 290
문법·문형 지식 247
문법 실러버스의 제시 방식 112
문법 실러버스의 편성 156
문법역독식 79
문법역독식의 언어관 80
문법역독식의 언어학습관 80
문법지도의 중요성 246
문법 테스트로 오용을 관찰하는 것의
　　오류 261
문자지도 200, 321
문자지도 방안 206
문자지도에 대한 교사의 예비지식 200
문자카드 58
문자카드(플래시 카드)를 통한 교실활동 방
　　안 70
문자 학습에 대한 학습자의 준비도 파악
　　204
문장산출 테스트 423
문장지도 321
문장체 236
문화지도의 중요성 340
문화 학습에 대한 교사의 신념 28
묻기 380
미고형 223
미니멀 페어 223
미학습자 103

밈멤연습 85

ㅂ

박 218
반복드릴 287
반복연습 83
반의어 235
반탁음 217
받아쓰기 271
발견학습 342
발음 217
발음연습 83
발음지도 방안 223
발음지도상의 유의점 221
발화 표현 275
배열식 시험 422
베르리츠식 교수법 81, 82
벽그림 88
변형드릴 289
변환식 시험 422
복합 실러버스 127
복합어 235
복합적인 교실활동을 위한 교사의 예비
　　지식 332
부정적 피드백 354
분반시험 418
비디오 교재 56
비음 218
비한자권 일본어 학습자 200
빈칸 메우기 시험 420
빙고게임 240, 265, 279

ㅅ

사용어휘 234
사운드 차트 88
사전평가 412
사진교재를 통한 일본문화 수업 347
산교재 55
산교재를 활용한 교실활동 방안 64
산교재를 활용한 지도 방안 280
산출 306
산출 방법에 의해 달라지는 오용 261
상급교사 85
상대평가 426
상향식 모델 310
상향식 방식 273
상호교류 모델 311
색채어휘 234
색칠하기 게임 240, 280
생활문화 341
선행 실러버스 123
성취가치 35
소설 307
소점 427
소회화 연습 292
수수께끼 300
숙달도시험 415
숙달목적지향성 35
순수 일본어 235
숨겨진 그림 알아맞히기 300
스캐닝 271, 308
스키밍 272, 309
스테레오타입 428
스포츠형 385
스피치 활동 300
슬라이드 61
습득 학습 가설 90
시간의 관리 36
시계형 385
시리즈 방식 82
시뮬레이션 332
시뮬레이션 교실활동 333
식별 271
신념(belief, 문화적 전통) 17
신념의 정도를 알아보기 위한 체크 리스트 18
신뢰성 413
신뢰성을 떨어뜨리는 요인 413
신문기사 307
신어 236
실러버스 122
실러버스 디자인 122
실물교재 59
실물 교재를 사용한 일본문화 수업 347
실물교재를 활용한 교실활동 방안 71
심리적 장벽 91
심리학적 교수법 82
쓰기 320
쓰기지도 관련 예비지식 320
쓰기지도 방안 326
쓰기지도의 유의점 323
쓰여진 문자 306

ㅇ

악센트 218
악센트 유형 225
악센트의 높낮이 218
악센트의 종류 218
암시식 교수법 91
암시적 피드백 356
앙케이트 방식 102

양순음 218
어종 235
어휘 습득의 실제 232
어휘의 지도 방법 238
어휘 지식 233
어휘 차트 88
어휘 학습 140
어휘 학습 및 문법 학습에 대한 교사의
    신념 24
어휘 학습에 대한 욕구 148
언어 4기능 143
언어4기능에 대한 교사의 신념 25
언어4기능 학습에 대한 욕구 148
언어 습득 연령에 대한 교사의 신념 25
언어 학습적성 390
언어학습적성시험 418
여가적 특성 342
여성어 236
역전형 385
연구 발표 활동 301
연상관계 234
연어 235
연중행사 343
연탁 현상 218
예측 273
오십음도 58
완성드릴 290
완성식 시험 422
외래어 235
요음 217
워크 시트 88
원순모음 218
원형 실러버스 122
위치 익히기 게임 240, 279
유능한 일본어 교사의 조건 388

유성 자음 218
유연(類緣) 관계 234
유의어 235
유창함을 위한 교실활동 186
유행어 236
음성학적 교수법 83
음을 식별하는 연습 83
의미드릴 291
의미드릴 지도시 유의사항 295
의사소통에 대한 교사의 신념 27
의성어/의태어 236
이해 306
이해어휘 234
인쇄된 문자 306
인종에 대한 교사의 신념 26
인지전략 35
인지조절 능력 34
인터뷰 방식 102
인터뷰 태스크 293, 300
인터뷰 테스트 422
인토네이션 218
인풋 가설 90
일기예보 308
일본문화 146
일본문화 관련 예비지식 341
일본문화를 활용한 교실활동 348
일본문화 수업을 위한 교재 347
일본문화 학습에 대한 욕구 148
일본어 교사가 취해야 할 자세 438
일본어 교사의 자질 28
일본어교육문법의 기본 방침 154
日本語能力試驗 415
일본어능력시험 독해 문제집 307
일본어 문자의 표기 및 발음 학습에
    욕구 148

일본어 발음에 대한 교사의 신념 23
일본어 발음의 종류 및 특징 217
일본어의 특수성에 대한 교사의 신념 26
일본어 학습에 관련된 외적 정보 105
일본어 학습자의 좌석과 거리 선택의
  심리 395
일본어 학습적성 조사 103
일본어 학습조건 조사 104
일본어학적 문법관 169
일본의 대중문화에 대한 일본어 학습자의
  선호도 344
일본의 심층문화 307
읽기 306
읽기 관련 예비지식 307
읽기에 대한 교사와 학습자의 의식 312
읽기지도 방안 313

ㅈ

자기성장을 위한 부단한 노력 그리고
  방법 29
자기 정정 357
자세하게 듣기 272
자아효능감 35
자연순서 가설 90
자연주의 교수법 81
작문을 잘 하는 학습자들의 특징 323
잡지 307
장면·상황별 작문지도 방안 326
장면 실러버스 125
장면연습 292
장음 217
재생연습 83
저자의 언어교육관 134
저자의 학습자관 134

전개드릴 288
전설모음 218
전신반응교수법 89
전통가옥 344
전통놀이 343, 344
전통문화 341
전통스포츠 343
전통악기 343
전통연극 343
전통의상 343
전통종교 343
전통 춤 343
전통춤 344
전통취미 343, 344
절대평가 427
절충 실러버스 127
정교화전략의 사용 능력 35
정독 309
정보의 갭 292
정서(整序) 271
정의필터 가설 91
정정식 시험 422
정형회화 83
정확성 138
정확성에 대한 교사의 신념 24
정확성에 대한 욕구 148
정확함과 유창함을 위한 교실활동 185
조음 방식 218
조음 장소 218
조직화 전략의 사용 능력 35
조합식 시험 420
좋은 수업의 특징 389
좋은 시험인지를 평가하는 기준 413
좋은 일본어교사의 특징 386
좌석 배치 384

주고받기 게임 241, 280
주관식 시험 422
중고형 223
중모음 218
중설모음 218
중심화경향 431
중첩어 235
즉시 응답 276
지명 385
지시 380
지시적 관계 234
직접법 84
진단시험 418
진위법 방식 420
집단어 236
집단준거시험 418
짝 활동 294

칠판 62
침묵식 교수법 87
칭찬이라는 피드백의 단점 368
칭찬이라는 피드백의 장점 367

ㅋ

카드집기 게임 240, 280
카운슬링 러닝 88
커리큘럼 디자인 184
커리큘럼 디자인의 구성 요소 184
커뮤니커티브 어프로치 92
컬러 차트 88
코스디자인 99
코스 실러버스/교수 실러버스 122
코코코 게임 240, 279
퀴즈쇼 300
클로즈 시험 421

ㅊ

차별어 236
처리 시간이 짧기 때문에 일어난 오용 261
천정효과 430
청음 217
체험학습 342
촉음 217
총괄평가 412
총알형 385
총어휘수 234
최적의 교과서 133
치경음 218
치환연습 83
친절한 교사가 되기 위한 방법(1) 439
친절한 교사가 되기 위한 방법(2) 440
친족어휘 234

ㅌ

타당성 413
탁음 217
탄설음 218
탐구학습 342
태스크 실러버스 126
테이블식 좌석 선택 398
테이프 교재 55
테이프 레코더 55
특수발음 217
특수한 박 218

ㅍ

파생어 235
파열음 218
파찰음 218
패턴 프랙티스 290
편차치 428
평가 410
평가의 실시 시기 411
평가의 주체 411
평가(채점) 결과의 처리 427
평가(채점) 결과의 처리 방법 및 기준 426
평순모음 218
포스터 307
포인트 이해 275
표준편차 427
프로미넌스 218
프로소디 223
프로젝트 워크 333
프리젠테이션 활동 301
플래시 카드 58
피델 88
피드백에 대한 교사의 예비지식 354

ㅎ

하향식 모델 310
하향식 방식 273
학습공간에 대한 교사의 신념 26
학습내용 188
학습도구 145
학습도구에 대한 교사의 신념 27
학습도구의 소유 욕구 148
학습목적 100
학습자 배경 정보 105
학습자와 교사의 위치 400
학습자의 다양성 380, 381
학습자의 시점을 고려한 교과서 집필 175
학습자의 주의력을 모으는 원리 384
학습자 자체에 대한 교사의 평가 428
학습 준비도 103
학습행동과 언어습득에 대한 교사의
　　신념 26
학습환경 188
학업시간의 관리 46
한국인 일본어 학습자들의 문자 습득
　　실태 202
한국인 일본어 학습자들의 쓰기 실태 324
한국인 일본어 학습자들의 어휘 습득
　　실태 236
한국인 일본어 학습자의 문법 습득(오용)
　　실태 255
한국인 일본어 학습자의 발음 실태 219
한어 235
한자권 일본어 학습자 200
행동주의 심리학 86
행동통제 36, 46
협모음 218
형성평가 412
혼종어 235
화이트보드 63
화제 실러버스 126
확장드릴 287
후광효과 429
후설모음 218
후행 실러버스 123
히라가나 201
히라가나 문자의 습득 실태 202

기호

「られる」릴레이 265

A

Affectivity에 의한 방법 226
ASTP 85

C

CAI 56
CALL 56
CLL 88

D

DVD 교재 56

F

Finger Action에 의한 방법 226

M

MP3 플레이어 55
MP4 플레이어 55

N

Nursery Rhyme에 의한 방법 226

O

OHP 60
OPI 415

P

prosody에 의한 방법 226

V

VT법 226
VT법에 따른 지도법 226

일본어 교육론

초판 1쇄 발행일 2012년 7월 30일

지은이 천호재
펴낸이 박영희
편집 이은혜 · 김미선 · 정민혜 · 장은지 · 신지항
인쇄 · 제본 태광인쇄
펴낸곳 도서출판 어문학사
  서울특별시 도봉구 쌍문동 523-21 나너울 카운티 1층
  대표전화: 02-998-0094 / 편집부1: 02-998-2267, 편집부2: 02-998-2269
  홈페이지: www.amhbook.com
  트위터: @with_amhbook
  블로그: 네이버 http://blog.naver.com/amhbook
       다음 http://blog.daum.net/amhbook
  e-mail: am@amhbook.com
  등록: 2004년 4월 6일 제7-276호

ISBN 978-89-6184-271-6 93730
정가 23,000원

이 도서의 국립중앙도서관 출판시도서목록(CIP)은 e—CIP홈페이지(http://www.nl.go.kr/ecip)와
국가자료공동목록시스템(http://www.nl.go.kr/kolisnet)에서 이용하실 수 있습니다.
(CIP제어번호: CIP2012003104)

※잘못 만들어진 책은 교환해 드립니다.